JN068057

決 定 版

コーチング

良いコーチになるための実践テキスト

ジェニー・ロジャース [著]

鶴見樹里　　徳永正一 [訳]

Coaching Skills

The definitive guide to being a coach

Fourth edition

Jenny Rogers

日本能率協会マネジメントセンター

日本の読者のみなさまへ

　このメッセージを書いている現在、世界では新型コロナウイルス感染症（COVID-19）のパンデミックが発生しており、これまでおびただしい人が感染し、多くの人たちが亡くなっています。このような状況下で、私は本書（Coaching Skills: The definitive guide to being a coach, Fourth edition）を日本の方々に紹介できることを嬉しく、そして、光栄に思います。

　私は、コーチングの価値には、世界をより良い方向に変える力があると信じており、それを実現するのはいまだと思っています。

　30年以上前、私がBBC（英国放送協会）で管理者育成部門に所属していたとき、同僚から、1対1で集中しながら内々で対談ができる機会をくれないかと言われ、それに応えたのですが、後になってそれが「コーチング」と呼ばれるものだと気づきました。当時私は、「コーチング」という言葉をこのように使うのを聞いたことがありませんでしたし、コーチングをしている人も知りませんでした。トレーニングを行うところもなければ、私たちのような先駆者、いわゆる純真なアーリーアダプター（初期採用者）の人が技術を学べる本もありませんでした。

　いまでは世界中に何万人ものコーチがいて、トレーニングをしてくれるコーチング・スクールもあります。さらに、大学院レベルのコーチングの資格も創設され、この魅力的でパワフルな技術のあらゆることがわかる優れた書籍も数多く刊行されています。本書第1版を著そうと思いたったとき、私の目的は、初心者として、そして経験を積んだ実践者となった後にも参考にできる本を執筆することでした。その目的は、この第4版でも同じです。本書は私自身の学習の集大成です。

　いまやコーチングは、自己啓発の手段としても注目されています。大企業の上級管理職は、「私のコーチ」のことを誇らしく語るのを聞くことが

あるのですが、これは組織のトップを務めることが非常に困難なことを認識しているからです。

　また、コーチ自身の自己啓発の方法として、コーチングに勝るものはありません。コーチングそのものについても、人間の心理についても、とくに変化に対する人間の反応についても、常に新しいことを学ぶことができます。課題は、社会的、国家的、個人的な状況にかかわらず、普遍的なものです。

　本書の日本語版の刊行にあたり、勤勉で熟練した翻訳者の鶴見樹里氏と徳永正一氏、そして日本語版の編集者である根本浩美氏に心より感謝します。本書を日本のコーチ、心理療法士、人事担当者や組織のリーダーをはじめ、多くの読者のみなさまに届けたいという熱い思い、そして大変な作業を通して刊行に尽力してくれました。グローバルに活躍しているコーチでもある翻訳者のおふたりは、高いレベルの言語能力とコーチングの役割に対する個人的な理解力を見事に融合させてくれたと感謝しています。

　日本の読者の皆様のご健勝をお祈りするとともに、本書がみなさまとみなさまのクライアントの自己実現と卓越性への旅のお供となることを願っています。

ジェニー・ロジャース

ロンドン、2022年1月

はじめに

　コーチングが専門職として認知され始めた頃、コーチングのプロを目指した多くの人と同様、私も気がつくと、自然とコーチとして活動を始めていました。かつて私がBBC（英国放送協会）に所属し、人材開発プログラムを運営していた頃の話です。そのとき、次のような問い合わせを受けました。

　「新たな業務を始めましたが、さまざまな課題に対処する必要性が生じてきました。すべての研修コースを修了していますが、他の方法でも手助けしていただけないでしょうか？」
　「私のチームにいるエディターにリーダーシップ・スタイルの支援が必要です。役職がシニアなので、既存のプログラムに参加させるよりも、別の方法でのサポートをお願いしたいです。」

　これらの多くが、「支援は必要なのですが、誰にも言わないでください」といったニュアンスでした。他にも多かったのが、エグゼクティブへの支援についてでした。
　この当時、こうした問い合わせを受けても、その解決方法についてそれに回答する適切な言葉がなく、これらの問題についての解決手法をまとめて「1対1セッション」と言っていた記憶があります。

　この本は、その頃に私にあればよかったと思うコーチングにまつわる基礎知識や手法などを集大成したものです。
　そして、さまざまな読者層を念頭に置いてこの本は書かれています。多くの読者を想定するなかで、基本的な共通テーマがあります。それは、「コーチングを日常のなかでどのように機能させ、うまく実施するか」ということです。
　経験豊富なコーチがそのスキルを再確認するとき、またはコーチの研修

生であり、さらにスキルを向上させたいとき、あるいは普通のビジネスパーソンがコーチングの活用を考えるようなとき、また心理療法士やカウンセラーの方がクライアントに対してコーチングをうまく取り入れて対応したいとき、こうした場面などでこの本は有効に使えるようにデザインされています。

　この本は、私がこれまでエグゼクティブ・コーチとして何千時間もの経験の蓄積を凝縮したものですが、エグゼクティブに限らず、どのクライアントであろうが有効に活用できることを基本原則にしています。

　また、この30年間、さまざまな同僚のコーチたちへのスーパービジョン（訳注：経験豊富なコーチからの指導を受けて、コーチとしての資質を向上するためのサポート体制のこと）のセッションなどを通し、コーチとして何が共通の課題なのか、そして何が効果的に実行できるアプローチなのか、そうした気づきを与えてくれました。そして、コーチであることは、見た目より容易でないことを絶えず認識させられます。

　良いコーチもしくは優秀なコーチになるには何が必要かと訊かれることがあります。これには簡単に答えられる回答と思慮を要する回答があります。

　簡単な回答はこうです。「他者の能力開発の支援を心から願う」「人への限りない好奇心を持っている」「人の心の機微がわかる直感力を持っている」「高い自己認識がある」「人の成長を阻害しないための自己規律がある」

　そして、思慮を要する回答はこうです。「優秀なコーチになりたいと思うと一所懸命になり過ぎてしまうので空回りする結果になる。これだと他の人のためにならない。これは新米のコーチが陥りやすい"罠"でもある」と前置きしたうえで次のようなことを言います。

　良いコーチングとは、次のように、正しい答えが見つからない、曖昧な状況に身を預けることを認識していて、受け止め、必要に応じて適切な判断を下すことを意味します。

・人に対する好奇心を持ちながら、その好奇心が自分に向かっているのか、クライアントに眼差しを向けているのか常に見極める。
・人の心を理解する優れた直感力を、時には適宜調整しながら相手と向き合う。
・場合によっては、アドバイスを行いたくても控え、その一方でここぞというときにアドバイスする判断力がある。
・コーチは自分を押し付けないと同時に、クライアントに最大の意識を向けて、その人のための真の存在でいる。
・人に興味を持ちながら、自分が好かれたいという欲求を自制する。なぜなら軸をぶらさず、妥協せずに相手に向き合わなくてはならないから。
・コーチングは真剣なやり取りだが、コーチング・ルームからは、時には騒々しいほどの笑い声も聞こえる。

　本書では、コーチング・テクニックについて解説していきますが、最高のコーチングとは実はテクニックを超越するものです。それは、シームレスな対話ともいえるほどに自然体です。この状況を本のなかで理解するには実例を示すのが最善だと思い、本書にもいくつか事例を紹介しています。

　この本には私に多くの影響を与えた先人の教えが盛り込まれています。社会心理学者アンリ・タージフェルやマイケル・アーガイル、理論を実践する研究（アクション・リサーチ）で偉大な功績のあるクルト・レヴィンからは絶えず刺激を受けています。
　さらには、精神分析の提唱者のジークムント・フロイトや分析心理学の提唱者のカール・ユングをはじめ、ヴィクトール・フランクルやアーヴィン・ヤーロムといった実存主義的精神科医、ゲシュタルト心理学、アルバート・エリスやカール・ロジャーズら臨床心理学者、交流分析、ジェラルド・イーガンのSkilled Helperモデルからも深く影響を受けています。神経心理学からの発見は魅力的で、コーチングにおける啓発の新しい源となっています。

コーチングをビジネスとしてエレガントなモデルに統合したカリフォルニア州にあるCTI（The Coaches Training Institute）からは、私を含めたコーチング分野にいる多くの人が恩恵を受けていることに感謝したいと思います。

意図的ではないですが、多くのコーチングに関する本は一種のおとぎ話、例えば、クライアントが困惑しているところに、コーチは魔法の杖を振ることによりクライアントは幸せになり、「めでたし、めでたし」のような印象を与えます。私は本書を通して、典型的な浮き沈みのあるコーチングの実態をできるだけそのまま伝えようとしました。

コーチがいかに経験豊富であれ、クライアントがいかにやる気があっても、コーチングが上手くいくときもあれば、まあまあの成功を収めるときもあります。ときには、失敗もあるでしょう。他の職業でも同じことが起きますので、コーチングも何も変わりはありません。理由をしっかりと把握できれば、失敗から多くの学びがあります。本書では、読者が輝かしい成功のカギだけでなく、貴重な失敗の学びを知るきっかけになることを願っています。

私がこの本の第1版（2004年初版）を書いてからの十数年間、コーチング業界は劇的に変化しました。かつてほんの一握りの開拓者がいただけですが、いまでは何万人ものコーチがいます。そうしたなか、優れたコーチの見極めが難しくなってきています。同時に、いまはコーチングに関しての理解がはるかに深まっています。

コーチングとは、かつては特別なものであり、ときには少数を対象に秘密のプロセスとして提供されていましたが、いまでは日常的に多くの人に提供されています。

時代がどんなに変わってもコーチングはたいへん光栄な職業です。いつでも、難易度が高く、退屈はしません。クライアントの人生やキャリアの節目を、クライアントの失望や弱み、そして成功、希望や夢を、ともに関わらせていただけるのですから。

　コーチングの対話には、他の場ではほとんど共有できない心の広さ、正直さ、率直さがあります。中国賢者の言葉「私たちが教えることは、私たちが最も学びたいことである」はまさにそのとおりです。コーチングはコーチにとって、常に終わりのない自己啓発のプロセスです。

　「読者は、本の主題ではなく、作家自身が誰であるかで作品を選ぶ」と傑作"On Writing Well"を執筆したウィリアム・ジンサーはその30周年記念版（2006年）に残しました。

　本書第4版の刊行は、私自身の学習の旅でもあるのです。また、本書はクライアントとコーチングを実施するうえで常に念頭に置くべきことの集約です。
　私はいまでも初心者がすぐに見破れるような過ちをおかすことがあります。「コーチングのすべてを学び、完璧なコーチになった」と断言できる日は私だけではなく、おそらく誰にも来ないと思います。学びとは、生涯続けることだからです。
　生涯続けられる学びとは、いかに刺激的で楽しく、魅力的であることかを是非、本書を通してご紹介させていただきたいと思います。

決定版 コーチング
CONTENTS

日本の読者のみなさまへ ……………………………………………… 3

はじめに …………………………………………………………………… 5

第 1 章　コーチングとは何か　　　23

理論の役割 …………………………………………………… 25

コーチングの定義 …………………………………………… 27

コーチング・セッションの一般的な流れ ……………… 32

コーチングと他の対人援助法との違い ………………… 36

　◎コーチングと精神医学 ………………………………… 36

　◎コーチングと心理療法 ………………………………… 37

　◎心理療法とコーチングとの境界 …………………… 38

　◎心理療法とコーチングの違い ……………………… 41

　◎コーチングとカウンセリング ……………………… 43

　◎コーチングとメンタリング ………………………… 44

　◎コーチングとコンサルティング …………………… 45

　◎コーチングと研修 …………………………………… 46

ラインマネージャー・コーチ ……………………………… 46

動機づけ面接 ………………………………………………… 47

シチュエーショナル・コーチング ……………………… 48

第 2 章　信頼関係を築くための基本と実践　　　54

コーチングにおける「選択」とは ……………………… 54

主張と抵抗 …………………………………………………… 58

　●ペニー（社内コーチ）とマイケル（クライアント）のケース …… 61

コーチングと救済 ··· 63

　●マリア（コーチ）とリチャード（クライアント）のケース ········· 64

オーセンティックな傾聴、ラポール、調和 ······················· 66

　◎ラポールとボディ・ランゲージ ···································· 66

　◎ラポールと調和が壊れる 10 の原因 ····························· 68

　◎ミスマッチ ··· 72

傾聴 3 つのレベル ··· 72

　◎レベル 1 ··· 73

　◎レベル 2 ··· 74

　◎レベル 3 ··· 75

　◎クライアントの課題に基づき、協同する ···················· 77

信頼関係は双方向のプロセス ··· 78

　◎クライアント側の信頼 ·· 79

　◎コーチ側の信頼 ··· 80

第3章　コーチとクライアントとの関係性 83

救いたいという強い気持ち ··· 83

コーチとクライアントの力のバランス ······························ 84

無意識のプロセス ··· 88

　◎投影 ··· 88

　◎転移と逆転移 ··· 89

　●学校時代の先生とコーチを重ね合わせたグレンダ ················· 90

　◎パラレル・プロセス ··· 92

　●パラレル・プロセスを経験した新米コーチのカーリー ············· 92

本当の姿であること ··· 94

自分自身を許容する ··· 97

オープン・マインドで、フィードバックを受ける ············· 98

謙虚であること ·· 99

承認する ·· 101

　　　●大きな変化にあがくピーター ……………………………… 102

| 自分のことを語る …………………………………………… 103

| 境界線のマネジメント ……………………………………… 107

　　　●セッション中に怒鳴り出したアンナ ……………………… 109

| クライアントに危害を与える懸念 ………………………… 110

| クライアントと友だちになる可能性 ……………………… 112

| 依存関係 ……………………………………………………… 114

| 終了 …………………………………………………………… 115

　　　●堂々巡りのセッションが続いたロジャー ……………………… 116

第4章　脳科学とコーチング　　　121

| 神経心理学をコーチが学ぶ意味 …………………………… 122

| 感情が脳を司る ……………………………………………… 123

　　◎扁桃体の重要性 ……………………………………………… 124

　　◎前頭前野 ……………………………………………………… 126

　　　●激しやすいチーフ・エグゼクティブのギル ……………… 127

　　　●仕事上の重大なミスを犯したナタリア ……………………… 130

| 自分をだます方法─システム１とシステム２ ……………… 131

| マルチ・タスクとタイム・マネジメント ………………… 135

| SCARFモデル …………………………………………………… 138

　　　●58歳で解雇されたエリザベス ……………………………… 141

| 想像上の経験は実際の経験とほぼ同じ威力 ……………… 143

| 神経可塑性 …………………………………………………… 144

| 古い習慣の克服 ……………………………………………… 145

　　　●やるべきことの義務感から解放されたヴァネッサ ………… 147

| 幼少期の愛着パターンと脳への影響 ……………………… 148

第 5 章　コーチングにおける言葉の重要性　154

| 陥りやすい罠を知る ……………………………………………… 154
　◎陥りやすい罠1：質問まがいのアドバイスをしてしまう ……156
　◎陥りやすい罠2：「どうして？」と尋ねてしまう ……………157
　◎陥りやすい罠3：クライアントの情報を集め過ぎてしまう …159
　◎陥りやすい罠4：その場にいない人について質問してしまう …160
　◎陥りやすい罠5：冗長で曖昧な質問をしてしまう …………161
| 活用できる手法……………………………………………………163
　◎コーチの自由 …………………………………………………163
| 効果的な質問………………………………………………………166
| 簡潔さ ………………………………………………………………167
　●新任最高責任者のロス …………………………………………167
| とても役に立つ「魔法の質問」……………………………………168
| コーチング会話のフレームワーク ………………………………172
| OSCARモデル ……………………………………………………173
| 要約の仕方 …………………………………………………………175
| ポジティブな結果を想定する ……………………………………177
| クライアントに具体的に伝える …………………………………179
| 名詞化に注意する …………………………………………………181
| クライアントの言葉づかいにこだわる …………………………182
　●比喩を多用するショーン ………………………………………182
　◎比喩とその重要性 ……………………………………………183
　◎クリーン・ランゲージ …………………………………………185
　●リーダーの役割が果たせられないでいるフラン ………………187
| 感情を探る …………………………………………………………190
　◎警告 ……………………………………………………………191
| 議論を進める ………………………………………………………192
| 重要なのは簡潔さ …………………………………………………193

<table>
<tr><td>第6章　課題の共有</td><td>195</td></tr>
</table>

●二面性の自分に怪訝な思いを抱くエヴァン ……………… 195

| フィードバック排除ゾーン ………………………………… 197
　◎フィードバック排除ゾーンを突破する ………………… 200
| 自伝的記憶：これまでどんな人生を送ってきたのか？ ……… 200
　◎クライアントの人生経験を訊くフレームワーク …………… 201
　◎疑問と躊躇 ……………………………………………… 202
　◎人生の軌跡 ……………………………………………… 205
　　●孤独な幼少期を送ったアネット ………………… 205
　　●上司の決定に納得できないマイケル ………………… 207
　◎自伝的記憶の代替法：ある1日の過ごし方 ……………… 208
| 360度フィードバック ……………………………………… 209
　◎クライアント自身が評価する人を選ぶ ………………… 211
　◎質問票の問題点 ………………………………………… 211
　◎面談によるオーダーメイドの360度フィードバック ……… 212
　◎デブリーフィング ……………………………………… 213
　　●孤独な幼少期を送ったアネット（続き） ……………… 214
　　●昇進を控えたマルコム …………………………… 216
| 初回のセッションに持参してもらうもの ………………… 217
| サイコメトリクスの活用 ………………………………… 217
　◎サイコメトリクスを活用するケース ………………… 218
　◎サイコメトリクスを効果的に使う ………………… 220

<table>
<tr><td>第7章　目標設定</td><td>224</td></tr>
</table>

| 研究によりわかったこと ………………………………… 224
| 目標設定がうまくいかないときとその理由 ……………… 225
　◎コーチはセッションの目標を知っていると思い込むが、
　　それを明確にしない─本当の目標は別にある ……… 225
　　●目標設定を誤ったスージー …………………………… 226

◎コーチはクライアントが課題を設定する責任と、
　　コーチが目標を明確に立てる責任を混同する ···················· 227
◎コーチはクライアントと目標を合意することなく、前回の
　　セッション以降に起こったことをクライアントに話してもらう ······ 227
◎「問題」に行き詰まる ··· 228
◎その場にいない人を変えるように求められる ··················· 228
◎目標が壮大な場合：1回のセッションで取り組むには大き過ぎる ·· 229
◎クライアントは実際のところ、何の目標も持っていない ······ 230
　●参加意欲がない人にコーチングしたジェード ················· 231
　●コーチングに目標を見出さないジョナサン ··················· 232

| クライアントからの依頼を断るとき ························· 233

| 目標設定がうまくできないことの代償 ······················ 235

| 解決策 ··· 236

| コツを覚える ··· 238

| トランザクショナル目標（パフォーマンス目標）とトランスフォー
メーショナル目標（ラーニング目標）························· 239

| ビジネスと組織の目標 ·· 240

| 三者または四者間の契約 ······································ 242
◎ミーティング開始前 ··· 242
◎第1段階：上司とのミーティング ····························· 243
◎第2段階：上司、クライアント、コーチによるミーティング ·· 243
◎第3段階：クライアントとコーチのミーティング ··············· 244
◎第4段階：コーチング終了時のレビュー ······················· 245

| 個人の目標を明確にする ······································ 245
　●三者面談を行ったアラステア ······························· 245

| ライフ・ホイール（人生の輪）······························ 248
　●ゲイだとカミングアウトしたリチャード ····················· 249
◎ライフ・ホイールの使い方 ··································· 249

| ライフ・ホイール以外の方法 ································· 250
　●理想的な働き方を実現したケビン ··························· 251

◎自分の人生を絵にしてみる ……………………………………… 252

◎理想的な1日 …………………………………………………… 252

| 人生の目的を明確にする ………………………………………… 253

◎人生の目的を見極めるためのいくつかのアプローチ ………… 254

◎「未来からのハガキ」演習 …………………………………… 255

◎「得る」ではなく、「与える」を意識する ………………… 255

● 人生の意味を見出したマーク ……………………………… 256

| 価値観と原動力 …………………………………………………… 257

◎ゾーンに入る …………………………………………………… 258

第 **8** 章　行動変容の支援　263

| キューブラー＝ロスのフレームワーク「死の受容プロセス」‥ 264

◎第1段階：予期悲嘆 …………………………………………… 265

● 妻の病状に悲嘆するフランシス ………………………… 266

◎第2段階：否認 ………………………………………………… 266

● 役割の変化に対応できないエイラ ……………………… 267

◎第3段階：怒り ………………………………………………… 267

● 突然ポストを失うことになったヒラリー ……………… 269

◎第4段階：取り引き …………………………………………… 270

◎第5段階：抑うつ ……………………………………………… 271

◎第6段階：受容 ………………………………………………… 272

| 転換期への対応：ウィリアム・ブリッジズのモデル ………… 273

◎第1段階：終わり ……………………………………………… 274

● 昇進が叶わず転職を決めたローズ ……………………… 275

◎第2段階：ニュートラル・ゾーン …………………………… 277

● 解雇をポジティブに転換したキース …………………… 277

◎第3段階：始まり ……………………………………………… 279

| 自分を制限してしまう思い込み：リミティング・ビリーフ … 280

◎セルフ・サボタージュを表すフレーズ ……………………… 281

●自分を押さえつけてきたマイケル …………………………… 282

┃ 他の欠陥のある思考パターンを見抜く …………………………… 283
●子どもの頃の"ルール"に縛られたエド …………………… 286

┃「値引き」による変化への抵抗 …………………………………… 288
◎レベル1：問題自体の値引き ………………………………… 288
◎レベル2：問題の重大さの値引き ………………………… 289
◎レベル3：問題の解決可能性の値引き …………………… 290
◎レベル4：変容能力の値引き ……………………………… 290

┃ 行き詰まり状態の見返りを特定する ……………………………… 291
┃ 変革を阻む「免疫マップ」を活用するアプローチ ………… 292
◎4つの要素を書き出す ………………………………………… 293
◎4つの要素を書き出した後の次のステップ ……………… 296
●プレゼンテーションがうまくいかないサンドラ ………… 297

┃ プロチャスカとディクレメンテの行動変容ステージ・モデル 299
┃ 恐れの克服 ………………………………………………………… 301

第9章 支援とチャレンジ   302

┃ 支援とチャレンジを組み合わせる ……………………………… 303
┃ 核心に迫る ………………………………………………………… 305
┃ 話に割り込む ……………………………………………………… 306
◎割り込み方のポイント ……………………………………… 308
┃ 瞬間的に現れる重要な情報 ……………………………………… 308
┃ フィードバックを行う …………………………………………… 309
●フィードバックで改善できたアンソニー ………………… 310
●コーチからの意見で気づきを得るキャンディス ………… 314
┃ 挑発とユーモア …………………………………………………… 317
◎実践例1 ………………………………………………………… 318
◎実践例2 ………………………………………………………… 319

┃ クライアントと率直に向き合うとき ……………………………………… 321

┃ クライアントが過ちを犯すとき ………………………………………… 322

┃ いつも誰かのせいにしているとき ……………………………………… 324

　　● 昇進の希望が叶わず転身したキャリーズ …………………………… 324

　　◎ いくつかの可能なアプローチ ……………………………………… 325

┃ クライアントからの攻撃 ………………………………………………… 327

┃ アカウンタビリティ ……………………………………………………… 328

┃ フォローアップ …………………………………………………………… 329

┃ クライアントへのプレッシャーの強弱を知る ……………………… 330

　　● 妻との2人きりの関係を考え始めるロバート …………………… 330

<table>
<tr><td>第 10 章　情報提供とアドバイス</td><td>334</td></tr>
</table>

┃ 3人のケース ……………………………………………………………… 334

┃ クライアントからアドバイスを求められた場合 ………………… 336

┃ アドバイスを行う際のガイドライン ………………………………… 337

　　● 同じ経験をしたクライアントへアドバイスするカースティ …… 339

　　● リズ（クライアント）とジョン（コーチ）のケース …………… 340

┃ 情報提供 …………………………………………………………………… 341

┃ コーチングらしいスタイルで情報提供する際のガイドライン … 343

　　◎ ステップ1：許可を得る ……………………………………………… 343

　　◎ ステップ2：クライアントが持つ知見を聞き出す ……………… 344

　　◎ ステップ3：クライアントが望む情報共有の仕方を確認する ‥345

　　◎ ステップ4：「情報を引き出し、足りなければ加える」

　　　　アプローチを行う ……………………………………………………… 345

　　● ジョアン（クライアント）とモーガン（コーチ）のケース …… 346

　　◎ ステップ5：異なる意見を求め、クライアントの自主性を尊重する … 348

　　◎ ステップ6：他のクライアントの似た問題の解決例を挙げる ‥348

　　● 患者に他者の取り組みを伝えて指導するポーラ ………………… 349

意見の違いに対処する	350
◎意見が合わないときの対応方法	352
●コミュニケーションが問題視される新任上級職のリン	356

第11章 涙、トラウマ、そして心理療法 ……… 359

涙	359
●職場の事件に巻き込まれ失職したマリー	361
●突然仕事が嫌になったマーティン	363
ストレスとマインドフルネス	364
◎マインドフルネス1分間エクササイズ	365
●自分の昇進に懐疑的だったサスナム	366
涙もろい人	367
●泣きながら会議を中座したベアトリックス	369
トラウマを持つクライアント	370
◎効果的な戦術	373
発達障害が疑われるクライアント	375
一般的な心理療法状態または精神状態への理解	377
●強迫性障害の疑いがあるカミラ	377
自殺の恐れのあるクライアント	379
心理療法が必要になる場面	383
他の専門家に紹介する場合	385

第12章 より良いセッションにするアイデア 387

時間管理を徹底する	387
環境を変える	389
ブレインストーミングを取り入れる	389
◎ブレインストーミングのやり方	390

● 肥満をなんとかしたいアラン ……………………………… 391

| エンプティ・チェア技法を取り入れる …………………… 393

　◎メタ・ミラー技法 …………………………………… 393

　　● 会議での発言の仕方に課題を持つソニア ………… 395

　　● 就職先の決断に悩むブライアン ………………… 395

| 小石を使う ……………………………………………… 397

　◎小石を使った方法 …………………………………… 397

　　● 昇進を機に人間関係を考え直したティファニー … 398

| ビジュアライゼーションを活用する …………………… 399

　◎シナリオの例 ………………………………………… 401

　　● ビジュアライゼーションで将来を変えたスティーブン ……… 404

| テクノロジーを活用する ……………………………… 406

| ロールプレイを行う …………………………………… 407

　◎ロールプレイの実施方法 …………………………… 408

　◎デブリーフィングの実施方法 ……………………… 409

　◎ロールプレイの練習法 ……………………………… 411

　　● 昇進の面談に失敗を続けるギャレス ……………… 411

| シャドーイングを行う ………………………………… 413

　　● 人見知りで自分に自信を持てないラヴィ ………… 414

| 観察を行う ……………………………………………… 416

第 13 章　プロ・コーチが知っておくべきこと　419

| 倫理 ……………………………………………………… 419

| 実際に起きたジレンマ ………………………………… 420

　◎異文化理解 …………………………………………… 422

　◎多文化共生 …………………………………………… 425

　◎守秘義務の限界 ……………………………………… 427

| 倫理ガイドライン ……………………………………… 430

　◎倫理問題を俯瞰して考えてみる …………………… 431

| スーパービジョンとコーチ・メンタリング | 432 |

◎スーパービジョンの目的 …… 432
◎スーパービジョンの進め方 …… 434
◎燃え尽き症候群と錆びつき症候群 …… 436
◎スーパーバイザーのスタイル …… 436
◎スーパービジョンのセッションの価値を最大限に引き出す … 437
◎スーパービジョンの現実性 …… 440
◎エビデンスとフィードバックを得る …… 442

| 記録を取る …… 442

◎セッション中のメモ …… 443
◎セッション後の記録 …… 443

| コーチのためのトレーニングと能力開発 …… 444

◎公開学習・遠隔学習 …… 445

| 認定と証明 …… 446

| コーチングは効果があるのか …… 448

| 投資対効果 …… 450

| コーチングの成功を測るその他の指標 …… 451

第 **14** 章　テクニックを超える　　454

| テクニック依存の弊害 …… 454

| 自分自身こそが最高のパフォーマンスを上げる「道具」……457

| 洞察力 …… 458

| 「正しくあれ」という思いを捨てる …… 460

| ぶれない軸 …… 460

付録 **1**　初回セッションのテンプレート …… 463

付録 **2**　電話やバーチャルでのコーチング …… 470

第1章

コーチングとは何か

Defining coaching

　ある国際コーチング会議が開催されたときのことです。「コーチングとは何か？」というテーマが話し合われました。一流のコーチたちから思い思いの考えが出されましたが、共通の定義が示されることはありませんでした。

　結局、コーチングを1つの定義でくくることは難題だという結論に至りました。一流のコーチが集まって議論してもこうした結末です。「コーチングとは何か？」を定義することはそう簡単ではないということです。

　本章では「コーチングとは何か？」を考えるとともに、コーチングと近い関係にある心理療法やカウンセリング、動機づけ面談等さまざまな対人援助法の類似点や相違点を考察します。

　コーチという言葉が非常に幅広く使われることにより、意味が曖昧になっているといえるでしょう。「コーチ」とは、例えば、嫌がる子どもに物理やフランス語の試験勉強を教えて小遣い稼ぎをする家庭教師を思い浮かべる人もいれば、テニスの天才児のコーチ兼マネージャーの親を連想する人もいるでしょう。ある種のスポーツ・コーチからは、「コーチ」とはより魅力的なイメージが思い起こされるかもしれません。それは、賢く洗練された、高収入のカリスマ的な存在であり、そのコーチのコーチングの奥義が、本や新聞などで明かされることを皆がまだかと待ち遠しく思える存在です。

コーチが特別に思われてしまっていることは、私の身近なところでも感じます。ある用件でクライアントに電話をしたとき、受話器の向こうから「おいジョン！　おまえの大先生から電話だ！」という大声が聞こえてきたことがありました。

いまでも会社によってはコーチを依頼するのは珍しく、パフォーマンスに課題がある上級職の社員に限られていたりします。こうした場合、コーチングの目的の多くはパフォーマンスの向上にありますが、クライアントはコーチングを受けるにあたって、自分はどんな恥ずべき失敗をおかしたのかと思いがちです。まだ私がコーチになりたての頃のことです。あるクライアントから、「私は辞めさせられるのですか？」と怪訝そうに訊ねられたこともあります。私も彼女と同様、そのときのコーチングの目的が何かを会社側からはっきりと示されていませんでした。いま思うに、会社としては再就職支援として合理的な措置を取ったことを示すためだったと理解できます。

また、会社によっては、コーチングに神秘的なイメージができあがっているのかもしれません。長年エグゼクティブ・コーチとして関わらせていただいたある会社では、コーチングは極秘リストに記載された次世代リーダーたちの特権だと噂されていました。そのリストに名を連ねるには、「招待状」が届くまで待機していなければならないと思われていたほどです。もちろん、そんなことは誰かのつくり話に過ぎません。

こうした疑問は起こりがちなことです。注意しなければならないのは、コーチングとは心理療法やカウンセリングと同じだと思われることです。これからコーチングを受ける人たちだけではなく、コーチングを受けたことのあるクライアントのなかにもそう思っている人がいます。

あるクライアントから「コーチングは元気な人のための単なる心理療法のようなものですか？」と質問されたことがあります。

「単なる」と言われることで、コーチングへの誤解があることがわかります。クライアントに対してコーチングについて説明してみても「カウンセリングと何が違うの？」といぶかしげに問われるかもしれません。メン

タルヘルスへの理解が進んできているにもかかわらず、コーチングがカウンセリングとどう違うのか、その理解がまだまだ浸透していません。これは、自分の問題は自ら対処すべきとの考えが根底にあるからです。しかしながら、心配事に対して自ら理性的になって対処するのは難しいことです。それは、自分の感情や自制心を失うこと、取り繕った自分のベールが剥がれることを恐れることと関係があるからです。

　ここに挙げた懸念には、コーチングを理解するうえで共通する大切なテーマがあります。それは、クライアントが誰であれ、どれほどの偉大な成功者であろうとも、“自分の弱さを見せること” と “自制心がきかなくなること” への 2 つの恐れがあることです。
　クライアントがコーチングに不安を感じることは当然のことです。なぜなら、コーチングとは変化を伴うことであり、変化していくなかでは自分の弱さが見えてきますし、変化が起きている間は、自分がいままでどおりの生き方に対してコントロールがきかなくなるかもしれないと思うことになるからです。

▌ 理論の役割

　コーチングはさまざまな分野から成り立っているため、混乱を招きやすい分野です。心理学は、哲学の一分野から派生しました。一方、心理療法は、精神科医によって始められたこともあり、医療の一分野として位置づけられています。
　物事の始まりを知ることは、その本質を理解するうえでとても大切なことです。心理療法とカウンセリングは基本的には医療分野ですが、エグゼクティブ・コーチングはマネジメント開発の領域です。また、良い生き方を支援するライフ・コーチングは、それに関する書籍が多くの自己啓発書と一緒に扱われているように、自己啓発分野として位置づけられています。

　コーチングは概して、幅広い理論が活用されていることで実用性が高い

と言われます。レニ・ワイルドフラワーとダイアン・ブレナンが著した『ナレッジベース・コーチング・ハンドブック』（*The Handbook of Knowledge-Based Coaching,* 2011；未邦訳）は、コーチングに関する理論を豊富に紹介していますが、コーチングが多様な理論を基盤とした実用的な手法であることが同書を読むとよくわかります。一般的に、実践が理論を大きくリードするものとされています。したがって、実践が理論より重要視されがちなために、「コーチングは理論的でない」と解釈されることもあるかもしれません。考えようによっては、これは長所と見ることもできますが、対処すべき短所と見ることもできます。その両方かもしれません。

　20世紀最後の20年間にコーチングが確立されていった背景には、1960年代の人間性回復運動（訳注：1960年代の米国の心理学分野で起きた、幸福・自由・尊厳など人間の根源的価値を追求する風潮のこと）や1970年代のニュー・エイジ運動（訳注：20世紀後半に現れた自己意識運動であり、宗教的・疑似宗教的な潮流のこと）が行われていたその頃に、米国の思想家ワーナー・エアハードにより展開されていたエアハード自己啓発セミナー（EST：Erhard Seminars Training）があります。ESTはコーチングの先駆者を数多く輩出した活動組織であり、1991年に後継団体としてランドマーク・エデュケーションを設立しています。現在もこの団体は活動を続けており、年間数千人をトレーニングしています。

　しかしコーチングは、心理学、精神医学、医学、物理学、システム理論、言語学、心理療法、催眠術、マネジメント開発、人類学、リーダーシップ論、組織開発、トレーニング、販売術、宗教や哲学など多岐にわたる知見が入り交じっています。

　また、「コーチング」という手法の呼び名がどうあれ、コーチング的な考え方は人間社会が成立し始めた頃からから存在しています。約2400年前のギリシャでは、ソクラテスがコーチング的な手法を行っていたことはよく知られるところです。

　プラトンは、「ソクラテスの唯一の知は無知であることであり、哲学者としての彼は産婆のような役割であった」と述べたことがいまに伝わって

います。すなわち、ソクラテス自身が子どもを生むのではなく、母親が子を生むための手助けをすることが、彼が果たす大切な役目だということです。ソクラテス式問答法は、相手に問いを立てることで問題解決の気づきを促すものです。そうすることで、現在のコーチングと同じように、相手は自分の心を見つめることで、適切な問いを探し当てることができるようになるのです。

コーチングの定義

　私の定義は一見シンプルですが、実際は複雑さが秘められています。私は次のように捉えています。

> 　　コーチングとは、コーチする相手であるクライアントの学びや成長を促し、ウェルビーイング（well-being, 訳注：心身ともに良好で、安心感が醸成されていること）やパフォーマンスを高める技です。コーチングを通じてクライアントは自己認識を高め、選択肢から何を選べばよいかがわかるようになります。また、クライアントは自分自身の問題解決策を見つけ、自分自身のスキルを高め、自分自身の態度や行動を変容させることができます。コーチングの最も基本的な目的は、クライアントが本来持つ能力と現状とのギャップを埋めることです。

　このように解釈するにあたって、次の6つのことを基本原則に置いています。

［第1原則］クライアントは問題解決能力を持つ

　クライアントは自分の問題を解決するための能力を備えています。誰かに問題解決してもらうためにコーチングを受けているのではないということです。クライアントの利害関係者（例えば、コーチング費用の支払いを承認している上司など）はそう思っているかもしれませんが。
　それに対してクライアントは、「あなたが私の立場ならどうしますか？」

とコーチに答えを求めることがあるかもしれません。しかし、本当に何が必要なのかは、クライアントにしかわかりません。なぜならば、クライアントにしかすべての状況はわからず、クライアントにしか行動は起こせず、そして、その結果責任を負うのはクライアント自身だからです。

[第2原則] コーチは、巧みな質問、チャレンジと支援を通じてクライアントの機知を深める

　第1原則にも関わることですが、コーチの役割はアドバイスすることではありません。コーチがアドバイスしてはクライアントの状況をコーチのほうがよく知っていることとなりかねず、クライアント自身が気づきを引き出せません。また、アドバイスは指示になりえます。

　「なぜあなたはそうしないの？」「ええ、それは…」という流れになりかねません。例えば、次のようにです。

　　コーチ：少し体重を減らしたらどうでしょう？
　　クライアント：そうしたいですが、いまはちょっと…。

　アドバイスをすることでクライアントが自分自身のことを振り返りしなくなり、コーチに依存してしまうことになりかねません。このことについては第2章で詳しく説明します。コーチの役割は、クライアントに端的で本質的な質問を投げかけて、クライアント自身が自分でも気づかなかった領域に足を踏み入れることです。これによりクライアントは自ら持つリソースを活用し、発展させることができるようになります。これは何もクライアントに情報提供してはならないということではありませんが、コーチングの流儀として情報提供の方法にはそれなりの技術が必要です（第10章参照）。

[第3原則] コーチングはクライアントの過去・現在・未来すべてに焦点を当てる

　ビジネスパーソンを相手にするコーチは、仕事に関係する領域のなかで

のみコーチングをするものだと捉えがちですが、それは違います。私の経験から言えることですが、仕事上の課題があるクライアントは、プライベートでも何かしら問題を抱えている場合が多いのです。

　また、幼少期のときにどう人と向き合ってきたかがその後の人格形成に影響します。コーチングは精神分析学ではありません。しかし、幼児期から高齢期の人間発達に関する過程や理論などの知識が少なからずないと、クライアントと深く関わることは難しくなるでしょう。

［第4原則］クライアントが課題を設定する

　コーチングは、コーチが事前に課題を設定することはありません。コーチが例えばリーダーシップ開発に関して有効なメンタル・モデル（mental model，訳注：物事の見方や行動に大きく影響を与える固定観念や暗黙の前提）を持っていても、それがクライアントにとっての関心事でなければ、リーダーシップをセッションのテーマにする必要はありません。コーチングの課題はクライアントが設定します。クライアントの課題がなくなれば、一時的にでもコーチングは終了します。

［第5原則］コーチとクライアントは対等の関係である

　コーチとクライアントは、対等な関係が大原則です。お互いに敬意を抱く関係、つまり仲間の関係、大人同士の関係の構築が大切です。仮にクライアントがコーチに畏まったり、またはその逆の態度を取った時点でコーチングの関係は成立しません。常に関係性を客観視することが大切です。クライアントに対して敬意が感じられなかったり、クライアントがコーチに敬意を抱かない場合もコーチングの効果が期待できないので、こうした場合はセッションを終了するか、全く始めないことです。

［第6原則］コーチングとは行動変容を伴う

　クライアントは何かを変えたいと思ってコーチングを受けます。コーチングの主な目的は、自己認識を高め、選択を明確にし、現状と可能性のギャップを埋めることです。そしてコーチの役割は、クライアントがこれ

らを実現するための支援です。

したがって、自分を変えることを望まない人をコーチングすることはできません。そのため、クライアント本人の意志ではなく、第三者からの紹介による場合は常に慎重になる必要があるでしょう。

また、クライアント自身は何かを変えたいと言っているものの、実際には変わりそうになかったり、変わる期待が感じられなければ、中止も検討します。その場合、他のコーチを紹介してあげてもいいかもしれません。

図1-1に示すように、私たちコーチは、クライアントが「本来の自分であること（being self）」と「本来の自分を発揮すること（doing self）」の両立を支援することに関わることになります。

「本来の自分であること」とは、インナー・パーソナリティー（inner personality, 訳注：自分の内面のさまざまなキャラクターまたは人格のこと）のことであり、そしてこれまでの人生での経験、振る舞い、役割すべてのことです。それは、私たちが取る1つ1つの行動ではなく、私たちがそもそも自分は誰であるかを示す核心的価値や信念など、私たちの人となりについてのことです。

一方、「本来の自分を発揮すること」とは、果たすべきタスクとそれを達成するスキルが備わった人としての側面のことです。通常、それはコーチングを始めるにあたって、次のように最初に示される事柄です。

・もっと成果が出せるようにサポートしてください。
・会議を上手に運営する方法を教えてください。
・履歴書の正しい書き方を教えてください。

クライアントは自分を本質的に変えるためのきっかけとして、コーチングを求めます。だから、自分を変える必要がないとしてコーチングを受けるような人は本当のクライアントとはいえません。変容は心の内側から起

図 1-1　コーチング・モデル

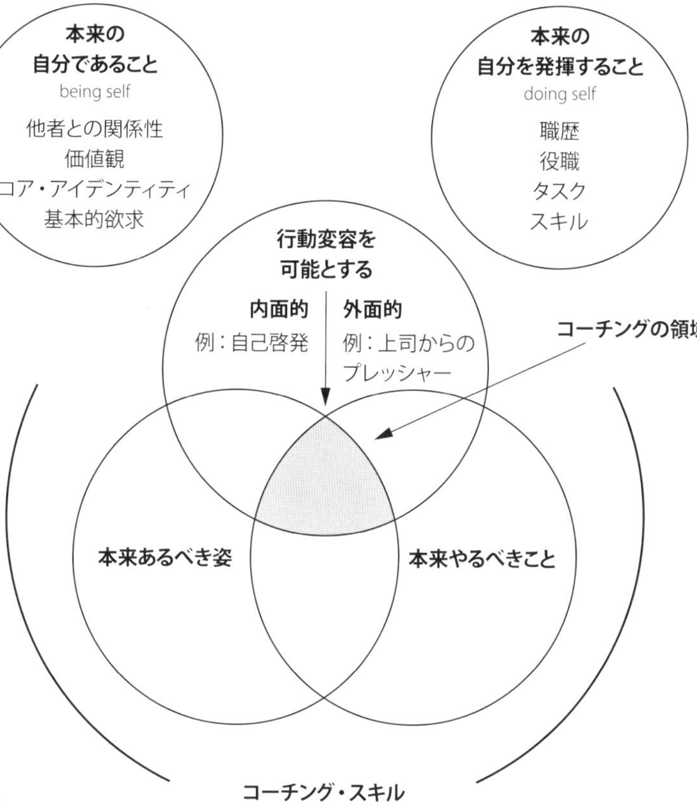

**本来の
自分であること**
being self

他者との関係性
価値観
コア・アイデンティティ
基本的欲求

**本来の
自分を発揮すること**
doing self

職歴
役職
タスク
スキル

**行動変容を
可能とする**

内面的　**外面的**

例：自己啓発　例：上司からの
プレッシャー

コーチングの領域

本来あるべき姿　**本来やるべきこと**

コーチング・スキル

こるべきもの、つまり「本来の自分であること」から誘発されるのです。

　コーチングを受けるきっかけはさまざまです。35歳、40歳、45歳など区切りのいい年齢になったので人生や将来を考えてみようということが理由かもしれません。あるいは、重い病気、結婚、子の誕生、親の死、離婚など私生活の大きな変化が動機かもしれません。もちろん、仕事関係の要因もあるでしょう。例えば、次のようなことです。

・組織メンバーの退職や入社
・昇進またはリストラなどによる役割の変更
・以前は評価されていたスキルがいまでは通用しなくなった
・新しい上司から、これまでとは違ったパフォーマンスを要求され、変化しなければならないプレッシャーにさらされている
・失業した、あるいはその恐れがあって不安を抱えている

こうした問題に対するコーチングの場合、図1-1の中央のグレーの部分がコーチングの領域となります。

ここまで見てきたように、クライアントのこれまでの人生経験を概観することがとても大切で、クライアントが最初に出してくる課題はコーチングのスタートと考えます。しかしながら、コーチの経験が浅いと、セッションをどう進めてよいかがわからないものです。

私も新米コーチ時代、クライアントの年齢や役職に圧倒されてしまい、その生い立ちや子ども時代の質問ができませんでした。すぐにそれが間違いだったと気づいたので、それ以来、クライアントからは幼い頃に経験したことも必ず訊くようにしています。

┃ コーチング・セッションの一般的な流れ

コーチング・プログラムの期間はクライアントや内容によってさまざまです。例えば、就職面談の準備のために1回のみのセッションから、120分のセッションを毎月実施して3年以上続いているクライアントもいます。課題設定は大きく2つの形式に分けられます。

ジレンマ：2つ、3つの選択肢でどちらに進むのがよいのでしょうか？ 例えば、A社またはB社の内定のどちらを選択するか？ など
パズル：限定された選択肢のないなか、どう進むのがよいのでしょうか？ 例えば、どうすれば誰かをより快適にできるか、もっと効率よ

く働けるか、もっと集中力を向上できるか、行き詰まりを解消できるか？　など

例：
・大切な関係をより良くする。
・タイムマネジメント能力を高める。
・もっとお金を稼ぐ。
・次のキャリア・ステップを決める。
・チームのパフォーマンスが向上するための課題に取り組む。
・新しい仕事を始めるために準備する。
・組織編成を実施する。
・より説得力のあるプレゼンテーションを学ぶ。
・新しい役職に必要なスキルを身につける。
・フリーランスになるための準備を始める。
・ストレスを管理する。
・ワーク・ライフ・バランスを整える。
・フルタイムの仕事を退職し、引退することが望ましいかを決める。

　各セッションでは通常120分として、2〜3つほどの課題について対話を行います。そこで話し合われたことを行動計画にまとめ、次回のセッションまでに実行するようにします。そして、実際に取り組んだことについて、次のセッションで確認し合います。その際の流れはおおよそ次のとおりです。

　5分：前回のセッション以来に起きたことで共有されたいことは何ですか？
　10〜15分：前回決めたことを行動としてどのように取り組まれましたか？　具体的に何を実践してみましたか？　何を学びましたか？
　5分：本日はどんな課題についてお話しましょうか？
　・その課題は、あなたの日常や仕事にどう影響していますか？

・課題はいくつかあるようですが、どれについて先にお話しましょうか？（複数ある場合）
・今日のセッションではそれぞれの課題にどれくらい時間をかけますか？
・当初設定したゴールと実際にそのために実行したことはどのように関連づけることができますか？

90分：（各課題に対してコーチングを行う）

5分：次回のセッションまでにどんなことに取り組みましょうか？

コーチングが一般に知られて身近になったことで、さまざまな分野でコーチングが広がっています。

ライフ・コーチ：ライフ・コーチは人生をより豊かに生きるためのテーマについて、クライアントを支援します。そのテーマは、人間関係、ワーク・ライフ・バランス、キャリア・プランなどです。

スポーツ・コーチ：かつてのスポーツ・コーチはコーチが自己流で身につけた専門技術を指導することが一般的でした。しかし、現在では本書で紹介するようなコーチング技法による指導に変わってきています。

エグゼクティブ・コーチ：エグゼクティブ・コーチは、企業の上級幹部が対象です。そのため、コーチには経営や組織行動に関する深い知識と実績が求められます。ここでの課題は、ライフ・コーチングのすべての課題に加えて組織運営に関する幅広いテーマが設定されます。

例えば、新任リーダーの役割と仕事、就任から100日間にやるべきこと、永年勤続幹部の退職プラン、ストレスと燃え尽き症候群、財務スキル、キャリア開発、リストラによる再就職支援、面接の支援、プレゼンテーション・スキル、イメージ戦略など、テーマはさまざまです。

エグゼクティブ・コーチがチームに対してコーチングを実施することもあります。その場合でも、コーチングは本書で紹介する考え方や方法により実施されます。

なお、一般的にはエグゼクティブ・コーチングはライフ・コーチングの

数倍高い報酬が得られます。

　アドバイザリー・サービス：専門的に助言してくれるアドバイザリー・サービスの分野でもコーチングが活用されています。例えば、負債整理カウンセラーはいまや負債整理コーチとして、演技の先生はオーディション・コーチ、ファイナンシャル・プランナーはファイナンシャル・コーチ、夫婦カウンセラーは形を変えてリレーションシップ・コーチ、そして勉強方法を指導する学習コーチなど、多岐にわたります。

　コーチングは、エグゼクティブなどクライアントのタイプや、課題別以外に、流派や手法でも分類され、発展してきました。そのため、コーチングとは何かの説明を受けるときに、次のような専門用語が使われることがあるかもしれません。
　・ノンディレクティブ（非指示的）、パフォーマンス、存在論的、ゲシュタルト心理学、NLP（神経言語プログラミング）、統合心理学、サイコダイナミクス、サイコドラマ（心理劇）、ソリューション・フォーカスト・アプローチ、スピード・セラピー、ナラティブ・セラピー

　これらは心理療法やカウンセリングの流派からの影響を受けていることが多いものです。心理療法やカウンセリング業界はコーチングとの共通点が多いことからコーチング市場への参入のためにさまざまな講座を開設しています。コーチングのカンファレンスでもそうした流派も参加しているので、参考になる情報が得られるかもしれません。それぞれの流派の特徴を学んで、自分のコーチングに取り入れるのもいいでしょう。
　こうした流派のなかには既定の質問技法があったりするのですが、その技法を始めた人特有のやり方であることも多く、誰がやってもうまくいくとは限らないことに注意が必要です。
　私の同僚も、ある著名なカウンセラーのワークショップに参加したのですが、「どうやっても彼のようにはできない」とがっかりしながら語っていました。
　心理療法やカウンセリングはどの理論や流派が良いとは言えません。理

論を取り入れて実践することより、クライアントに対して温かくあり、親密で、対等な関係をつくることに専念することがとても大切だと思います。もちろん、同じことがコーチングにも当てはまります。

コーチングと他の対人援助法との違い

コーチングと類似しているのに、異なるもののなかに同様な対人支援に携わるたくさんの分野があります。それらとコーチングの違いをここでは確認し、みなさんの専門分野でどのように活用できるかを考えてみましょう。

◎コーチングと精神医学

精神医学は精神科医が扱う領域です。精神科医は精神疾患や精神障害などの診断と治療の専門家であり、難関な資格の1つともいえます。医師として現場に携わるようになっても定期的にモニターされ、監査されます。資格の取り消しがあれば、当然ながら医業停止となります。資格の更新が必要です。

かかりつけ医がスペシャリストからの精神安定剤の処方が必要だと診断したり、一時的であろうとも、通常は感じない気分の落ち込みや変調が起きたときは、精神科医に診てもらうのがいいでしょう。また、統合失調症、重度の産後うつ、薬物・アルコール依存症や慢性うつ病など社会参加が困難なケースも、精神科医による診断になります。

精神疾患などでの効果的な治療としては、薬物療法のほかに、心理療法士による「話す治療」があります。精神医学では患者が治療のすべてに関わることがますます必要だとの理解が進んでおり、それはコーチングの成功に大きく影響されているという事実があります。

また、精神障害があっても自分の生き方をポジティブに捉えるようにする治療プログラム「リカバリー・アプローチ」もますます一般的に行われるようになってきています。これは、患者自身に人生をコントロールする力があり、他者に治療を委ねるのではなく、自分自身で行うことだとする

考えに基づいたプログラムです。患者本人の疾患の状態、自分の人生のあり方、これからどのような自分になりたいのかは、医師よりも本人のほうがよく知っているわけです。医師ではなく、患者本人が治療のゴールを設定します。医師は完治するまでの支援者に徹し、治療を強制することはありません。

　このとき理想な関係性は、コーチングと同様、医師と患者がパートナーシップを築くことに注力することです。

◎コーチングと心理療法

　コーチングと心理療法の境界がどこなのか、おそらくこのことがコーチが最も苦慮していることではないでしょうか。

　『カウンセリング＆サイコセラピー・ハンドブック』（*The SAGE Handbook of Counselling and Psychotherapy,* Colin Feltham & Ian Horton, 2000；未邦訳）という本に、心理療法が次のように定義されています。

> 「（心理療法は）心理学的及び心身医学的な問題と変化への取り組みである。それは例えば、深く長期にわたる人間の苦しみ、解決できない難問と危機、成長への欲求、そして人間の可能性の実現に向けた願望などへのアプローチである。」

　心理療法にはさまざまなアプローチがあり、それぞれが独自の手法を持つ400もの"流派"があると言われています。その効果はそれぞれ異なると報告されているのは、おそらくこの流派の多さから来ているのでしょう。

　その効果を私は実際に体験したことがあります。あるとき、個人的な危機に陥り、心理療法を受けることにしたのです。数カ月にわたり辛い不安に苛まれ続け、私を取り巻く世界が崩れ落ちるような感覚を覚えたのです。そこで助けを求めて心理療法を探したのですが、最初に受けた診療はとても貧弱な内容でしたが、次に診てもらった心理療法は大いに助けとなったのです。

私のかかりつけ医は最初にクリニックを開いているＸ先生を紹介してくれました。Ｘ先生のクリニックはとてもエレガントでしたが、私は彼が医学の博士号を取得していないことを事前に調べて知っていたので、そのことについて訊いてみたのです。

　ちょっと意地悪なこの質問が彼を不機嫌にさせたことは間違いないようです。Ｘ先生は世界征服をするかのように大きな机に尊大に構え、私は彼の足元と同じ低さの黒い革張りのソファーに座りました。彼は私の「病状」（彼はこう言ったのです）について尋ねたのち、通り一遍のアドバイスをしただけでした。予定の1時間よりも20分早い40分で終了し、私は予約時の1時間分の診察代を支払いました。再び、そこに行くことはありませんでした。

　代わりに、心理療法士でもあるコーチ仲間を頼ることにしました。彼女は、私の感情の揺らぎに寄り添いながら、淡々と穏やかに対話を行っていきました。そして、まさに私に必要なこれからの行動計画を一緒に考えてくれたのです。しかも、診察料はＸ先生の4分の1！　診察料が高額ならサービスの質も高いことには必ずしもならないことを、このとき実感することにもなりました。

◎心理療法とコーチングとの境界

　次の方々は、私がエグゼクティブ・コーチとして関わらせていただいたクライアントです。

- 深刻な双極性障害を克服して仕事に復帰したいとしていた財務担当取締役
- 夫との夫婦関係の問題が差し迫っていたCEO
- コーチング・セッション中に仕事の不安で心がかき乱されていた銀行員
- 急速な変化にさらされているインターネット業界で、過酷で非常に競争の激しい組織環境のストレスに対処できないマーケティング担当取締役

　みなさんはこれらのクライアントの話を聞くと、怖気づくかもしれませ

ん。確かに、こうした場合、コーチとして距離を置き、心理療法士を紹介
したほうがいいのでしょうか？　私はそうは思いません。あまり極端に心
の問題に細心になる必要はないと考えるからです。

　上記のような場合の対処について、多くのコーチングの本でも述べられ
ています。それは例えば、「感情を深く探ることはコーチングには不向き
である」「エグゼクティブ・コーチングでは、私生活に関することは避け
るべきだ」「心理療法が必要な場合を、何かしら“誰もが知っている”」な
どです。2004年刊行の本書の第1版では、こうした説に疑問を感じながら
も、これらの考え方に従いました。

　しかし、心理療法とコーチングの境界はとても曖昧なので、はっきり分
けるべきではないというのがいまの私の考えです。

　ただ、コーチのなかには、コーチングと心理療法の境界が曖昧なことを
危惧する人もいます。その危惧とは「クライアントの感情に深く入り込み
過ぎること」や「クライアントを傷つけてしまうかもしれないこと」です。
このことについて議論してみると、心理療法に対する誤解から来ているこ
とだと気づかされました。

　例えば、「心理療法は画一的になりがちで、必ず昔のことを訊きたがる」
「本人ではなく、心理療法士が判断する」「何年も治療が続く」「どこかミ
ステリアスで不可解なため、“危険な”感じがする」などです。

　こうしたステレオタイプな見方は、実態を正しく反映していません。な
ぜなら、心理療法は画一的ではなく、異なる流派が影響し合いながら共存
しているからです。そして、心理療法の各流派とコーチングはかなり近似
しているともいえます。

　なお、心理療法のなかには6時間ほど（一般的なコーチング・プログラ
ムよりも短い）で完了する「短期療法」という短いプログラムもあります。
短期間で完治すると見なされるのは、治療費が払えないため療法回数を短
くせざるを得ないのではないかと思ってしまいます。

　また、心理療法がステレオタイプな見方をされるのは、映画やテレビの
影響を大きく受けているからです。そうした場面に登場する治療モデルは
多くの場合、「精神分析的心理療法」です。これは心理療法として最も初

期に確立された治療技法であり、心理療法士とクライアントが頻繁に、しかも長い期間をともにすることが普通でした。

　私は個人的には、コーチングは心理療法がベースになっていると考えていますが、心理療法を簡易にしたものではないかと疑う人もいます。また、潜在的なクライアントのなかには、心理療法は騙されやすい気弱な人のためのものだと考える人もいます。そこでコーチとしてこのような考えを持つ人たちは、その先入観に対し、どう安心感を提供して、正直に答えられるかが大切になります。

　また、議論はさらに、一部の心理療法士が抱くコーチングへの固定観念、すなわち、コーチングは表層的で短期集中型、しかも料金は法外、詐欺師か他のキャリアで失敗した者が行うことだとする見解で議論を活発にしているのは確かです。

　実際のところ、心理療法がなかったなら、コーチングは存在しないのですが、多くのコーチはこのことに気づいていないようです。コーチングの理論と技法の多くは、心理療法から派生しています。私自身も人間性心理学、精神分析学、ゲシュタルト療法、交流分析などからアイデアやアプローチ法を臆面もなく取り入れ、自分流に活用しています。良い結果に導けるなら、そうしたものの機能を活用すべきだと考えています。

　心理療法とコーチングに関する混乱の多くは、人間が合理的であるという誤った仮定によるからです。コーチングは合理性を扱い、心理療法は感情を扱うといったことです。

　実際には、神経心理学の最近の研究（第4章参照）で明らかになっているように、感情を司る大脳辺縁系には、思考と理性を司る前頭前野よりも大変重要な役割があります。意思決定は合理的に導かれるのではなく、感情的に行われますが、これに従えば、クライアントとコーチの対話から感情を排除することなどできません。

　エグゼクティブ・コーチングの多くは、仕事上の問題から始まります。会社の費用で実施するのですから、それは当然のことです。しかしながら、仕事上の問題は、私生活においての感情的要因にも影響されますし、その

逆もしかりです。

　ですから、エグゼクティブ・コーチングではプライベートな問題に言及することを避けては、浅くて偏ったセッションになってしまいます。コーチングから感情的な側面を排除してはそもそもセッションが成立しません。仕事の問題や目標達成能力を向上させるためのパフォーマンス・コーチングばかりに集中すると、コーチングが生まれてから40年間支配的だった行動論的アプローチ（behavioral approaches, 訳注：実際に現れる行動を受容させることを目的としたアプローチのこと）が強く出過ぎてしまうかもしれません。それでうまくいけばいいですが、その効果は限定的で、表層的になってしまいがちです。

◎心理療法とコーチングの違い

　心理療法をコーチングと比較すると、多くの違いが見えてくると思います。最も重要なのが、クライアントのメンタルの状態です。心理療法のクライアントは、コーチングのクライアントよりも苦悩が長く続き、無力な状態になる可能性が高いのです。フェルサムとホートンも前出の『カウンセリング＆サイコセラピー・ハンドブック』のなかで、心理療法は「深くて、長期にわたる人間の苦しみ」と述べています。多くの心理療法士はクライアントをいまだに患者と呼んでいることに表れているように、医師と患者の関係、つまり先述した第5原則における対等なパートナーシップ・モデルではないといえるのです。

　対照的に、経験豊富なコーチは、クライアントのメンタルヘルスに問題がないことを事前に確認し、心理的な問題ではなく、コーチング課題についてクライアントと向き合います。心理療法士の養成所のどこもが、「心理療法はパートナーシップ」であることを強調します。ただ、クライアントの不安定な精神状態により、心理療法士とクライアントの間に実際アンバランス・パワーがあるため、対等な関係がつくりにくいのが実態でしょう。したがって、純粋で対等な関係を持つという意味では、心理療法士とクライアントの関係はコーチとクライアントの関係よりも、本当に対等になることは難しいといえます。例えば、心理療法士は、クライアントの苦

しみを理解することや、何とかして助けたいとの誠実で深い願望がモチベーションになることで、自分たちの仕事を「援助」と説明するかもしれません。これにより、心理療法士は、援助されるクライアントよりも優越的な地位に立っているように感じるかもしれません。一方、コーチはクライアントとの関係を「協力」と説明する傾向があります。

　エグゼクティブ・コーチングでは、心理療法と大きく違い、クライアントとの力関係が微妙に逆転するほどです。エグゼクティブ・コーチングの場合、クライアントは一般的にパワフルで、高い報酬を得ている人たちで、所属先が高額なコーチング料を負担します。対照的に、心理療法は無償やとても安価で提供されることもあり（例えば、保険制度、国民保険サービス、ボランティア機関、または会社の福利厚生制度等）、それゆえ制度を悪用する可能性があると見られてしまうのが実態でしょう。

　心理療法では往々にして、クライアントの現在の状態を理解するために過去に目を向けます。心理療法士は「なぜ？」と質問を投げかけ、その理由に深い関心を寄せます。流派によっては、なぜいまの状態に至ったか、その因果関係を解明し、その過程で感情がどのように形成されてきたかを究明することに特徴を持つところもあります。

　一方、コーチはクライアントの過去にも軽く触れますが、それ以上に現在と未来に、より興味を持つため、「なぜ？」よりも「何をすべきか？」という質問に関心を払います。

　実際の効果とその方法にも違いがあります。例えば、コーチはクライアントに平均2時間のセッション6回を数カ月にわたって実施するとしたら、心理療法士はクライアントに50分間のセッションを毎週行う傾向があります。このセッション構成の違いにより、コーチングと異なる性質をもたらすことになります。

　なお、心理療法士はコーチの場合よりも長期間にわたる専門的なトレーニングがあり、参入障壁も高く設定されています。規制が多く、資格を得るにはかなりの難易度が要求されます。

　私は同僚たちと、多くの心理療法士にコーチになるための研修を行ってきました。そこから、重複するスキルが多いことがわかった一方で、双方に偏見があることも知りました。心理療法士は、コーチングが心理療法よりも「表層的」であると見ているのです。コーチは、心理療法士はクライアントの苦しみが報酬になり、過去の苦悩を知ることを楽しんでいるかのようだと見る人がいます。これらは実際にどれもあてはまりません。

　私たちの研修を受けた心理療法士たちは、コーチングが心理療法と比べて、より目標達成に焦点を当て続けながらコーチングが進むことが多く、より未来に焦点を当てながらとても速いペースで行動変容が現れやすい、とコメントすることがよくありました。こうしたことが実際に言われたということですが、目標に焦点を合わせる意識が欠けていると心理療法の効果が低くなるとか、行動を早めることが必ずしも良い条件だということではありません。

◎コーチングとカウンセリング

　カウンセリングは、心理療法における「安全領域」と呼ばれたり、心理療法と同義で扱われることもあります。心理療法がそうであったように、カウンセリングも1960年代半ば以降、より徹底したトレーニングと認定制度を通じて、質の向上において大変な努力がなされてきました。

　カウンセリングと心理療法はしばしば双方ともに同じ意味の用語として使われますが、これまでの慣習や実践されてきたことによって、現在ではカウンセリングという場合、危機的状況にある短期的な相談に、その都度対応することを意味するようになりました。クライアントはその問題が起きるまで、とくに問題なく過ごしているのが普通です。

　カウンセリングは、この章で述べてきた他のどの手法よりも、クライアントから話を聴くときは決めつけをしないことに重点が置かれます。すぐに改善策を探すのではなく、まずはカウンセラーとクライアントがとことん話し合うことを大切にしているということです。このスタンスは、コーチングや心理療法が何らかの行動変容を起こさなければならないとするのとは少し違っているかもしれません。

(注記：第11章で、クライアントの強い感情の扱い方についてのアイデアや、クライアントを心理療法やカウンセリングに紹介するタイミングや方法について説明しています。)

◎コーチングとメンタリング

　メンタリングでは、クライアントの支援者を"メンター（mentor）"と言います。メンターという言葉はギリシャ神話が由来です。王が不在する間、年長の賢者メンターは王子の世話を託されました。メンタリングという言葉の意味として、いまでも最もよく使われているのは、相手の世話をすることです。

　メンタリングには、大きく2つのタイプがあります。その1つが、「スポンサーシップ・メンタリング」としてよく知られるものです。これは、組織のことをよく知る年長で影響力のある人が後見人として、メンティー（mentee，訳注：メンタリングされる人のこと）のキャリア支援を行う取り組みです。メンターは、メンティーのキャリアに強く関心を持ち、有益なヒントや方法を伝え、メンティーの昇進の時期にはその決定に影響することもあります。

　もう1つは、「ディベロップメント・メンタリング」です。これは、メンターは必ずしも同じチーム内である必要はなく、せいぜい同じ部門の少し年上の人か、上級者が担います。メンターはメンティーの自信を引き出し、スキルを向上させることを目的にします。ここがキャリア支援を重視するスポンサーシップ・メンタリングとの違いです。

　メンター制度を導入する組織の主な目的は、次世代リーダーの育成にあります。しかし実際のところ、その目的のためにはメンターの研修のあり方や制度の運用に時間とコストの投資が重要になりますが、組織の多くはメンター制度を過小評価しているのが現状であり、成功させるための注力が弱いといえます。

　メンタリングには、年長で優秀な人からアドバイスが与えられるというニュアンスがあります。その場合、メンタリングはコーチングとは別の活動になります。ただし、コーチングの原則が適用される場合、メンタリングとコーチングは同じプロセスになります。実際に、メンタリングは昔の

コーチングの言葉のように見なされるようになってきています。

◎コーチングとコンサルティング

　コーチのような活動をするコンサルタントがいれば、コンサルタントのような活動をするコーチもいます。コンサルタントという言葉自体はコーチング同様に幅広い領域で使われていますが、多くはコンサルタントとは経営コンサルタントを連想させます。

　ここでは、コーチングとコンサルティングの違いを見ていきましょう。

　一般的に、経営コンサルタントというと、特定分野に関する高い専門性を持っていると理解されています。例えば、システムとプロセス、イノベーション、組織文化、税務と監査、リーダーシップなどの専門性です。そしてコンサルタントには、論理的思考力、問題解決力、データ収集力と分析力、提案力などが求められます。コンサルタントはこうした専門性を有してはいますが、通常の場合、提案した内容をクライアントの現場に自らが実装することはありません（そうする人もいますが）。もしそんなことをすれば、顧客企業の代理ラインマネージャーになるようなもので、顧客の現状や課題を客観的に捉えられなくなるでしょう。コンサルティングの焦点は通常、組織の課題に当てられます。そして、その取り組むべき課題は、制度変更、組織階層、従業員のスキル・レベルなどの外部から見るとはっきりとした事柄です。仕事を依頼するクライアントからは、生産性の向上やコスト低減など数字で示される結果が期待されます。

　これとは対照的に、コーチは人間関係に専門性を持ち、個人の内面的な問題に焦点を当てながらクライアントの弱みや強みに取り組みます。問題の分析はコーチとクライアントとの共同作業であり、コーチはクライアントに対して形式的な推薦はしません。クライアントが心の底にあるモチベーションに気づき、自らの意志でやるべきことが選択できるよう機知（resource）を備えていると想定して、個人的に、そして集中的に焦点を絞り込んでいきます。

　とくに、コーチはコンサルタントより、はるかにクライアントが自ら望

ましい変化を起こすと言いながら、なぜか不思議にためらい、先延ばしするのを見ています。そして、コーチングの焦点は可視化できない領域であるため、数値で効果を表すことはとても困難です。

　現在では、技能的なスキルの移転を目的として、意図的に顧客企業とのアライアンスを組むなど、コンサルタントがコーチングのアプローチを仕事に取り入れるようになってきています。一方で、技能的なスキルと心理学的専門知識を併せ持つことでクライアントから指名されるコーチも数多くいます。コンサルティングとコーチングのアプローチに関する境界線はますます曖昧になってきています。

◎コーチングと研修

　コーチングが学びに関係すること、仮にそうだとしたら、それは研修とどう違うのでしょう？　ある部分ははっきりとした違いがありますが、微妙に違う部分もあります。

　研修講師は自分の専門分野のエキスパートとしてカリキュラムをつくり、受講者に提供します。講師のなかには、コーチよりも講演家のように振る舞い、コーチが適切だと思う以上に多く話す人もいます。研修の場合、自らの意志というよりも会社からの指示による参加が多い傾向にありますが、コーチングは自発的に参加することが基本です。

　一方、コーチには決まったカリキュラムはなく、一度に数分以上話すことはほとんどありませんが、交渉、リーダーシップ、ライフ・プランニング、人間関係論などの専門家だったりすることはあります。ただ、メンタリングと同様に、研修もコーチングの原則に従って行われれば、学びのプロセスとしてとても大きな効果が期待できます。

■ ラインマネージャー・コーチ

　ライン組織では指示や命令の代わりに、コーチングを活用することへの関心が高まっています。非権威主義社会では、指示・命令は拒否されがちだからです。「コーチング文化」の醸成は、多くの組織にとって望ましい

目標になっています。

　ここでは、コーチングはパフォーマンス・マネジメント（performance management,　訳注：マネージャーがメンバーの業績向上と能力開発を目指して一緒に目標を考え、定期的にフィードバックを行い、動機づけするマネジメント手法のこと）の一環として、ラインマネージャーがメンバーを管理することよりもむしろ、育成のために活用されます。

　ラインマネージャーはコーチングのアプローチを使い、チーム・メンバーが自信、業務遂行力、スキル、意思決定への信念などを効率的に学習できるように支援します。しかし、ラインマネージャーとしての責任とコーチとしての活動が本当に機能するかについては穿った見方もあります。このとき、部下が抱える問題はそもそもは上司であるラインマネージャーの問題の一部なのではないかとの見方もあるからです。上司はこれを認めるどころか、知ることさえ難しいことかもしれません。

　また、上司として、守秘義務を約束したり、どんなことでも部下に報告を促したり、自分の意見を示さなかったり、起こり得る結果にとらわれないでいることはかなり難しいことです。上司には結果がどうあれ部下とは利害関係が生じますが、純粋にコーチである場合はそうではありません。

　私の著書『コーチとしてのマネージャー』（*Manager as Coach,* 2012；未邦訳）では、ライン組織におけるこれらの違いを調査しています。そして、コーチングがスタッフの関与を高め、業績を向上させる強力な方法であることを紹介しています。

動機づけ面接

　動機づけ面接は、エグゼクティブ・コーチングが普及し始めたのとほぼ同時期にヘルスケア分野で開発されました。どちらも人間性回復運動の影響を強く受けています。そもそも動機づけ面接は、喫煙などの問題を抱える患者のための治療法として医療従事者によって開発されました。その核心には、人間は変化に対して相反する感情や思考を持つという考えがあり

ます。私たちは治療のためには悪い習慣などの行動を変えるべきであることがわかっているにもかかわらず、躊躇してしまいます。

　動機づけ面接は初期の頃からその適用範囲を拡げてきました。そしてコーチングに非常に近くて同類のように思えるほど、価値観、原則、方法論の多くを共有しています。

　ただ、実践において重要な違いがあります。それは動機づけ面接のインタビュアーが通常、目標を設定し、クライアントに沿ってもらうアジェンダ（スケジュール）を用意していることです。目標は例えば、喫煙をやめるべき、飲酒をもっと控えるべき、もっと運動するべきなどです。これは、ほとんどの場合、コーチングのコーチとクライアントには見られない力関係があることを意味します。

▎ シチュエーショナル・コーチング

　人材育成や組織開発分野で活躍するコンサルタントのアン・ブロックバンクとイアン・マギルの共著著『共感のコーチング』（*Coaching With Empathy*, 2013年；未邦訳）には、コーチングのニュアンスを理解するうえで有用な方法が記されています。夫婦によるこの本は、心理療法、社会学、アクション・ラーニング（action learning, 訳注：現場での現実的な問題について検討し、その解決策を実践するというプロセス、およびそのプロセスを通して学習効果を得ること）の視点が取り入れられています。まず、次のような質問が投げかけられています。

　・ここでは誰の見解が大切になるのか？
　・誰のための目的なのか？
　・想定される見解は客観的か？　それとも主観的か？

　続いて、次のような問いかけを行います。
　・（なかなか言語化されない）本当の目的とは何か？
　・それは現状維持のためなのか？　それとも変革のためなのか？

図 1-2　シチュエーショナル・コーチング・モデル

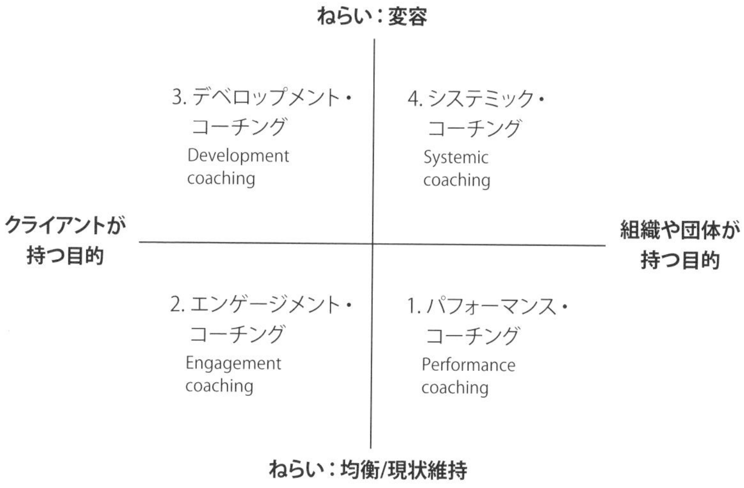

ねらい：変容

3. デベロップメント・
コーチング
Development
coaching

4. システミック・
コーチング
Systemic
coaching

クライアントが
持つ目的

組織や団体が
持つ目的

2. エンゲージメント・
コーチング
Engagement
coaching

1. パフォーマンス・
コーチング
Performance
coaching

ねらい：均衡/現状維持

　図1-2のマトリクスで紹介している4つの象限は、コーチングやトレーニング、メンタリングなどを横断する内容です。

［第１象限］ パフォーマンス・コーチング（Performance coaching）
暗黙の目的：現状を維持し、人々を適応させること。

　これは伝統的な徒弟制度のモデルであり、よくメンタリングという言葉が意味するものですが、コーチングにも同様に適用できます。例えば、パフォーマンスが悪いクライアントのコーチングを依頼されるような場合などです（本来は、ラインマネージャーが行うべき仕事ですが）。
　この場合に前提となるのは、客観的な評価基準があることです。例えば、コンピテンシー・フレームワーク（competency framework, 訳注：高い成果を生み出す行動要件の評価項目のこと）や一連の業界基準です。これは例えば、新入社員研修の一環として「当社ではこれが一般的なやり方」ということを示す際に有効です。また、既存の力関係を強化するものでもあり、ブロッ

クバンクとマギルが「力の地平線」と呼ぶものは見えないままで、当然のことについて異議を唱えることもできなくなってしまいがちです。個人の見解よりは組織としての見解が重視されやすいのです。ラインマネジメント活動としてのコーチングは、コーチとマネージャーが組織の設定した課題を共有していることから、このような傾向があります。

[第2象限] エンゲージメント・コーチング（Engagement coaching）
暗黙の目標：行動変容への抵抗を極力抑え、パフォーマンスを向上させる。

　エンゲージメント・コーチングでは個人の主観が考慮されますが、基本的に組織としての見解が重視されます。組織が、評価やフィードバックなど、着手しにくいスキルの習得を従業員にトレーニングするときに有効です。コーチングしても、組織内の力関係は変わらず、また、ほとんど可視化されません。ここでコーチングが行われる場合、個人的な「間違った」考えを「修正」することになりますが、その際、丁寧に行うことが重要です。外部のコーチとして、幹部候補者の能力開発のためのコーチングを請け負うことがありますが、最終的に期待されるのは行動変容と組織風土への適応です。パフォーマンス・コーチングとエンゲージメント・コーチングはどちらも、実務と仕事スキルの向上にフォーカスします。私が本書で紹介している「doing self」（本来の自分を発揮すること）のためのコーチングになります。クライアントのプライベートは取り上げず、会社を通してコーチングを受けるクライアントにとっては、プライベートが取り上げられることに驚いたり、反対するかもしれません。コーチングの重点がスキル開発にあり、そのため1対1のトレーニングに似ていると思われるかもしれません。

[第3象限] デベロップメント・コーチング（Development coaching）
目的：明白な変容。クライアントは、自らの学ぶ姿勢と自分の生き方に責任を持つようになることが期待される。クライアントの課題がとても重要になる。

　デベロップメント・コーチングは、私が支持するアプローチです。私が提唱する「being self/doing self（本来の自分であること/本来の自分を発揮すること）モデル」は同じ考えに基づいています。

　ここでのコーチは普段は他部署で働く、訓練を受けている内部コーチ、もしくは外部のエグゼクティブ・コーチの場合もあります。いずれにしても会社生活に焦点を合わせてコーチングは進められます。そして、クライアント自身が設定した目標がコーチングの目標になりますが、エグゼクティブ・コーチングの場合は、ラインマネージャーと組織の目標も課題に反映されます。そして、価値観も探究されます。「力の地平線」、すなわち「意思決定が実際どう行われているのか」や「あって当たり前が本当にあって当たり前でよいのか」なども含め、質問することや異議を唱えることを促します。仕事とプライベートの両方の課題を隔たりなく取り上げます。人は無限の可能性を秘めているというのが基本的な前提です。コーチングの結果、クライアントが組織を離れることは常にあり得ることです。人生の目的、職場や家庭での人間関係、感情、キャリア、健康などの質問事項はすべて正当に検討されるでしょう。ここで使われている技法は、明らかに心理療法に由来するものであり、また例えばカール・ロジャーズによる人間性心理学（humanistic psychology, 訳註：主体性や創造性など、人としての肯定的側面を大切にした心理学の潮流のこと）に関係していることがはっきりしています。

［第4象限］システミック・コーチング（Systemic coaching）
目的：組織の変革。

　ここでの目的は、組織を変革して、従業員、取引先、顧客とのすべての関係がコーチングの原則に則り、「コーチング文化」を確立するという大胆なことです。組織変革コンサルタントのピーター・ホーキンズは著書『コーチング文化の創造』（*Creating a Coaching Culture*, 2012；未邦訳）のなかで、この壮大な目標を達成するには組織の戦略的事業目標と紐付いていなければならないとし、その達成のために取り組むべきことを紹介しています。

このシチュエーショナル・コーチング・モデルは、自分がどのような
コーチングを行っているのかを想起するのに有用だと私は気づきました。
例えば、キャリア・コーチングを行っているときは、第1象限（パフォー
マンス・コーチング）、第2象限（エンゲージメント・コーチング）、第3
象限（デベロップメント・コーチング）が重なり合うところです（図1-2
参照）。クライアントから就職の面接に関する情報を入手する際、クライ
アントが面接で成功するための鉄則をクライアントや面接官からの視点な
ど、さまざまな観点から考えています。

　私の目的は、クライアントが設定した課題、例えば希望の職に就くため
の課題に基づいて変化することの手伝いです。そのためには、クライアン
ト本人の感覚に任せるのではなく、私の感覚や面接官が期待する原則に即
して、クライアントに有益な情報を提供したり、アドバイスすることを私
はしなければなりません。

　また、ある会社からパフォーマンスに問題がある社員のコーチングを依
頼された場合は、第1象限（パフォーマンス・コーチング）や第2象限
（エンゲージメント・コーチング）のコーチング・スタイルが期待されて
いると認識しています。その期待とは、その社員が組織の規範に適応する
ように促し、潜在的にある、破壊的で、挑戦的な態度に向き合えるように
することです。したがって、私の全人格的なアプローチはこの場合は適切
ではないかもしれず、最初にこのことをはっきりと示す必要があると思っ
ています。

　新入社員にコーチ、メンター、先輩社員をつける場合、その意図すると
ころは第1象限（パフォーマンス・コーチング）で期待できる、完全に組
織に馴染むためのサポートです。例えば、組織に特有な、目に見えない文
化を早く学べるようにすることなどです。

　また、ラインマネージャーのコーチは、第1象限（パフォーマンス・
コーチング）または第2象限（エンゲージメント・コーチング）のコーチ
ング・スタイルを行うことになります。彼ら彼女らの役割が、業績管理と
予期せぬ変化にチームを対応させていくことにあるからです。

　ブロックバンクとマギルのマトリクスを何と呼んだり、どう定義するか

にこだわるのではなく、自分たちがコーチとして何をしているのか、なぜ
行っているのかを理解することの重要性に注目します。また、各象限の
コーチング・スタイルは、それぞれに適した使われ方があることをわかり
やすくしています。

　本章で紹介したすべてのアプローチが上手に活用できれば、うまくいく
ための共通点に気づき、誤って使えば、似た間違いに気づくようになりま
す。そのため、最高のコーチだと見分けがつかない行動が取れるメンター
もいれば、最低のメンターの罠にはまってしまうコーチもいます。また、
心理療法と呼ばないけれど心理療法を行うコーチもいれば、コーチのよう
な心理療法士もいます。組織課題に取り組みながら、CEOと緊密な信頼
関係を築くことで、実質的にコーチとしての役割を担っている経営コンサ
ルタントもいます。

　いずれにしても、コーチとして成功するには心からの敬意を持ってクラ
イアントに向き合うことです。20世紀のカウンセリングの世界に偉業を
残したカール・ロジャーズは、この重要な原則を「無条件の肯定的配慮
（unconditional positive regard）」と名付けました。すべてのコーチはこの原則
に従い、クライアントと強固な信頼関係を築くように努め、高度な倫理観
を持って活動しなければなりません。そして、自己認識と自己管理を強く
意識し、傾聴や質問のスキルに加え、適切に立ち向かう強い心も持たなけ
ればなりません。さらには、人間への無限の好奇心と関心を常に持つこと
を大切にしなければなりません。

第 **2** 章

信頼関係を築くための
基本と実践

Creating trust: foundation values and practices for coaches

コーチングの会話は人を支援することが目的であるため、普段行っている会話とは異なります。そこには、コーチとクライアント双方の深い信頼関係と率直さが根底になくてはなりません。この関係性をつくることで、コーチングが有意義な時間になります。

そのためにコーチは、普段の生活でしているような会話の仕方はいったん脇に置きます。そのうえで、おそらくここまで必要性がなかった高次元のスキル、例えば相手を受け入れることや尊重するコミュニケーション・スキルがとても大切になります。

この章では、こうしたことを念頭に置いて、クライアントとの信頼関係を築くために必要な基本原則を紹介します。

コーチングにおける「選択」とは

コーチングには、「クライアントは問題解決力を持っている、選択する力を持っている、自己責任を持っている」という信念があることを第1章で説明しました。この信念の根底には、選択と自己責任の基本原則があります。これには、20世紀に台頭してきたいくつかの心理学理論が影響しています。その1つが、個人が成長し変化するための心理療法の交流分析（TA；Transactional Analysis）です。

TA学派では、「自分の人生にどんな不幸や障害があっても、意識的な選

択によって自分を変えることができる」という原則が基礎になっています。その根幹にあるのは、他の心理学も同様に提唱しているように、「人間は動物のなかで唯一、未来を見据えることができるため、過去の囚人ではないのだ」ということです。

　対人関係の行動特性を測定するFIRO–B™の開発者でもある米国の心理学者ウィル・シュッツも、別の観点から同じ考え方を広めました。シュッツは「究極の選択」をコンセプトにした『すべてはあなたが選択している』（*The Truth Option,* 1984；邦訳：翔泳社）を著し、その本のなかで「私の人生はどんなときでもすべて私自身が選択している。私の行動、感情、思考、病気、身体、反応、自発性のすべてにおいて私が自ら選んだ結果なのである」と述べています。

　シュッツの哲学は、「選択とは道徳的な概念ではなく、結果をもたらすものでしかない」というものでした。人は自分で選択することができるとするなら、自分の人生に責任を持つことになります。これは、無意識にあるものを意識化することにもなります。例えば、自分のなかに潜む暴力性や性的関心に恐れを感じていながら、それを自ら認められないでいること、そして、暴力や性欲に溺れる人を心底非難することで、その恐れを隠そうとすることです。

　同じように、上司や同僚に対して感じる不安は、実は上司や同僚に起因しているのではなく、自分で対処しきれないことが本当の原因なのかもしれません。自身の不安の原因が相手であると考えてしまうと、相手を批判したり、変えようとしたり、もしくは相手を避けるために多くの時間とエネルギーを費やすことになります。

　また、本当に起こるかどうかは別として、自分が侮辱される、無視される、または排除されることで頭がいっぱいになることで不安を感じるのかもしれません。

　しかし、これらの不安が相手に起因するのではなく、自分自身がつくり出していることを意識することにより、自らの力でどう取り組むか、また、

この異なる戦略によって、新たな対処方法や取り組みが可能となります。これこそがコーチングの核心となります。

　どの選択をするにしても、その選択には理由があり、何かしらの結果をもたらします。例えば、権力を乱用する人に対して私が高尚な態度を取れば、自分が道徳心のある人間だと思ってほしいからかもしれません。会社が私を酷使したことでひどいストレスを受けたと訴え出れば、私は被害者であり、同情や注目を集め、場合によっては金銭的な補償も求めているのかもしれません。私はとても混乱していると主張すれば、私が決断できないことを許してくれるかもしれません。

　シュッツは、選択の結果を受け入れることは、自分や他者を責めることではなく、本質的には、自分自身に責任を持つということを強調しています。

　人は、他人の責任を負うことはできないということでもあります。私はときどきクライアントに、どうすれば他人を幸せにしたり不幸にしたりすることができるのか、と質問することがあります。しかし、これまでその方法を答えてくれたクライアントは1人もいません。

　私たちは、刺激的な出来事があると無意識のうちにどう反応すればよいかを選択しています。自分に関わる何かがあれば、選択する行動を取るのです。それが他人のためにまで責任を負ってしまうと、やがて燃え尽きることになります。これは経験豊富なコーチなら誰でも知っていることですが、クライアントは「自分自身ですべてやらなくては」と思い込むことでストレスを感じています。

　人には自ら問題解決をする力があると心から受け入れるのであれば、人は選択できる力があると信じないといけません。それは、犠牲者になることも、洗脳されることも、操られることもないということです。シュッツが述べているように、「自分がストレスだと思わないかぎり、何もストレスにはならない」ということです。

　この概念をさらに深く、効果的に説明しているのが、オーストリアの精神科医で心理学者のヴィクトール・フランクルの『夜と霧』(*Man's Search for Meaning,* 1946、邦訳：みすず書房）です。

　フランクルは、ナチスドイツによりアウシュビッツをはじめとする 4 つの強制収容所に送られました。そこでの体験は人間の想像を絶するほど残酷で過酷でした。

　彼は妻や家族が生きているかも知らされず、収容所での日々が続きました（妻、両親、兄は収容所で命を奪われていました）。ユダヤ人であるという理由だけでフランクルは収容所送りとなり、そこでは医師としての資格ばかりか、衣服そして髪の毛まで剥奪されました。そして彼は、体調不良、体温低下、栄養失調、さまざまな疾患など、絶望的で死にかけている人たちのなかで過ごさざるを得ませんでした。過酷な肉体労働も強いられ、いつ、自分も死ぬかもわからない不安を抱えていました。しかし、彼は本のなかで、「自分を監視する者たちは肉体的に自由だが、自分にはそれ以上の自由があった」と綴っています。

　　　「常に選択が必要だったのです。毎日毎時、決断の機会がありました。自分自身や内なる自由を奪う恐れのある力に従うかどうか、自分の運命がその状況の慰みものにされてしまうかどうかの決断です。」
　　（フランクル『夜と霧』）

　フランクルは、周囲に起きている事象から精神的に離れることにしました。それ以来、フランクルは戦争が終結したら彼自身の体験について講義をしたり、本を書くことを想像していました。この思いこそがフランクルを死から救い、生き続ける力の源となりました。

　戦後ただちに収容所を解放した連合国軍の兵士によると、収容所にとらわれていた人たちの多くが生きる意志を失くしていたそうです。これをシュッツは、「彼らは死ぬ選択をした」と述べています。そして、フランクルは「生きる選択をした」のです。

　戦後、フランクルは、独自の心理療法「ロゴセラピー（logotherapy）」に関する研究所を設立しました（ロゴセラピー研究所は現在も活動を行っています）。そして、多くの書籍を遺し、功績が高く評価されるなか、1997

年に92歳の長寿を全うしました。

　私たちは無意識のうちに「選択できない」と思ったりしますが、「選択できる」と思えることにより、やる気も起こせるようになります。そして、自分の幸せには他人が関わっていると思い込んでいる場合、この考えがどれほど恐ろしいかを決して過小評価しないことです。私たちの多くは、大なり小なり他者に依存したいと思うと同時に、自律性を尊重してほしいと思うのです。このパラドックスが解決できるのなら、それはとても幸運なことだといえます。というのも、私たちは誰もがそうではないからです。

主張と抵抗

　コーチングとは、人間が本来持っている機知（resource）を引き出すことです。あなたがクライアントには機知があると心から思っているのであれば、アドバイスすること以外の方法を探さなければなりません。つまり、クライアントと信頼関係を築くための最初のステップは、アドバイスをやめることです。

　これは言うは易しですが、コーチとしてはおそらく最も難しいことではないでしょうか。コーチになる人の多くは、ビジネスパーソンの初期の頃はアドバイスすることで稼いできています。プロになるためのトレーニングを受けてきたことで専門家になれたわけであり、プロとしてのアイデンティティは専門家であることに多くの時間やエネルギーを注ぎ込んだのです。

　そのため、クライアントから面倒で手のつけようのない問題が突きつけられたら、新米コーチは次のように思うかもしれません。

　「このクライアントのために解決策を見つけるのが私の仕事。それができなければコーチ失格」
　「このクライアントの苦悩と混乱に耐えられない。彼女に何をすべきかを伝えて助けてあげないと」

「彼がやることははっきりしている。これかあれをやればいい」

　アドバイスが支援策として有効なら、コーチングのアプローチ法として優先してもいいかもしれません。しかしほとんどの場合、そうはなりません。

　一般的に、賢明ではないとされる行動について考えてみましょう。喫煙、過度の飲酒、スピード運転、不摂生な食生活、太り過ぎ、痩せ過ぎ、定期検診の未受診、休養不足などです。

　ここで、親しい友人からアドバイスされているとしましょう。

　　あなた：タバコをやめたいんだけど、なかなかできない！
　　友だち：そうなの？　やめれば心臓病のリスクも減るし、お金も節約できるよ！
　　あなた：わかっているけど、難しいんだよ。
　　友だち：ベストな方法は一気にやめることだよ。
　　あなた：実は、4年前にトライしたけど、うまくいかなかった。今回もだめなんじゃないかなぁ。
　　友だち：大丈夫、できるよ！　友だちのエマは優秀な睡眠療法士のおかげですぐにやめられたよ。それから一度も吸ってないみたい。
　　あなた：それは、エマの場合でしょ？　彼女はうまくいったけど僕はどうかなぁ、そんなにすぐにやめられないと思う。
　　友だち：そんなことないよ。
　　あなた：でも、僕にはその気がないから。
　　友だち：（憤慨して、アドバイスするのを諦める）

　この例では、ふたりはまるでゲームのようなやり取りを展開しています。友だちは親切心からアドバイスしているのですが、相手はそれに否定的です。これではタバコをやめる可能性はゼロでしょう。

　第1に、どれだけ善意でアドバイスをしてみても、受け手にその気がなければ、受け手はイライラ感や罪悪感を抱いてしまうからです。言われな

くてもわかってるよ、ということです。むしろこうした場合は、アドバイスをどうかわすか、もしくはいまのままでよいのだと考えるものです。アドバイスが指図だと受け止められると、どんなに理にかなったことを言われても耳を貸さなくなります。

　第2に、こうした会話ではタバコをやめることがなかなかできないのは、同じことを何度も聞かされるだけだったり、喫煙が体に悪いことはわかっていながらもやめられない他の理由があったりするからです。あなたがどれだけ本気になってやめさせたいのかはこうしたやり取りではわかりません。なぜなら、喫煙の問題の最も重要な点に触れていないからです。ここでは、なぜタバコを吸うのか、タバコをやめたいと言ったのにやめたい理由は何かを訊き出していません。

　そして、この2人の会話で一番注意すべきことは、“友だち”は精神的に安定している人、一方の“あなた”はタバコ中毒をコントロールできない人としてレッテルが貼られてしまうと、どんなに善意を持ってアドバイスしてみても、受け手である“あなた”はやる気を失いかねません。

　さらに、アドバイスの結果を受け入れなければならないのは、“友だち”ではなく、“あなた”です。もし、友人のアドバイスを受け入れて、一気にニコチンの摂取をやめたことで禁断症状が生じたり、悶々としたり、イライラが募ったとしたら、友だちに悪感情を抱いて「言われたとおりにしたらこうなった」と自分の失敗の責任を転嫁するかもしれません。

　逆に、もしアドバイスの結果がうまくいけば、周囲の人は“友だち”は“あなた”よりも意志が強く賢明で、有能であり決断力がある人だという思いを強くすることになるでしょう。

　率直でわかりやすいアドバイスであっても、実は無視されるリスクが大きいのです。医師は、長い年月をかけて専門技術を身につけてから患者を診ることができる、尊敬すべきプロフェッショナルです。しかし、ある調査によれば、処方箋の3分の1は薬局に出されずじまいか、薬をもらっても服用せずに洗面所の棚にしまわれたままだそうです。

　アドバイスには、相手をコントロールするためのものもあります。最近、

アドバイスした場面を思い出してみてください。そのとき、たとえ丁寧な
アドバイスであったとしても、それは相手をコントロールするためのもの
ではなかったか、自問してみてください。

　アドバイスをすることは寛容な気持ちを誘発します。温かい心から来る
ものです。クライアントから苦しみを打ち明けられれば、同情の念から自
分も似たような経験があるとつい語りたくなるかもしれません。しかし、
クライアントの経験に重ね合わせて自分の経験を話してしまうことは、い
くつかの理由から危険です。何よりも、あなたはクライアントではありま
せん。どんなに状況が似ていても、クライアントの生い立ち、性格、状況
は全く違うので、クライアントの反応や選択の仕方も異なります。

　何よりも、クライアントは自分の状況下で最も重要なことを話さずにい
る可能性があります。次のケースで考えてみましょう。

●ペニー（社内コーチ）とマイケル（クライアント）のケース

　ペニーは、彼女の同僚でマネージャーのマイケルにコーチングを行い
ました。マイケルの課題は次のキャリアアップでした。

　二度のセッションを終えたとき、ペニーは不可解な思いを抱きました。
それはマイケルは違う仕事に就きたいと言いながら、セッションを二度
行っても、可能性を広げて考えることに気が進まないからでした。

　ペニーは彼の所属組織の事情をよく知っていましたし、マイケルには
高いスキルがあることがわかっていたので、初め彼の課題について話を
しているとき、いまの仕事が物足りなくなったのだと考えました。そこ
で彼女は、自分も以前スランプを経験したこと、そのときは支社へ転勤
したことをマイケルに話し、彼も自分のように行動することで事態は変
わるのでは、と伝えました。

　3回の予定のセッションが終わると、マイケルはペニーに感謝の気持ち
を丁寧に伝えました。そのときもペニーはとても不思議な気持ちにとら
われました。コーチングはあまり効果的でなかったようだったからです。

　その1年後、ペニーはマイケルがコーチングを受けたときに、同じ会

社でマネージャーを務める彼の妻が筋萎縮性側索硬化症を発症していた
ことを知りました。そのとき、妻はマイケルに自分の病状を同僚には明
かさないようにと頼みました。マイケルが当時勤務先を変えようとしな
かったのは、妻が受けていた会社補助による医療サービスをそのまま継
続したかったからだったのです。

　ペニーはコーチング・スーパーバイザー（Coaching Supervisor, 訳註：
コーチングの経験が豊かで、相手コーチのコーチングについて助言してもらえる人
のこと）とこのときのコーチングの振り返りをしてわかったことがあり
ました。コーチングがうまくいかなかったのは、マイケルに参考になる
として行ったアドバイスが、明らかに適切ではなかったことです。

　そのこと以前に、マイケルとの信頼関係が十分にはつくれなかったた
め、結果的にマイケルが自分の妻の病気のことを打ち明けてくれなかっ
たのです。信頼関係を築く機会はありましたが、ペニーは、「そのチャ
ンスを逃してしまったのです」と言いました。

　「私にも同じ経験がある」と言うのは、信頼構築において良いアイデア
のように思えます。相手と同じ経験をシェアすることで、ときには信頼関
係を生み出せるかもしれません。しかし多くの場合、「これで私はうまく
いったので、きっとあなたにも良いはずです。だから、このやり方でやっ
てみてください」と言っているようなものです。これだと実のところ、自
分のことを話して、相手の話をきちんと聴いていないことになりかねませ
ん。コーチが自分の経験を話すとき、クライアントは自分の話を聴いてく
れるのではなく、コーチの話を聞かされることになります。クライアント
よりもコーチの話が優先されることになるのです。

　私の同僚のコーチのフィル・ヘイズは、このことを顕著に表している、
痛々しいほど奇妙なケースを楽しく語ってくれました。

　友だち１：元気？　しばらく会わなかったね。
　友だち２：つい最近まで髄膜炎で入院していたんだ。もう少しで死ぬ

ところだったよ。

人の話を聞かない友だち：あ、俺も一度死にかけたことがあるよ。

他人の苦しみや心配事に反応するとき、とっさに次のような決まり文句を発することがあります。これらもクライアントの状況を軽視しているかのようにも受け取れます。

「心配するな、時間が解決するよ」
「よしよし、もう大丈夫だ」
「頑張れ！　そんなに悪くないよ！」
「またチャンスはあるよ」
「口は災いのもと」

コーチングと救済

弱者を助けるという人間の本能は、人類が生存していくために必要不可欠なことです。自分を守ることができない乳幼児は、おとなの優しい、手慣れたケアを必要とします。おとなはこの依存心に応えるように脳にプログラムされています。この本能に訴えることは、上手に子育てするには必要ですが、これはコーチングの場合、間違った方向に向かわせかねないのです。

もしコーチがクライアントの救済者の立場を取れば、クライアントが本来持つべき責任を否定することになります。良かれと思って救いの手を差し伸べることで、暗黙のうちにクライアントが自分で問題解決できないほどまいっていると見なしてしまうのです。

これはクライアントが大きな不安に苛まれている場合に起きがちです。クライアントは不安でたまらない状況と、それがどれほど耐え難いことかをコーチに話します。なんとか解決策を見つけてあげなければならないというプレッシャーは、計り知れません。

こうしたときに実際はほとんど役に立たない、ありがちな対処法を2つ紹介しましょう。

　1つは、クライアントが悩みを打ち明け、コーチはそれに耳を傾けて共感するだけで、クライアントが行動を起こすための質問をしないことです。一見、愛情のある対応で、一時的にクライアントはスキップでもしたくなるように気持ちが軽くなるかもしれませんが、今後、そのような課題に対処する能力は身につきません。対照的に、コーチはクライアントのすべての悩みを受け止めてしまうことで、ストレスを感じることになります。

　もう1つは、コーチがクライアントに解決策を提供することです。この場合、クライアントはコーチからの提案を実行し、その後もコーチに解決策を依存するようになりかねません。この関係は、コーチはクライアントの管理者のように映り、クライアントは卑屈な姿勢を取っているように見られることになります。

　クライアントがあからさまに助けを求めている典型例を紹介します。

●マリア（コーチ）とリチャード（クライアント）のケース

　マリアからコーチングを受けているリチャードは会社と揉めている最中でした。彼は他の部署への異動を希望してもことごとく却下され、いまやリストラ候補者リストに載ってしまったため、会社と合意した期限内に次の仕事につけなかったら解雇されることになっていました。リチャードは上司との関係も悪く、パワハラだとして苦情を申し立てていました。

　マリアはリチャードをコーチングしていくことに難しさを感じていました。リチャードはセッション中、よく落ち込む様子を見せました。コーチングの目標を訊いても答えは曖昧で、「泣きたい気持ちをわかってほしい」という有様でした。それなのに「マリアにはとても同情してもらっている」とお世辞を言ったりもしました。

　3回めのセッションのときです。リチャードはマリアに不当な労働に異議を申し立てる会議に一緒に行ってくれないかと依頼したのです。

　リチャードは「あなたは僕のことをよくわかってくれている」と言ってから続けて、「僕は自分のこの状況をうまく説明する自信がないんだ。だから一緒に行ってほしいんだ」とマリアに懇願しました。

　人好きのマリアは困っている人を助けたいとの思いでコーチをしています。マリアには、リチャードの弱さはわかっていました。しかし、リチャードの願いを受け入れてしまえば、自分を無力だと思う彼に共感することになります。そうなると、「あなたはとても困っている」「私がなんとかしてあげる」ということに同意することになりかねないと思ったのです。

　結局、マリアはリチャードの依頼を丁重に断りました。それから、リチャードが自分を信じるようになるにはどう気づきを引き出すかが、コーチとしての彼女の本来の役割であると考えるに至ったのです。

　コーチとして次のようなことを思ったり、行ったりしていると、救済してしまう危険性があります。

・私がいなければ、どうするんだろう？
・このセッションは気が進まない。同じことの繰り返しになるだろう。
・クライアントは新たな気づきを得られるとは思えない。固定観念に縛られている。
・焦る：どうして私の言うとおりにしてくれないの？（クライアントの能力を過小評価する。）
・自分がクライアントの立場なら、もっと良い結果を出せると思っている。
・クライアントに代わって、クライアントの悩みを解決しようと軽率に考える。

救済するということは、クライアントを被害者と認めることであり、衝動的に支援してしまうと、おそらくクライアントのためになりません。それでも敢えて救いの手を差し伸べてうまくいかなければ、「あなたは全然私の助けにならなかった！」と"被害者"から非難されかねません。

　一般的に言えることですが、コーチがクライアントの問題解決能力に自信が持てなくなると、コーチング・プロセスが信じられなくなり、結果的に失敗に終わります。だからそうならないために、強引なアドバイスやそれに近い救済をすることなど、クライアントを落胆させるような行動を取らないことが重要になります。

　コーチングでは、アドバイスや情報提供もそれなりに必要な場があります。これについては、第10章で説明します。

▐ オーセンティックな傾聴、ラポール、調和

　オーセンティックな傾聴（真の傾聴）とは、自らの考えに根差して受け入れる心構えになることです。しかし、それは滅多にありません。多くは、「聞いてますよ」と言いながら聴いているふりをして、何を言えばよいかを考えています。

　もっと珍しいのは、意見を言わない会話です。愛情が深く、信念を持つ父はその長い人生のなかで、私の重要な決断や意見について、いつも何かしら以下のようなコメントをしてくれました。

　　承認：それは良かった、おまえのこと、心配してたんだよ。
　　同意：この政権はおかしな連中に支配されているね。
　　意見まがいの疑問：でも、それだと年金はどうなるんだ？
　　小言：でもなぜ、そんなむさくるしいところに引っ越すんだ？
　　否認：スカートのほうが似合うよ。

◎ラポールとボディ・ランゲージ

　いわゆる"ボディ・ランゲージ"を教えることがマネジメント演習コー

スの定番のように言われたりします。こうしたもののなかには、ただ動作を模倣するような演習もあります。これだと真のラポール（rapport, 訳注：相互に心が通じ合う信頼関係のこと）は形成できません。

　このことについて、スポーツジムでパーソナル・トレーナーについたときの苦い経験が思い起こされます。

　若い男性トレーナーは終始つまらなそうな態度でした。彼は正しいことを言い、正しい質問をしていましたが、とにかくつまらなそうな態度だったのです。目線を合わせず、私の肩越しに目線が行っていました。ニッコリしていても、本当には見えませんでした。彼の私への“関心”は嘘だとはっきりわかっていましたし、不誠実な態度による憤りで、彼から教えてもらう意欲がすっかりなくなりました。

　彼はおそらくラポールの技法を学んでいたと思います。しかし、信頼、調和、共感は“テクニック”ではありません。これらは、クライアントに寄り添うことなのです。

　真のラポールとは動作を真似するというよりも、立ったり座ったりする2人の動きがまさに鏡に映したように呼応した状態です。ラポールができていれば、声の大きさ、呼吸、仕草、間の取り方、言葉、動きのペース、活力などが相手とマッチしていくはずです。相手の世界に入っていく感じです。傍から見れば、お互いが導き合うエレガントなダンスのよう、と言えばいいでしょうか。理想的なコーチングなら、この状態は自然と起こります。

　ただ、コーチングのプロセスでは、さまざまな考えや感情が沸き起こるため、こうした信頼関係を維持し続けることは簡単ではありません。

　真のラポールを築く条件は、クライアントを無条件に受け入れることです。これは、クライアントを好きになることとは違います。ただ、真のラポールの状態になれば、ほとんどの場合、クライアントを好意的に思うようになります。すなわち、クライアントを無条件に受け入れることで気持ちが通じ合い、ラポールが生まれるのです。

　無条件に受け入れるということは、クライアントに興味を持つというこ

とです。相手の立場になりたいと思うことです。立派なことや自分と同じ価値観からの行動など、ポジティブな部分だけでなく、恥ずべきことや心配に思えることなども含めて受け入れます。

　私たちは、受け入れるには条件があることを学びながら成長していきます。例えば、愛と受容の条件として、「常に人に敬意を払い、相手のニーズを最優先すること」「穏やかに話し、謙虚であること」、あるいは「元気で楽しくあり、いつも笑顔でいること」「100％の時間100％成功すること」などがあります。

　コーチングのプロセスで大切なことは、こうした内なる声や思い込みを明らかにすることです。コーチングは、クライアントの成長を阻害している内なる声や思い込みを見極め、ありのままの自分を受け入れることが見つけられる機会が提供できることで機能します。第8章でこのことを詳しく説明します。

　コーチは、判定はしません。世の中で人から判定されないことは珍しいことなので、クライアントは、初めはコーチングを信用していいのかどうかを疑うかもしれません。これは、コーチングの最初の数回のセッションがつくり出す慎重な感じに似ています。

　コーチは何に価値があり、何に価値がないかについて自分自身の思い込みを知り、それに対処し、行動しなければなりません。それができなければ、クライアントとの「真の調和」ではなく、「調和するふり」をしていることになります。これは、すぐにクライアントに見抜かれます。

◎ラポールと調和が壊れる10の原因

　以下は、調和が壊れる理由として最も多い10項目です。

1．恐れ
　コーチは、まだコーチとして未熟であることを恐れ、その恐れが体中に充満していきます。過度の自意識により、コーチは意識的にも無意識的にもラポールが維持できなくなります。この状態のときにある程度の調和とラポールができているかもしれませんが、残念ながらそれは真のラポール

があるときに起きる優雅なパ・ド・ドゥ（Pas de deux，訳注：男女2人による
バレエの踊りのこと）ではなく、多くの場合、クライアントがコーチをリー
ドしているに過ぎません。

2. クライアントに好かれたい気持ちが強すぎる

　人は誰もが好きになりたい、好かれたいと思うものですが、それが行き
過ぎると、適切にクライアントに異議を唱えられなくなります。これも、
恐れや自信のなさからくるものです。「異議を唱えたら、このクライアン
トに嫌われる」と。

　友人との普段の会話では楽しく議論することはありますが、深い意見の
相違は、自分のなかにしまい込みがちです。あるいは、意見や偏見を分か
ち合えることで友だちになることもあります。

　コーチは、しばしばクライアントとは意見を異にする必要があります。
しかし、その意見の相違は敬意を持って行えば、クライアントにはほとん
ど問題なく受け入れられます。これはお互いの安心感から生まれるもので
あり、結果としてラポールと調和は維持できます。

3. 知っていると思い込んでいる

　クライアントが説明を始めると、コーチはすぐに答えを知っていると言
わんばかりに、「前に聞いたことがあるケースです」とか「そうした場合、
どうしたらいいか知っています」などと言って、早合点します。この考え
が浮かんだ時点で、コーチは相手の話を真剣に聴くことをやめてしまいます。

4. 見た目で判断する

　コーチは、クライアントの職業、価値観、服装、国籍、宗教、性格など
から受ける印象からその人を判断することがあります。偏見で人を見てし
まうとその気持ちはどうしても表に出てしまうため、クライアントにも気
づかれてしまいます。

5．クライアントに価値感を押し付ける

　コーチ自身の価値観が本人の行動を通してあまりにも強く投影されることにより、クライアントにその価値観が押し付けられます。その行動とは通常、コーチの注意力を高めたり、下げたりという形で現れます。これは、クライアントに制約条件を課すことになります。例えば、コーチに注意深く聴いてもらうためにクライアントは、「成功体験を話すときだけしか評価されない」とか、「このコーチは私が涙を流しながら話すのが一番好きなようだ」、あるいは「コーチが反応してくれることを意識して、話を脚色しないといけない」と思ってしまうかもしれないのです。コーチを喜ばせるために自分の気持ちとは違う行動を強いられるのであれば、確実にコーチング・プロセスは損なわれます。

6．心理学的に解釈する

　コーチは、単純な行動を過去のトラウマのせいにしたり（例えば、「これはあなたが父親に虐待を受けたことを思い出させることだと、私にはわかります」など）、実際には単純な行動であるにもかかわらず、その行動には重大で根本的な意味があるためだと考えてしまいます。

7．押し付けがましい説明をする

　コーチは、わかりやすく要約した図解で持論を示すことを好みます。また、クライアントの話の途中に、お気に入りのビジネス書の内容を長々と説明したりします。

8．クライアントを変えたい想いが強い

　コーチは、クライアントが食べ過ぎや働き過ぎ、権威主義的な部下マネジメント、運動不足など、不健康で望ましくない習慣があることを見抜くと、その支援ができる人を紹介したり、その厄介な習慣を劇的に改善する新しい方法を教えたくてたまらなくなります。

9．コーチ自身の気がかりな問題がある

コーチが自分自身のことで多くの問題を抱えていると、クライアントに集中できなくなります。

10．コーチに自覚がない

コーチは、自分の話し方や伝え方が独特であることを自覚していません。例えば、クライアントが気が乗らない感じなのに、コーチはエネルギッシュだったり、その逆だったりと、クライアントとコーチのペースが合わないことがあります。他にも、クライアントがとても小さな声で話しているのに、コーチは大きな声のままといったことや、クライアントの言葉にはある種の比喩が好んで使われているのにそれに気づかず、同じ言葉を自分流の言い方で使っていることなどです。

　これらは実際に思う以上に、コーチングにおける深刻な共通の課題といえます。コーチとして成功するには、常に高いレベルで自己を認識し、偏見や思い込みがあれば、すべてを曝け出すことが重要です。

　以下は、私がコーチング・スーパーバイザーとして3人の経験豊富なコーチの指導をしたときにそのコーチたちから聞いた話です。経験豊富なコーチでさえ、個人的な価値観や偏見によりコーチングの効果が発揮できなかったことがわかります。

　50代後半の女性コーチ：このコーチは銀行業界では唯一女性としてトップに上り詰めた、成功したキャリアを持つ人でした。若い女性銀行員がクライアントだったときのことです。そのクライアントが自分のキャリアよりも異性との関係を優先するという決定にどうしても同意できない自分に気づいたそうです。

　アメリカ人のコーチ：このコーチは、イギリス人のクライアントと英米の医療制度の問題について論争になりそうだったことを明かしてくれました。

　医師を兼ねるコーチ：フェミニストに理解を示すこのコーチは、若い女

性医師をコーチングしていたとき、彼女がヒジャブ（hijab, 訳注：イスラム教徒の女性が髪を隠すために身につけるスカーフのこと）を被っていたことに偏見を感じたとのことです。

　真の信頼関係とは、相手を理解したい、またクライアントが見ているのと同じ世界を見たいという、ワクワクするような、誠実な願いから始まります。

　それと同時に、自己認識や自己受容がなくてはならず、自分の心のバリアを下げ、自己防衛しなくてもすむようにしなければなりません。あなたがもはや他人を恐れなくなったとき、あなたは自分が他の人と違っていることから自分自身を守る必要性を感じなくなります。この状態に至れば、おそらく他のすべてが自然と続いていくことに気づくでしょう。

◎ミスマッチ

　相手とミスマッチがあると、ラポールは崩れます。悪意がなくてもミスマッチは起こりますが、クライアントは見たままに誤解します。例えば、コーチが腕時計、ペン、指輪をいじっているとイライラしているように見えたり、時計や腕時計を見ると話題を移したいように思われたりします。貧乏ゆすりは神経質や短気に見え、相手が前のめりに座っているときに椅子に深く座れば、あまり関わりたくないように思われます。

　ただ、ミスマッチに見える行為は、コーチング・セッションで別の課題に移るときの区切りや、クライアントが救いようのない気分に落ち込んでいるときには有効です。このときの中断方法は「コーヒーをもう一杯いかがですか？」といった明白な行為であったり、コーチの態度や調子の微妙な変化であったりします。

┃ 傾聴3つのレベル

　「聴き上手ではない」と告白することは、訊きもしないのに運転が下手だとか、ユーモアのセンスがないと言い出すのと同じくらい珍しいことで

す。コーチであるなら、そんなふうにわざわざ自分を卑下する余裕などあ
りません。要求される高いレベルに対して徹底的に正直に向き合うことを
ただひたすら行うことがコーチとして取るべき最大の戦術なのです。

　コーチ養成機関の1つであるCTI（The Coaches Training Institute）が開発し
た以下のフレームワークでは、傾聴の有効性を階層化しており、そのすべ
てがコーチの自己認識に依存します。これは『コーチング・バイブル』
（*Co-Active Coaching*, Henry Kimsey-House, Karen Kimsey-House, Phillip Sandahl,
Laura Whitworth、邦訳：東洋経済新報社）という素晴らしい本に記載されてい
て、他の多くのコーチングのコンセプトと同様に、心理療法にその起源が
あります。

◎レベル1

　レベル1は、クライアントに当てはまるレベルの傾聴です。クライアン
トは自己中心的になることができます。クライアントは自分自身の話をす
る以外は何も気にする必要はありません。クライアントならこのレベルで
いいのですが、コーチがこのレベルでは悲惨です。クライアントのことで
なく、自分のことを考えているからです。
　レベル1の兆候としては、「いくつの？　いつ？　誰が？　どんな仕組
みで？　どんな背景から？」といったようにクライアントの事情をたくさ
ん訊き出そうとします。または、アドバイスをしたがったり、「私が」「私
を」などとあなたを主語にして話したいと思い始めます。あるいは、自分
が動揺していることに気づくかもしれません。そして内なる対話は、自分
自身の不安に関することに気づくでしょう。

・次に何を聞けばいいんだろう？
・いまの質問は十分だったかな？
・これはセッションの間、ずっと続くのだろうか？
・クライアントは私を気に入ってくれているだろうか？

レベル1の傾聴例

　クライアント：業務委譲をもっと上手にしなければならないと思っています。いま週に70時間も働いているんです。

　コーチ：そうですか。それはあまりよくないですね。燃え尽きそうですね。

　クライアント：しかし、他にどうやるのがいいかわからないんです、本当に忙し過ぎて。

　コーチ：そうですね。やり方が少し間違っているのかもしれませんね。ここにとても良い資料を用意してあります。たくさんの方に効果があったので、きっとあなたにもよいと思います。

　クライアント：うーん、そうですか……。

　コーチ：まず、1日の過ごし方の分析から始まります。ここにサンプルも用意してあります。いまから一緒にやってみましょうか？

　この例では、コーチは自分を専門家としての立場を過度に意識しています。彼女はクライアントの役に立ちたいと思っていますが、自分の課題が邪魔をして、クライアントに耳を傾けていません。クライアントが何を望んでいるのかを把握する前に、アドバイスを始めてしまっています。

◎レベル2

　レベル2では、コーチとクライアントは完全に夢中になって、内容の濃い対話が続いていきます。2人はラポール状態にあり、体の向き合い方や声のトーン、テンションがほぼ合っています。流れるような対話ですが、話しているのはほとんどがクライアントです。コーチは巧みに質問を挟み、クライアントの言葉をよく受け止め、課題に寄り添うことに意識を集中させ、アドバイスを与えることはしません。質問は探究し、明確にし、要約し、厳密に調査したりすることを促し、クライアントの考える余地を広げ、新しく何かを学習する意欲を高めます。

　そして、コーチはクライアントの発する言葉だけではなく、しぐさや話しぶりなどから感じられるクライアントのすべてのことに集中します。

レベル2のコーチング・セッションが続くことが望ましい状態です。この状態が効果的なコーチングが実施されているといえるレベルです。

レベル2の傾聴例

クライアント：業務委譲をもっと上手にしなければならないと思っています。いま週に70時間も働いているんです。

コーチ：それは大変ですね。どのように取り組めばいいでしょうか？

クライアント：そうですね。自分ではうまくいっていると思っているのですが、スタッフからはそうではないと言われています。何を言っているのか、全然わからないんですが。

コーチ：具体的にはどんなことを言われているのですか？

クライアント：例えば、アシスタントが言うには、私は彼女の様子をいつもチェックしているのだそうです。でも、彼女の仕事を把握するにはそれ以外にどうしたらいいのでしょう？

コーチ：いつもチェックしている…ですか、それが彼女の受け止め方なんですね。すなわち、「何が起きているのかをいつもチェックしていないといけない」あなたにはいろいろと"不安"があるみたいですね。この"不安"に対してもっと掘り下げてみますか？

クライアント：はい、わかりました。

コーチ：では、この"不安"とは例えばどんなものなのでしょう？

この例では、コーチはクライアントの課題に忠実に向き合い、クライアントの言った言葉、つまり「いつもチェックしている」を使って会話を深め、その後の会話がつながるように相手の考えを引き出しています。

◎レベル3

レベル3は、「電波的傾聴力（radio-field listening）」と表現されることを行います。これはレベル2で必要なすべてのことだけではなく、感情、会話から読み取れるリスク、可能な選択肢、そしてクライアントにとって何が問題となり得るかを認識します。自分の直感を信じることができます。気

持ちをどう表していいかわからなくても、知的レベルだけでなく、感情的レベルでもクライアントとつながっていると感じることができます。コーチングの関係全体が自分の前にも後ろにも広がっていくのがわかることで、それは特別なものだと感じます。これは、友人との「普通」の会話ではほとんど到達できない、本当のつながりの瞬間です。

レベル3の傾聴例

クライアント：業務委譲をもっと上手にしなければならないと思っています。いま週に70時間も働いているんです。

コーチ：それは大変ですね。どのように取り組めばいいでしょうか？

クライアント：（少し沈黙し、笑みを見せる）

コーチ：（やさしく）それで……（少し間を取って）、いろいろと秘めているような笑い顔ですね。

クライアント：そうですね。このままではもう無理です。スタッフから「干渉する」と言われても、他にどう管理すればいいか全くわかりません。私生活は破滅寸前ですし、健康管理もできません。妻は最近顔を合わせることがないと言います。毎日帰りが遅いので娘を最後に寝かしつけたのがいつかもわかりません。毎朝4時に目が覚め、仕事のことで頭がいっぱいとなり、十分睡眠が取れません。とても重荷になっているんです。

コーチ：それは大変な重荷のようですね。仕事と家庭がとても危機的にあると聞こえてきます。

クライアント：そうなんです！　そんな重荷、誰も背負いたくありませんよ。

コーチ：まさに重荷という言葉どおりのようですね。どんなふうに重荷なのでしょう？

クライアント：我慢できない、ということです。文字どおり、これ以上重い荷物を運び続けることはもうできません。自分1人ではコントロールできないので、早く荷を下ろしたいです。

コーチ：そうですか、背負いたくない荷物を早く下ろしたいという

　ことですね。そうしたら、そのことをどうすればいいかを一緒に考え
ていきましょうか？

　レベル3では、コーチはクライアントの人生全体の視点を確立し、長時
間働き続けることが何が問題となるのか、クライアントの心に焦点を当て
ました。コーチは、クライアントの沈黙やためらい、比喩や言葉の裏に秘
められた感情に寄り添うことで、それを行いました。さらにコーチは、会
話に間を入れることでクライアントにその間を埋める時間を与えています。
そうすることで、長時間労働の問題を容認も非難もせず、クライアントが
自分の置かれている状況をただ受け入れ、尊重しているだけであることを
共有しています。
　コーチはその行動を引き起こす潜在的な欲求を見抜き、クライアントの
ストレスが生み出している負のエネルギーに気づくことで、変化のプロセ
スを始めたいというクライアントの意欲も引き出しています。
　ゲシュタルト療法を創設したドイツ系ユダヤ人の精神科医フレデリッ
ク・パールズは、著書『ゲシュタルト療法バーベイティム』（*Gestalt
Therapy Verbatim*, 1969, 邦訳：ナカニシヤ出版）のなかで、このレベル3の傾聴
力について次のように簡潔に述べています。
　　「優れた心理療法士は、患者が言葉に出す“でたらめな内容”ではな
　　く、音や響き、ためらいに耳を傾ける。」

◎クライアントの課題に基づき、協同する

　ここで述べてきたことすべてで重要なのはクライアントが大切にしてい
る課題であり、コーチの課題ではないということが前提にあります。レベ
ル1に迷い込んだ途端、クライアントの課題ではなく、コーチの課題から
仕事をすることになります。
　コーチングはクライアントの課題で始まり、クライアントの課題で終わ
ります。コーチングは変化をもたらすものだからです。クライアントが
コーチングを受けるのは、自分の人生を変えたいからであり、変わったこ
とを示す結果が得たいからです。クライアントは、コーチには決してわか

らない自分自身の生い立ちを知っているので、クライアントだけが自分を変えるために必要な課題が何かが言えるのです。

　コーチの役割は、クライアントの課題を明らかにする質問をし、それを明確にし、課題をクライアントが取り組むことができる行動目標に変える環境をつくってあげることです。そして、その課題を中核的な価値観や信念と結びつけ、クライアントの変化を阻む障害や恐れを特定し、それを乗り越えられるように協同します。(第7章および第8章参照)

信頼関係は双方向のプロセス

　私はコーチとして、クライアントには「私を信頼してください」とお願いしていることになります。これがいかに僭越なことかをいつも認識しています。

　「なぜクライアントは私を信頼しなければならないのか？」「その信頼を早く得るには何をすればいいのか？」——このことと同じように、クライアントとの関係の起点となるのは、相手を信頼することです。もし信頼関係が崩れても修復できないことはありませんが、割れた陶器のように修復の跡は残り、元のようには強くはなりません。

　そもそも信頼とはゆっくり築かれるものです。信頼関係が築かれるかどうかはコーチのスキルだけではなく、クライアントが進んで心を開くかどうかにもかかっていますが、これは多くのクライアントにとって少々難しいかもしれません。クライアントは自己防衛的な態度になることや、パフォーマンスじみたことには慣れていたりします。

　しかし、クライアントがありのままの自分でいられると思える瞬間は、コーチングが有効かどうかの分岐点になることがよくあります。クライアントの失敗や不確実な状況に関してコーチに話せると思えるとき、そして、あなたがそれに対し非難したり批判しない、と理解していると思えるときです。

　同様に、クライアントは、自分自身の成果や変化への努力に対してコーチが認めてくれていることを学びます。

では、信頼には何が必要なのでしょうか？　それは、正直であること、予測性があること、責任感があること、確実性があることなどです。

コーチングの他の多くの要素と同様に、これは双方向のプロセスです。

◎クライアント側の信頼

まず、クライアントが言うことには一貫性があります。クライアントが説明するとき、毎回同じように説明します。クライアントがチーム・メンバーと一緒に働いているところを見ることができれば、クライアントが言った状況に加え、さらに多くのことがわかり、クライアントの言ったことは本当だとわかります。

クライアントはコーチングを受けると決めたら、自分への期待と同じように、コーチにも期待しながら敬意を持って接するようにします。健全なコーチングでは、クライアントの言動は一致しています。

コーチングへのコミットメントは、言葉のうえでの約束だけではありません。「宿題」に同意すれば実行されなくてはなりませんし、たとえ実行されなくてもなぜそれができなかったのかを学ぶことができます。セッションで話し合ったテーマについて、クライアントがもっと深く考えたいと言えば、そのとおりにします。クライアントがコーチに率直なフィードバックをすると言うなら、そうします。

セッションのなかで語られることと、セッションの外で語られることは一致していなければなりません。そうでなければ、信頼は失われます。

以下の例は、リストラで解雇されたシニア・マネージャーを私の同僚がコーチングしたときの話です。

解雇された彼は、心に傷を負い、リストラを受け入れられずにいました。セッションが終わるたびに振り返りを行うのですが、あるときのセッションで彼は「とても役に立ちました」と言い、その理由を同僚に詳しく説明したそうです。その2週間後です。同僚と私は、クライアントがコーチングは「無意味な自己満足」だと言っていると共通の知人から聞いたのです。

次のセッションのときに、同僚はなぜそんなことを言ったのか、敬意の

態度を示しながら訊ねました。するとクライアントは激昂し、言葉を濁したそうです。驚くことではありませんが、それが最後のセッションとなりました。

　クライアントがコーチング・プロセスを進んで試してみようとする姿に接するたびに、私はクライアントたちに信頼と敬意の思いを抱きます。クライアントが自発的にコーチングを受けたいとする合図は、以前は禁じられていた感情的な領域を探ったり、厳しいフィードバックを聞かされる不快感から私を悪い情報をもたらす者として攻撃もせず、最後まで向き合おうとする態度などです。コーチングでは、クライアントとコーチの双方に通常とは違うオープンさが求められます。自分のことを正直に語り、弱みも含めて自らを曝け出してくれるクライアントを私は心より信頼することができます。

　コミットメントの欠如を示す行為は、大小さまざまあります。例えば、いつも直前になって、信じがたい理由でキャンセルするクライアントはコーチングへの優先順位が低いことがよくわかります。セッションに遅れて来て、準備もせず課題に困惑しているクライアントは、他のことに心が奪われていることを示しています。このようなクライアントは、コーチと学ぶことへの興味が失われているのかもしれません。

◎コーチ側の信頼

　「クライアント側の信頼」で述べた条件は、コーチにもすべて当てはまります。そのうえでまずは、クライアントをどこまで信頼できるかという自分の前提をよく考えることが大切になります。親しい友人のように、すべてのクライアントを好きになる必要はありません。実際、不可能です。コーチは、クライアントの立派な面を尊重すると同時に、クライアントが巧妙に築き上げてきた自己防衛の壁にも興味と関心を寄せます。

　クライアントの多くは、最初は不愛想に見えるかもしれません。弱い立場の人をいじめたり、操ったりするクライアントは、私がとくに苦手なマ

ネジメント・スタイルを顕示しています。そうした人でも有意義なコーチング・セッションになりました。ただ、その同じクライアントが私の上司だったら、1週間も持たなかったと思います。

　これとは対照的に、自己主張が弱いクライアントもいます。同僚から「覇気がない」とか、「タフじゃない」と言われているかもしれません。こうした人とも、効果的なコーチング・セッションになりました。しかし、それが同僚だとしたら、苛立ちが隠せなかったでしょう。

　この違いは何でしょうか？　私は、クライアントのジレンマや困難に興味を持ちます。クライアントの成功を阻む、自ら課した障壁を知りたいと思います。私はクライアントの長所や癖、失敗を無条件に受け入れます。私の役割はクライアントを励まし、異議があれば率直に指摘することです。親しい友人を好きになるように、クライアントを好きになる必要はありません。

　コーチとして、言うこととやることが一貫していなければなりません。最も基本的なことですが、約束は必ず守ります。面白い記事をメールすると言ったら、忘れずに送ります。コーチングへの熱意を表明したら、その意気込みを行動で示さなければなりません。クライアントに毎回セッションで100％の力を注いでほしいと思うなら、同様にコーチも100％のパフォーマンスを発揮しないといけません。コーチが散漫な態度だったり、上の空だと、クライアントにはすぐにわかります。

　セッション以外でも、クライアントを敬意を持って引き合いに出し、他のコーチとクライアントを中傷したり、話題にしているのがクライアントのことだとわかるようなことは絶対にしません。クライアントに敬意を持てなければ、コーチングは終了です。クライアントに望むのと同じように、嘘や些細な理由でセッションのキャンセルや遅刻はしません。

　クライアントと上手に仕事を進めるために、クライアントがコーチと同じような人間である必要はありません。状況がそうでないとわかるまで、多かれ少なかれどんなクライアントとも仕事ができると思っているかもし

れません。

　コーチは守秘義務を厳守しなければなりません。ここでの裏切り行為は、すぐにクライアントに知られます。前職の同僚は以前、機密保持の条件について「他の1人まで共有することができる」としていました。しかしコーチとして、私たちはそれ以上のことをする必要があります。ただ、守秘義務には限界があるので、そのことはクライアントには断っておきます。

　そしてクライアントは、コーチング・ルーム内での多くの秘密を含んだ会話をコーチが外部に漏らさないことを信用する必要があります。秘密を含んだ会話とは、例えば、企業買収など株式売買に関わるインサイダー情報から、社内恋愛や性的関心などの内部情報までさまざまあります。

　また、クライアントの組織について話すときには注意が必要です。組織の特徴や文化を語ることで、組織の内部事情について特別な情報を持っていることをひけらかすことになりかねません。私たちコーチがそれをすると、それはゴシップ・ネタのように伝わり、聞き手に軽率で不誠実だとして誤解され、評判を落とすことになりかねません。

　最後に、コーチはクライアントから学ぶ姿勢を示すことが大切です。これは歌やスポーツの世界などでは普通のことです。傑出したオペラ歌手には声楽コーチが必ず付いていますし、一流の劇団では看板俳優にもボイスコーチを雇います。こうしたコーチに訊けば、コーチする相手からどれだけ多くのことを学んでいるかを教えてくれると思います。

　同様に、ライフ・コーチやエグゼクティブ・コーチとして、私たちコーチがクライアントに期待するように、コーチもクライアントからの影響を受け入れるようになれば、コーチングの関係は限りなく豊かになっていきます。

第 **3** 章

コーチとクライアントとの関係性

The heart of coaching: the coach–client relationship

コーチとクライアントの間で、実際に何が起こっているのでしょうか？
コーチングが有効だとされるのはなぜでしょうか？
普通のコーチと優秀なコーチの違いには何があるのでしょうか？
コーチとクライアントとの力のバランスは対等というのは本当でしょうか？
コーチングの限界はどこにあるのでしょうか？

┃ 救いたいという強い気持ち

　私と同僚が受注した仕事をどのコーチに担当してもらうかを決めるとき
のことでした。クライアント役を立てて、実際にコーチングしている場面
を観察することにしたのです。候補を選び、コーチング・セッションを始
めてもらうと、そのコーチはコーチングの最中にクライアントの膝の上に
座らんばかりに近づき、乱暴なほどに自分が良いと思う解決策を一方的に
クライアントに提案したのです。しかも、コーチとしては話し過ぎでした。

　コーチング・セッションが終わり、クライアント役の人も私たちと同じ
思いでした。この振る舞いでは、その人をコーチとして選ばないだろうと
いうことでした。ただ、クライアント役の人はこう言い添えたのです。
「いろいろと懸念はありますが、彼女に対しての印象は悪くはなかったで
す。セッションは私には有意義でした。私のことを親身に思って提案して

くれたアドバイスは是非、実践したいと思います」と。

　私としてはこの天衣無縫な、スキルが不十分のコーチを擁護するつもり
はありません。それはこのコーチ候補者は、難易度が高くて要求が厳しい
私たちのクライアントに対応しきれないと思うからです。よって、今回は
クライアント役の人に好意的に受け止められたとしても、クライアントに
お勧めすることはできません。

　しかし、相手を支援したいとの強い気持ちはセッションから伝わり、有
意義なコーチングがそれなりに行われたのは確かです。

　実際、コーチがクライアントを支援したい気持ちを強く持ち、親身に
なってその気持ちが伝えられたとき、その人に熟練したスキルがなくても
コーチングは成立するのだと気づかされます。『挑発的なセラピー』
(*Provocative Therapy*, Farrelly and Brandsma, 1974 ; 未邦訳)というユーモアに富
む本に、似たような場面が紹介されています。それは、慢性的な精神障害
の患者と研修中の心理療法士に関する話です。

　経験豊富な心理療法士が、患者は良くなる見込みがないのだから、もう
これ以上の診察はやめるべきだとの考えを研修生に伝えました。研修生は
これに対して憤って反論しました。そして、激昂のあまり涙をこぼしなが
ら患者にこのことを丁寧に話したのです。すると患者は自分に対して誰か
がこれほどまでに親身になってくれることに驚きながらも、逆に研修生に
元気づける言葉をかけました。その後、患者は病院を離れると仕事を得て、
二度と病院に戻る必要はありませんでした。

　本のなかで著者は、「このエピソードからもわかるように、本人が正し
く、もしくは効果的でありたいと意図していなくても、結果的にそうなる
こともある」と述べています。

▌ コーチとクライアントの力のバランス

　コーチとクライアントは対等な立場で関わりあっている——。これは、
コーチングではよく言われていることです。対等な関係を築くことができ

るからこそ、コーチングは機能するのです。しかし、この理想的な関係は実際のところはどうなのでしょうか。

　コーチングを他の専門性の高い職業と比べてみると、はっきりとした違いがいくつかあることに気づかされます。

　普段私たちは、会計士、弁護士、医師といった、ある種の特定の専門職の人たちとはできれば関わりたくないと思うでしょう。何か危機に見舞われたり見舞われそうなときに、こうした職業の人たちのお世話になるからです。

　その一方で、コーチングを受けるクライアントは常に変化に直面していますが、変化を "脅威" と見なすのではなく、"成長の機会" と捉えているでしょう。そしてコーチングに慣れるにしたがい、弁護士や医師との面会のときに感じるような不安よりもむしろ、次のコーチング・セッションが待ち遠しくなります。

　弁護士や医師など昔からある専門職は、その専門性により卓越した知識や技能をクライアントに提供することができます。ただ残念なことに、高い専門性を持つことから優越的な態度を取る人もいます。その逆に、ファイナンシャル・アドバイザー、建築家、インテリア・デザイナーなど専門性が求められる職業であっても、競争の激しさから顧客志向のサービス精神を強く発揮しなくてはならない専門職もあります。

　また、コーチを職業とする人の多くは、クライアントとの「平等」な関係を築くのだと言い、そのことをかなり意識します。この姿勢は古くからある専門職の人たちがクライアントと接する態度とは大きく異なります。例えば、私は病院で診察を受けるときに、医師とはお互いをファースト・ネームで呼び合うことは普通はありません。それどころか医師からは名前さえ呼ばれず、「あなた」と呼ばれることが多いのです。一方、その医師を「先生」と敬称で呼ぶのが通例です。

　ですが、医師がコーチングのクライアントになれば、状況は変わります。私のクライアントにも病院の先生が多くいます。医師相手のコーチングで

はお互いに名前で呼び合います。クライアントであるため、紅茶やコーヒーやお水を出すようにしています。コーチングではクライアントは専門性のあるサービスを受ける側であると同時に、コーチにとってのゲストでもあります。

　コーチは専門性のあるサービスを提供する側であると同時に、クライアントのためのホストでもあります。対等の関係であることを知ってもらいたいので、相手が医師であっても名前で呼ぶのです。

　見方によっては、クライアントに対してコーチが優位な立場になる場合があります。一般的には、クライアントが自分のオフィスを訪ねてくるとコーチは考えます。もしそうであるなら、すでに力関係のバランスが変わっています。コーチのオフィスに来訪するクライアントは、コーチの家を訪問するゲストであり、"その家"のルールに従うことが望まれているのを知っています。クライアントが課題を設定するとしても、コーチングを進めるのはコーチです。コーチングの期間やセッション時間、そして料金設定を決めるのもコーチです。

　しかしながら、これに対しクライアントにとって優位となるいくつかの要因で相殺されることもあります。例えば、コーチがコーチング契約をどうしても受注したいのであれば、クライアントは料金の交渉力を握ることができ、実際にそれができます。クライアントがセッションを何回にするかも提案できますし、初めのセッションはコーチが事前準備した内容で進められますが、次からはクライアントの課題をもとにして進められます。また、クライアントはコーチも他の業種同様に顧客獲得において過当競争にあることを知っています。

　乱用されやすい精神分析学を厳しく批評したジェフリー・マッソンは著書『セラピーへの非難』（*Against Therapy*, 1990；未邦訳）で、「どれほど素晴らしい心理療法士であっても、クライアントと搾取的で制御的な関係性にならざるを得ない」と言っています。なぜならば、「このような関係性は

その職業に内包されているからだ」と指摘しています。

　ただ、精神分析とコーチングには大きな相違があります。コーチングのクライアントのメンタルヘルスは健全であるということです。もしそうでなく、「症状」といえることがあるとしても、軽度な機能障害という程度です。

　また、エグゼクティブ・コーチングのクライアントは、着実に成功してきた人たちです。役職と報酬は高く、自分の考えに従って行動し、日常的に多岐にわたる専門職の人たちと接する機会が多いといえます。この、エグゼクティブ・コーチング市場のハイエンドにいるクライアントは、コーチの何倍、何十倍の報酬を得ていることも稀ではなく、なかには著名人もいます。

　これらの特徴は、ある意味で大切です。コーチはその相手に尊敬の念を抱いたり、知らぬ間にその権威に圧倒されているかもしれず、このようなクライアントとは搾取的で制御的な関係性になることはほとんどないからです。

　これ以外にも、コーチとクライアントとの関係が微妙に対等ではない場合があります。例えば、次のようなことです。

- クライアントとの対話中、コーチは多くの場合、自分の意見を共有することを抑えている。そして、クライアントは自分の意見を述べる。
- クライアントに支援の手を差し伸べるのはコーチの責任だが、コーチに対してクライアントには責任はない。対話の場づくりを担うのはクライアントではなく、コーチである。
- コーチングはコーチではなく、クライアントが学びを深める場である。
- コーチはクライアントを支援しなければならないが、クライアントがコーチを支援する必要はない。

無意識のプロセス

コーチングを行っている最中で、無意識のうちにさまざまな現象が引き起こされているのかもしれません。

例えば、クライアントのなかでも特定の人に自然と好印象を抱くことがあるのはなぜなのでしょう？（逆に、クライアントにとって好ましく思うコーチと好ましくないコーチがいるのはなぜなのでしょう？）。なぜ、クライアントによってはコーチとの関係性に奇妙な期待を持っているように見えるのでしょう？　これらがどのようにして起きるのかは、心理療法の概念から見れば、少なからず説明がつくかもしれません。

◎投影

コーチはクライアントにとって最適な手段を考えついても、それにとらわれ過ぎず、良かれと思う自分の考えから中立的であるべきです。中立的に考えるには、"投影（projection）"という心理現象に関しての理解が大変有効です。人間には心のなかに自分では認めたくない影ともいえる暗い部分があるという考えが、投影の特徴です。投影は次のように行われます。まず、「私のこれが気に入らない」と思うことについて、それと同じ気に入らない要素を持っている人に自分を映し出し、相手を批判するようになります。投影には、いくつかのパターンがあります。

最もよくありがちなのが、自分の感情を他者に投影することかもしれません。次の例のように、自分自身のそのときの感情を認めることができなかったり、認めたくないときに行われるものです。

・友人に「心配事があるみたいだね」と言うとき、本当は自分自身に心配事があるのに、そのことに向き合いたくないためにそう言う。
・「クライアントが私を敵視している」とコーチが思うとき、実はコーチ自身がクライアントを敵視している。
・自分の悩みの原因は他者にある。とくに、一番身近な人たちが原因な

のだ」と思う。

　一方、投影を肯定的に捉えてみて、自分が理想とすることや自分にない資質を相手が持っていると思えると、その人に対して過剰なほど夢中になったりすることがあります。ところが、実態を知ってしまったことでその人との関係がとても残念に思うようになり、冷笑や憤りに変わってしまうこともあるのです。

　他人を批判するとき、批判の対象は自分自身に対して最も恐れていることなのかもしれません。批判的になっている自分に気づいたら少し立ち止まり、「この感情や行動は実は私自身が原因なのでは？」と自問するのがいいでしょう。

　投影に関してはっきり言えることですが、他人を評するとき、とくに批判的に話す場合、実は自分自身への批判的な気持ちについて自分自身がどのように受け止めているか、多くを物語っているのです。

◎転移と逆転移

　"転移（transference）"と"逆転移（counter-transference）"も、"投影"と同じように心理療法の力動的精神療法（psychodynamic therapy, 訳注：症状の背景にある過去に起きたことを対話を通して明らかにしていき、改善を目指す治療法のこと）から生まれました。

　"転移"とは、クライアントがそれまでの人生における人間関係のパターンや思いを無意識にコーチに重ね合わせる、つまり投影することをいいます。こうした投影は歪みとなり、自分が思う素の自分を他人は見ることができなくなります。コーチング・セッションでは、たびたびクライアントの大切な人たちに対して過去や現在も抱いている感情をコーチに投影します。例えば、次のようなことです。

・権威主義的な父親に絶えず反抗していたクライアントは、コーチも含め多くの男性を父親と同じような見方で接しかねない。これは、その男性のコーチが穏やかで親しみやすい人物であり、父親と全く異なる性格であっても同じである。
・コーチが年配の女性の場合、クライアントにとって彼女は母親や先生であると思い込んでしまう。これによって、クライアントに反抗的だった青年期の行動を思い起こさせたり、あるいは大切にしてもらえるような期待感が生じかねない。
・コーチがクライアントと年齢が近ければ、若い頃の友人たちやきょうだいたちと自分の関係を思い起こしかねない。

　また"逆転移"とは、これと同じように、コーチがクライアントに、コーチの過去の人間関係のパターンを投影することです。クライアントからの挑戦的な姿勢により、コーチを始めた当初のクライアントとの苦々しい関係の記憶を呼び起こされたりすると、コーチング中に、クライアントがそのときの影として現れ、当時と同じように対応してしまうかもしれません。

　しかし、クライアントとの協同関係の透明性を高めていけば、こうした現象がコーチング・プロセスを狂わす可能性を低くします。
　1つ例を紹介しましょう。クライアントのグレンダが、コーチと合意したにもかかわらず宿題をやってこなかったときの話です。そのときのコーチは次のように語っています。

●学校時代の先生とコーチを重ね合わせたグレンダ

　「宿題をする時間がどうしてもなかったんです。」
　グレンダは、そう私に言ってきました。今回で第4回のセッションですが、これまで毎回同じことの繰り返しです。私は落ち着いた言い方を意識して彼女に尋ねました。
　「グレンダ、実に不思議で興味深いことです。正直、ちょっと戸惑っ

てもいます。もしかしたら私のコーチングが適切ではないのかしら、あなたに合ったコーチングができていないのかもと思ったりもしています。宿題をする時間がありませんでしたと言われたのは今回で3回です。何があったのですか？」

グレンダは初めおどおどしていましたが、突然苛立った様子で私にこう言ったのです。

「あなたは私の先生じゃないでしょ！」

コーチ：そうね。でも、もしかしたら私はあなたの学校時代の先生を思い出させていたのかしら？

一瞬、間がありました。それから、グレンダの顔色が変わりました。

グレンダ：ええ、実を言うとそうなの。あの頃の私の女の先生とコーチはちょうど同い年ぐらいです。宿題をしないと、いつも怒られたわ。だから、学校を卒業するときに、二度と人から偉そうなことを言われないようにしよう、と誓ったの。
コーチ：宿題のこと以外で先生を思い出させることが私にある？
グレンダ：ないわ。…いや、自信があって冷静なところは似ているかな。
コーチ：ほかには？
グレンダ：思いつかない！
コーチ：もしその先生がここに居たら、どんなことを言いたい？
グレンダ：私に敬意を持って接してほしい。一方的に叱ってほしくない。…まぁでも、確かに私は手のかかる生徒だったと思うけど。
コーチ：私はどう違うかしら？
グレンダ：彼女とは全く違うわ！

それから私とグレンダはどうしたら一緒にうまくやっていけるか率直に話し合い、コーチングを成功させるにはどんなことが必要かを確かめ合いました。もちろん、私は彼女の先生とは違う私でい続けることを約

束しました。そしてグレンダが問題に思う権威者との人間関係について
も同じように確認していきました。こうして私たちは率直で親密な関係
を築くことができたのです。このことは、その後のコーチングの岐路と
なりました。

◎パラレル・プロセス

転移と逆転移の概念が、"パラレル・プロセス（parallel process）"です。
これは奇妙な現象のように思えるかもしれません。クライアントは自分の
ことを説明しているときに、以前取った行動と同じ行動をセッションで再
現します。そして、コーチもクライアントと同じ感情を抱くことになりま
す。

例えば、クライアントが仕事で強く感じているストレスについて説明し
ているとします。その説明のなかで、彼女は部下に焦りと苛立ちを見せて
しまう、と言ったとします。するとコーチはクライアントに対して同じよ
うに焦りと苛立ちを感じ始めるという現象です。

以下は、コーチとなって間もないカーリーが、クライアントとのセッ
ションで体験したパラレル・プロセスと投影についての話です。カーリー
は彼女のコーチング・スーパーバイザーとのセッションで終始、パラレ
ル・プロセスの概念に関係する体験話を伝えていました。

●パラレル・プロセスを経験した新米コーチのカーリー

28歳のアジア系女性のクライアントの話です。彼女は6人きょうだい
のなかで唯一の女の子でした。彼女は両親の勧めでお見合い結婚をしま
したが、結婚生活は幸せではなかったのです。彼女の国では離婚がタ
ブーとされていることを十分知りながらもそれを考えています。

家族の強いプレッシャーがありましたが、幸いにも子どもをつくるこ
とは避けてきました。権威的な父のことは彼女から聞いていました。ま

た、きょうだいは家事を免除されていたのに、彼女だけは当然のように家事をさせられていることに不満を抱いていました。私の家族も彼女と同じように移民であり、父は権威的でした。ですが、私は幸いなことに、その状況から逃れることができました。

　彼女のコーチングの当面の目的は、行き詰まりを感じているキャリアのことです。クライアントは私に、上司が彼女のことを無視やいじめを行うのだと文句を言い募りました。セッション終了後の振り返りで、私はパラレル・プロセスだけでなく、投影と逆転移も起きていたことがわかりました。クライアントの話は泣き言や不満だと私は感じ始め、イライラが募ってきました。

　「何をしてほしいかしっかりと伝えなきゃだめでしょ！　それだから見下されてしまうのよ。弱虫になってはだめ！」そう私は思ったのです。

　もちろん、こんなひどい言葉をクライアントには言えませんでしたが、私の声には多少なりとも苛立ちが含まれていたはずです。珍しいことですが、そのセッションはいつもより10分早く終わりました。私はたぶん、いつもよりも愛想がなかったと思います。今後の私の課題は、こうした状況に気づいて、上手に対処することです！

なぜ、こうしたことが起こるのでしょうか？

　まず理由として挙げられるのは、コーチがクライアントに過度に共感することで無意識のうちにクライアントの課題を理解しようとし、そのことからクライアントの心のうちに入りこんで自分と似たところがないかを探すためです。

　また別の理由として、初めの理由と同様に無意識に取る行動が関係しています。それは、コーチになんとか解決策を見出してもらおうと、無意識のうちに問題についての一幕とその迫真さをクライアントが再現しようとすることです。

　以上の2つは確かに理由として可能性はあると思うのですが、それ以上

に妥当と思える理由は、コーチがクライアントの激しい感情にどう対応したらよいかに逡巡し、そのことで不安を感じてパニックになることがきっかけではないかということです。

パラレル・プロセスが起きたときにコーチが自分自身をマネジメントするために最も重要なことは、実際に起きていることを認識することです。その場で起きていることを認識することで、パラレル・プロセスを止めるために、何か他のことをしなくてはならないと意識し始めます。例えば、次のようなことです。

・座る姿勢を変える。そうすることで、コーチとクライアントの両方が陥っているトランス状態を断ち切る。
・あえてクライアントとは反対の行動を取る。
・軽いストレッチやティーブレイクを提案する。
・クライアントの課題に夢中になって本質を見失っていないかを確認する。コーチではなく、クライアントが解決策を見つけることが大切であるため。
・パラレル・プロセスが起きていると気づいたら、意識してクライアントの課題から離れるための質問を投げかける。
　（例）
　「これまでの話をまとめると、課題はA、B、Cということですね。このうち、どれが最も重要だと思いますか？」
　または
　「いま共有できた内容に少し圧倒されています。もう一度現状を確認させてください。」

本当の姿であること

人を支援したいという思いは、人間同士が根源的に持つ願望から突き動かされるからなのかもしれません。心理学は哲学や医学などの学問のほかに、宗教からも影響を受けています。秘法や迷信、神秘論からの影響も全

くないとは言えません。何かがおかしいのではと思うとき、人は、危険回避の予知ができる不思議な力を持つ水晶玉、死の縁にある人を救うために行われる信仰療法、不可解な出来事を説明するレイライン（ley line，訳注：直線によって描かれた遺跡群のこと）、悪霊払いの魔よけなどの、呪術的なものにすがりたくなります。こうしたものへの願望や信仰が持つ力に圧倒されるのかもしれません。

　精神病が悪魔のしわざだと信じられていたのは、わずか150年ほど前です。いまだにそう信じている宗教もあります。特別な能力を持つ人がいるという考えは、時代が変わっても興味をかきたてられます。神とつながり、人々に安寧を与えられる人物や物事を見通すことができる特殊な能力を持つ人物に我が身を委ねるのは少し怖れもありますが、安心できることでもあるからです。これが徐々に、透視力や超能力の存在につながるのかもしれません。

　コーチは、こうした考えに決して影響されてはなりません。実はこうしたことは、意外に影響されやすいことなのです。私のことを「魔女」とか「白魔女」と同僚に紹介するクライアントがいました。そうした妙な誤解を生まないためにも、私はクライアントにコーチング・プロセスを丁寧に説明するようにしています。コーチがどこか世俗的な司祭やシャーマンのようにクライアントが思ってしまうと、対等な関係は築けなくなります。クライアントからすれば、コーチの魔術に従っているほうが楽かもしれません。しかし、長い目で見ると、これは正しいことではありません。

　いくつかの研究によれば、プラセボ（訳注：効く成分が入っていない偽薬）とプラセボ手術（見せかけの治療処置の疑似手術。例えば患者の胸を開くが、実際には手術は行わない）は、従来の薬や手術による治療とほぼ同等の効果があるときもあると報告されています。また、偽薬を患者に投与するときに副作用の可能性を伝えると、実際に副作用が出るノセボのことも報告されています。

うつ病の治療では、普通に処方される薬よりもプラセボのほうが何倍もの効果が現れることがあるそうです。鎮痛剤としての効果も伝えられています。

　アメリカン・エクササイズ協議会（American Council on Exercise）が実施した興味深い米国内での研究があります。「高濃度酸素水」（実際はただの水道水）により、走る能力が上がったと信じていたランナーが5kmのタイム・トライアルで他のメンバーよりも平均86秒速かったとのことです。

　代替医療に関して、例えばホメオパシー（訳注：その病気を起こしうる薬等を希釈して投与することで症状を緩和したり耐性をつくる療法）を擁護する人たちは、薬効成分が含まれていないのに、薬の代わりに投与する水は効果的であると主張します。なぜならば、その水は薬効成分を「記憶」しているからです、と。理論的な妥当性に欠け、科学の常識から反していてもホメオパシーは効果があると主張します。これはたぶん、医師がホメオパシーの治療薬を心から信じてそれを患者に伝え、患者自身もまたホメオパシーへの疑いを持たないようにしていることが推測できます。医師と患者がともに、治療の効果があると強く信じることで力が生じるのかもしれません。

　プラセボの研究から次のような教訓が得られます。コーチとクライアントがともにコーチング・プロセスを信じることが、コーチング効果を何倍も高めることができるということです。もし、コーチとしてコーチングの効果に懐疑的であれば、そのことはクライアントに伝わります。また、クライアントがコーチングの効果に懐疑的だとしたら、クライアントが自ら効果を制御することになります。コーチングは効果的な活動です。そのことをクライアントには是非にも信じてほしいと思います。ただし、コーチングは、コーチとクライアントとの関係性とコーチング・プロセスにより効果が大きく左右されるものであり、コーチの神秘的な能力によることはありません。

　米国の心理学者デビッド・エルキンスなどによる心理療法に関する研究結果やメタ解析（meta research, 訳注：いくつかの研究結果を統合し信頼性のある

結論を導く統計手法）では、治療が成功するのは心理療法士の頭のキレや論理的なアプローチとは全く関係しないことが報告されています。そして治療成功のカギとして、次の5つが挙げられています。

1. 心理療法士がいかに温かく、受容的で話しやすい環境をつくり出せているか。
2. 効果的な治療が施せる関係が築けているか―心理療法士とクライアントがどのように治療に取り組んでいるか；目標の透明性と明確性。
3. クライアントが助けを求める際の状況とクライアントが積極的に変化が起こせるよう支援者が周囲にいるかどうか。
4. 採り入れる心理療法がいくぶん常識から外れていたり、にわかには信じがたいものであっても、その妥当性をクライアントと心理療法士がともに信じることができるか、ポジティブな結果が得られると期待できるか、つまりプラセボ的な効果はあるのだと受け入れられるか。
5. どの治療法を使ったか。

以上の5つのカギのうち、最も重要性の低いのが、5の「どの治療法を使ったか」です。一部の研究者は、最終的に成功する結果のわずか8〜15％がどの治療法を使ったかと関係していると推定しています。

コーチングにおいて同様の結果となるかどうかはわかりませんが、おそらく同じように考えてもいいと思います。信頼と思いやりは心理療法がそうであるように、コーチングにおいても最も基本となることです。

自分自身を許容する

私がコーチとなった当初、会話の際は中立的な立場でいる必要がある、クライアントが取り乱すことがあっても私がそうなってはならない、クライアントの話がつまらなくても私はその話に興味関心を寄せなくてはいけない、セッション終了後にクライアントはコーチングについての感想を述

べてもよいが私は自制しないといけない、そう勝手に信じ込んでいました。
　いまでは、これらのことが間違いだったことがわかります。

　ある会社とコーチングの契約を行うために、3人の同僚は事前の顔合わせのためにその会社を訪問しました。そのとき、私は参加できませんでしたが、翌日、5日間に及ぶプログラムの最初のコーチング・セッションが始まったところで、そこで初めて私はそのグループに参加しました。
　クライアントとなった先方のマネージャーは、私が事前の顔合わせの場にいなかったので、あえて私を選んだということでした。その理由を訊くと、私は彼のことを知らないため、私は「完全に中立で"機械的なコーチ"」になれるからだ、とのことでした。新米コーチの頃の私なら、それを受け入れたと思いますが、もはやそうした考えは私にはありませんでした。
　中立的なコーチングを希望する彼とよく話してみると、彼が私を知るにつけ、私は彼を決めつけることになるのを恐れている、ということでした。私は「中立的で"機械的なコーチ"」とされるのは不愉快ですし、そんなコーチングはうまくいかないことがわかっていたので、中立的な立場を取ることはしませんでした。
　それにより、彼は自分の課題を私と一緒に考察することができたことで、彼本来の自分を受け入れることもできたのです。

▌ オープン・マインドで、フィードバックを受ける

　コーチングではフィードバック・プロセスはコーチとクライアントの双方向になります。よって、コーチはクライアントにフィードバックするだけではなく（309ページ参照）、クライアントにフィードバックしてもらうようにします。これは、他の専門職ではほとんど見られません。コーチがフィードバックを求めることにより、クライアントに双方向の関係をどれほどコーチが重視しているかを示すことができます。こうして双方がフィードバックについて共有することにより、話の内容、コーチングスタ

イル、関係性などについて、有意義な質問ができるようになります。

　　「このセッションは有意義でしたか？」
　　「とくに何が良かったですか？」
　　「何がうまくいかなかったでしょうか？」
　　「私たちの関係はどんな感じでしょうか？」

　クライアントがコーチにフィードバックを行うとき、どうコーチにフィードバックが受け止められるのかが不安になったり、どう行えばよいかがわからなかったりするかもしれません。そうした場合、次のようなフィードバックになったりします。

　はっきりとした物言い（批判）：質問が多かったわりには、必要なアドバイスはいただけませんでした。
　はっきりとした褒め言葉：表面下のことを見抜けるなんてすごいですね。
　遠回しな言い方：あなたを理解するのがときどき難しかったりします。

　このようなフィードバックがクライアントからあったとしても、怒ったり、防御的になったり、自己正当化したり、「罪の意識」を告白したりすることがないようにしましょう。代わりに、その内容を繰り返し要約し、クライアントに感じたことを多く話してもらうようにしましょう。これによりコーチは、コーチングの改善策だけでなく、新たな気づきが得られることにもなります。

▍謙虚であること

　私は、長期間癌の寛解にあったクライアントをコーチングしたことがあります。彼は治療のことを冷静に、そして楽観的に話してくれました。何度も通うことになった病院では、腫瘍医との会話が最も癒やされたということでした。その女医は、ご自身の知識の限界を認める一方、効果がある

ことについては自信を持って話してくれたそうです。そして、患者一人ひとりを自立した大人として尊重し、彼女個人と腫瘍医としての限界について、ほどよく楽観的に正直な思いを明かしてくれました。

これは実際に行うのは難しいと思います。なぜなら、やり過ぎたり、状況が悪ければ、クライアントからの信頼を失うことになるからです。しかし、何でも見て知っているかのような態度を取ってしまうと、自分のイメージを守ることに意識が向いてしまします。コーチングは逆説に満ちていますが、最も深い逆説とは、コーチはとても頼りになることと同時に、無力な場合もあることです。

クライアントにとって役立つのであれば、次のことを言ってみましょう。

・困ったことがあれば、その旨伝える。
「私はあなたが言った○○と△△について、どう関連しているかがわからずにいます。説明してもらえますか？」

・会話がどこに向かっているのかに戸惑いがあれば、その旨伝える。
「前回のセッションから今日までの間、何を実行したかについて約1時間もお話ししてもらっています。しかし、今回のセッションの目的をまだ設定していません。これについてどう思いますか？」

・ジレンマに陥ったと感じたら、その旨説明する。
「今後どうするべきか、迷っています。」または、
「対応の仕方がさまざまあるので、困りました。」

・間違えたときは、それを認めて謝罪する。
「前回のセッションでは、○○という課題に強くこだわり過ぎました。そのとき、不愉快に感じたことと思いますが、それでも譲りませんでした。すみませんでした。私の判断は間違っていました。」

・手に負えないと思ったら、その旨伝える。

「ここでどうしたらいいのか、わかりません。」

　明らかな弱みや不確実なことを素直に話すことは、思う以上にインパクトがあるかもしれません。コーチとして、自己管理が上手にできていないといけません。バランス感覚があり、自己をよく認識し、分析的、感情的、精神的、システム的な知性など、コーチの役割に必要なさまざまな専門的な知見が必要です。同時に、人間性も必要です。

　誰にでも、わからないことや確信が持てないことはあります。「弱さ」に対して不安を抱きながら人生を送ってきたかもしれないクライアントに対し、わからないことや確信が持てないことがあるのが人間だと伝えることができれば、どれほどクライアントにとって有意義なことでしょう。

承認する

　コーチとして私たちは、たびたび大いなる勇気と学びを目にすることがあります。他の人にはほんの小さな一歩でも、クライアントにとって実に大きな跳躍に思えることがあります。

　HIV 感染症の恐怖と不安を克服できたクライアントが、治療のために電気分解療法を受けたことを話せるのは、あなたしかいないかもしれません。恥ずかしく思っていた爪を噛む癖を止めることができたクライアントは、あなたとならそれを克服したことを誇らしく共有できるかもしれません。一見自信満々に見える会社幹部が役員会での発表の恐怖心を克服できた喜びをメールで報告したのは、あなただけかもしれません。重度の障害のある子を亡くしたクライアントが、悲しみながらもほっとした思いでその死を受け入れ、世間の人が思うほどに悲劇ではなかったことをあなた以外の人に伝えることはできないかもしれません。

　ピーターは、私生活でも仕事上でも、とても大きな変化にあがくクライアントです。これから彼は、新しい仕事を始め、新しいチーム・メンバーを採用し、新しい上司と関係をつくらなければならない一方で、身近な人を3人亡くしたことにも対処しなくてはなりません。

　ピーター：ここ数カ月、思い出すかぎりこれまでで一番困難な時期でした。
　コーチ：そうですね、前に進もうとするあなたの勇気と決意に敬意を表します。
　ピーター：[驚きと喜び] あぁ、ありがとうございます。いや、そう言ってもらえるとほんとに嬉しいです！

　承認することとは、コーチがクライアントのポジティブな資質、例えば、ユーモア、活力、明晰さ、勇気、頑張り、学ぶ意欲、謙虚さなどに気づき、そのことを伝えてあげることです。
　承認するとき、空虚な賛辞にならないように注意します。本心からの賛辞でないと、クライアントにはすぐにわかってしまいます。

　最高のコーチングの関係とは、クライアントが順調のときだけでなく、心神耗弱を招くような長く続く危機にあって、強いレジリエンスの人でさえ自尊心が萎えるほどの絶望や自己不信の瞬間でも、コーチにその不安や恐れを共有できる厚い信頼がある関係のことです。
　この関係が成立していれば、コーチはさらに強力なツールが使えるようになります。それは、クライアント本人やクライアントを知る人がクライアントについて高く評価している資質についての質問です。以下の例のように、「私は、○○○のような人間です」と答えられるように質問をします。

「私は、友人に義理堅い人間です。」
「私は、子どもたちを献身的に思い、深い愛情を注いでいる父親です。」
「私は、人を支援することが好きな人間です。」
「私は、高いスキルを持った［職業名］の人間です。」

　質問に対してクライアントが話したことを書き留めながら、必要に応じてあなたが知るクライアントの資質を追加していきます。こうしてリストアップした資質をクライアントにメールで送り、印刷して常に見えるようにしておくように伝えます。これは普段行うコーチングのテクニックとは違いますが、うまく活用できると大きな効果が期待できます。
　クライアントにとってそのメモが大切であれば、「鏡に貼ってあるのでいつも見ている」「個人的に重要な文書ファイルに入れてあり、ずっと取っておくつもり」といったように、メモを大事にしていることを教えてくれたりします。

自分のことを語る

　コーチングは、会話としてユニークだといえます。それは、多くの意味で他の仲の良い人との親密な会話とは異なります。友人との会話では、よくお互いが同じような経験をしたことを言い合って、似た境遇だということを確かめ合ったりします。そうした会話の例を見てみましょう。

　　友だち：精密検査の結果が本当に心配なんだ。もしかしたら、私は癌かもしれない。
　　あなた：あまり心配しなくていいよ。私も数カ月前に同じようなことがあったけど、心配するほどのことではなかった。あなたもおそらく同じだと思う。
　　友だち：そうだね、慰めになるよ。たぶん私も大丈夫かな。

コーチングの会話ではこれとは変わってきます。

クライアント：精密検査の結果が本当に心配です。もしかしたら、私
　　は癌かもしれません。
　　コーチ：それは心配ですね。そのことについて、もう少し話してみて
　　いただけませんか？

　コーチが自分の体験を語りたくなる衝動に駆られることがあります。それは、クライアントとの共感を生むための助けになるかもしれません。コーチにも弱さがあることを示すことで、悩めるクライアントがコーチに引き出される感情を一気に吐き出すことができるかもしれないからです。

　コーチングは、コーチの課題ではなく、クライアントの課題に関することです。コーチが自分のことを話すと、クライアントはコーチの経験や心配事の話相手になろうとする、あるいはそう仕向けようとすることになりかねません。あなたの経験は、クライアントに強い感情的な反応を引き起こす可能性があり、必ずしも有益とは限りません。例えば、コーチングのその段階でクライアントは、コーチを激動する人間の感情を超えた存在として見なくてはならないと感じるかもしれません。

　あるクライアントは、私たちのコーチング・プログラムの終わりが近づく頃、彼女が他の2人のコーチではなく、私を選んだ理由を話してくれました。私が「大変穏やかそうであり、精神的に不安定な自分と違って、全面的に信頼して接することができそう」と思ったとのことでした。
　このクライアントがまず取り組んだ課題は、彼女が職場で経験した抑えきれない感情の激しさにどう対処すればよいかということでした。もし私が自分の感情を彼女に押し付けるようなことをすれば、彼女も私同様、改善の余地がないことを暗に示すことになります。
　ときどきコーチは、クライアントの痛みを共有したいという想いが強くなることがあります。とくに、クライアントと似た喪失感やトラウマをコーチ自身が経験したことがあれば、なおさらです。
　ここで指摘しておきたい注意すべきことが2点あります。1つは、あな

たの経験が実際にクライアントの経験ととても似ていると思ってしまうことです。それがいくら似ていようと、決して同じではありません。

　もう１つは、あなたはクライアントの経験を自分の経験と照らし合わせて、「私の悲劇はあなたよりとても大きいのです」というように、不幸自慢をしかねないということです。あるいは、あなたのコメントを聞かされたクライアントは、「私は自ら困難に対処してきました。だから、あなたもちゃんとできると思います。気にすることはありません。前に進みなさい！」と言われているようだと思ってしまうかもしれません。

　こうしたことには気をつけておかないと、コーチングが他愛のない会話になり得ることもあります。

　セッションの最初の挨拶でクライアントは、ほぼ必ず「お元気ですか？」と丁寧に訊いてくるものです。これに対して九割九分、決まり文句のように「元気です」とか「とても元気です」というありきたりな答え方が適切です。例外として、コーチがクライアントのことをよく知るようになり、一方でクライアントもコーチの大きな成功や挫折を知るまでになり、クライアントがコーチの態度が普段とは微妙に変わることがあると知るような関係の場合があります。本日はいつもの自分ではないことを言っておかないと、クライアントは態度が変わったのは自分のせいだと誤解するかもしれません。同様に、そう言っておくことを自分自身に許可しておけば、逆説的には、コーチはその影響力を上手に役立てることができます。

　皆さんは、これはごく稀なことだと思うかもしれませんが、自分自身の問題や経験について話すことで得られるメリットが、デメリットを上回り、クライアントに役立つと思えるかもしれません。自分の人生で大きな試練に見舞われたとき、少なくともその一部をクライアントに共有することは正しいことかもしれません。

　1990年代半ばの最愛の幼い名付け娘の死、そして2010年の愛する夫の死という２つの死別に対処していたとき、クライアントはとても気遣ってくれ、機転と同情を持って接してくれました。私の知るかぎり、誰一人と

してきまり悪そうにしたり、遠慮がちになる人はいなかったと思います。もちろん、周りの人はそう感じていたとしても私が気づかなかっただけかもしれません。

　この間、私はよく働いたと思っています。仕事での大切な準備や記録を残すことなど、ほぼすべてのことをこなすのは普段以上の努力が必要でした。しかし、ひとたびクライアントに向き合えば、私は心を込めてその場に身を委ねることができました。一歩引いた姿勢でなければクライアントをサポートしてはならないというルールに反して、私はその逆が真実だと確信しました。私はリスクを冒して自分の感情の生々しさを開示し、クライアントに共感、理解、寛容さなどのささやかな支援を依頼しました。そのことで私は、クライアントに提供できる共感、理解、寛容さを増やすことができたのです。

　コーチングにおけるクライアントとの関係はデリケートです。「私は親切にしてもらうためにお金を払っているのだ」とあるクライアントは厳しい調子で言い、「まぁ、あなたはそうしていると強く思うよ」と続けました。

　クライアントとの関係はかつての私のメンターが言っていたように、コーチングが終わってしまえばクライアントのことは忘れてしまうような、純粋に「仕事上のプロフェッショナルの関係」でも、友人関係でもありません。この2つが重なるグレーゾーンにコーチとクライアントの関係は育まれていくのです。どんなに短い時間であっても、信頼に満ちた安堵と理解のためにクライアントに目を向けることは、全く正しいことだと感じます。

　クライアントを持つコーチとしての私の基本的な信念は、私たちは、お互い人として向き合いながらコーチングを進めていくということです。私は、全能で超然としたコーチにはなりたくありません。クライアントとともにもがきながら、その場を共有するコーチになりたいと思っています。

境界線のマネジメント

　心理療法が一部で批判の俎上に上げられた理由の1つが、クライアントと不適切な性的関係を持つ心理療法士がいることが明らかになったことからでした。現在ではそのような心理療法士はごく少数とはいえ、常習者は一部に残っています。そのため、心理療法士のあらゆる規制機関は、このようなことに対して明確に警告を発しています。

　医師と患者との性的関係の問題と同様に、このような関係は罷免の対象となります。治療を施す者とそれを受け入れる患者には力関係の差があり、治療する側から愛人へと境界線を越えることは、明らかに権威の濫用と見なされてしかるべきです。実際のところ、濫用者の多くが男性です。彼らのなかには、自分の行為は利他主義だとして正当化する者もいます。自分は魅力的じゃないと思う女性のクライアントへの同情からその関係が生じるのだというのが彼らの言い分です。

　権威の濫用から発生する人間関係の問題と同様に、この問題の核心は濫用を受ける側の弱みにつけ込むことにあります。

　また、権威には媚薬的な性質があることを知っておくべきでしょう。それというのも、クライアントがコーチに権威を感じたり、逆にコーチがクライアントに対して権威があると思っていると、この動的な力学が働き出すかもしれないからです。高名な政治家の寝室のゴシップ・スキャンダルからもわかるのではないでしょうか。「○○のような肉体的に魅力がない者がどのようにして△△のような美しい女性を引き寄せたのか」とマスコミが大々的に報じるとき、その答えはたいてい彼の名声と権威と決まっています。

　コーチングで同じようなことが起こるのは稀ですが、可能性がないとは言い切れません。心理療法のように、クライアントは他の誰にも話していないことをコーチには明かすことがあります。コーチはクライアントのパートナーを除いて誰よりもクライアントのことをよく知っていることも

あれば、場合によってはパートナーさえ知らない秘密をコーチとは共有することもあります。それがコーチングによって、恒久的でポジティブな変化に結びつくのであれば、クライアントがコーチに対して感謝の気持ちと温かさを感じ、またコーチがそのような感情を受け取ることに喜びを感じるのは全く自然なことです。

　このような状況での1対1の関係には、しばしば性愛の潜在的な要素が入り込むことがあるかもしれません。包括的に人生を俯瞰するとなれば、コーチは必然的にクライアントの個人的な生活を知ることになりますが、これには性的関係が含まれる場合があります。それを話すことが、コーチングの課題ともなります。

　よって、コーチとクライアントの関係がうまくいっているとき、愛したい、愛されたいという本能的な衝動が強く生じるかもしれません。とくに、どちらかに、もしくは双方ともに私生活で性的不満があれば、その可能性が高まります。

　例えば、コーチとクライアントが同年代でともに不幸な結婚生活をしているとき、ふたりは性的な相性を見出すかもしれません。また、魅力的な若い女性に熱心に話を聴いてもらったことがない年配の男性クライアントもその可能性があります。この場合、魅力的な若い女性とはコーチのことです。年配の女性クライアントのなかには、同じような理由で若い男性からのコーチングを喜ぶ人がいるかもしれません。

　こうしたケースに潜む災難は、心理療法士と患者の関係と同じです。無条件に受け入れられて話を聞いてもらえることは普通はあまりないことなので、心地良く感じるものです。心理療法の場合のように、一時的に自信をなくしたり、虐待を受けた過去がある女性のクライアントは、自分にとっての唯一の贈り物がセックスであるとか、性的関係を持つことが愛情を知るための信頼できる方法だと思い込むのかもしれません。また、年配の男性コーチは、完全に心得違いをしている心理療法士が行うように、性的な安心感を与えることで、心が脆い若い女性のクライアントを「救う」

との誘惑に駆られることがあるかもしれません。クライアントのなかには確かに誘惑的な行動を取る人もいますが、コーチ自身の私生活が激変にあるときには、こうしたクライアントは不安定要因になるかもしれません。パートナーや友人、家族には普通に振る舞うのに、クライアントにだけとくに魅力的に見せたいと思う欲求には注意しましょう。もし、あなたのコーチングに強い性的感情が入り込んでいると感じたら、それがその関係を終わらせるときです。

　いかなる専門職であっても、顧客やクライアントに対して職業上の信頼が悪用されることはあります。医師や弁護士や会計士が、顧客から通常よりも多くの料金を請求したり、友情を装って独身のクライアントの遺産を騙し取るようなことです。こうしたことを専門家が悪意を持って行えば、当然のことですが罪に問われ、処罰されます。
　なお、コーチングにおいては、コーチとクライアントとの関係が続く期間は短いうえに一定期間に限定されるので、こうしたことが起こる可能性は低いといえます。

　クライアントがコーチを罵倒することもあることに注意が必要です。これは、コーチがそうすることよりも稀ですが、ないことではありません。
　クライアントの悩みがあまりにも大きいと、その解消のはけ口をコーチに向けることがあります。同僚の1人が、そうしたクライアントのことを語ってくれました。

●セッション中に怒鳴り出したアンナ

　アンナは新しい仕事を見つけるために、コーチングのセッションを受けに来ました。彼女は開始から1時間はほとんど泣き通しで、私に「自分の人生はめちゃくちゃだから、あなたには私を救うことなんて絶対できない」と言いました。彼女のその思い込みは徐々に膨れ上がっていき、次第に怒りと激情から、コーチングの料金は法外で、それを彼女の会社

は支払うのを嫌がっていると怒鳴り出したほどです。さらに、彼女の周囲の人間と同様に、私が彼女が泣いている姿を楽しんでいるとも言いました。

　当然、私は楽しんでなどいないとはっきりと伝え、セッションが嫌ならいったん中止して、落ち着きを取り戻したら改めて開始しようと申し出ました。

　後になって私は、彼女が長年抱えてきた落胆と哀しみのやり場として、その報復の餌食（えじき）にされたのだと気づきました。たぶん私は、なんの抵抗もせずにただじっと座ったまま、彼女の怒りを受け止めた最初のターゲットだったのでしょう。

　知り合いのアメリカ人のコーチはかつて経験した究極の恐怖、ストーカー被害に遭ったことについて次のように話してくれました。

　このとき担当していたクライアント（女性）はコーチングを通して熟考の末、彼女はパートナーとの関係解消を決断しました。彼女から別れを告げられたパートナーはそれはコーチのせいだと決めつけ、コーチをストーカーするようになりました。最終的には、その男は司法取引によって、5年の執行猶予と薬物治療の義務を課されたのですが、それまでそのコーチは1年以上もとても恐ろしい日々を過ごすことになりました。明らかに法を犯すような行為があれば、いつでも警察に報告されなければなりません。

　コーチングがまだ救いといえるのは、そして罵倒がとても稀なのは、コーチとクライアントの力のバランスが保たれているからです。コーチングのクライアントは、癒しを求めてやってくるわけではないので、罵倒を呼び起こしかねない畏敬の念でコーチを見ることはほとんどありません。

┃クライアントに危害を与える懸念

　もし私たちコーチがコーチングの関係性の力を信じているならば、クラ

イアントに危害を与えることがあるかもしれません。これは多くのコーチ
が抱く懸念ですが、果たしてそのとおりでしょうか?

　私たちはクライアントに、無駄な時間や退屈や悩みを強いているかもし
れません。不必要で不適切なアドバイスなどを与えているかもしれません。
恥ずかしいほどお粗末なコーチングをすることもあり得ますが、本当の意
味での長く続く危害なのでしょうか?

　クライアントの心理的な弱さは、心理療法やコーチングにかかわらず、
大変誇張されているといえます。クライアント側が誇張している場合もあ
ります。もしあなたが行き詰まったとき、自分の周りに、"立ち入り禁止
– こわれやすい"とラベル付けした大きな壁をつくるようなことがあると
したら、それはあなたの自己防御的な妄想や空想が無傷でいられるように、
周りの世界を操作するための非常に巧みな方法なのかもしれません。

　実際には、コーチよりもクライアントのほうが手ごわいかもしれません。
もしコーチがそのような見かけ上の弱さに屈してしまうと、事実上、セッ
ションの主導権を完全にクライアントに手渡してしまうことになります。

　コーチングの力をあまりにも深く信じ込んでしまうと、良いことをする
力も危害を与える悪い力も過大評価しがちになります。私たちは、クライ
アントから共有される情報の範囲内でしか仕事をすることができません。
同様に、私たちコーチは、クライアントの人生の旅のそのときどきの段階
で、そのときに私たちが持つスキルでしか仕事ができないのです。

　実際のところ、コーチングによる危害は、コーチが懸念している心理的
なことよりも、うっかりミスや不注意からのほうが多いのです。例えば、
うっかり守秘義務を破ってしまうこと（よくありがちなことが、クライア
ントから秘密にしてほしいと言われたことをつい口を滑らせたり、クライ
アントの会社をけなすようなコメントをするようなこと）などです。

クライアントと友だちになる可能性

　ときに、クライアントと友人関係になることがあります。クライアント
が私たちコーチに引き寄せられ、私たちもクライアントに引き寄せられる
ことがあるのは、本質的に同じ思いを持っているからです。コーチングが
ますます専門的になれば、この傾向はさらに進むでしょう。コーチである
私たち自身の過去の経験が活かせられると、ビジネス的な意味でうまくい
くのではないかと思います。そこには、私たちの情報網、人脈、専門性が
根付いており、それがクライアントへの信頼感を高めています。心理的に
も歴史的にも私たちと共通点が多いこともあり、クライアントは私たちに
引き寄せられる可能性が高くなるというわけです。

　クライアントが友人になり得るのは、ビジネス上の関係を超えて、その
人が好意的に思えるようになり、ともに時間を過ごしたいという気持ちが
芽生える場合です。そうなると、スカッシュやゴルフやテニスを一緒にす
る、誕生日やクリスマス、弔事の際のグリーティング・カードを贈り合う、
コーチングとは何の関係もないチャット・メールをする、会社からの招待
ではなく、文化やスポーツのイベントを一緒に楽しむ、クリスマス会や送
別会、結婚式に出席したりする、といったこともあります。

　私はこれまで、何人かのクライアントとこうしたことをともに楽しんで
きました。しかし、この思いが強くなってしまうと、その人はクライアン
トから友人への境界線を超えてしまったことになるので、そのままコーチ
でいることはできません。友人関係は家族関係がそうであるように、コー
チ禁止領域です。コーチングとは、目標達成、学習、変化についてのもの
です。クライアントは、コーチが提供する共感的な、感情や個人の先入観
に影響されない客観性に対してお金を支払います。友情にはこうしたこと
はありません。
　私は友人と一緒にいるときは、コーチの看板を下ろしています（コーチ
ングに関わる時間を除き、それが普段の私です）。私は余暇時間にはコー

チでありたくないし、私の友人も私にコーチであることを望まないことを願っています。

　とはいうものの、ルールを守り続けることはときに難しく、よくルールを曲げることもあります。実は、この原稿を書いている最中にも、以前クライアントで、いまは友人から1回限りのセッションを頼まれたため、カレンダーにその日を記入したところです。この女性はとても面倒見のいい人で、私と知り合ってからの数年、私のために何十人もの会社の同僚を紹介してくれました。

　彼女を自宅に招いたコーチングを承諾する条件として、友人関係は忘れ、コーチとクライアントとして臨むように念押しをしました。そして、セッションが終われば、美味しいワインを飲むことを約束しました。彼女はコーチング料はきちんと払うと言いましたが、もちろん私はそれをいただくつもりはありません。ただ、「支払い」の代わりに、2人が楽しめるディナーに出かけることを要求するかもしれません。

　一般的に、コーチはこの境界線の問題について、心理療法士ほど気にしていません。しかし、ここはグレーゾーンです。コーチングを続けていると、ときには数年にわたってさまざまな仕事をしていくなかで、コーチとクライアントはお互いをよく知るようになります。そして、コーチが個人的な感情や状況をクライアントに打ち明けるようになったら、実はそれが友情に変わる合図です。しかし、そうでない場合でも、本当の心のひらめき、心からの好意、嬉々とした感情、親切心、信頼感など、これらすべてが芽生える可能性があります。最初の頃の関係とは違った親しみやすさが生まれてきます。

　このことは、私が5年間にわたり、著名な女性クライアントをコーチングしてきたことで実感しました。そのときのことをありありと思い出します。私は、彼女が癌の治療を続けながら豊かな私生活を楽しむ一方で、会社の立て直しに奮闘していたことをよく見てきました。その彼女の突然の訃報を新聞で知る前に、彼女の代理人が気を利かせて知らせてくれました。とてもショックでした。参列者が1000人にも及ぶ追悼式で彼女の同僚た

ちがつくった思い出の映像を見るうちに、私は哀しみがこみ上げてきました。いまでも彼女のことを思い出すと、胸が締めつけられる思いがします。そして、あれほど素晴らしい女性と知り合えたことを光栄に思います。

　クライアントと友人関係になったことがわかり次第、2人の間に何が起きているかに注意を向け、コーチングの関係を続けられない理由を説明して、潔く終了させるのが最善かと思います。実際には、クライアントである友人がコーチングを続けたいと思うことはほとんどありませんが、コーチングが中途半端に終わることは危険であることは認識しておかなければなりません。

　コーチングがその後も必要だとすれば、他のコーチに委任できますが、もちろんその判断はクライアントが行います。後任のコーチについては寛大に受け止め、コーチングのことは質問せず、後継者に嫉妬する気持ちは抑えるようにしましょう。

▌依存関係

　コーチのなかには、クライアントのコーチへの依存心を心配する人がいます。その理由は、心理療法士のクライアントは不健全に依存関係になりがちだと言われることの影響かもしれません。心理療法の多くのテーマと同様に、この懸念は、患者が週に数回1時間のセッションに通うのが普通だった精神分析の初期の時代にまでさかのぼります。

　注意すべき依存の兆候とは、次のようなことです。「何度もアドバイスを求めてくる」「コーチにすべての決定を委ねる」「コーチの見解を誇張して尊重する」「コーチを友人にしようとして、その境界線を押し広げる」「正当な議題がないのに追加のセッションを求めてくる」などです。

　こうしたことは、コーチングではほとんどありません。コーチングは、治療や修正のためのものではないですし、一般的には、アドバイスを与えたり、解釈するためのものでもありません。その関係は確実に対等です。それに、コーチング料は決して安くはなく、ほとんどのクライアントは、

たとえ疑い深い配偶者に対してであっても、この支出がいかに付加価値を
生むのかを正当化しなければなりません。

　実際には、コーチとクライアントとの関係性は健全で緊密であることが
すべてだとはっきり示すことで、この懸念を晴らすことができるかもしれ
ません。なぜなら、コーチングとは感情的なつながりに根差していて、そ
の思いを持つことがコーチングによって、真の変化が起こる唯一の方法だ
からです。

　私は、セッションの合間に、メールや文書や電話で連絡を取り合うこと
を積極的に推奨しています。そうすることで、コーチングがより生産的で
楽しくなりますし、依存心も生まれません。私は、自分の仕事に分刻みの
料金設定をしたことはありません。それどころか、追加料金を支払わずに
セッション以外のサービスを受けるクライアントもいれば、追加料金を支
払いながらも、セッション以外のサービスを提供しなくてもよいクライア
ントもいると思ってきました。私は、クライアントが私たちの関係を良好
に維持するのに必要な役割を果たしてくれると期待していますが、大抵の
場合、クライアントはそうしてくれています。

終了

　コーチングにはそれなりの費用がかかります。通常のプログラムは、組
織や個人が支払える料金に設定されており、1〜2時間のセッションを6
回実施するなどと決まっています。

　こうした条件のなか、コーチング・プログラムはどのように終了すべき
でしょうか。コーチのなかには、一括前払いしたクライアントがセッショ
ンの規定回数に至っていないのに終了となることを気にして、気まずさや
申し訳なさを感じる人もいます。また、コーチがコーチングが終了するこ
とを告げてもクライアントが継続したいと言うようなとき、クライアント
は見捨てられたと感じて傷つくこともあります。逆に、クライアントがこ
れ以上必要ないのでやめたいと思っているのに、コーチが傷つくのを気

遣って、終了を言い出せない居心地の悪さを感じたりします。このように、双方ともに望まないことを続けてしまうことがあります。

　コーチングの関係も、他の人間関係すべてと同じく、自然な弧を描きます。多くの場合、手始めの関係からスタートし、双方が熱く関わる時期を経て、衰退に至ります。衰退は、ときに認めにくいものです。それは、クライアントが当初コーチングへ持ち込んだすべてのことに解決策を見出したからかもしれませんし、コーチがクライアントの問題に興味を失ったからかもしれません。クライアントがコーチからすべてを得てしまったのかもしれません。これ以上は続けられないと思えば、必ずそのことを伝えるようにします。というのも、クライアントはコーチに正直になる準備ができているかどうかはわからないからです。

●堂々巡りのセッションが続いたロジャー

　ロジャーは、自分は自己認識がとても強いと言い張っていましたが、彼は自分のキャリアに関して押しつぶされるほどの失望をしていました。彼はこれまで他の2人のコーチと1人の心理療法士と一緒に取り組んできました。彼は、自分はお金持ちというわけではないので、心理療法が有効だとわかっていても、毎週心理療法士に料金を支払う余裕がないと嘆いていました（私たちのプログラム費用は彼の会社が負担していました）。

　いまにして思えば、私は彼が以前受けていたコーチングと心理療法がどのようなものだったかを、もっと時間をかけて知るべきでした。

　4回のセッションの後、フラストレーションが溜まり、何の進展もないことを強く感じた私は、最終的に彼にこう言いました。

　「ロジャー、私にできることはすべてやりました。あなたは自分の歴史を書き換えようとしているようですが、いつも振り出しに戻ってきます。これ以上はもうやめましょう」

　「そんなことを言うのはおかしい」とロジャーは言うと、一瞬真顔に

なってこう続けました。「私はルーシー（彼の心理療法士）とも全く同じ状況です。彼女の言葉を借りれば、『たわごとばかり言う』のをやめる覚悟がないかぎり、私とは一緒にはいられないんだそうだ」

そこで私は彼にこう尋ねました。「では、あなたはたわごとを言うのをやめる覚悟はありますか？」

すると彼は、「もちろん、あります。このセッションは本当に役に立っているのだから」と答えました。

私はやや疑わしいと思いましたが、私たちは改めてアポイントを取りました。約束の日にロジャーは現れませんでした。そこで、彼のオフィスに電話すると、「申し訳ない、すっかり忘れていた」と謝るだけでした。

私は、気が向いたら電話をくださいと言いましたが、電話がかかってくることはありませんでした。

別のクライアントは、金融サービス会社のリーダーとして成長するにはどうしたらよいかという課題を抱えていて、私と会う日を設定しましたが、直前にキャンセルしてきました。それから別の日を設定しましたが、またもやキャンセルです。その後、しばらく音沙汰がなく、私が送った数回の問い合わせのメールやボイス・メールは完全に無視されました。私はそれが気になっていて、正直、不満でした。

それは私のせいだろうか？　彼に何かとんでもないことが起きたのだろうか？　もしそうだとしたら、それはどんなことなのか？

彼の同僚に聞いたりもしましたが、結局わからずじまいで、そのままになってしまいました。しばらくすると、彼のことを忘れてしまいました。

それから3年後のことです。彼が現在勤務するアメリカの会社の人事担当者から電話がありました。彼に別のコーチを紹介してくれないかという要件でした。私はこの機会に、彼が私との約束を反故にした理由を知っているかを彼女に尋ねたところ、「ええ、知っていますよ」と彼女は言いました。そして、「あなたは彼が私たちの会社で働く代わりに何をしたいの

かという質問をしたようですが、彼はそれに対処できずに、混乱したようです。彼はそのときまで、その職場でのキャリアが一生の仕事だと思っていたようです」と言いました。

　私にとっては何の他意のない質問がここまで大きな影響を与えていたとは想像もしてなかったですし、彼が正直に話してくれるような信頼関係を私は十分に築いていなかったことは明らかです。どうすればこの問題に気づき、より効果的に対処できたのだろうかと考えました。例えば、問題のセッションの最後にフィードバックを求めることについて、私は自分のアドバイスに従っていたか、と。

　ときには、クライアントが簡単にコーチを越えてしまうこともあります。これは、コーチングがうまく進んだ結果なのかもしれませんし、クライアントに早期の能力開発が他に行われたことが奏効したのかもしれません。このような場合、経験豊富で尊敬されるコーチでもある同僚が次のように語るように、不意打ちに遭う可能性があります。

　　「私は3年間エリサベータとのコーチングをともにし、彼女が世界的なハイテク企業で昇進していくのを見てきました。それは楽しいことで、しかもお金になる仕事でもあり、これほどの有名企業で彼女の成功の一端を担えたことに誇りを感じていました。彼女はいつも温かく、感謝の気持ちを持っていました。しかし、結果的に最後となったセッションに向かう途中、私は胸騒ぎと不吉な予感がしました。もちろん、そうなることは期待してはいませんでした。ここで何が起こっているのかについて、もっと自分自身に正直にならなかったことが残念でした。

　　私たちは10分ほど、彼女の家族のことを中心に、ぎごちなく世間話をしました。それからエリサベータは、彼女がさらに上級職に昇進するために、彼女と彼女の会社が新しいコーチを見つけたことを話してくれました。彼女は礼儀正しく、率直でした。彼女は、私たちの仕事が終わったことを記念して、そして、彼女が私とのコーチングの時

間がどれだけ価値があったかを示すために、きれいな贈り物をしてくれました。私は解雇されたのです。私は気まずくて、がっかりしたと思いますか？　ええ、もちろんです。ホッとしたと思いますか？　はい、とても。私はできるかぎりのことを彼女に提供し、彼女が前に進む必要があることを十分に知っていました。私は、彼女が直接話してくれたこと、そして、メールで簡単に済ます選択肢を取らなかったことや、連絡もなしにすべてを流すようなことをしなかったことはとても嬉しく思いました。コーチングのなかで彼女が絶えず求めたテーマの１つが、適切なアサーティブ（assertive，訳注：自信に満ちた態度で積極的に主張すること）だったので、なおさらでした。彼女が私との契約を解除するとき、彼女がそれをいかに巧みに実践したかを賞賛せずにはいられませんでした。」

　この話のように、年間契約などの継続的な取り決めがある場合は、最初にセッションの回数を決め、途中に中間レビューを入れたり、また請求書発行の時期などを合意しておきます。そのレビューには、次のようにコーチとクライアント相互に評価する機会を設けます。

・目標達成に向けてどこまで進んでいますか？
・あなたの人生に変化があったことを示す具体的な証拠は何ですか？
・あなたと私のコーチングでの関係はどのような状況ですか？
・あとどのくらいコーチングを受ければ効果が出ると思いますか？

　正式なコーチングが終了してから何年も経ってから、クライアントが新しい仕事に就いたり、困難に見舞われたりしたときに、頻繁に戻ってきたりメールを送ってきたりすることがあるかもしれません。しかしながら、ある段階での最終セッションでは、クライアントが最初に提示した課題を振り返ってもらい、何が変わったかを同僚からのフィードバックも含めて、次のようなことについて検討してもらうのがいいでしょう。それは、コーチング・プロセスとコーチへのフィードバックを求めるのに役立ちます。

・あなたにとって本当に重要なことは何でしたか？

・どんな学びをしましたか？

・あなたにとって恒久的に変わったことは何ですか？

・私のコーチングで、何を続け、何を変えるべきだと私にアドバイスしますか？

　コーチングが、ラインマネージャーなどを含めた三者によるプロセスで始まった場合は、そのプロセスを繰り返すことで、手際よくコーチングを終了させることができます（第7章参照）。

　そのセッションの後、私は通常、クライアントに親しみを込めたコメントを添えてメールを送り、これからも連絡を取り合ってほしいことを伝えます。一般的には、上手に終了して区切りをつけることは、曖昧に終わるよりも、双方にとって非常に良いことです。

第 4 章

脳科学とコーチング

Brain-wise

　熱狂的な映画ファンを自認する私ですが、SF映画のつくり方が変わってきていると感じています。宇宙船や光線銃、奇妙な頭の形をした緑色の顔を持つエイリアンはもう登場しません。代わりに、人間の脳に焦点を当てた映画が多くなってきています。夢と現実の曖昧さや、念じるだけで現象を変えられるなど、映画のストーリーはさまざまな切り口から豊富に構成されています。これはビデオゲームの模倣なのかもしれませんし、急速に発展している神経心理学から影響を受けているのかもしれません。

　fMRI（機能的磁気共鳴映像法）によって脳の生体を調べることができるようになり、これまでの常識が覆されてきています。これにより、最近のSF映画のテーマは人間に関して提起される問いも深遠です。例えば、「個人のアイデンティティとは何か？」「『現実』とは何か？」「人間の意識とは何か？」「人間の心と脳はどう違うのか？」「善悪を問わず、1人の人間が他の人間の思考回路をどこまで恒久的に変えることができるのか？」などです。

　この章では、人間の脳とコーチングに関連する最新のテーマや考え方を解説していきます。発展著しい脳の研究は巨大で、拡大している分野です。ここで参照しているすべての書籍は脳の研究について豊富な知見が示されているので、一読することをお勧めします。

神経心理学をコーチが学ぶ意味

　神経心理学は、コーチング業界においてここしばらく最も重要視されている分野の1つなので、コーチはその概要を理解しておく必要があります。人間の心理には、生物学的根拠があることが認識されています。コーチとしての役割は、人々の人生に変化をもたらす選択や変化に関してコーチングをすることです。神経心理学の研究から確実にわかっているのは、感情が行動を駆り立てるということです。これを理解していないと、人間の決断は合理的であるとの前提でコーチングが進み、クライアントは理知的な解決策までは承知するものの、根本的な変化までは起こさなくなるかもしれません。

　また、ある研究によれば、「これまでうまくいっているのに、どうして変える必要があるのか？」として、これまでどおりの行動を継続するのが安全であると人間の脳は判断します。変化の意志を明確にしてコーチングすることは、理性ではなく感情に関するプロセスです。一般に、脳は理性的に機能していると思われていますが、理性が脳を司るよりは、脳が理性を司ることをしています。

　優れたコーチングは、脳の感情中枢である大脳辺縁系を基盤としています。つまり、コーチングに関することすべて（これはクライアントとコーチの関係性も含め）が感情に関わることを意味します。

　したがって、コーチとクライアント双方に、「思いやり」「受け入れ」「好意」といった好意的な感情を伴う関係を築くことがとても大切なのです。そうでなければ、私たちコーチとクライアントには本当の信頼関係によるコーチングではなく、ただのロールプレイになってしまいます。「思いやり」「受け入れ」「好意」の関係は信頼を育みます。これらがなければコーチングは成立しません。

　感情に基づいて行動が起きるという原則は、コーチングではとても大切にされています。この原則は、かねてよりコーチが経験と直感に基づいて主張してきたことを最新の研究が立証したということでもあります。この

原則により、うまくいきそうにないテクニックやアプローチでコーチとクライアントの時間を無駄にすることがなくなるだけではなく、これまで活用し切れてなかったり、そもそも活用してこなかったテクニックやアプローチを新たに発見するかもしれません。

　この原則は間違いなく私たちコーチに関係することなので、よく知っておく必要があるのです。

感情が脳を司る

　私たちは自分たちの種をホモサピエンス（考える人、賢い人）と名付けましたが、この自画自賛的な名称が示唆している以上に、私たちの生活や意思決定は感情にはるかに多くの影響を受けています。

　感情は思考よりも先行しますが、私たちの重要な決定（結婚をする、家を購入する、子どもを持つ、転職をするなど）は、まずは感情に基づいて決定された後、理性的に正当化されます。私たちは感情を抑制することはできますが、必ずどこかで湧き上がってくることになります。

　これは、人間の脳の進化プロセスにより説明がつきます。進化論的には他の動物同様、「ヘビの脳」とも言われる脳幹（爬虫類にもあります）は最も古い部位の1つです。これは生命活動を司り、呼吸と心拍を制御します。次に、感情を司る大脳辺縁系が形成されました。これは学習と記憶という、重要な2つの役割を果たしています。

　こうして脳が進化することで、すべての哺乳類が同じ種同士で関係を築くようになり、子どもの世話や危険への対処ができるようになったことで生存能力を高めることができました。つまり、人間にとって学習能力を高めることは、次の危険を回避できるようになったということです。

　およそ100万年前、初期の人類を含む哺乳類の脳には、大脳新皮質が新たに加わりました。そして約20万年前に出現したホモサピエンスの大脳新皮質は、他のどの陸生生物よりも何倍も大きかったのです。これが人間

独特の特徴です。大脳新皮質は私たち人間の思考を司り、考えを整理します。このことで私たちは長期の計画や戦略を立てることができ、比較検討することもできるのです。

　また、人間の感情反応を微妙に操作する役割もあります。進化の過程を見ていくと、徐々に大脳新皮質の領域が増えていき、脳回路の他の部分への接続も多くなっています。人間は他のどの生物種よりも多くの前頭前野が大脳辺縁系と接続しています。これにより、他の生物種よりも人間は感情を豊かに表現することができ、他の哺乳類よりもはるかに微妙な感情表現ができるようになりました。

　感情を司る脳は約1億年前からありますが、思考を司る脳はそれよりもずっと若いのです。私たちが思っているのとは反対に、「思考」は「感情」のしもべであり、主人ではないのです。

　人間は誰もが、自己の視点で世界を見ています。よって、「客観的視点」は実際には存在しません。私たちが外部要因をどう解釈するかは、その外部要因自体がどうあるかよりも自己の視点がどうであるかのほうがはるかに重要です。一部の研究者は、幸福（well-being）の感情は外部の出来事のわずか10%にしか影響されないと述べています。

　結果的に影響を与えるのは、感情を含む私たちの内面にある「世界地図」なのです。これが、コーチングにおいてリフレーミング（reframing, 訳注：いままでの見方を変えて、新たな視点で捉えること）がとても重要な理由です。なぜなら、私たちが自分自身に語りかけることが、私たちの気持ちや行動に影響を与えるからです。

◎扁桃体の重要性

　扁桃体は、大脳辺縁系に存在する、2つのアーモンド形の神経細胞であり、脳の警報システムの役割を担っています。危険に見舞われたときに戦うべきか逃避すべきか、またはじっとしているかの選択機能を司っています。また、過去に強いネガティブな経験をしたときの感情の記憶も保持します。

　危険や困難な事態に直面すると、扁桃体はストレス・ホルモンであるコルチゾールを分泌させることで、高いレベルの脳機能を司る前頭前野の活動を抑え、緊急時の行動に備えようとして、利用可能なすべてのエネルギーを脳の後方部に集めます。それにより、戦ったり逃げたりするのに必要のない脳の機能が停止し、記憶機能を含む知的処理に必要なブドウ糖や酸素が少なくなります。その結果、一般的な傾向として、思考は具現的よりは概念的に、主張は具体的よりは大まかで包括的に、そして求めるアイデアは創造的よりは線形思考（訳注：答えは線上にあるかのような因果関係があり、この直線的な考えをそのまま実践すること）になります。

　扁桃体は、フォービック反応（訳注：恐怖症から来る反応）にも関係しています。ストレスを感じた場合は理性的な分析能力が弱まり、明晰に考えられなくなる要因をつくります。これは扁桃体が人間のネガティブな記憶を保存するからであり、たとえ具体的な状況は忘れたとしても、幼少期の経験が強烈なインパクトとして残るのはこのためです。

　また、変化を危険と察知して抵抗する「遠ざける」アプローチは、報酬を期待する「向かう」アプローチよりも強力です。なぜなら、新しいことは危険かもしれないというリスクの認識は往々にして圧倒的であり、そのため、私たちはいやだと思いつつも慣れ親しんできたことをそのまま踏襲しがちです。それにより痛みが伴うとしても、現状を維持したいという思いは人間に深く根付いています。よって、どれほど意欲的にクライアントの変化を望んでみても、コーチングにおいては現実的な目標設定が大切であることを改めて心得ておくことが肝要です。

　就職面接でパニックになったことがある人は、扁桃体の活動の影響がよくわかるのではないでしょうか。極めて簡単な質問さえも答えられず、言葉が消え入り、逃げ隠れしたいと思う気持ちが強まり、面接後は記憶が曖昧になっていたりします。

　したがって危険とは、プレゼンテーション、試験、初対面の人との出会いなど、これから起こる危険を象徴する場合もあれば、他者からの意見など、実際起こったことによって攻撃的に感じてしまうことも危険と捉えて

しまいます。よって、「扁桃体アタック」や「扁桃体ハイジャック」は、コーチング・セッションでいとも簡単に起こり得ます。

　例えば、クライアントへのアドバイスがぎこちなかったり、威圧的に接したりすると、クライアントの前頭前野の働きが弱くなります。すなわち、コーチングでは高圧的なアドバイスは逆効果になるのです。コーチが高圧的な言い方をすると、クライアントはコーチに恩着せがましさを感じ、自分は誤解されている、自分のことをよく聞いてくれないとして怒りを感じ、そのことにエネルギーが費やされ、もはや理性的に考えられない状況をつくってしまいます。

◎前頭前野

　脳の前頭前野は、計画、推論、スピーチ、共感のあるコミュニケーション、洞察と道徳意識などの活動を制御します。前頭前野が含まれる大脳新皮質は中脳からの信号を受けて、感情と過去の経験から来る情報を統合します。ポジティブで楽観的な感情を司ることが可能です。そして大脳新皮質が機能することによって、本当に危険にさらされているのかを再考し、感情的な反応を意識し、ゆえに攻撃や他の衝動的な行動を感情的にならずに理性的に分析することによって制御することも可能になるのです。とくに、脳の前頭前野によって、感情的な刺激とそれに反応するまでの間に発生するほんの一瞬の間を意識することができるようになります。

　前頭葉右部は恐怖や攻撃性などのネガティブな感情を司る部位とされており、脳卒中によって前頭前野左部の機能が低下した患者の研究では、自分の将来について過度に不安を抱く傾向が認められました。

　人間は大脳辺縁系の働きによって引き起こされる行動に戸惑い、恥を感じ、不安を抱くことがよくあります。この行動をどう変えればよいかについてはなおさらでしょう。

　脳の働きについてクライアントに手短に説明するだけでも、コーチングにかなり良い影響があることがわかりました。このとき、脳の構造を鮮明なビジュアルで知ることができる素晴らしい無料アプリ「The 3-D Brain」

を見せながら行うとよりわかりやすいと思います。

●激しやすいチーフ・エグゼクティブのギル

　とてもエネルギッシュで、知的で楽観的なチーフ・エグゼクティブの
ギルが新しい事業本部長を任命したことで、幹部チームのメンバー同士
の関係がギクシャクし始めました。ギルからコーチングを依頼された時
点では、すでにそのチームの関係性は劇的に悪化しているとギル自身は
感じていたのです。

　「新事業本部長は頑固者で人の話を聞こうとしない。彼の判断も信用
できない」とギルは言いました。

　意見の食い違いで言い合いになり、怒鳴り合うことも3回あり、きわ
めて深刻な事態に陥っていたのです。ただ、ギル本人が認めていますが、
自分のほうが怒鳴り声を上げていたとのことでした。「目もくらむよう
な怒りに襲われ、気がつけばテーブルを叩いていたんです」とは本人の
弁です。あるとき、2人の秘書が部屋に駆けつけ、ギルが同僚に暴力を
ふるっていないかを確かめたこともありました。（実際にはそんなこと
はありませんでした。）

　ギルの扁桃体は「火を吹き」、苛立ちと怒りに支配されていました。
この感情に飲み込まれてしまったわけですが、これは過去にも何度か
あったことだと認めています。コルチゾールが前頭前野に流れ出し、い
つもの理性的な意思決定ができなくなっていたのです。このような行動
は非常に不適切であり、パワハラとして非難されかねないことは私が言
うまでもありません。

　他のクライアントと同様に、ギルのコーチングの目的は他者（同僚）
をどうしたら変えられるかということでしたが、それにはまずは自分が
変わらなければならないことに間もなく気づきました。

ギルのようなクライアントに、扁桃体や大脳辺縁系の話をすることは、

図 4-1　刺激と反応

感情をコントロールするための最初のステップになります。以下のように
図式を描いて説明するようにします。

　図4-1は、衝動的に行動したら、どう感情的に反応するかを単純にイ
メージ化したものです。その反応は、まるで自分とは別の生き物のように
感じられます。このとき、考えるということは意識的に行われていないで
すし、実際に思考は入っていません。

　より良く行動するためには、図4-2のような流れがあります。これらは
すべてわずか千分の一秒の間に起こることです。

図 4-2　よりよく行動するための刺激と反応

　大脳辺縁系の働きを意識すればするほど、ストレスによる刺激から反応
までの間に、少なくても一瞬、思考の時間を設けることができます。実際、
昔からよく行われている「10まで数えてから」行動することも有効です。
自分自身に「私は身体的に攻撃されているわけではないので、前頭前野を
働かせ続けられる」と言い聞かせることで、本当にこれが起こる可能性を
高めることができます。

　私はギルに、自分の感情的な反応の記録を1週間取り続け、どの課題が
どのような反応を引き起こすかを小さなノートに書き留めてもらうように
しました。以下は、私たちのコーチング・プログラムが終わりに近づいて
来たときに、ギルが私に送ってくれたメールの一部です。

　私はすぐに問題が生じるパターンがわかりました。問題はいつも同格の男性たちとの間に起こります。彼らが私に何らか挑戦してきたら、それは私の地位や権力、有能さに対する脅威と考えていたのです。このミニ日記を１週間書くことによって、今後、何に気をつけなければいけないかが正確に予測できるようになりました。その後、あなたと新しい対応の仕方を練習したことで、大きな変化がありました。

　ここでは、意識を働かせることで、前頭前野の中央部にある鉤状束<ruby>鉤状束<rt>こうじょうそく</rt></ruby>という回路から、扁桃体を鎮める神経伝達物質が放出されます。大脳皮質からはガンマアミノ酪酸というペプチドが放出され、これはどうやら大脳辺縁系の活動を抑制することができるようです。

　こうしたことを説明することは、扁桃体が働くほかのさまざまな状況でも機能します。毎週のようにクライアントから受ける相談として、例えば「仕事に対する全般的な不安」「予測不可能な変化のなかでの不安」「難しい面談への不安」「部下への厳しいフィードバック」「会議でのプレゼンテーション」などがあります。

　また、ギルのケースは、感情を言葉に表すことで、その感情の支配から解放されることを示しています。これは、言葉にするというプロセスは脳の前頭前野に関係していて、前頭前野が大脳辺縁系の活動にブレーキをかける役割を果たすのに役立つからです。つまり、「自分が恥をかきそうなので怖い」とか、「同僚が自分の自尊心を傷つけるので腹立たしい」と言えることは、感情を短絡的に制御することを可能にします。

＊ジャーナリング（日記をつける）

　自分についての厄介なことに関して、感じたことを思うままに書き出すことは、心身ともに良い効果が現れることが示されています。ギルの場合と同じように、自分の感情を言葉にして書き出すことは、自らの人生を第三者のような記録係として行動することになるからです。これにより、有益な解離（訳注：ある心的活動が他と切り離されて自律的に機能すること）が生じます。ある研究では、ジャーナリングをしている人が書いたことを読み返

したり、誰かに見せたりしなくても、同じ効果が生じたと報告されています。

●仕事上の重大なミスを犯したナタリア

　ナタリアは、ロンドンのシティにある著名な弁護士事務所の上級弁護士でした。最初のセッションでは、1年前に弁護士会から譴責（けんせき）を受けた、重大な判断ミスのことを共有してもらいました。この件では彼女は、気丈に自分を弁護し、所属先からの支援も受け、その後も弁護士としての業務継続が許されました。

　彼女をコーチングした当初、未だに事件のことを心に病み、夢にまで出てきたり、間違って同じことを繰り返すのではと不合理な不安に苛まれていました。「バカげている」と自分に言い聞かせてみても何の救いにもなりませんでした。彼女は顧客の気持ちを傷つけ、経済的な損失を出したことがとても辛いと話してくれました。私は彼女に「やるせないその気持ちを言葉にするとどうなりますか？」と尋ねてみました。後で聞いたところ、彼女はしばらくの間、それはどんな言葉で言い表せられるか逡巡していたそうです。そして、そのことについては、「自分の起こしたことを深く恥じています。犯罪になるようなことはしませんでしたが、判断ミスはありました。その気持ちを言葉にすれば、"恥"と"罪悪感"です」ということでした。

　公の場では、ナタリアは自信を持ち、落ち着いているように振る舞わなければなりませんでした。しかし、彼女は呵責の念を抱き続け、それを素直に表す術（すべ）がありませんでした。

　私はナタリアに、自分の気持ちや学んだことへの反省、さらに考慮すべきことすべてを日記に書き出すことを勧めました。私が提案しなくても彼女はそれを「自分を許すダイアリー」と名付けました。その後、ナタリアは法律家としてのキャリアを続け、独立して成功を収めているそうです。

自分をだます方法—システム1とシステム2

このシンプルな問題を考えてみましょう。あまり長く考えないように。

> バットとボールは合わせて1.10ポンド。
> バットはボールよりも1ポンド高い。
> では、ボールはいくら？

ノーベル経済学賞作家のダニエル・カーネマンがこの問題を著書『ファスト＆スロー　あなたの意思はどのように決まるか？』(*Thinking, Fast and Slow*, 2012；邦訳：早川書房) のなかで紹介しています。この本は、人間の思考に関する生涯研究の集大成です。最近、私はコーチとの会議でこの問題を解いてもらったところ、75％の人が10ペンスと回答しました。これは間違いです。正解は5ペンスです[1]。

『ファスト＆スロー』の大前提は、人間には2種類の思考システムがあるということです。これらは理論的なもので、実際の生物学的なシステムではありません。

2種類のうち、1つはシステム1です。これは、「直感的」「速い」「連想的」「感情的」等、常に（自動的に）働いている特徴があります。素早く結果を導くために、自動的に機動する思考システムです。システム1によって導かれる結果は概ね正しいといえます。なぜならば、これまでの経験と環境の微妙な変化を無意識に取り込みながら、システム1は機動するからです。カーネマンが言うように、「我々が正しく行うことのほとんどは、このシステムに依っている」ので、間違うことはめったにないという主張です。しかし、「直感的」で「速い」ため、ときには間違いも起こします。さきほどの問題で10ペンスと回答したのは、システム1が作動したからです。

一方のシステム2は、システム1で答えが間違っていると認識したときにのみ作動します。脳の機能からいえば、システム2には、「遅い」「貴重

な脳のエネルギーを多く使う」「どの思考システムを作動すべきかを決めていると信じ込んでいるが、実際にはそうではない」「統計的な計算が必要になるとしぶしぶ行う」「合理的なプロセスに全精力を集中する」という特徴があります。

　例えば4×4の答えは何でしょう？　これは簡単です。考える努力は必要なく、システム1はすぐに答えを出します。

　では、131×47はどうでしょう？　これには考えるための労力と脳のエネルギーがより必要になります。多くの実験で示されているのは、私たちはシステム1を簡単に作動させているということです。自分が見たいものだけを見て、さまざまなバイアスは見抜けないということです。さまざまなバイアスについて、社会心理学者が次のようにわかりやすくタイプ分けしています。

- ・確証バイアス：自分の考えを支持する情報ばかりに意識が向き、反証する情報を集めようとしない傾向
- ・後知恵バイアス：モノゴトが起きた後に、そのモノゴトが予測可能であったと考える傾向
- ・ハロー効果：モノゴトの特徴を検証する際、目立ちやすい特徴に意識が向き、他の特徴を検証しない現象
- ・ホーソン効果：相手に見られている、期待されているのを知ることで、結果を出す現象
- ・成果バイアス：過去の結果を過度に意識してしまう傾向

　これ以外にもさまざまなバイアスがありますが、私たちは信じたいことを信じるということです。例えば、多くの実験結果が示すように、もし鎮痛剤が1回2.50ドルだと思い込んでいると、10セントの鎮痛剤よりも2.50ドルのほうが効き目があると思い込みがちです。その両方が実はビタミンCであったとしてもです。

　私たちは都合のよい情報だけを取り入れ、逆に必要なはずの情報を無視

してしまうことがあります。これが確証バイアスです。確証バイアスを考えるうえで、ハーバード大学で行われた面白い実験が参考になるでしょう。「選択的注意テスト」と呼ばれるもので、狭いスペースで白いTシャツと黒いTシャツを着たそれぞれ3人のチームが同じ色のTシャツの人にバスケットボールをパスし合う映像を見ながら、それを見る人に「白いシャツのチームは何回パスするかを数えてください」と課題を出します。1分ほどの映像が流れる間に、パスし合う2つのチームの間をゴリラの着ぐるみを着た人が横切るのですが、回答者のほとんどが、パスの回数をカウントすることに気を取られて、ゴリラが通り過ぎたことに気づかないという実験です。（http://www.theinvisiblegorilla.com/videos.html）

　確証バイアスについて、こうした調査のなかからもう1つ紹介しましょう。裁判官が仮釈放審理の決定を厳格に行うか否かは、ランチタイム直前と直後では違っていたという事例です。理性が重視される裁判官の職務でも、審理の決定は事件の事実よりも裁判官の血糖値に影響されることがわかりました。

　また、料金を払って株式ポートフォリオの運用を投資の専門家に委託するとき、投資のプロなら必ず成果を出すと信じたいですが、その成果は偶然だったり、何もしなくても投資先企業の業績が上がったことに連動しただけだったりします。

　私たちは、偶然が人生に与える影響を過小評価しています。よって、例えば、あるマネージャーの幸運は良い時期に良い部署にいたことによるものなのに、それを本人の素晴らしい能力のおかげと思いがちだったりします。おそらく本人たちがあずかり知らない要因によって成果が出ているのです。

　カーネマンが言う「未知の既知」（知らないと知っていること）や「未知の未知」（知らないと知っていないこと）に私たちは対処できません。論理的に考えられる以上に私たちは楽観的なので、プロジェクトの利益を過大に評価したり、それが完了するまでに要する日数と費用を過小評価したりします。例えば、キッチンをリフォームしたら、当初の見積もりの2

倍の費用となり、納期も倍の日数がかかったというような経験をしたこと
はないでしょうか。これをカーネマンは、「計画錯誤」とか「妄想的楽観
主義」と言っています。カーネマンが言うところでは、私たちは自分自身
のことを知らず、自分では気づかない要因によって簡単に操られ、不合理
な偏見を持ち、それをまやかしの"事実"で正当化しているというのです。
そして、私たちは賢いのでこれらに影響を受けないと信じているのであれ
ば、それは明らかに間違いです。なぜなら、誰もが皆、影響されやすいか
らです。

　一般的に私たちは、システム1が作動中は危険を察知することができま
せん。また、システム1の理論を知っているとしても、この「認知の罠」
に陥っていることにより気づくということはありません。しかし、コーチ
のような客観的に人を観察する立場の人は、一般の人が気づかないことに
気づくかもしれません。
　どのコーチング・セッションでも、クライアントは決断すべきことやジ
レンマを持ってきます。クライアントもコーチもシステム1が作動してい
ます。問題は、システム2をどう発揮させるかです。例えば、概念的なこ
とや間違った思考パターン（179ページ及び283ページ参照）を見つけ出し、
それに挑戦することですが、それには次のような質問が有効です。

> 「私は（またはあなたは）ここで何かを見落としていませんか？」
> 「楽観視し過ぎていることはありませんか？」
> 「ここで提案した行動は、どのように私自身（またはあなた）の偏
> 見を反映していますか？」
> 「どのような代替案がありますか？」
> 「1年後にこの件はどうなっていると思いますか？　そのときには
> どれほど重要なことだと思いますか？」
> 「すでに知っている事実のなかで、問題を複雑にしたり変えたりす
> る可能性のあるものは何でしょうか？」
> 「いま、欠けている情報で、集めておくと有益な情報はありますか？」

　セッションが終わって「疲れた」とクライアントが言ってくれたら、私はそれを褒め言葉として受け止め、嬉しく思うことでしょう。運良くシステム2が作動した証拠だと思えるからです。ただ、カーネマン教授の言うことが正しければ、私の「優れたコーチング能力」よりも、運のおかげだったのかもしれません。

┃ マルチ・タスクとタイム・マネジメント

　エグゼクティブ・コーチングのクライアントの多くは、時間管理に何らかの問題を抱えています。数十年ほど前までは、手紙は手渡しで、家には1台の電話があり、オフィスにはいまではクラシカルな有線電話が引かれていました。商品は電話や紙で注文されていて、28日以内には配達されることが約束されていました。手紙は余裕があるときに返事を書き、もしすぐに電話に出られなければ、電話をかけてきた人は待つことが当たり前でした。

　しかしながら今日では、メールは24時間いつでも届き、友人や家族、同僚は皆、クイック・レスポンスが当然だと思い、顧客はオンラインで注文し、商品の配達で待たされることに苛立ちを感じてしまうほどです。会議では、礼に失していることなどおかまいなしに堂々と携帯電話のコールをその場で受けて議事が中断されます。そしてクライアントが言うことには、「誰かから呼び出しがかかるときに備え」、ベッドの横に携帯電話を置くと教えてくれたときには、私は驚きもしませんでした。

　ただ困ったことに、人間の脳と神経系は、この急激な変化に追いつくほどには進化していないということです。私たちの多くがやろうとしていることは「マルチ・タスク」であり、明らかに一度にいくつものバラバラなタスクを処理しているように見えます。

　ところが、効率的なマルチ・タスクは幻想であることがわかりだしているのです。認知心理学者ダニエル・レヴィティンが著書『整理された心』（*The Organized Mind,* 2014；未邦訳）で述べているように、私たちが実際にし

ていることはプロのジャグリングというよりも、極めて下手な皿回しのようなものです。人間の脳は、この注意力を維持しつつ、かつ分散することにうまく対処していないのです。そして実際に起きていることは　コルチゾールとアドレナリンという2つのストレス・ホルモンの生成を増やしているということです。その両方が戦うか逃げるか、すくむかに対するストレスに反応しているため、明瞭に考えることができなくなっています。

それはまた、マルチ・タスクは前頭前野の活動を、新しい、きらきらした、わくわくするものに引き寄せ、そして、脳の活動への自然のご褒美である神経伝達物質であるドーパミンの生成を刺激しているように思われます。（この原稿執筆中にも、私はアマゾンに注文したフィットネス用の着用器具の配送状況がどうなっているかチェックしたい衝動に駆られていると同時に、ちょうど新しい電子メールの着信を示す音がしました。）

脳の働きのもととなるのが酸素とブドウ糖ですが、マルチ・タスクを強制すると、その天然のエネルギーが急速に消費されます。丸一日そんな状態では疲れ切ってしまうのも当然のことです。

人間のエネルギーは、ウルトラディアン・リズム（訳注：およそ90分刻みの体内リズムのこと）にも支配されています。人間の体内にあるそうしたシステムの1つが、血圧や血糖値などの日々の変動です。概して人間のエネルギーは90分から120分の自然なリズムで山と谷を繰り返します。私のクライアントの多くは、仕事に追われる毎日のなかで、1日中ピークの状態で働こうとしているようですが、それが生物学的に不可能であることに気づいていません。一時的には可能でしょうが、常時できることではありません。

クライアントと働き過ぎの問題に取り組むとき、この情報の共有が役に立っています。クライアントとこのことを共有すると、それを呪縛からの解放として受け取ります。彼らは決して"変人"ではないですし、彼らの同僚がこの問題にうまく対処できるほどとても高い能力があるとは思えま

せん。おそらくそれは、（例えばグーグル、ピクサー、フェイスブックなどのように）従業員に多くのことを要求する組織が、娯楽室、快適なレストラン、ジムなど、さまざまなレクリエーションで気を引いていることも偶然ではないかもしれません。そうしたさまざま提供されている解決方法は、人によって効果は異なります。

　以下に紹介するクライアントは、広告代理店で働く多忙なアカウント・エグゼクティブですが、従来とは違う働き方をすることを決意し、そのことで安堵感を覚えたと語っています。

　　「私の場合、コーチング・セッションが突破口になりました。これまで、自分の脳と戦っているなどと考えてもみませんでした。私は、一度に4つないし5つのタスクをこなそうとすることが多く、頭がおかしくなりそうだと感じていました。そこで私は心身の疲れを無視せずに注意を向けると、およそ1時間半ごとに活力が低下するパターンになることがわかりました。いまでは何があろうとも、1時間ごとに立ち上がったり、ストレッチをしたり、歩き回ったりしています。1日に1回は外に出て短い散歩をし、デスクで無意識にスナックを食べる習慣を改め、きちんとしたランチ休憩を取るようにしています。コーチのジェニーはまた、ポモドーロ・テクニックという集中できる時間管理術を教えてくれました。それは仕事時間を25分単位で区切る、非常にシンプルな方法です[2)]。

　　最初、同僚は私のこの働き方をからかい半分で見ていましたが、いまでは同じようにしている人が増えていることに気づきました。もはや疲れることはなくなり、良い仕事ができるようにもなりました。マルチタスクの終わりのない仕事から解放されたのです。

　　現在は時間ではなく、自分の活動量を管理することに集中するようにしています。」

SCARFモデル

　神経心理学のテーマの1つに、人間の身体活動や感情によるエネルギー消費が基本的な生存欲求において、どれだけ関係しているかということがあります。

　人間は社会的な動物であることから、所属欲求や承認欲求を必要とします。社会的な脅威を回避しながら、社会的な報酬を求めるこれらの欲求は、物理的な生存に関わるものと同じ脳のネットワークが関与しているように見えます。例えば、強盗に襲われて命の危険を感じるとします。または会議中に同僚にやり込められ、自分は無能だと言われたとします。脳は物理的そして心理的に攻撃されても、同じように反応します。また、私たちの脳は報酬を求めるよりも、脅威を察知するほうに、より注意が向きがちです。

　したがって、脅威から身を守ろうとする欲求はおそらく意識的なレベルではないかもしれませんが、無感情になるということはないようです。

　神経科学に関する著作のあるデイビッド・ロックは、このテーマを研究論文（2008年）にまとめ、SCARFモデルとして発表しています。SCARFモデルは、「地位（Status）」「確実性（Certainty）」「自律性（Autonomy）」「関連性（Relatedness）」「公平性（Fairness）」の頭文字からの命名です。これらは生存欲求において、人間の基本的な欲求であり、動機づけのもととなることを説明するものです。

●地位：私たちは、他者と同じ程度か、他者よりも優れているかを、そして自分が序列のどこに位置するのかを知りたがります。その状況にささいであっても脅威があると抗しがたい感情的な反応を引き起こします。

　例えば、クライアントがパフォーマンス評価に関して異常と思えるほど熱く論争したとの話は数えきれないほどあります。

　「私は自己評価を4にしたのですが、上司は2だと言うのです！　私は彼のために二度と頑張らないし、もしそれが当然だと思っているのであれば、それは大間違い！」

　どんなフィードバックも、現状への脅威となり得ます。だから私たちがコーチング中にフィードバックを実施するときは巧みにそれを行う必要があります（309 ページ参照）。昇進は社会的報酬であり、その欲求はクライアントがなぜ頻繁に、その仕事の肩書が明らかに高い場合に、金銭的な報酬は取るに足りないものの、新しい仕事を得ることに奮闘するのかが説明できます。

　コーチングの会話では、ステータスの違いが出てしまうことが往々にあり得ます。このクライアントは私よりもステータスが上か、下か？　私よりも年長のクライアントに本当に異議を唱えていいのだろうか？

　もちろん逆のケースもあります。クライアントは、コーチが自分よりも人生経験が浅いか若過ぎたり（ステータスが低い）、あるいは人生経験が豊富である（ステータスが高い）のかということを気にすることがあるかもしれません。

●**確実性**：私たちは確実であること、つまり確実性を好みます。よく知っているということは心地よいものです。もし私たちが不確実なままにものごとを比較検討しなければならないとしたら、前頭前野の貴重な資源を浪費することになります。こうなると疲れを引き起こすため、それを回避しようとします。不確実性の状況では、私たちは再び確実性を取り戻すまで頭がいっぱいになってしまいます。

　残念なことですが、不確実性は会社生活に蔓延している特徴となっています。

　いまいる会社は買収されるのだろうか？　いましている仕事はインドに委託されるのだろうか？　何人の人員削減が行われるのだろうか？　自分の将来は大丈夫だろうか？

　このような確実性への欲求は、すべてのセッションでの明確な目標設定の重要性をより強固なものにすることにもなります。なぜなら目標を設定するプロセスが不確実性を減少させるからです。

●**自律性**：これまでの組織研究から、心身の健康と職場における仕事の自

律性には相関関係があることがわかっています。これによると、クライアントが業務の委譲ができないと、すなわち、メンバーに自主性を与えていないと、チーム・メンバーから平凡な評価しか得られないかもしれません。よって、管理職のクライアントがより効果的に業務委任ができるように支援するのがいかに大切であるかを意味しています。

　自律性はコーチとクライアントの関係において尊重されなければならない大切なことであり、アドバイスすることが危険であることがここからもわかります。クライアントが決断のために必要な情報を提供するときも、決断をしてその結果を受け入れるのはクライアント本人であることをしっかり認識してもらいましょう。そのために、次のように念押しをしましょう。

　「いま、私から共有しました情報ですが、どのように活用されたいかはあなた次第です。」

● **関係性**：人間は集団を形成する生きものであり、1人では生きていけません。種として誕生した初期の頃は、誰がよそ者で、部族の生活を脅かす存在であるかを瞬時に知ることが生存のカギを握っていたに違いありません。「私はこの仲間に入れるのか、それとも追いやられるのか？」

　追放は、その時代の人類にとって、死を除けば最悪の罰でした。現代の10代の子どもの自殺という悲劇の背景もこれがしばしば関係しています。また、いつも孤独感を抱えている人の急激な健康状態の悪化やうつ病の発症も同じ理由かもしれません。

　所属したいという欲求は、自律したいという私たちの欲求とは真逆に働き、私たちの多くは他の人に受け入れられていると感じているために、少なくともいくらかは自律性を失っているともいえます。

　コーチングでは、クライアントと関係性の構築は必須です。もし私たちコーチがクライアントとの絆を感じられなければ、クライアントとの協同は成立しません。コーチングが機能する理由の本質はそこにあります。

　「一緒に仕事をするのに、例えば、共有できる価値観があるか？」
　「このクライアントは私を受け入れ、好きになってくれているか？」
　「私はクライアントを受け入れ、好きになっているか？」

　これらの問いに対する答えが、どれかが「いいえ」であれば、コーチングは速やかに終わることになります。

●公平性：不公平感が恨みや怒りを生み出します。これは"脅威反応"です。会社生活では不公平感は少なくありません。例えば、組織内のモラルの低下は、上級管理職の非常に高い報酬と労働者の低賃金との巨大なギャップから生まれています。「行動規範」を打ち出しながら、自らそれをないがしろにする行動を取るマネージャー、ひいきしたりある部門を他の部門よりも優遇する上司、工場全体を唐突に閉鎖する外国人オーナーなど、これらすべてが同じような反応を引き起こすでしょう。

　実際に、SCARFモデルにまとめられた欲求（または脅威）によって引き起こされるさまざまな感情は一度に現れるかもしれませんが、なぜクライアントが極端な反応をするのかをSCARFモデルによって説明がつくかもしれません。

●58歳で解雇されたエリザベス

　エリザベスは、30年間同じ会社で順調に働いてきましたが、組織再編により、仕事を争わなければならなくなりました。その仕事は、彼女よりも経験の浅い若手が引き継ぐことになり、エリザベスは、いままで会社に長く貢献してきたことに対し、寛大さに欠けた納得しがたい条件で解雇されました。

　その決定を下したのは、彼女が友人と思っていた同僚だと知り、酷い裏切り行為に憤りを感じました。彼女はまだ元気いっぱいでしたし、生活費を稼がなくてはなりませんでしたが、58歳という年齢的な偏見に立ち向かいながら、新しい仕事を見つけるのは大変だとわかっていました。

　彼女との最初のコーチング・セッションでは、彼女がどう扱われたか、怒りに震えながら話してくれました。住宅ローンの支払いが心配なこと

や、同僚の二枚舌のような振る舞いなどにショックを受けていました。

　眠れない夜が続きました。家を売らなければならないのだろうか。同僚や後輩たちに退職のことをどう話せばいいのだろうか。結婚生活はこの変化に耐えられるだろうか。健康を維持し続けられるだろうか。

　エリザベスのケースでは、自分が年長者であり、尊敬されている社員という意識が脅かされ、自他ともに認める地位を失ったと感じました。彼女は求人市場での不確実な将来と直面しながら、住宅ローンを支払い続けられるか、家を手放すことにならないかも不安でした。その立場を決定づけたのが他者であることで、彼女の自律性は侵害されました。これにより、彼女は他者と関係性を築きたいとする欲求は危うくなっていました。彼女はもはやチームの一員ではなくなり、かつての友人からの「裏切り」に激しく気持ちを揺さぶられていました。そのうえ、今回の決定が自分よりも経験の浅い人が選ばれたことで不公平感を抱きました。エリザベスは最終的に、人事の選考プロセスは仕組まれたことだと結論づけました。

　エリザベスにSCARFモデルを説明すると、すぐに役に立ちました。傷つき、恥ずかしいと感じていた個人的な経験が、生物学的にも社会的にも意味のあるものに変わったのです。SCARFモデルのおかげで、思いを整理するための時間を大幅に短縮することができたそうです。

　SCARFモデルは、クライアントが新しい決断をするときにも使うことができます。エリザベスが複数の仕事を組み合わせる働き方を考えていたとき、私はフリップチャートに次のような空白のグリッドを描きました[3]。

カテゴリー	地位	確実性	自律性	関連性	公平性
プラス? （報い）					
マイナス? （危惧）					

　私はそれぞれについて彼女に質問をし、彼女はそれに答えるように空欄を埋めていきました。私は、単にプラスとマイナスそれぞれを自由にリスト化するより、この方法のほうがとても有効だと思いました。私たちの心を決めるのは、論理に基づくリストではなく、強力な感情とそこに潜む強い欲求と動機であることを認められるからです。

想像上の経験は実際の経験とほぼ同じ威力

　人間の想像力はすごいといえます。これは、プラスにもマイナスにもなります。脳は、記憶や想像した経験と、実際の経験をあまり区別しないようです。プラス面では、平和な光景を視覚化すると扁桃体が落ち着くとか、成功体験を思い出すとそれを繰り返すようになるからです。

　我々の想像力がいかに優れているかを実証した、大変興味深い実験があります。精神科医のノーマン・ドイジは著書『脳はいかに治癒をもたらすか』（*The Brian's Way of Healing,* 2007；邦訳：紀伊國屋書店）のなかで、イメージ・トレーニングが実質的に現実のトレーニングと同じくらい効果的であるという実験結果を紹介しています。

　全くの初心者からなる2つのグループに、ピアノを教えました。1つのグループは本物の鍵盤を使って練習し、もう1つのグループは鍵盤の前に座って音を聞いたり指を動かしたりしながら、曲を弾くことをイメージしました。どちらのグループも1日2時間この練習を行いました。その結果、実際にピアノを弾いて練習したグループは、イメージ・トレーニングのグループよりもほんのわずかに評価がよかった程度でした。逆に、イメージ・トレーニングをしたグループは実際に鍵盤を使った練習を1セッション与えられると、一方のグループと同じくらいの評価を得ることができました。

　英国の自転車チームがオリンピックを初めとする国際大会で成功したのは、医学博士であり、スポーツ心理学者でもあるスティーブ・ピーターズから受けたコーチングのお蔭だと言われています。彼の著書『ぶれない生き方』（*The Chimp Paradox,* 2012；邦訳：三笠書房）のなかでこれらのテクニッ

クや他のテクニックを紹介しています。

神経可塑性

　これまで、私たちの脳は一定数の細胞があり、その数は年々減少し、新しい学習を困難にしていると考えられていました。しかし、これは誤りであることがわかっています。いまでは、脳は「可塑性（かそせい）」があり、いつでも新たな結合をつくることができるとされています。エネルギーや意志を集中させることで、脳は変化します。その物理的な形状は、その使い方に応じて進化します。

　例えば、バイオリニストは、左手の操作（運指法も含む）を司る脳の領域の皮質が非常に大きく拡大していることが多いのです。ロンドンのタクシー運転手になるために3年間過酷な勉強をした友人は、世界一難関と言われる免許を取得するための「ナレッジ試験」の課題の量の膨大さにきっと同意するでしょうし、プロのタクシー運転手の海馬（記憶中枢）はロンドンの地理に関するあらゆることを記憶するために猛勉強することで大きくなることがあると知っても驚かないでしょう。

　以上の例から「意志の力」が重要なカギとなることがわかります。つまり、変化は、練習、コミットメント、ハードワークの結果として変化が起こるのです。

　行動を変える最善の方法は、「間違っている」ことに取り組むのではなく、新しい行動を開発し、一定期間にわたって支配的になるような新しい神経経路をつくり出すことです。

　例えば、強迫性障害に悩む人には、問題となる行動と向き合うように教えるよりも、思考を中断させる方法を教えるほうがはるかにうまくいくことが証明されてきました。これについての詳細は、ジェフリー・シュワルツの著書『不安でたまらない人たちへ』（*Brain Lock*, 1996；邦訳：草思社）を参照してみてください。

古い習慣の克服

　さて、あなたの変化の妨げになっている古い習慣を克服するための新しい方法を学びたいとしましょう。典型的な例としては、夕方になるとついワインに手が伸びてしまう、会議で特定の同僚にどう対処すべきか悩んでいる、仕事を任せられないでいる、疲れていて仕事ができないのにオフィスに遅くまでいる、などが挙げられます。

　そうなのです。人間の脳は可塑性があり、無限に新しい結合を続けることができます。しかし、この強さの裏返しとして、習慣を強化すればするほど、それを変えることは難しくなります。行動変容のための最良の方法の1つは、イメージ・トレーニングです。想像したより良い方法を常にイメージすることで、より容易に行動を変えることができます。身体的には、脳内のニューロン間の新しい結合（シナプス）が成長し、その回路を増強するミエリン鞘（髄鞘）も強化されています。

　まず、以下の手順に従ってください。

1．ゴール

　何を変えたいですか？　これは、肯定的に、現在形で、つまり、それがすでに起こっているかのように、可能なかぎり具体的に述べなければなりません。

　ですから、次のようには言わないようにしてください。「私は毎日遅くまでオフィスにいるのを避けたい」（これは漠然とした否定的な表現なので、脳は「いる」と「オフィス」という言葉を覚えてしまい、まさにあなたがしたくないことを強化してしまうことになります）。

　こう言うようにしてください。
　例）「私は毎日午後6時にウキウキしながら会社を出る。」

2．トリガー

何が問題の引き金になっているのか？　どのように違う対応をしたいかを考えてみましょう。

例）「最後のメールが来たのを見て、明日に処理できると思った。」

3．思考と感情

問題が起きた際に引き起こされる刺激に直面したときに、自分がどのような思考や感情を持つかを考えてみましょう。

例）「メールは待っていてもいいのだと、冷静に受け止める。」

4．自分の行動のイメージ

自分が何をするのかを考え、具体的にイメージしてみましょう。

例）「片付けをして、同僚におつかれさまと言い、静かに駐車場に向かい、素敵な夜にワクワクする。」

5．メリット

これらすべてを行うことで得られるメリットを考えてみましょう。

例）「私は自分自身を誇りに思い、穏やかで元気に、自由な気分を楽しんでいる。」

いま、あなたの心のなかでこれらすべてがスムーズに行くよう、順番どおりに練習してみてください。行動している自分を見て、いろいろな音を聞いて、さまざまな感情を体験してみてください。

それを何度も繰り返します。少なくとも1日10回のイメージ・トレーニングをしてください。

次に示すケースは、あるクライアントがこのテクニックをどのように使ったかを説明するものです。

●やるべきことの義務感から解放されたヴァネッサ

　私の問題は、ToDo リストに対する過度な義務感でした。そのため、夫とのことよりも仕事や家庭内のことを優先している私を見て、夫との間に問題を引き起こしていました。また、私は常に疲れていて、悩みが消えず、イライラしていました。

　そこで、まずはコーチに相談して、自分のために1日に少なくとも1時間のくつろぎの時間をつくることを目標にすることにしました。私はマインドフルネスの方法を学んだ後、新しいルーティンのイメージ・トレーニングをする時間を確保しました。

　もちろん、これ自体が私のToDo リストの目標の1つになりましたが、それでもかまいませんでした。

　私はすぐにそのイメージトレーニングを楽しむようになり、それを心待ちするようになってきました。驚くべきことに、練習を始めて数日で、帰宅時間が午後7時半ではなく、午後6時になったこと、家でノートパソコンの電源を入れることがなくなったこと、土曜日を完全に自由にできたこと、そして、私が長い間待ち望んでいたことをなぜかすでにやっていることに気がついたのです。

　このケースですが、私はヴァネッサにイメージ・トレーニングの方法を教えたことに加えて、キーガンとレイヒーの変革を阻む「免疫マップ」（292 ページ参照）も併用しました。彼女は仕事や義務感を「良い人」でいないといけないことに関連づけており、それらを怠ると「社会的に不適格な人」であることを示すという「固定観念」がありました。別の行動を実践することは、彼女にとってその固定観念が妥当なのか、実証実験の一環となりました。

幼少期の愛着パターンと脳への影響

　人間の肉体的な成長には愛が必要であることは、60年間にわたる研究で、疑問の余地を挟むことなく証明されています。例えば、他の霊長類と同じように、人間も乳児のときに触れられたり抱きしめられたりしないと、成長の機会が奪われることになります。

　トーマス・ルイス、ファリ・アミニ、リチャード・ラノンの共著書『愛のセオリー』（*A General Theory of Love*, 2001；未邦訳）のなかで、彼らは、精神分析学者ルネ・スピッツの研究についてこう説明しています。

> 「このような体制のもとで、孤児院で育てられた子どもたちは、内向的になり、体重が減り、ときには死んでしまうことさえあります。死亡率が75％にも達していた孤児院さえあることは実に驚くべきことです。」

　もう1つ、印象的で有名な研究「乳児ストレンジ・シチュエーション」があります。ダニエル・シーゲルの面白く影響力のある本『脳をみる心、心をみる脳』（*Mindsight*, 2010；邦訳：星和書店）にも紹介されている研究です。それによると、母親が短時間部屋を離れ、赤ちゃんが見知らぬ（ストレンジ）部屋でひとり残されるという実験的な状況をつくり、そこに見知らぬ人（ストレンジャー）が赤ちゃんをあやした後、母親が部屋に戻るという実験をします。その結果、赤ちゃんの行動には以下に説明しているパターンが見受けられました。これらの赤ちゃんたちは、大人になってからも追跡調査が行われました。

・安定型愛着

　調査対象のうち60パーセントにあたる母親にしっかり愛情を注がれた赤ちゃんたちは激しく泣いても、母親が戻ってくると喜びと安堵の表情で母親を迎えていました。赤ちゃんが大人になると、安心できる人間関係を築くことができ、自信と自己認識を併せ持つ可能性が高い傾向がありまし

た。コーチング・ルームに現れるこのタイプのクライアントは、コーチ誰もが一緒に仕事をしたいと思う人たちです。往々にして将来有望で、新しいことを受容し、学ぶことに熱心であり、自分に責任を持つ気概があります。神経心理学的に言えば、この「安定型愛着」は正常に機能することを示しています。

・回避型愛着

　20パーセントの赤ちゃんは、研究者が言うところの「回避型愛着」を示していました。母親がいなくなっても全く泣かず、戻ってきたときもほとんど興味を示しませんでした。こうした赤ちゃんの母親は、泣いても無視したり、あまり触れることもなく、赤ちゃんに無関心か冷淡でした。このような赤ちゃんは、大人になってからの人間関係はクールで支配的であり、好感を持たれるようなタイプではないと見られています。コーチであれば、このタイプのクライアントと接する機会は多く、実際にコーチングすることも多いです。

　こうして育った子どもは、無視されたり、批判されたりしながら生きていくことを学びます。彼らは頑固なまでに独立性を身につけます。感情を表現することは危険だから、抑制することを学んでいます。クライアントとしての彼らと接するとき、私は彼らには感情表現の語彙が著しく足りないと思うことがしばしばあります。そんなクライアントの1人が私に、人間の「感情」とは何を意味するのか全くわからないと真剣に話してくれたことがありました。

　おそらく、こうした人の左前頭前野は過剰に発達しているのでしょう。左前頭前野は言語処理を司るため、逐語的になることや、事実とか論理を好みます。イエスとノー、正解と不正解、オンとオフといったデジタル的なアプローチを取りがちです。

　前頭前野の右半分は社会的行動を司ります。より全体的で非言語的であり、視覚的・空間的認識、共感、他者への関心、自伝的記憶（200ページ参照）を司ります。それは人の気持ちを類推することができる脳の部分です。

　回避型愛着の人たちは、前頭前野の右半分が未発達である可能性が高い

ようです。思考プロセスは極端に合理的であり、他人と同じ考えであることに我慢ができず、他人が自分をどう見るかについて意識や関心がなく、共感する能力もほとんどありません。こうした人が頻繁にコーチングを受けに訪れるのは、キャリアが順調に進み、仕事の処理能力だけでは不十分となり、それ以降は同僚にクールに対応するのをやめて、信頼関係をつくり、微妙な影響力を行使しながら如才なく接することが期待されるようになってからです。

　クライアントに生い立ちを詳細に聞かなくても、クライアントの考え方が極端に頑なであるのを見れば、ここまで述べてきた幼少期の経験がつくり上げたものだと考えてしかるべきです。コーチがクライアントの所属組織から「彼の対人知性を豊かになるようにしてほしい」と言われることは珍しいことではありません。

　このリクエストに対しては現実的に考えてみることです。感情的な知性は、人間の脳を数回クリックするだけでインストールできるソフトウェアではありません。心理学者のイアン・マクギルクリストは緻密な内容の学術書『マスターと彼の使者』（*The Master and his Emissary,* 2009；未邦訳）のなかで、西洋社会では一般的に、右脳部分をないがしろにして左脳部分に光を当ててきた結果、構造、論理、唯物論などを過度に重視する機械主義に陥り、私たちに大きな犠牲を強いてきたという説得力のある議論を展開しています。

・アンビバレント型愛着

　10パーセントの赤ちゃんは、愛情を欲しているのに満たされない「アンビバレント（訳注：相反する感情や考え方を同時に心に抱いていること）型愛着」を示しました。そうした子の母親たちの愛情には一貫性がありませんでした。寄り添うこともあれば、無視することもあります。実験では、母親がいなくなると赤ちゃんはどことなく落ち着きがなく、不安げな表情を示しました。母親が戻ると泣き続けたり、しがみついたりしました。大人になると、心配性で、時には感情的になり過ぎる特徴が認められました。

　私たちコーチがこのタイプの人たちと会うのは、「アサーティブ」な対

応ができないのでどうにかしてほしいと言われたり、「自信」をなくして
いるのでなんとかしてほしいと依頼されるときです。こうした人たちの
360度フィードバックを見ると、彼らの行動には愛情が欠けていて、一貫
性がなく、気まぐれであるといった特徴が見られます。また、執拗に話を
したり、他人の時間とエネルギーを浪費することに無頓着で、同僚から避
けられていることがわかります。

・無秩序型愛着

　この実験の残りの10パーセントの赤ちゃんは、「無秩序型愛着」と名付
けられました。この子たちの両親のいずれかまたは両方が薬物やアルコー
ルを乱用しているなどの家庭でした。赤ちゃんの反応は主に恐怖心から来
ていて、母親を嫌がったり泣き叫んだり、接触を避けようとしたりするこ
とが多く見られました。こうした赤ちゃんは、他人との関係を築くことが
できずに成長します。実際のところ、他者との感情的なつながりをつくる
能力が衰えています。深刻な心の傷を受け続けてきたことで他人に対して
衝動的で無分別な反応をしがちで、ティーンエイジャーになると似た境遇
の仲間に過度に依存するようになります。

　このようなすべての研究と脳に刻まれたパターンとの関連性は、コーチ
として、コーチング・ルームではその人全体を受け入れることがいかに
コーチングにおいて重要であるかを示しています。また、記憶を司る海馬
は7〜8歳になるまでは正常に発達しないとされていて、それまでに経験
したことは顕在的な記憶ではなく潜在的な記憶であることがわかっていて
も、できるかぎりクライアントに自伝的記憶による説明を求めるべきであ
ることを示しています。この道を辿っていくと、私たちコーチとクライア
ントは、クライアントの幼少期に何が起こったかだけでなく、クライアン
トがこれらの出来事をどのように解釈しているかを知ることができます。

　この研究結果が発表されるものの、自分自身に言い聞かせる物語が自分
がどのように反応するかを決定するというのは、希望に満ちた特徴といえ

ます。

　里親を転々とした悲惨な人生を私に話してくれたクライアントは、コーチングのなかで、自分が育った感情の荒れ地から生き延びたと言い換えることができました。彼女は幸せな結婚生活をし、子どもたちに強い愛情を注ぐことができました。また、優秀な小児科医のクライアントは、幼少期にいくつかのトラウマを経験しました。彼の母親は彼が6歳のときに家を出て行き、父親はその後別の女性と結婚しましたが、継母は子どもたちに冷淡でした。このクライアントが小児科医になったのは、子どもの頃の寂しさや怖さを知っていたからだということでした。

　脳科学は歴史が浅く、ここで紹介した研究の現時点での結論は、ヒントに過ぎなかったり、始まりかけのこと、もしくは実体ではなかったり、提案や仮説など、すべて暫定的なものと見なければなりません。常に新しいものが出てきています。確かなことはほとんどわかっていませんが、私たちコーチが無視できる分野ではありません。コーチングを実施するときの刺激は理性的で、左前頭前野が関与しています。コーチングでは、感情がとても重要であることを認識しながらも、セッションの間は脳のこの部分をできるだけ作動させ続けなくてはなりません。

　例えば、クライアントがどう感じているかを聞くのは気まずいので聞けないなど、感情を避けることは全く意味がありません。感情は、変化を妨げるものであり、変化のためのエネルギーを解放するものです。クライアントの「依存」を恐れるのではなく、私たちコーチはクライアントとの感情的なつながりを築く必要があります。子どもの頃に大事にされたのは、頼りになる人を頼ることができたからです。このプロセスはコーチングに反映させることができます。共感とは、生物学的現象であると同時に、社会的現象でもあることを覚えておかなければなりません。

　最後に、私たちコーチもクライアントと同じように本章で述べてきたことすべての影響を受けているので、まずは自分自身でこれらの問題を上手に扱うことが大切になります。

注記

1) ボールが10ペンスの場合、総額は1ポンド10ペンスではなく、1ポンド20ペンスになります。

2) ポモドーロはイタリア顔で「トマト」という意味です。イタリアのトマト型のキッチンタイマーにちなんで名付けられました。「25分の作業＋5分の休憩」を1ポモドーロとします。タイマーを設定し、途切れることなく1つのタスクを行い、その後、5分間の休憩を取ることを繰り返します。

3) このアイデアはポール・ブラウン教授からいただいたものです。バージニア・ブラウン氏との共著『コーチのための神経心理学』（*Neuropsychology for Coaches*, 2012；未邦訳）に詳細が紹介されています。

第 5 章

コーチングにおける言葉の重要性

Simple but not easy: the skilled language of coaching

　的確な質問をし、適切なコメントをする──。これが、最高のコーチング・スキルです。うまくできていれば何の努力もしてないように見えますが、このスキルがうまく使えないとコーチングは妨げられます。このスキルが修得できれば、実力コーチになるための壁を乗り越えたことになります。

　この章では、コーチが陥りやすい罠と、その罠の回避方法を解説していきます。

　コーチングの他の領域でも言えることですが、「的確な質問と適切なコメント」を実践するスキルはとても簡単なようですが、実際には容易なことではありません。

　コーチングを成功させるには、コーチとしての言葉の選び方を強く意識する必要がありますが、これは誰もが自然にできることではありません。コーチングがうまくいくときの言葉は、純粋であり、普段の会話にはない簡潔さもあります。1つ1つの言葉を大切にするということです。

陥りやすい罠を知る

　少しネガティブに思われることを承知で、ここからは私や他のコーチが経験したことがある、陥りやすい罠を紹介していきます。

　例として、実際のコーチング・セッションの録音の一部を再現します。

　　クライアント：ワーク・ライフ・バランスがうまくいきませんので、
私の望みは勤務時間を短くすることです。
　　コーチ：秘書に時間がどう使われているか、訊いてみたことがありま
すか？

　この例では、クライアントがコーチングで何を課題として取り上げたい
かを伝えています。コーチの頭には、すぐにできそうな解決策が思い浮か
びました。フィードバックのために秘書に時間の使い方を訊いてみること
でクライアント自身が現在どんな時間の使い方をしているか、気づきを得
ることを提案しています。秘書はクライアントの行動を仕事として直接見
ているはずなので、これは良い方法かもしれません。
　会話は次のように進みました。

実際の会話		心の声
ワーク・ライフ・バランスがうまくいきませんので、私の望みは勤務時間を短くすることです。	クライアント	これは、私には重大な問題なんだ。私はこれまで何度もこの問題で堂々巡りをしている。彼女は本当に私の助けになるだろうか？
秘書に時間がどう使われているか、訊いてみたことがありますか？　彼女の意見はたぶん参考になるかもしれません。	コーチ	あぁ、助けが必要！　これは難しい。いったいどこから始めたらいいの？　そうだ！秘書にフィードバックを尋ねる演習、彼にはそれがいい。
いや、訊いてみたことはありません。	クライアント	これじゃまるでタイム・マネジメントの講座だ。私はそんなことのためにここに来ているわけじゃない。

発言		心の声
訊けばきっと役に立つはずです。私は、クライアントの方に必要に応じてどんな時間の使い方をしているかを尋ねますが、秘書を付けていらっしゃるなら日々の行動は見られているはずです。習慣を変える手始めとしてはとてもいいと思います。	コーチ	この人はどうも受け入れてくれないようだから、これをもっと勧めたほうがよさそうだわ。
そうだな……。	クライアント	私は絶対にそれをしない。他のクライアントにうまくいったからといって、私に役立つとは限らない。
これからすぐに始めれば、次回のセッションまでに何かあるかもしれませんよ。	コーチ	もしかして、まだ十分に説得できてないかも？
どうかな……。	クライアント	絶対違う！
わかりました、いい考えだと思ったんですけどね……。	コーチ	私は一体どうしたらいいの？

　この会話ではコーチングが前に進んでいません。うまくいかないこの典型的な会話では、コーチとクライアントがそれぞれ何かを思いながらも、言葉にして相手に伝えていません。この状況を推測してみると、おそらく次のようなことが起きています。

　クライアントの心の声は、私の憶測に過ぎません。ただし、コーチの心の声は実際にそう考えたことです。なぜわかるのかというと、このときのコーチの指導役として私は会話の録音を一緒に聞きながら、彼女にこのときの状況を詳しく説明してもらっていたからです。

◎陥りやすい罠1：質問まがいのアドバイスをしてしまう

　このときのコーチは他のコーチにもありがちな、質問まがいのアドバイスを行っています。ここでの質問は、クライアントのためになりたいとの

思いから質問に扮して解決策を提示していました。

　　「○○について考えたことがありますか？」
　　「○○について、○○するのがよいのでは？」
　　「他の人に確認したほうがよいのでは？」

　これらの質問は、クライアントの視点ではなく、コーチが課題を設定してしまうことからなされてしまうものです。この陥りやすい罠にはまっているのを確かめるには、「はい」または「いいえ」で答えられる質問になっているかどうかです。こうした訊き方では正解があることが前提となり、その正解もコーチが想定しているものです。

　アドバイスすることはクライアントにとってデメリットになることを第2章で説明しましたが、「はい」「いいえ」で答えられる質問も同様です。その理由は2つあります。1つは、前述のクライアントのワーク・ライフ・バランスの問題のケースにあるように、答えるのが簡単な2つの選択肢が提示されることで、クライアントは深く考えずに反射的に答えてしまうかもしれないことです。もう1つは、これ以上議論することを拒否する結果になることで、クライアントの意識は深く考えたり学びを得る方向にいかず、問題を避けることに向かってしまうかもしれないことです。

◎陥りやすい罠2：「どうして？」と尋ねてしまう

　「どうして……？」と訊く質問は、最初は良心的でオープン・クエスチョンのように受け止められますが、実際にはこれも陥りやすい罠といえます。「どうして……？」の質問は、分析したり知的に考えたりすることによって、防御的な態度を招くからです。
　以下は、クライアントが不満を持っているチーム・ミーティングに関して問題提起している例です。このクライアントは、ミーティングの司会を務めることが自身の課題であることがすでにわかっていて、なんとか改善したいと考えています。

コーチ：どうして、そのチーム・ミーティングをそのように開催したのですか？

クライアント：それは、ウチの会社ではミーティングは10日以上間を空けてはならないというルールがあって、前のチーム・ミーティングから9日経っていたので開催しなくてはと思い……（以下、とめどなく話が続く）。

　コーチが本当に訊きたかったことは、ミーティングを開催する前にクライアントはどんなことを考えていたのか、そしてミーティングを開催することで何を達成したいのか、ということです。

　ここでは、コーチが本来訊きたかったことに対して、クライアントは回答していません。なぜなら、コーチは「どうして……？」と質問したため、クライアントから防御的な反応を招き、クライアントが本質的な課題を共有するチャンスが奪われたからです。

　また、「どうして……？」の質問は、クライアントの動機に焦点を当てることになり、あまり有効とはいえません。この質問を行うと10回のうち9回は、「わかりません」とか「これが私のやり方なんです」といった答えが返ってきます。クライアントが自分が取った言動の動機がわかっていたら、コーチングを受けることはないでしょう。

コーチ：どうして、○○さんに怒ったのですか？

クライアント：わかりません。私が短気だからでしょう。

　さらに、「どうして……？」の質問は、尋問や非難のような感じを与えかねません。次のような質問を子どもの頃にイライラを募らせた親から言われたことがなかったでしょうか？

「どうして、こんなに泥だらけになったの？」
「どうして、弟とケンカをしたの？」
「どうして、今年になって3回もバスの定期券を失くしたの？」

このように尋ねられたら、クライアントは「どうして、あなたはそんなにばかなことを訊くの？」といとも簡単に解釈するかもしれません。そして、「わかりません」と返事をして肩をすくめるか、自分を正当化するための長々とした防御的な説明をしがちです。脳科学の観点から考えると、「どうして？」という言葉は、脳の警報信号である扁桃体に警告を与えます（第4章参照）。クライアントは、攻撃されたと感じ、コーチと正直に向き合うことができず、クリアに考えられなくなってしまいます。

◎陥りやすい罠3：クライアントの情報を集め過ぎてしまう

これは罠としては微妙な感じですが、注意すべきことに変わりありません。

新しいクライアントが、あなたが全く知らない組織に在籍しているとしましょう。そのクライアントがパフォーマンスの低いメンバーの問題を説明し始めました。そのとき、次のような情報があるといいと思うとします。

・クライアントの組織図や意味のわからない専門用語の説明
・チームの規模、チームの職務における問題とされるメンバーの役割との関係性
・チーム・メンバーの年齢と勤続年数

実際には、これらの情報はすべて必要ありません。クライアントにとって既知のことなので、あなたが共有してほしいと言うのは意味がありません。それよりも、クライアントがこれまで思いもしなかったことを引き出すことがはるかに重要です。そのためには、新しい気づきを引き出すことができる質問に配慮します。あなたがクライアントの情報を得るための言動を取りたがる最も一番可能性の高い理由は、クライアントについて知らないことへの不安を解消したいと思うからです。

「クライアントの組織のことをよく理解しているだろうか？」（おそらく理解していないが、知る必要はないでしょう。）

「このチームは私が知る他の組織のチームとどう似ているの？」（無意味な疑問；似ているかもしれないし、似てないかもしれない。）

クライアントに関連する重要な情報は、適切に質問すれば話してくれるものです。それ以外の情報は、クライアントの問題の核心を突く瞬間をただ先延ばしにするだけです。

自分がいま情報収集をしていると思ったなら、クライアントの話を深く聴くことよりも正しく質問をすることに意識が向いている状態、すなわちCTIの傾聴のレベル1の状態（73ページ参照）にあると認識しましょう。余計な情報はあなたの気を散らすことになり、本質的な課題に向き合うことを遠のかせてしまいます。

私たちが提供しているコーチ・トレーニング・コースの1つで、同僚で友人でもあるジャン・キャンベル・ヤングは、有名大学の教師としてのキャリアがある有望なコーチのアニーを付きっきりで指導していました。

あるとき、アニーがコーチングの演習のなかで何度も情報を訊き出す姿に我慢ができず、「アニー、クライアントの課題の博士論文を書くわけじゃないのよ！」と大声で注意しました。私は同じようにクライアントに質問したくなるとき、このエピソードを思い出しては心のなかで微笑んでいます。

◎陥りやすい罠4：その場にいない人について質問してしまう

クライアントがあなたに難問を突きつけたとします。クライアントの秘書の低下しているモチベーションをどうしたら上げられるかについて、だとしましょう。

ここでの罠は、クライアントではなく、クライアントの秘書のモチベーションや心配事について尋ねることです。

コーチ：彼女はそのことをどう思っているのでしょう？
クライアント：さあ、わかりません。

　他人のモチベーションの要因が何であるかを確実に知ることは、本人以外誰にもできません。他人の動機や感情に関して稚拙に尋ねることは、クライアント自身ではなく、他者に責任があるとする信念を強めることになりかねません。

　また、この誘惑を別のかたちで経験するかもしれません。例えば、クライアントがキャリアを大きく変えることを検討しているとしましょう。あなたは、これまでのクライアントへの質問を通して、個人的な状況を少しは知っています。そのうえでクライアントに「あなたのお母様（または妻、夫、パートナー、上司）はこれに関してどう思うでしょう？」と質問をするとします。これも、その場にいない第三者が何を思っているのかを思索する質問であるため、クライアントの責任をその人に転嫁することになりかねません。

　面白いことですが、こうした質問が起こりがちな場面は、その第三者が多くの場合、権威者であることです。その人の思いについて尋ねることは、その場にいない人が最終判断の権限を持っていて、クライアントの思いどおりになるために、その人をなだめる、またはうまく操らないといけないことを意味するかもしれません。そして、このように、いままでどおりの建設的でない関係性が否応なしに継続されてしまうかもしれません。

◎陥りやすい罠5：冗長で曖昧な質問をしてしまう

　コーチが冗長な質問をすることは、コーチングのスポットライトをコーチ自身に当てることになりかねません。冗長な質問は自信のなさから来ることが多いものです。こうしたとき、コーチは頭のなかで、「次は何を訊こう？　クライアントと話を続けているうちにきっと何かがはっきりしてきて会話の間が埋まれば、恥をかかなくてすむ……」と思ったりします。

　コーチだからといって、話しながら考えを整理することは常にできることではありません。長い前振りの質問のあとにさらに追加の説明があったり、「そのような…」「なんていうか…」「すなわち…」といった自分の言ったことを確認するような言葉がいくつも出てくるようだとクライアントは混乱してしまいます。以下のコーチは、その典型例です。

「それで、このような問題があったとき、ほら、時間厳守に関して、それに関して戸惑いがあると先ほど説明してくれましたが、あなたがミーティングに遅れると上司をかなり、どう言うか、いらつかせていると。それは、ほら、どういう状況で起こるのでしょうか？　すなわち、それは仕事以外の面で困っているときに起こることですか？　私の言ってることわかりますか？」

クライアントの回答ははたして、「はい、いや、実のところ……わかりません。質問をもう一度言ってもらっていいですか？」となりかねません。

コーチが本当に訊きたかったことは、「時間厳守ができないときの典型的な理由は何ですか？」です。コーチがこのような訊き方をすれば、クライアントはより楽に答えを見つけられるはずですが、質問がわかりにくいと答えること自体がチャレンジングなことになりかねません。

長い質問にありがちなのが、二次的質問が2つから3つも含まれていることです。その例を以下に示します。

「では、このことについていつ頃から気になりだしたかを教えてください。会社に入社後まもなく？　それとも入社して日がいくらか経ってからですか？　また、その気がかりはいまも同じようにずっと続いているのですか？」

こうした質問の仕方は、どんなにやさしく尋ねたとしても、集中砲火のように受け止められかねません。これではクライアントは、まず、どのことに答えなければならないかがわからなくなります。

コーチがこう質問したときに、クライアントによく見られる反応が、「そうですね……、うん……」とか「ちょっとわからなくなってしまいました」ということだと私は気づきました。

もし、このような質問の仕方があなたにとっても罠になるのだとするなら、ひと息ついてちょっと間を取り、考えを整理してから一度に1つずつ質問するように意識することです。

活用できる手法

　この5つの罠とそれらの質問について共通することが1つあります。それは、答えの選択肢の幅を広げるよりも狭めてしまうことであり、気を散らし、混乱を招くことです。こうなると、1つのことに意識を向けてしまい、クライアントがこれまで避けてきたことを含め、より幅広く問題を捉えるようにするのが難しくなります。これではコーチングは行き詰まってしまいます。

◎コーチの自由

　コーチは、大変自由な立場にいます。あなたはクライアントが何を達成するにしても、その結果に対して客観的でいられるゆとりがあります。クライアントにとって、課題がより明確になったとか、実現可能な解決方法を見つけたなど、人生において有意義な結果を出してほしいとあなたは願うでしょう。しかし、あなたはその解決方法にこだわる必要のない立場です。あなたは、クライアントについてすべてのことを知る必要はありません。クライアントにとって、いま、必要なことだけ知ればよいのです。

　過去は、現在と将来ほど重要ではありません。

　クライアントが何かを正しいと思って達成するときに、あなたはそれが正しいか正しくないかと思う必要はありません。

　効果的なコーチングをしたいと思って、背景を知ろうとしなくてもいいのです。私がよくコーチングするクライアントのなかに技術者の方がいますが、その世界のことは私にはほとんどわかりません。例えば、次のような場合です。

　原子力技術者のクライアントが、私がコーチングを始めて間もない頃に、技術者ではない同僚に熱力学の原理に関してプレゼンテーションをすることになりました。そこで、私にコーチングの依頼が来たのです。そのとき、彼女は親切心から私にも説明しますよと言ってくれたのですが、それは今回のコーチングにはあまり意味のないことだと彼女に言いました。彼女が

説明してくれることで専門用語の意味はわかるかもしれませんが、技術の全体的な話を理解するなんてとてもできないと思ったからです。

　また、別のクライアントは、西側諸国の民主主義国家とは大きく異なる政治体制の国を相手に、複雑な海外事業を展開していました。その国では、内紛の複雑化や汚職が広くはびこり、生命の危険にもさらされていました。このクライアントは、私にその国の歴史的背景など細かい説明をしなくて済むことを知り、ホッとしていました。私が詳細を知っていようがいまいが、コーチングの効果には関係ないからです。

　私は神学者、弁護士、医師、ITスペシャリスト、インテリア・デザイナー、建築士、小売業者、薬理学者を初めとする科学者、最高財務責任者、保険数理士、プロダクション・デザイナー、公務員、駐在大使、病院経営者、シェフなどその他幅広いジャンルの人たちをコーチングしてきました。そして、私が1人のユーザーとして各業種について知っていること以外の専門的なことは知らずにコーチングを行ってきました。
　実際、これよりももっとニュートラルな立場でいられます。クライアントの背景や内容を何も知らずにいるのは有意義なことです。相手のことを知れば知るほど、より専門家としての役割を担いたくなってしまうからです。

　このことはティモシー・ガルウェイが著した『インナーゲーム』シリーズのうち、『インナーワーク』（*The Inner Game of Work*, 2000；邦訳：日刊スポーツ出版社）でわかりやすく説明されています。ガルウェイはテニス・コーチを務めていたとき、対戦相手はネットの向こう側にいる人間ではなく、本当の敵は自分自身の頭のなかにいることを発見しました。自分の身体に自己認識を持たず、自己信念も欠落しているプレイヤーは必ずと言っていいほど敗退の憂き目に合うことがわかったのです。
　ガルウェイはこれによりインナーテニスのレッスン・コースを開始することになるのですが、当初から定型的な技術指導ではなく、精神面と身体

面の自己認識を高めるテクニックをコーチングしていました。

　インナーゲームと従来のテニスのコーチングを比べてみると、そこから学べることがあります。それは例えば、従来からのコーチングだと良いサーブを打つために、「私を見て同じようにしてください」「このポイント、あのポイントのボールから目を離さないように」などと指導しますが、これはコーチの考え方に依存した方法です。続いて、コーチからプレイヤーへ、「決定的な場面で腕を下ろし、ボールから目を離しました」といったように、フィードバックが行われます。

　この例では、コーチがほとんどを主導し、プレイヤー側の裁量が奪われています。これでは、プレイヤーが自分の試合に責任を持つというよりもむしろ、コーチを喜ばせることになりかねません。

　インナーゲームでは、役割がこれとは逆になります。プレイヤー自身が自分の身体および精神の両面に意識を向けられるように、コーチはオープン・クエスチョンを投げかけます。目的は、プレイヤーが自分のプレーに自ら責任を持ち、自分に対してフィードバックを得られるようにするためです。

　　　「そのとき、何がうまくいきましたか？」
　　　「何がうまくいきませんでしたか？」
　　　「初めにどんなことを考えていましたか？」
　　　「これから何をする必要がありますか？」
　　　「ボールが当たった瞬間、ボールはどこにありましたか？」

　この手法が素晴らしい結果を導くことがわかり、インナースキーも始まりました。インナースキーのコーチも同じ手法を使ったトレーニングです。ガルウェイと共同したジョン・ウィットモアは『はじめのコーチング』（*Coaching for Performance*, 1996；邦訳：ソフトバンククリエイティブ）という著書に、テニスのことを知らないスキー・コーチがどのようにしてテニスの

コーチを行ったのかについて、びっくりするような話が紹介されています。

　「インナーテニスの受講者が予想以上に多かったことで、研修を済ませたコーチの数が不足してしまったのです。そこで、2人のインナースキー・コーチを連れてきて、テニス・コーチのユニフォームを着させてラケットを持たせはしたものの、どんなことがあってもラケットを使わないと約束させてから、自由にやってもらいました。」

　「驚きはしませんでしたが、その2人が行ったコーチングは、他のテニス・コーチとほとんど一緒でした。場合によっては、テニス・コーチよりも的確なこともありました。それはなぜだったのかを振り返りをしたところ、成功要因が見えてきました。テニス・コーチは、受講生の技術的な欠点に着目します。しかし、スキー・コーチはテニスに関してはそれができないため、身体感覚をいかに効率に活用できているかに着目したのです。
　身体感覚の非効率性は、自己不信と不十分な身体認識から生まれます。スキー・コーチは、参加者の自己診断に頼らざるを得なかったため、根幹的な変容要因から取り組まざるを得ませんでした。しかし、テニス・コーチは技術的な欠陥から来る要因から取り組んだのでした。
　このことがわかってから、テニス・コーチが不必要な専門知識に頼らずにコーチングの効果が高まるように、研修が改良されることになったのです。」

▍効果的な質問

　コーチングにおける最高の質問には、いくつかの共通点があります。それは、クライアントの思考と挑戦意欲への刺激となり、もやもやとして曖昧な状態をクリアにしてくれることで、クライアントを正しい答えに導くことです。このことが自己認識を高めます。また、良い質問の多くは、短かく構成されます。

　そして、情報収集以上に新しい気づきが得られることで、自分の考えや行動に責任が持てるようになります。

　効果的な質問がクライアントの課題にしっかりと沿っていれば、クライアントの学びにつなげることができます。

簡潔さ

　コーチングの最強の質問は、問題の本質を捉えられるように、短く簡潔であるべきです。私が思う最強の質問は、「何を達成したいのですか？」と、「○○には、何が必要でしょうか？」の２つです。

●新任最高責任者のロス

　新たに最高責任者を務めることになったロスは、決して理想とは言えないチームを引き継ぐことになりました。彼女はコーチングに際して、その役割を担える能力に自信がないことと、財務責任者のイザベルに募る懸念について共有してくれました。そこでコーチは、まずは彼女に軽くストレスを発散するよう勧めました。

　ロス：それからイザベルは、私が財務の専門家ではないことを理由に、私が何を言っているのかがさっぱりわからない、私が財務諸表の読み方を知らないといったことをあげつらって、会議の場で私の発言をまた訂正して事態を一層深刻にしました。さすがに私は憤慨しました。彼女のチームに対する態度もひどいものです。彼女が横柄なことで優秀なメンバーが職場から去っています。幹部がこんな態度を取るなんて、あってはならないことです。
　コーチ：では、あなたはどうしたいと思いますか？
　ロス：彼女を辞めさせたいです！
　コーチ：では、それを叶えるには何が必要ですか？
　ロス：会長に話をしてみて私の思いを理解してもらい、それから彼女

を円満退社に持っていくにはどうするかを考えることです。

こうして、コーチングを通して彼女は何を達成したいかが明確になりました。いったん「彼女を辞めさせたい」と言ったことにより、次の質問はそれが良い考えかどうかではなく、どう実現できるか、になります。

コーチング・セッションによっては、最も効果のある質問はたった1つの言葉でもよいのです。

「そして……？」

「それから……？」

「すなわち……？」

質問する代わりに、沈黙することが最適な方法になることもあります。

コーチングの会話は、最終的には3つのとても短い質問に集約されるということもできます。

「何を？（課題定義のため）」

「それで何を？（意味づけのため）」

「その次には何を？（実行のため）」

とても役に立つ「魔法の質問」

私がコーチングを始めた頃、幸運なことに当時の上司がコロンビア大学の組織コンサルティング・コースへの参加を勧めてくれました。

そのコースでは、明らかに人へ好意的な影響を及ぼすような特殊な質問法を学ぶことができました。そこで、私はさっそく自分のコーチングに採り入れてみました。心理療法も同じような「魔法の質問」と言われるものがありますが、おそらくそれがルーツなのかもしれません。

この一連の質問リストは何度も改訂してきました。また、私だけではなく、研修や会議で出会った何千人ものコーチにも効果的に活用してもらっています。状況や課題を問わず、どんなときでも活用できます。そのポイ

ントを紹介しましょう。
- 質問は短く、どんなシナリオでも尋ねられる。
- 質問に「私」という言葉は省く。
- 会話が以下のとおり、自然に進む。
    - 初めは、問題を明確にする質問
    - 次に、問題をコーチング目標として言い換える質問
    - その次に、（目標達成するための）選択肢を提示するための質問
    - 最後に、最初に取るべき行動を提示する質問

以下がその一連の質問です。

1．課題は何ですか？

この質問により、クライアントに課題を述べてもらいます。クライアントの話がくどくどと長いときは課題を簡潔にまとめてもらいます。

2．それがいま課題だと思うわけを教えていただけますか？

クライアントがコーチングで提示する課題は通常、長い間問題だと思っていることです。しかし、それが怒りや懸念の形などで、何かのきっかけや進展で現れます。この感情が行動変容と問題解決のためのエネルギー源になります。だから、そのことを言語化することが有意義なのです。

3．その課題や問題について誰が責任を負うことになりますか？

クライアントが課題や問題に責任を負うのでなければ、会話の意義がありません。コーチングとは、課題や問題に責任を負う人にこそ可能な活動です。クライアントのなかには他者を変える方法を得るためにコーチングを利用する人もいますが、コーチングの原則は、変えることができるのは本人のみです。この質問は、問題のどこにクライアントが直接責任を持つべきかを明確にします。

4. 課題を10段階で評価したら、その重要度はどれほどですか？

　もしその問題が重要でないとするなら、あなたとクライアントはなぜわざわざ時間を使う必要があるのでしょうか。このときの重要度は、クライアントの生活に大きな影響を与える可能性のある問題かどうかで考えます。クライアントの評価が5未満であれば、いったん横に置きましょう。

5. 影響：何もしない（または現状のままにしておく）ことでどんな影響があるのでしょうか？

　この質問は、立ち往生していることで生じる苦しみを解決するものです。コーチがクライアントの立場であったら、状況は何も変わらないと思いたがるかもしれませんが、心のなかではそれができないことを知っていて、その状況が生み出している不快感を無視しているのです。何もしないでいると起こり得る結果を言葉にすることで、逆説的にはなりますが、変化のためのエネルギーが生まれます。この質問に続いて、さらに次のような質問をしてもよいかもしれません。例えば、「それが起こった場合、どのような影響がありますか？」

6. これまでに何か実践してみましたか？

　この質問により、クライアントが実際に試したり検討したことに対して、的外れなアドバイスをすることを防ぎます。また、クライアントがこれまで課題をどう捉えてきたかを早期に知ることができます。コーチングにおける問題の多くは、クライアントが多大なエネルギーを使って、あれこれ考えることに焦点を当ててきたことです。そこでコーチは、このエネルギーと深く考えてきたことから何を生み出したかを知るようにします。もしクライアントがまだ何も試していないようなら、それもまた興味深い対話の起点になります。

7. 課題が解決されたとしたら、何が見え、何が聞こえ、何を感じると思いますか？

　クライアントがこれまで問題を抱え、深く苛まれてきたであろうことは、

クライアントの座る姿勢や話し方を見ればわかります。肩をがっくりと落とし、絶望を感じさせる話し方です。この質問をすることで、クライアントを元気づけるようにします。気分を変えることができれば、クライアントは背筋を伸ばして座り、しかめっ面をやめ、全体的に明るさが見えてきます。抱える問題に深く悩んでいるときにこの質問をすることで、課題の兆候ではなく、その兆候の根本的な原因についてコーチングできるようになります。

8. その理想的な結果を妨げる要因は何ですか？

　この質問は、クライアントの考えを広げます。ここから、新しい洞察が生まれることを期待しましょう。

9. これまでに起こっていることに対して、あなたが負う責任とはどんなことでしょうか？

　本質的な質問です。クライアントは常に問題の一部であり、解決策の一部でもあります。この質問は、その前提を明確にし、クライアントが無意識のレベルで、いかに自分の行動を通じて問題が続いているかを認識するように促します。

10. あなたが最も臨機応変に対応している状態を想像してみてください。この問題について自分に何と言いますか？

　この質問は、私たちの典型的な混乱のなかでも、私たちは何をすべきかをある程度わかっていることを前提としています。この質問を言い換えると、「もし、あなたに必要な勇気と洞察力が湧いてくる薬を飲んだとしたら、あなたは何をしますか？」になります。私は、この質問に即答できないクライアントを見たことがありません。

11. ここで取れる行動の選択肢は何ですか？

　課題をさまざまな観点から探究したことにより、クライアントは行動変容に必要な選択肢を検討し始めることができます。

12. 選択肢の検討にはどんな基準がありますか？

選択肢は、それを判断する基準があれば、より有効です。典型的な基準として、実用性、コスト、クライアントの価値観との適合性、時間などがあります。

13. これらの基準に照らして最適な選択肢はどれですか？

この時点で、行動に向けて選択肢を再び絞り込んでいきます。もちろん、行動の現れとして、ただ考えるだけのこともあります。

14. では、次の（または最初の）ステップは何でしょうか？

この答えは、もう少し調べてみること、対話を続けること、または人生の大きな決断をすることかもしれません。

15. いつ行動を開始しますか？

いつまでに何をするかを約束してもらうことで、コーチングの結果としてクライアントが実際これまでと違った行動を取る可能性が高くなります。

コーチング会話のフレームワーク

コーチとなって間もない人にとって、コーチングの進め方のフレームワークとしてすでに使われているモデルが有効かもしれません。そのうち、最もよく知られているのが、GROW モデルです。

これは、Goal（目標）、Reality（現実）、Options（選択肢）、What［will you do?］（意志）の頭文字から名付けられたモデルです。コーチングの基本モデルとなるフレームワークの秀逸さは覚えやすいことに加え、コーチングの会話において質問の順序に自然な流れがあることがわかることです。これは、次の例にあるように、コーチ初心者がよくやる、目標を質問したらすぐ選択肢に進むようなミスを回避することができます。

　　　コーチ：よし、目標ができましたね。

クライアント：はい、どう活動量を増やすか、ですね。

コーチ：そうですね。では、どんな選択肢がありますか？

　これはなんとなく問題はなさそうですが、Goal（目標）からOptions（選択肢）にいっていて、Reality（現実）を探究していません。例えば、何が起こっているかを確認していないことや、クライアントがすでに試してみたことを探っていないことです。これでは、クライアントが自分の考えたこと以外の新しい発見に気づきにくくなります。

OSCARモデル

　国際コーチのとある会議で私は幸運にも、カレン・ウィットルワースとアンドリュー・ギルバートが開発したOSCAR（オスカー）モデルについて、その当事者2人が発表するセッションに参加することができました。私はすぐにそのモデルが気に入り、2人と共著で『コーチとしてのマネージャー』（*Manager as Coach*, 2012；未邦訳）を執筆することにもなりました。

注記：OSCARモデルは、GROWモデルよりもいくつかの点でより細かいところがあります。例えば、OSCARの「C」はChoices and Consequences（選択肢と結果）を意味し、クライアントに選択肢を考え出す機会だけでなく、それらを比較検討する機会も提供します。また、GROWモデルの「W（意志）」をより具体的に理解できるように、A：Action（行動）とR：Review（レビュー）に置き換えられています。

　現在、私が行うコーチ向けの研修では、OSCARモデルを紹介しています。受講生のコーチたちには、そのシンプルさ、実用性、記憶しやすさがとくに受け入れられています。ベテランのコーチであれば、こうしたコーチングに向いたモデルはどれも活用できるでしょうが、これらを使わなくてもいいかもしれません。でも、まだ初級レベルであれば、こうしたモデルはとても有用なはずです。

［結果（Outcome）］目的
　・今日のセッションを通して何を達成したいですか？（短期の目標）

・あなたの長期の目標は何でしょうか?

・長期的な成功はどう見えますか? 何がいままでとは違うのでしょうか?

　ここで、クライアントが提示した課題に対して、希望する結果を明確にすることをサポートします。

［状況（Situation）］現状確認

・現在の状況を教えてくれませんか?

・何が起きていますか?

・関係者は誰ですか?

・いま、課題だと思う理由を教えてください。

　ここでクライアントの現状を明確にします。その目的は、クライアントが現状に対する認識を高めることです。また、質問はコーチのためではなく、クライアントのためです。

［選択肢と結果（Choices and Consequences）］選択肢

・これまでに何を試してみましたか?

・選択肢は何でしょうか?

・どの選択肢が可能でしょうか?

・それぞれの選択肢において、起こり得る結果は何ですか?

・どの選択肢が一番効果的でしょうか?

　ここでは、クライアントがこれまでに検討してこなかった行動の選択肢を可能なかぎり多く出せるようにサポートします。これにより、実用性、コスト、クライアントの価値観との適合性など、各選択肢の結果（長所と短所）について意識を高めていきます。

［アクション（Actions）］詳細計画

・どんなことを行いますか?

・次に何を行いますか?

・どのようにそれを行いますか?

・いつ行いますか？　誰と行いますか？
・1 から 10 までの段階評価をするとしたら、これらの行動をどれほど
　実行したいですか？

　ここで、クライアントが考えた選択肢を確認してから、次に取るべき行
動を明確にし、自分の行動計画に対しての責任を持つように支援します。

[確認（Review）] 進捗確認
・どのように進捗を確認しますか？
・いつ、一緒に進捗を確認しましょうか？
・どのような行動を実施していますか？
・これらの行動を実行することがどれほど成果に向かって進んでいます
　か？

　GROW モデルや OSCAR モデルなどのフレームワークや、私の「魔法の
質問」などはガイドラインとして参考程度にすればよく、厳格に考えなく
てもかまいません。これらは、自分なりのフレームワークやスタイルを確
立するまで、コーチング会話がおかしな方向に向かわないために、質問の
順序や訊き方の参考にしてください。

▌要約の仕方

　クライアントが話したことを要約することはとても重要です。それは、
最初は機械的で余計な、クライアントの話の流れを妨げる不必要なことに
感じるかもしれません。しかし、そうではありません。
　第 1 に、あなたがしっかり聴いていないと、正確な要約はできません。
要約することは、あなたがちゃんと聴いていることの証拠になります。
　第 2 に、クライアントは聴いてもらっていること、また話していること
をきちんと理解してもらっていることで安心します。これは、とくに熱く
なって、取りとめのない会話が続くときにとても重要です。
　同様に重要なこととして、コーチとしてのあなた自身の立場を明らかに

して、あなたの役割をしっかりと示すことができますし、クライアントの言っていることを本当に理解しているかどうかを確認しながら会話を続けることができます。

　要約することで、適度な区切りができます。コーチが要約を行うことで、会話が一方通行にならず、双方向の会話になります。クライアントの話があちこちに飛んで混乱していると思ったら、要約が必要な確かなサインです。そのとき、クライアントにこう言います。「いま話されていることがちょっとわかりにくいのですが、要約させてもらっていいですか？」

　要約することは、CTIの傾聴のレベル1（73ページ参照）が起きているかもしれないパニックを乗り越えるのにも役立ちます。

　話が入り組んだとしても、いつでも要約できるとわかっていれば、クライアントへの敬意に配慮しながら、コーチは軌道修正するために必要なことをいつでも言うことができます。

　正しい要約には、次のような特徴があります。

・コーチ自身の判断を含まない。
・解釈が含まれない。
・クライアントが使った言葉で行う。
・要約したら、「これで正しいですか？」とか「これは私たちが話してきたことの適切な要約となっていますか？」という質問をする。
・クライアントの説明をオウム返しのように丁寧に辿るのではなく、きちんとした要約をし、簡潔にする。

　以下は要約するときに使える便利なフレーズの一例です。

　　　「私たちがいままで何を話してきたかを要約するのが有効だと思います。」
　　　「あなたが主に言いたいことは、3つか4つのようですね」
　　　「あなたがここで言いたいことを私がちゃんと理解しているかを確

　認させてもらっていいですか?　あなたが感じているのは……」
　「そうですね、ここまでを要約すると……」
あるいは、もっと簡潔に、
　「……ということで、あなたは怒っている（または悲しんでいる、幸せである、混乱している）のですね?」

ポジティブな結果を想定する

　優秀なコーチほど、ポジティブな結果をイメージさせる言葉を使うことに長けています。つまり、それは暗黙の命令だと言ってもよいでしょう。彼らは、成功することが必然だと伝わるような文意を意識的に会話に盛り込みます。いわば、医療におけるプラセボ効果の会話版です。

　医師がこの薬が効くとして患者にプラセボ薬を与えれば、錠剤には不活性成分しか入っていなくても効果が現れたりします。催眠療法士の「私が10まで数えると、あなたの腕は重く感じるようになります」も同じようなことです。

　こうしたことを意識しないコーチだとクライアントの成功に懐疑的となることがあり、次のような言い方をしたりします。

　「もしあなたが重要なプレゼンの前に気持ちを落ち着かせる方法を学ぶのであれば、声の大きさの問題はたぶん薄れるのではないかと思います。」

　傍点の部分は懐疑的だということを表しており、クライアントはそのことが感覚的にわかります。これだとクライアントは、コーチはあなたが成功できるかどうか確信がないので、あなたは成功しないかもしれない、このように捉えることになります。

　しかし、卓越したコーチであれば別の言い方をします。

　「気持ちを落ち着かせる方法を学習し終えたとき、あなたは声の大

きさの問題は消えていくのがわかります。」

　以下は、コーチ初心者とクライアントのセッションの録音の再現です。

　　クライアント：（非常に不安そうな声で）私にはシャロンへの怒りを
　　落ち着かせる方法がわかりません。彼女の話はくだらないことが長々
　　と続くので、どうしてもイライラが募ってくるんです。私はそれとな
　　く彼女にはしつこく話すのはやめてほしいとほのめかしてはいるので
　　すが、彼女はそれに気づいてくれず、このままでは私はキレそうです。
　　もし私がキレたら、私が彼女をいじめている、と彼女は会社に訴えて、
　　仕返しをしてくると思います。
　　コーチ：私たちが以前話し合ったように、少し違った方法で会話をし
　　たら、結果が変わるかもしれませんよ。
　　クライアント：（疑いながら）うーん、そうかもしれませんが……。
　　コーチ：そうです。それを試してみるべきです。やってみればうまく
　　いくかもしれませんよ。

　この対話では、コーチはそれほど指示的でなく、クライアントを励まそ
うとしていることがわかります。しかし、コーチのわかりにくい、あやふ
やな言葉は、提案した対策が実はうまくいかないかもしれない、という思
いを伝えてしまっています。
　そのコーチはこのことをスーパービジョンのセッションのときに尋ねら
れると、「でも、私は提案した方法がうまくいくと信じていましたよ！」
と驚いた様子でした。
　こうしたことにならないようにするためには、次のような成功をイメー
ジさせるフレーズを使ってみることです。

　　「あなたが改善を続けていくに従い……」
　　「あなたがこのことを学習し終えたとき……」
　　「一度習得すると、これが……と感じられるようになります。」

「……したとき、あなたはより良い感じがするでしょう。」
「このスキルを5、6回練習したら、あなたは……に気づくでしょう。」

　同様に、クライアントに「難しい」とか「厄介だ」とは言わないようにします。本来、あなたの役割は成功を期待することです。そのスタンスをはっきりと持つことで、コーチとして発する言葉が成功をイメージさせるように伝わります。コーチが「難しい」と言ってしまうことは、失敗の芽を植えることにもなりかねません。

　以前、私はダンスのレッスンを受けていたことがあります。ダンスの先生が私たち生徒に、ある流れのなかの動作はつまずきやすいと言いました。その一言で、彼自身も私たち生徒もその動作が倍以上も難しく思うようになってしまったのです。案の定、私たちはそこでつまずきました。

　それが、別のクラスを受け持つ先生が私たちを指導したときは、その動作のところについては簡単とも難しいとも言わず、淡々と練習すればいずれできるようになるだろうと言いながら、そのところを少しゆっくりと指導してくれました。おかげで、私たちはうまくできるようになりました。

　当然のことですが、これらすべては現実的かどうかも考慮しながら調整する必要があります。それはコーチが深刻な疑問を抱いていたり、大きな期待をしていることが現実的でない場合は適切ではありません。しかし、全体的に見れば、根拠のある楽観主義は、障害を予測して悲観的になるよりもはるかに良い結果が得られる、と経験上感じています。

クライアントに具体的に伝える

　クライアントがある問題について困惑や怒り、懸念などがあるとき、その問題について過度な普遍化や断定、または他との比較による説明から始めることがあります。これは、感情を理性で抑えられなくなったことの兆候であり、その問題がクライアントにとって重要なことだと知らせる合図

でもあります。

こうしたとき、クライアントにその問題について具体的に説明するように促すことが、問題の本当の原因をはっきりさせるうえで最も迅速な方法となります。

ここでは、そのテクニックの使い方をいくつか紹介します。

クライアントによる比較：「これまでで最悪の上司です。」
コーチによるその比較の表面化：「どんな意味で最悪ですか？　または、具体的に何が何より悪いのですか？」

クライアントによる一般論：「彼女はいつも遅刻をするんです。」
コーチによるその一般論への異議：「いつもですか？　例外はないのですか？」

クライアントによる露骨な主張：「この組織のやり方が気にいらない。」
コーチによる具体的な例示の要求：「具体的に、組織のやり方の何が気に入らないのですか？」
あるいは、コーチによる逆の例示の要求：「では、組織がすべてがうまくいっていたとしたら、具体的に何が起こるのでしょうか？」

クライアントによる確固たる信念を示す暗黙のルール：「私たちは、この採用計画がどのように実施されるのかを正確に知るべきです。」
コーチによる暗黙のルールの表面化について、信念を変えた場合の結果に関する質問：「採用計画がどのように実施されているのかを正確に把握していなかったらどうなるのでしょうか？」

ここで、「しなければならない」と「するべきである」について考えてみましょう。例えば、クライアントが「私は計画の変更を事前に予告しなければなりません」と言う場合、コーチは「変更を事前に予告することは、あなたにとって何の役に立つのでしょう？」と答えるのも面白いかもしれ

ません。

名詞化に注意する

　言語学の研究は、不快な新語といえる「名詞化（nominalization, 訳注：名詞、形容詞、動詞を抽象的な概念に変えられた言葉のこと）」を報告しています。この、要領を得ない、何を伝えたいのかがわからない用法に惑わされてはいけません。

　これらの言葉は曖昧だからこそ、政治家や説教師、広告関係者によく使われています。政治家は、医療サービスの近代化、教育の卓越化、政府の効率化などを約束します。モチベーションを啓発する講演者は、価値観、幸福、真実についての講話を行います。

　これらの言葉の意味を正しく理解するには、聞き手が解釈しなければならず、それには決まったやり方はありません。実際、多くの政治家が演説を行いますが、動詞を全く使わないことがあります。聴衆は自分なりに意味を解釈して、さも政治家と考えが共有されたかのように誤った受け取り方をしてしまうのです。

　よって、コーチングの会話で、クライアントは自分たちが不幸のなかに閉じ込められている、悟りを求めている、優柔不断さに麻痺しているなどと言ったりします。クライアントが名詞化で話しているかどうかについて疑問がある場合は、実際にそれは動かせるモノとして実体として動かせるものなのかどうか、あるいは実際の行動のなかでそれを見ることができるのかどうかを自問してみることです。もしそうでなければ名詞化した話を聞いていることになります。

　名詞化していると思ったら、必ずクライアントに明確に説明してもらいましょう。以下に例示します。

　　クライアント：自分の会社のことを思うと少し憂鬱になります。
　　コーチ：憂鬱……、気になる言葉ですね。憂鬱とは具体的に何について

てですか？

クライアント：我々上級職が、現場で起きていることから切り離されているように思えるのです。あたかも冒険することを恐れるかのように、快適なオフィスにこもりがちです。実際そうなのです。従業員たちは我々が彼らと距離を置いているのだと思っているようですが、本当にどうしたらいいのかわかりません。

このように会話を続けていくと、クライアントが最初に憂鬱という言葉使ったときに、それが悲しみ、不安、病気としてのうつ状態を意味していたのではないことがわかります。彼が本当に意味したものは、現場で起きている出来事のことだったのです。

クライアントの言葉づかいにこだわる

有能なコーチほど、クライアントの言葉に注意を払い、気づいたことに関心を寄せます。クライアントが心底問題だとしていることを話すとき、その言葉づかいは変わります。より鮮明になり、直接的や比喩的になったりします。それは、クライアントにとって何が本当に重要なのかを知る手がかりとなり、深く探る価値があります。

●比喩を多用するショーン

BBC（英国放送協会）の幹部のショーンは、日頃から軍事的な比喩を使うのが好きでした。

彼の部隊は、"敵との戦いで勝利"しようとしていました。この戦いは"楽しいジョスト"（joust, 訳注：騎馬でのやりの一騎打ち戦のこと）になるか、"深刻な核戦争"になるかもしれませんでした。

私は、こんなふうに話をするのだと指摘してあげると、彼はとても驚いたようで、しばらく考え込んでいました。

そして、「私の部署は生死をかけた生き残りの戦いをしている」と

言ってから、「独立系制作会社やBBCの上役たちと予算取りのために
戦っているんだ。もしこれに勝てなければ、我が社のプロデューサーは
全員クビになってしまう」と言いました。

◎比喩とその重要性

　抽象的な概念を言い表すには、比喩を使うことです。実際、私たちの会
話には比喩が溢れていますが、普段意識して使っていないかもしれません。
実に、私たちが使っている言葉の25分の1ほどが比喩だそうです。私た
ちが使う言葉が、どれほど私たちの思考に大きな影響を与えているかを決
して過小評価してはいけません。

　このことは、スタンフォード大学のポール・ティボーとレラ・ボロディ
ツキーの2人の研究者による実験で繰り返し実証されています。[1]
　この実験では、被験者は架空の都市での犯罪に関しての報告書と統計資
料を読むことが指示されます。ある報告書では犯罪のことを「都市を蝕む
けだもの」という比喩が、別の報告書では「都市に感染するウイルス」と
いう比喩が使われていました。これらの言葉はたった1回しか出てきませ
ん。その後被験者は、問題を解決するための行動を提案するように指示さ
れました。「けだもの」という比喩が使われたグループは警察的活動（追
い詰める、捕まえる、投獄する）を推奨したのに対し、「ウイルス」の比
喩が使われたグループは、診断、根本的な原因の究明、治療、社会的行動
を推奨しました。

　これらの結果は、被験者が支持する政党によってわずかに影響を受けた
だけでした。興味深いことに、被験者のほとんどは、自分の推論を比喩の
せいだとは思わず、統計に影響されたものだと考えていました。
　この結果は、あらゆる政治的・社会的言説に深刻な影響を与えることは
明らかです。例えば、新聞の見出しに、「移民があふれかえる」とか「押
し寄せる」、あるいは高給取りの上司を「太った猫（fat cat,金持ちの比喩)」
のような表現が使われると、私たちの受け取り方や態度にも大きな影響を

与えることになります。

　そして、ここにはコーチにとって大きな意味があります。クライアントに同じ話を別の比喩を使うように求めるだけで、その問題についての考え方や感じ方が全く変わる可能性があるからです。

　　　私：ショーン、あなたの話にはよく軍事に関係することが比喩で出てきますね。戦争、戦闘、核、ジョスト……。
　　　ショーン：（少し驚いた様子で）そう、そうなんだ。自分でもわかってるんだ。
　　　私：実際に戦争や戦闘をしているという根拠は何でしょう？
　　　ショーン：（長い間のあと）それが彼らの行動だと思うからだよ。（説明に少し時間がかかる。）
　　　私：ここには彼らはいないですよね、ただあなただけです。そう表現することはあなた自身の行動にどんな影響があると思いますか？
　　　ショーン：（別の長い間のあと）おそらく多くのことだと思う。（彼はそれを説明する。）

　その後、私たちは、ショーンがこれらの作戦がどれほど効果的であると考えているのかを話し合いました。答えは、実際に全く逆効果だった、とのことでした。

　　　私：ここで言葉について少し考えてみましょう。他にどんな言い方ができますか？
　　　ショーン：そうだな、会見、交渉、会話……。
　　　私：そう表現すると、どんな感じになりますか？
　　　ショーン：（急に元気になり）全然違う。これは考えさせられるよ！何か新しいアプローチが必要で、そうでなければ前と同じ道を辿ることになるよ。

　この会話が転機となり、彼の部署の新たな成功戦略の策定が始まりまし

た。ショーンはコーチングによって、闘争心に駆られて長いあいだおろそかにしてきた影響力と交渉力を磨き、実践していくことになりました。

◎クリーン・ランゲージ

　隠喩や直喩を使って心のうちを探るというクリーン・ランゲージのコンセプトは、NLP（Neuro-Linguistic Programming；神経言語プログラミング）を深く研究したデイヴィッド・グロブよって洗練され、よりすっきりとして親しみやすいものになりました。この手法は、20世紀半ばに活躍した著名な催眠療法士ミルトン・エリクソンの業績が基盤になっています。そして、この考え方はウェンディ・サリバンとジュディ・リースの『クリーン・ランゲージ入門』（*Clean Language,* 2008；邦訳：春秋社）にわかりやすく説明されています。

●本質的な命題
- ・コーチは、クライアントの直喩や隠喩なども含めて、クライアントが使う正確な言葉に気づかなければなりません。
- ・クライアントと同じ言葉を使うことで、コーチングやメンタリングの基盤となるラポールが醸成できます。ラポールができると、クライアントはとても深いレベルで理解されていると感じます。
- ・コーチは、自分の前提、解釈、仮定をできるかぎり「取り除いた」フレーズを使います。
- ・コーチは、クライアントが話しながら、腕を上げる、胸に手を当てる、貧乏ゆすりをする、こうした非言語的な動作に注意を向けますが、腕を組むのは防御を意味するなど、それを「ボディ・ランゲージ」として一般的に解釈することには注意します。
- ・コーチはクライアントに本人のしぐさや比喩、言葉づかいに注意を向けるように促し、それらがどんな意味を持つのかがわかるように質問をするようにします。
- ・こうすることで、クライアントは自分の「知覚の世界」、例えば、自分の思い込み、障害や障壁などを理解し、これらが変えたい行動など

とどのように関連しているかを知ることができます。

● **クリーン・ランゲージではない例**
　クライアント：仕事に追い詰められている感じがするんです。
　コーチ：そうなんですね。どのように出口を見つけますか？

　この例では、コーチはクライアントが出口を見つけたいと思っていることを想定しています。この裏には、これが望ましいことであり、クライアントは出口を見つけるべきだという意味が隠されています。

● **クリーン・ランゲージに言い換えた例**
　クライアント：仕事に追い詰められている感じがするんです。
　コーチ：そうなんですね。追い詰められているとは、どのように追い詰められている感じなのですか？
　クライアント：深い穴に入り込んでいて抜け出せない、といった感じです。
　コーチ：そうですか。その深い穴から抜け出せないとどうなるのですか？
　クライアント：内にこもるようになり、自分自身を閉じ込めてしまいます。（クライアントが自分を両腕で抱きしめる。）
　コーチ：（クライアントと同じ動作を真似して）内にこもり、閉じ込めてしまう次にはどんなことが起こりますか？
　クライアント：私は助けを求めることをしなくなります。本当は助けを求めたいのに。
　コーチ：もし、あなたが助けを求めたら、何が起こると思いますか？
　クライアント：魔法のように、私はその穴から飛び出します。そう、私は助けを求めることができるし、そうすべきだ。そうすることにします！

● **クリーン・ランゲージの実践法**

ゆっくりとした話し方にすると、あなたの質問の仕方には不思議さと好奇心がそれとなく感じられます。クライアントの独特な強調表現や発音に合わせて、クライアントの言葉、隠喩や直喩だけを使うように細心の注意を払います。

● **使えるフレーズ**

「そして、その［　］はどんな［　］ですか？」

「そして、その［　］はどこから来ていますか？」

「そして、それはまるで……何のようですか？」

「次は、どんなことが起こるのでしょうか？」

「［　］について他にも何かありますか？」

「［　］についてもっと詳しく教えていただけますか？」

「あなたにとって［　］は何を意味するのですか？」

「もしあなたが［　］を持っていたのなら、何が起こるでしょうか？」

ときには、クリーン・ランゲージの原則を適用することで、クライアントに転機が訪れることもあります。

●リーダーの役割が果たせられないでいるフラン

フランは、彼女の仕事ぶりに満足していない彼女の上司から紹介を受けたクライアントです。リーダーの役割に任命されたばかりなのに、当初の期待が裏切られたのでした。フランはチームからの信頼を失い、仕事に遅刻するようにもなり、信じられない理由で大事なオフサイト・ミーティングを欠席したこともありました。彼女に何が起きたのかを上司は探ったものの、皆目見当がつかなかったのです。コーチングは、懲戒処分を受ける前のラスト・チャンスであることをフランと私は知らされていました。

フランの最初のセッションは仕事上の問題を扱う予定でしたが、実際にはライフ・ホイール（248ページ参照）というツールを使い、彼女のプライベートな生活について話し合うセッションになりました。これにより、彼女は思いがけず悲劇的な話をすることになりました。英国系ソマリア人のフランは、ナイジェリア人の男性と結婚しました。しかし、文化や性格の違いなどにより結婚生活が破綻をきたし、夫は彼女に何も言わずに2人の子どもをロンドンからナイジェリアに連れて行ったきり、戻ることを拒否していました。しかも、夫には多額の借金があり、家が差し押さえられそうになっていることを知りました。

　このセッションでは、彼女の私生活で起きていることを上司に打ち明けるかどうかについて話し合い、話すことが不可欠であることに行き着きました。また、彼女が子どもを取り戻すことと経済的な問題について、どうすれば法的なアドバイスが受けられるかを話し合いました。

　数週間が経ちました。第2回のセッションでは、フランは自分の私的な問題を上司と職場の仲間に話したことを報告してくれました。そのことが、結果として職場での問題を劇的に改善することになりました。彼女は小さなアパートを借り、子どもたちに会う権利を得るために家庭裁判所に申し出ました。私は彼女に、今回の経験で感じたことを要約してもらいました。

　　クライアント：津波に巻き込まれた感じがします。
　　私：それはどんな津波でしょうか？
　　クライアント：巨大で、圧倒されるような津波です。私は海岸に立ち、無力な状態で波が引いていくのを見ていました。津波が来るのがわかっていながら、自分の身を守るために、何もすることができませんでした。（数秒の沈黙）無力さを感じ、打ちのめされました。
　　私：打ちのめされる、無力さ……、ほかには何を感じましたか？
　　クライアント：（とても大きな声で）はい、あぁ、はい……まさにそう感じています。なんということでしょう！　私はそこに自分がいる

のが見えます。

私：それから？

クライアント：潮が満ちてきて、膝まで海水に浸かっています。

私：その海水には何か見えますか？

クライアント：（とても元気な声で）汚くて、残骸だらけで、それは私の人生の残骸なのです。現に私は家のなかにいるとき、水が押し寄せてきてもただ立ちすくむだけでした。ただ見ているだけだったのです。すべてのことが起きたとき、安全な丘に向かって走ることができなかったのです。

私：たぶん、丘は安全な場所なのでしょう。（短い沈黙）。あなたはまだ立ちすくんだまま、丘は安全だと言いました。いま、あなたはどこを向いていますか？

クライアント：（驚きの声）あぁ、横を向いています。横です。

私：横向きですか。あなたはどこを向いていたいですか？

クライアント：前へ、前です。私は丘に向かっています。実際に自分が向かっているのが見えます。津波がまた襲って来ないとしても、潮は満ちて来ます。安全な場所に行かなくてはいけないんです。

私：もし、そうしたら、どんな気持ちになるのでしょう？

クライアント：（ゆっくりと静かに）少し怖いけど、かなり気持ちが楽になっています。だいぶ、とてもだいぶ？　良くなっています。

私：良くなってきているというのは……？

クライアント：およそ1年ぶりに自分をうまくコントロールできるようになったと感じています。

フランの額にわずかに汗がにじんでいるのに気がつきました。彼女は椅子にまっすぐに腰掛けて、笑顔と驚きの表情を交互に浮かべていました。私たちはいま起きたことを話し合いました。そして、彼女は次のように話してくれました。

「何もかも話せるというのは、なんて素敵なことなのでしょう。自分の比喩に耳を傾けることがどれほど力強いかに気づけたこと、自分の感

情に触れることができたこと、そして私を批判したりしない人に私に起きたことを言えたこと、こうしたことで、自分自身を上手にコントロールできるようになったと思います！」

2年後、フランは離婚しました。そして、子どもたちを取り戻し、元の夫との問題も円満に解決しました。彼女は同じ会社の別の都市にある職場で、それまでの仕事を引き続き行っています。彼女はこのコーチングを次のように振り返っています。
「津波の話をしたことが私の大きなターニングポイントでした。このことは決して忘れません。それ以来、すべてのことが良くなったのです。いまは自分でコントロールできないことに翻弄される気がしなくなりました。」

感情を探る

コーチングの核心ともいえる「感情を探る」スキルは、紛れもなく単純なことですが、それが常に無視されるリスクがあります。
実際にクライアントは、自身の問題の解決策が何かがすでにわかっていることが多いのです。例えば、次のような場合です。

・問題点
時間の管理ができない。
キャリアをどうしたらいいのかわからない。
上司が気難しい。

・解決策
優先順位をつける。
自分のキャリアを振り返ってみて、合理的な方向に進む。
上司にフィードバックをする。

クライアントが一見当たり前だと思うことを選択するのが難しいと思うのは、感情が邪魔をするからです。私たちは多くの場合、とくに論理性や合理性を好む人ほど、論理こそが問題解決になるのだとして、そう行動し

がちです。論理的な問題解決手法はマネジメント開発講座などでも履修できますが、第4章の神経心理学で言及したように、出来事への反応においては感情がはるかに論理に先行しています。

　論理的な解決策は明白かもしれませんが、実際は実行されていないままです。例えば、上記のような問題に対して、なぜクライアントは自分自身からのアドバイスを受けられないのでしょうか？

　解決策：優先順位をつけることが適切かもしれません。
　実行しない理由：しかし、私は若い頃から一所懸命働くことが良いことだと思っていました。自分のアイデンティティは仕事に没頭することにあるため、アイデンティティを変えるのは怖いのです。

　解決策：キャリア選択の合理性はわかります。
　実行しない理由：でも、新しいことや変化が怖いのです。

　解決策：上司にフィードバックを伝えるのが方法かもしれません。
　実行しない理由：それでも、彼が怖いのです。男性の権威者すべてにそう感じてしまうのです。

　だからこそ、課題を合理的に分析するとともに、感情について尋ねてみることが大切なのです。コーチング・セッションの肝となるクライアントが抱える問題は、感情の部分が大きく関わっているのです。よってコーチとしての私たちの役割は、クライアントがいままでそこにあるけれど認識していなかった感情を明らかにし、心のうちにしまっておいたものを声に出して言う手助けをすることなのです。

◎警告

　クライアントに「感情」について尋ねると、「思考」を答えることが多いといえます。例えば、クライアントが「わくわくすると感じる」「〜は

面白いと感じる」「〜は心配だと感じる」という答え方です。「〜だと感じる」と言った時点で「感情」ではなく、「思考」を答えているのです。

　クライアントが「興奮している」「心配している」と言ったときは、クライアントは感情を伝えていることになります。この違いをクライアントに指摘して、クライアント自身の感覚を話してもらいましょう。

　感情について訊くのは2回あります。1回は、クライアントが抱える問題を探る最初の段階です。もう1回は、クライアントがやるべきことを決めたあとです。コーチがクライアントの感情にまつわることについて訊くべき質問はそれほどありません。そして、何度も訊くことができます。

　　「どのように感じていますか？」
　　「その気持ちを話してみてください。」
　　「それはあなたにとって具体的に何を意味しますか？」
　　「それはあなたの行動をどのように変えていきますか？」
　　「もっと詳しく教えてください。」

▌議論を進める

　コーチングでは、クローズド・クエスチョンが役に立つ場合があります。

　　「私たちはこの話題をすべて話し尽くしたでしょうか？」

　これは、暗に「はい」と答えることになる質問であり、セッションの次のパートにすぐに進むことができます。
　ここでは、質問や説明をリンクさせることも有効です。ここでのリンクとは、いままでの語り合いの簡単な要約と次のセクションへの期待を組み合わせることです。

「さて、これまでいろいろと話し合ってきたなかで、いかにビジネスへのプレッシャーが多くの意味でそれに影響を与えているかを見てきました。」

（ここで、それらを簡単に列挙する。）

「これからは個別にその詳細を検討していきます。それでよろしいですか？」

　この方法を修得するには、毎日、テレビやラジオの生の討論番組を観ることをお勧めします。トピック間をリンクさせる技術のことを放送局では「セグエ」と呼びます。これを使うことである話題から別の話題にシームレスにつなげられます。これをコーチング・セッションで応用し、トピック間のリンクをつくるのです。

▌重要なのは簡潔さ

　この章で説明してきたような表現は、テクニックは重要とはいえ、テクニックを超えた重要なものがあります。コーチングを経験したことがあるクライアントは、コーチが使う「テクニック」のことが十分にわかっているかもしれません。

　私のクライアントのS氏は、2年間コーチングしてきたのでお互いをよく知る関係ですが、あるセッションで自分のチームの業績を上げるために彼自身がコーチングのテクニックを伸ばす方法を私に訊いてきました。そこで私はいくつか質問のテクニックを教えました。

　最近の彼とのあるセッションでのことです。私が何かの問題について彼にしつこく質問していたところ、突然彼が「一度くらいクローズド・クエスチョンをしてくれてもいいじゃないか」と遊び心を加えながら言ってきました。私の質問の仕方が適切であることに同意しながら、私たちは、コーチングとはクライアントにとって新たな考えをもたらすことであり、そのような考えを持つことは大変なことだとお互いが再認識することができました。

コーチングを成功させるための言葉には、規律とシンプルさがあります。なぜならば、クライアントが自分の力を発揮できることをコーチが信頼しているからです。それは、本質に迫ることであり、質問をしながらも、必ずしもコーチはその答えを知る必要はないと自覚することです。

注記

1）詳しい説明は次を参照：www.plosone.org - Metaphors We Think With: The Role of Metaphor in Reasoning, 2011。

第 6 章

課題の共有

Taking stock: the learning client

　コーチの最も重要な役割は、クライアントが自己認識することの支援と学習の促進です。クライアントの現状について、コーチとクライアントの双方が共通の理解がないかぎり、これは果たせません。

　本章では、この共通の理解のために必要な、事前に確認しておくべき情報を取得するために活用できるテクニックを紹介します。

　クライアントはコーチングに際して、さまざまな課題を提起します。例えば、クライアントの人生に関わる、急を要するジレンマやなかなか解けないパズルのような複雑な課題もあります。仕事と私生活の両方に重要な課題があるのは普通のことです。

　以下に紹介するクライアントは、この状況にある自分を鮮明に描写しています。

●二面性の自分に怪訝な思いを抱くエヴァン

　私は妻と息子に「行ってきます」と言い、ふたりにキスをしてから駅に向かいます。そのとき、歩きながらいつも思うのですが、ふたりと離れることが寂しく感じられます。

　そうして歩いているときに、少しずつ自分をアニメのキャラクターに投影することがあります。そのときの自分は善人で優しく、微笑をたた

えた「ドメスティックマン（家庭的な男）」という感じです。

　ちょっと無力な感じのドメスティックマンのメガネの奥の瞳は自信なさげにまばたきしていましたが、通勤電車をロンドンで降りると、徐々に陰気で恐ろしい「ワークパーソン（仕事人間）」に変身していきます。

　ドメスティックマンが持つには少し気取って見えるブリーフケースは大量破壊兵器に変わっています。メガネ越しの視線は鋭く、オックスファム（Oxfam，訳注：貧困をなくすために世界各国で活動しているNGOのこと）の支給品のようなスーツはドメスティックマンにいつしか身体にぴったりとフィットしています。愛想のよい前かがみの姿勢がワークパーソンに変わると、身長7フィート（約2.1メートル）の大きな体躯になったかのように大股で歩きながら、「俺にかまうな！」とでも言いたげに怖い顔つきになります。

　エヴァンは大手企業の役員を務めていました。職場では、威圧的で要求の厳しいリーダーと評されていました。エグゼクティブ・コーチングに臨むにあたって、エヴァンは自分はどこか間違っているのではと薄々感じていて、それが何かを知るためにコーチングが必要だと思ったのでした。

　当初は、仕事のうえでの彼について観察することをイメージしていました。しかし、彼が望む答えのカギは、私生活と職場での自分について本人が熱く語ってくれたことにより、2つの自分について関係あることと関係ないことを考察することにありました。

　クライアントがコーチに持ち込む課題はどんなケースでも、セッションにおいて一連の共通の流れともいうべきフェーズがあります。

1　私の人生、仕事、人間関係、能力について、いまどのあたりにあって、誰と関わり合い、何をなしているのか？
2　私の理想はどこにあり、誰が関わり、どんなふうになりたいのか？
3　これらの問いに答えるにはどのような目標設定が必要になるのか？
4　私はどうしたら目標を達成したり、維持できるようになるだろうか？

フィードバック排除ゾーン

　自分探しの旅は、クライアントがいま、どこにいるのかを十分に精査することから始まります。しかし、私たちの多くはフィードバックを排除するゾーンで生活をしています。スコットランドの詩人による、よく知られた訴えはかなわぬ夢のままです。

　　神よ、人が我らを見るごとく、
　　己を見る力を我らに与えよ。

　　　　　　　　　　ロバート・バーンズ

　私たちは、他人が見るようには自分のことを見ることができないものです。会社組織ではトップ・マネジメントほど孤立しがちであり、これにより本人だけではなく組織にとっても高い代償を払わされることに驚かされることがあります。

　1990年代後半に起きた英国の大手チェーンストア、マークス＆スペンサーの危機を魅力的な筆致で鮮明に描いたジャーナリストのジュディ・ビーヴァンは、同社の危機は過去数十年に起きた企業経営の失敗の最も劇的な一例だと、極めて明確に述べています。彼女は、同社の危機を招いた最高経営責任者リチャード・グリーンベリー卿を、保守党のために同じことをしたマーガレット・サッチャーと比べています。

　　「サッチャーと同じく、グリーンベリーは長期間その地位に居座り続けた古典的なリーダーでした。追従する取り巻きたちにいつも囲まれていた彼でしたが、最終的には忠実な側近だと信じていた者たちによって追い出される羽目になったのです。
　　彼とサッチャーとの類似点ははっきりしています。際限のないエゴイストであるふたりは、危機となれば部隊を結集し、権力をちらつかせて人を遠ざけたり、引き付けたりしていました。ともに有力な後継者を育てられず、新しい血も採り入れることはなかったのです。成果

が出ているときは取り巻きも勇ましい存在だと見なしたので、不合理な行動が助長されることになりました。

　サッチャーの解任のきっかけは人頭税（訳注：納税力の有無にかかわらず、すべての国民に一定額が課される税金）を唱えたこと、グリーンベリーは利益の落ち込みとキース・オーツ副会長によるクーデターでした。自分の強烈な個性が周囲の人たちにどう影響するかを全く理解できなかったことが、この偉大なリーダーたちの悲劇でした。双方ともに悪い報告には不機嫌な態度になるため、知るべき報告がなされず、結果的に手遅れになったのです。」（『マークス＆スペンサーの興亡』 *The rise and fall of Marks & Spencer,* 2002；未邦訳より、傍点は著者）

　このことは、私がまだ若い頃に参加した、BBC（英国放送協会）での管理者研修の出来事を思い出させます。当時のBBCの会長が組織上の問題について、私たち管理職の少々遠慮のない解決策を聴くために招かれたときのことです。ほとんどの時間、彼は愛想よくしていて、私たちに関心を寄せながら話を聞いていました。

　ところが、BBCのスタッフの士気に何かと問題があると言われたとたん、態度を急変させました。士気の低下があれば確かに問題だと一言挟んだのち、「スタッフの士気がこれまで以上に下がっているなどと言わないでほしい。士気が低くなったことなど全くない」と不機嫌な態度を見せながら、「もっとポジティブな話をしようじゃないか」と言い添えました。

　言うまでもなく、私たちには自衛本能が働き、このあとの解決策の提案は消極的になりました。

　一般的に言えることですが、人は相手に不都合となる本当のことは教えてくれないものであり、だからリーダーは周囲から真実を知らされないのです。リーダーは上司から真実を伝えてもらえませんし、部下がそれを伝えてくれる可能性はさらに低くなります。組織のこと、そして本人のリーダーシップ・スタイルについても、本当のことを教えてもらえません。これは別段、不思議なことではありません。

　まずここで押さえておくべきことは、人は自分に不都合なことを言う者をうとみがちだということです。正しいか間違いかは別として、組織人というものは自分の将来はリーダーの引き立てにかかっていると思い、上役に間違っていると異議を唱えることをためらうものです。敢えてそうするよりも、同僚と廊下で陰口を言いながら時を過ごすほうが得策なのです。

　確かに、不都合な真実を申し立てれば、排除されかねないとして不安におののくのはとても現実的です。実際、問題の大きさにかかわらず、内部告発者の多くに次のようなことが起きています。

　告発を行うものの、なかなか真剣には話を聞いてくれないことに難しさを感じ、そのうち、多くの場合は内部告発者は強制的に組織から追い出されてしまうのです。フィードバックはハイレベルな技術が必要なので、欧米では管理者研修で行うことがあっても、現場に浸透しているとはいえず、その内容が教えられている程度というのが現状です。率直にフィードバックすることは、マイナス面だけではなくプラス面も伝えることになりますが、いずれにしても批判されているように感じられるため、対面ではあまり心地よく感じられないものです。攻撃しているように感じられると、むしろ相手を傷つけてしまうかもと恐れることになります。

　マネージャー層を対象に実施したアメリカでの大規模調査では、調査対象者の半数がこれまでフィードバックを求めたことがある、と回答しています（ジェイ・ジャックマン［精神医学博士］/マイラ・ストローバ［スタンフォード大学院ビジネススクール教授］による2003年発表の調査研究「フィードバックの恐怖」より）。残りの半数のフィードバックを求めない人たちの多くに、以下のような回避行動パターンが見受けられました。

　　　幼少期の依存の想起：フィードバックを与えることは、過激な親により責められた子どもの潜在的な気持ちを呼び起こすかもしれない。そのため、フィードバックの受け手は、親の理想に満たない行動をしていると責められるのをひどく怖がる。
　　　先延ばし：フィードバックの受け手は、何かが間違っているとわかってはいるものの、それを探求する勇気がない。

否定：無視すれば、改善されるかもしれない。

思い悩み：その人は悪いことが起きるという病的な思い込みと否定的な強い不吉な予感を感じている。何が発見されるかに対する恐れが拡大する。

他人への嫉妬：フィードバックの演習のときに、自分よりも他の人に肯定的なフィードバックがされるのだと思い込んで嫉妬心を抱く。

自己破壊：本人は予想される否定的な事柄が現実になる方法を探す。

◎フィードバック排除ゾーンを突破する

コーチングのすべてのプロセスは、フィードバック排除ゾーンをいかに突破するか、と言っても過言ではないでしょう。なぜなら、コーチングが成功するためには、必ず自己認識を高めることが前提だからです。コーチング・プロセスの最初の段階で、コーチがクライアントを支援するために活用できる、いくつかの特別な方法とアプローチがあります。あなたのお気に入りもあるでしょう。これらは、選択肢のメニューのつもりです。全部を使うには時間が足りないと思います。

この時点で有意義な質問は次のとおりです。

「いまの自分を見て、どんな人だと思いますか？」
「あなたは自分が他人に及ぼす影響をどれほど認識していますか？」
「あなたにとって重大な課題は何でしょうか？」

自伝的記憶：これまでどんな人生を送ってきたのか？

クライアントに、これまでの人生について手短に語ってもらうことをしなかったとき、私はいつも残念なことをしたと思います。もしクライアントの生い立ちを知りたいなら、初回のセッションがベストです。そうすることは親密さと信頼感の面で双方にとって良いことであり、クライアントにビジネスの側面だけではなく、人としても関心を抱いていることを理解してもらえます。

人生経験から進化していくのが人間です。クライアントの人生経験を聴くことは、クライアントの世界を知る第一歩になります。

また、クライアントの人生を知る理由は他にもたくさんあります。

私たちは、権威という気持ちは両親や教師の権威ある人たちとの関係性から発展していきます。仲間との関係は、きょうだいや幼少期の友だちとの関わり方に影響されます。こうしたことは、リーダーシップへのアプローチ、あるいは同僚や部下との人間関係など、職場での行動に重要な影響を及ぼします。感情の反応パターンは幼少期に形成され、それが動作や心理に影響していくのです（第4章参照）。

よって、クライアントの課題を知るには、感情的な反応について現れるパターンを見るようにすることです。クライアントが強調すること、そして無視することは自分自身への見解に常に連動しているからです。

これまでの生い立ち全部を人に語ったことのあるクライアントはおそらくいないと思いますが、自分の経験を人に話すこと自体は多くの人にとって楽しいことです。

◎クライアントの人生経験を訊くフレームワーク

クライアントには人生経験を訊くセッションは30分ほどだと伝え、コーチはこの30分をしっかりとコントロールすることに注力します。

あるコーチの初回のセッションの録音を聴いたときのことですが、クライアントが人生経験を語る間、コーチはただ同意するだけでその場にはいないような感じでした。これは望ましいとはいえません。（初回のセッションの実施の仕方は巻末の付録1を参照）

以下に質問例を示しますが、これらすべてを質問する必要はありません。これだと思うものを選び、必要に応じて独自の質問をつくってください。

> 「生まれた順番がどのようにあなたに影響していますか？」
>> 例：ひとりっ子や4人きょうだいの末っ子など
> 「子どもの頃、誰を尊敬していましたか？」
> 「お父さんと、お母さん、どちら寄りでしたか？」

「成長期、あなたの価値観を育んだものは何だったのでしょう?」

「幼少期、あなたにとって重大な影響を与えた経験を1つだけ挙げるとしたら、それは何でしょう?」

「あなたの一番の幸せな思い出は何ですか?」

「結婚/パートナー/子育てはあなたの人生にどう影響していますか?」

「あなたは人生の困難をどのように乗り越えてきましたか?」

「あなたの成長の過程において、どのように自分をポジティブに伸ばすことができたと思いますか?」

「あなたはどのようにキャリアを選択してきましたか?」

「自分にはあるのだと気づいたスキルや能力は何ですか?」

「あなたが私に話してくれたことのなかに、どのようなテーマやパターンがあると思いますか?」

「私たちが行っているコーチングはどんなことにつながると思いますか?」

◎疑問と躊躇

コーチが学ぶ際にはさまざまなツールやテクニックが提供されます。なかでも人生経験を訊くことが最も多くの質問が提起されるのですが、コーチのなかにはそのことを考えただけで怯む人もいます。最もよく寄せられる質問を以下に列挙します。

　　　「業務の向上のために会社がコーチング費用を負担している場合、
　　　心理療法のようなことをしていると知ったら反対されませんか?」

これについては、コーチングを始める前に、全人格的なアプローチでコーチングに挑むことをはっきり伝えておけば、そうはなりません。ここでの「全人格的」には本人の生い立ちから現在の成長までが含まれるので、本人の過去に簡単に触れることはとても重要なのです。心理療法は過去のことを見ていくことに多くの時間をかけますが、これがコーチングと心理

療法の大きな違いです。

　　「クライアントが同じ理由で反対する場合、どう対応すればよいで
　　しょうか？」

　もしあなたが質問の意図を説明せずに、申し訳なさそうに申し出たとし
たら、クライアントは確かに反対するかもしれません。
　しかし、自信を持って納得のいく説明がなされれば、クライアントが拒
否することはほとんどないでしょう。仮に拒否されたら、その理由を丁寧
に尋ね、そのままにしておきます（このクライアントはプライバシーを守り
たいという意志が他の人より強いのかもしれないと心得ておきましょう）。

　　「コーチングがある程度進んでお互いをよく知るようになってから
　　なら訊いてみても大丈夫でしょうか？」

　はい、それでも結構です。あなたの判断次第です。ただ、最初のセッ
ションでこれを行う最大の理由は、この先のセッションに向けての信頼関
係と相互の基盤をしっかり構築するためなのです。

　　「クライアントが死別や虐待、ネグレクト（育児放棄）などのゾッと
　　する話に及んだら、どう対処したらよいでしょうか？」

　はい、そうなることもあるでしょう。過酷な幼少期の経験を話してくれ
る上級幹部が多いことには驚かされます。そうしたとき、敬意を持って受
け止めてください。そのクライアントはとてもデリケートなことをあなた
に打ち明ける決心をしているのです。たぶん、その話をするのはあなたが
初めてではないでしょうし、知ったからといってあなたが何かをしなけれ
ばならないとは思わないことです（第11章参照）。
　まずは、共感の意を示しながら傾聴することです。それから、クライア
ントがそのことをいまどう感じているか、その経験がいまの自分をどう形

づくっているのかを尋ねてみてください。クライアントは何を打ち明けたいのか、本人の意志に任せるのです。コーチはそれを無理に開示させることなどできません。

そして、このときの対話からカギとなる出来事や情報がすべて聴けるとは思わないことです。今後、信頼関係がさらに強まっていけば、もっと多くのことが共有されることになると思います。よって、これは最初の一歩だと思うことです。

大変稀に、過去のトラウマがうまく処理できていないことがはっきりわかるような話を聴くことがあります。この場合、これからどう進めていきたいか、クライアントに尋ねます。

例えば、「これはとても深刻で、あなたを動揺させる出来事のように感じます。このセッションでは、それについて何をすべきだと思いますか?」と問いかけてみて、それからクライアントの回答に従うようにします。

> 「人生経験について質問してみたところ、クライアントの話は止まらなくなり、私は何もできないと感じました。これだけでセッションの予定時間をすべて使い切ってしまいました。」

これは、コーチとして次のような漠然とした訊き方をしたときに起こり得ます。

「あなたのこれまでの人生について、私に教えてください」、そして、そのまま受け身でいると、クライアントは誕生のことから陽気にまくしたて、セッションが終わりに近づいても、まだ30年にも達していないかもしれません。

そうならないために、会話はコーチがしっかりとコントロールします。クライアントが何から話したらよいかがわからないとき、コーチがガイドしないと「私は18歳のときに家を出て……」という切り出しになりがちです。質問内容や訊き方はコーチが注意を払う分野なので、クライアントを適切に誘導し、話したことを要約し、必要に応じて丁寧に割り込んでください。

204

「セッション時間のコントロールは可能でしょうか？」

　はい、可能です。一番簡単なのは、時間管理の徹底と質問ごとに要する時間の認識です。
　ライフライン（自分の人生で充実していたときを、時間軸を通して振り返ること）の演習を代わりに実施できます。事前にクライアントに共有し、話をしてもらう前に内容を選別、編集してもらいましょう。

◎人生の軌跡

　これまでの人生を振り返り、好不調それぞれで特筆できる経験をこのフォームに記入してもらいます。

年齢 / 日付	悪かったこと	良かったこと	コメント

●孤独な幼少期を送ったアネット

　コンサルタント会社社長のアネットは、その会社の創業者の1人でもありました。彼女は幼少期の頃、ほとんど愛情を注いでもらえず孤独だったと話してくれました。彼女の両親は有名な劇団員であり、2人が結婚するまでそれぞれが何度か結婚と離婚の経験があったそうです。そのため、彼女には3人の義理の親に、異父・異母きょうだいが何人かいましたが、実のきょうだいはいませんでした。
　昔の思い出として語ったことには、おめかしさせられ、ファッションアクセサリーのように華やかなパーティーに連れ回されたこと、その後とても幼い頃から寄宿学校に行かされたことなど、もの悲しい日々の出

来事でした。

　彼女自身の結婚生活や子どもたちのことはとても大切にしていましたが、彼女は平日はロンドンのオフィスでの仕事を選択しました。

　「この話には彼女にどのようなパターンが見えてくるでしょうか？」と尋ねると、彼女は大勢のなかで孤独に1人でいる気持ちが、どれほど自分というものに影響しているかが初めてわかった気がすると言いました。その経験は彼女を強くし、取引先との厄介な折衝を含め、仕事ではどんな問題も対処できると思ってきました。

　彼女は自分の人生を語るうちに、自分の仕事のパフォーマンスに次のような気づきを得る瞬間があったと感じたそうです。

　「私は売り込みも、そのための準備も好きです。身なりを整えることも好きで、私の強みでもあります。そして、あまり言いたくはないですが、もしかしたらこれは親譲りなのかもしれません！　実際、私の仕事の騒々しささえ、親の仕事といささか似ているのではないかと思えてきます。」

　そして、「そのことは私たちが始めたばかりのコーチングと何か関連性がありますか？」と質問すると、彼女は「ここに私が来ている最大の理由は」と切り出し、「私とスタッフとの関係で、どんな関わり方をしているかをよく知る必要があると思ったからです」と続けました。このとき、彼女の会社は激戦市場のなかで苦戦を強いられていました。アネットは、創業者であることであまりにも多くの仕事を抱え込み過ぎていました。そのため、メンバーが「魅力的だけど、心理的な距離感がある」と思っていることを薄々感じていました。彼女は、「スタッフたちは、私がみんなのことをどう思っているかがわからないと教えてくれたのです」と言いました。続けて、「うーん、なぜこれまで気づかなかったのかしら。幼い頃の小さな女の子を守ってあげたいことと何か大きな関係があるということかしら……。」

　パターンを知ることは、将来のための選択肢の幅を広げます。

「これが、私がいままでにしてきたことです。それは昔のことで、これがいまです。私は違うことを選択できるのです。」

　時折、人生経験を話すことだけが本当に必要なことのように思うときがあります。私がこれまで経験したなかで最も劇的な例はこれです。

●上司の決定に納得できないマイケル

　マイケルは初回のセッションで差し迫った課題を話してくれました。

　上司のフェレックスが4人から8人のチームへの拡大を決定しました。マイケルはそれは戦略的に間違いであり、意思決定が必要以上に複雑になると感じ、この決定を大変不満に思いました。フェレックスとマイケルは親しい間柄でした。実際、ふたりは10年間ともに働き、マイケルをいまの会社に呼び寄せたのがフェレックスです。マイケルの役割は、「会社にとって間違った決断をしないよう」フェレックスの事実上の特別顧問でした。仕事以外でも付き合いがあり、家族同士も仲が良かったのです。

　マイケルは初期の人生について、少し変わった絵を描きながら話してくれました。彼の家は原理主義的なキリスト教徒で、きょうだいが8人でした。極めて小さな教会のコミュニティにあって家族の結束はとても固く、世間との交流には柔軟性がなく、厳格な規律がありました。彼は、きょうだいで真ん中、そして双子の兄がいました。彼と彼の兄は初めのうちは微妙に、そのうちはっきりと家族の厳しい生き方、宗教観、厳格な規律、そしてプライバシーのない息苦しさに反抗するようになりました。彼らは親が理解できないように、2人にしかわからない言葉をつくりました。大人になると2人は家を出て、信仰から完全に離れました。「信仰が違う人との結婚」が家族との断絶になることも暗黙の了解でした。

　マイケルはこの話の途中で突然黙りこくったと思うと、私をじっと見つめ、額を手のひらでぴしゃりと打ち、「あぁ、なんてことだ、いま気

づいた……」と言いました。

「何に、気づいたのですか？……」

「8人の子ども……。新しいチームの規模が8人ということです！
フェレックスは私のきょうだいではない！　チームは私の家族ではな
い！」

　子どもの頃の経験が無意識のうちに自分に深く根付いていると気づい
たことは、彼にとって深遠で解放的な瞬間でした。彼は、この先の変化
に対して誤った考えをしていたことに気づき、その後、仕事の状況に関
して全く異なる考え方ができるようになりました。

◎自伝的記憶の代替法：ある１日の過ごし方

　サンデー・タイムズ紙が1970年代初頭にカラー刷りの付録を付け始め
たとき、当時の編集者ハンター・デイビスは、大変シンプルでありながら
も極めて魅力的な特集記事「ある１日の過ごし方」を企画し、最終面での
連載がスタートしました。

　記事に登場する人は、典型的な平凡な１日の過ごし方を説明することに
なっています。起床は何時で、その日は何を食べ飲んだか、職場にはどう
行って帰ってきたかなど、就寝するまでの１日の行動すべてについてです。

　これと同じように、クライアントの１日の過ごし方を話してもらうこと
は、素晴らしい気づきが得られる、お互いに大変有意義な演習になります。
とくに、クライアントと長期間にわたり余裕を持ってコーチングができて
時間のプレッシャーがない場合はおすすめです。

　この演習は、興味深い情報を明らかにすることができます。例えば、次
のようなことです。

　　　クライブは、財務責任者の役割に過度なプレッシャーを感じていた
　　ことから、家族が就寝すると毎晩遅くまで起きて寛ぐようにしていま
　　す。何時間もネット・サーフィンすることで初めてリラックスできる
　　ようになったのですが、その結果、性生活が脅かされ、体力にも問題

が出てきました。何時に寝ても、朝7時には起きなければならないからです。

　マン・ウエイは、香港からの第一世代移民のひとりっ子だということがプレッシャーになっています。年老いた両親は英語を全く話さず、毎日両親の様子を見に行くようにしています。彼はまた、ロンドンの中国人コミュニティのためのさまざまな支援団体にボランティアとして時間を費やす義務があると感じています。

　ダイアンは、猫6匹、犬4匹、モルモット1匹、ウサギ2匹を飼っていて、自分はさておき、動物が快適に過ごせることを大事にしています。彼女の擬人化された動物たちとの関係は、おそらくより要求の厳しい人間関係に力を入れることの妨げになっているのだと思います。

　コリンは、地元のパブでの男同士の荒々しく、多くを求めない関係がとても気に入っています。この開放的な関係は、職場での競争関係とは全然違うものです。また、パブでは肝臓や胴回りに悪いと思いながらも何杯もビールを飲んでしまいます。体に悪いことだと明かすことで、彼がアルコールの問題を抱えているのではないかという心配事を思い切り話すことができるようになります。

360度フィードバック

　コーチングでは、わたしたちは主にクライアントからの話を主な情報源としています。360度フィードバックを行うには、クライアント以外の人からの情報を使うことになるため、それゆえに価値があるといえます。
　360度フィードバックとは、クライアントをさまざまな角度から取り巻く関係者（360度という名称の由来）からコメントを募る計画的な手法です。ここでいう関係者とは、通常、クライアントの仕事上のキーパーソン、例えば、同僚、上司や先輩、顧客、取引相手、直属の部下などです。なかに

は、パートナーや成人した子どもの参加を希望する人がいますが、それはとくに問題ありません。

エグゼクティブ・コーチングでは、クライアント自身がどのような状況にあるのかを認識するために、360度フィードバックが有効であることをクライアントに説明することが重要です。360度フィードバックは「あれば便利」なツールではなく、ビジネスの成功に不可欠なものとなり得ます。これについて、作家で心理学者のダニエル・ゴールマンは共著書『これからのリーダー』（*The New Leaders,* 2002；未邦訳）のなかで、アメリカのヘルスケア業界で、最も成功した企業と最も成功しなかった企業の違いを調査した結果を引用しています。ポジティブな企業業績は、10年超にわたる株主資本利益率や株価などをもとに測定されました。彼はその本のなかで次のように述べています。

> 「興味深いことに、最も業績の悪い企業のCEOたちは、10項目あるリーダーシップ能力のうち、7項目で最高の自己評価をしている。しかし、部下からの評価となるとこれが逆転し、CEOらが高いとした能力に低い評価が与えられた。一方、最も業績の良い企業では、部下たちによるCEOのリーダーシップ能力の評価は10項目において概ね高く示されていた。」

自己欺瞞は会社の業績の低さと、そして高いレベルの自己認識は会社の好業績と関連していたということです。ゴールマンによる他の研究では、マネージャーの役職が高くなるにつれ、自己評価を高くしがちであることがわかっています。

> 「最高レベルにある人たちほど、他の人たちに対してどのように振る舞っているかを正確に認識していない。」（同書でのゴールマンの見解）

360度フィードバックにはさまざまな方法があります。

◎クライアント自身が評価する人を選ぶ

これが、最もシンプルな方法です。クライアントが8人のフィードバック提供者を選び、その8人それぞれと都合のよい時間に直接対面し、次の質問に素直に答えてくれるよう、依頼します。

> 「どんな点で私は期待されている結果を出していると思いますか?」
> 「どんな点で私は期待されている結果をあまり出していないと思いますか?」
> 「あなたとの関係をさらに良くするために私にできることは何だと思いますか?」
> 「私がより期待されている結果を出すようになるには何をすべきか、一番最強のアドバイスを1つお願いします。」

クライアントには、フィードバックする人から素直な回答を得るための方法、具体例やわかりやすく示してもらうための方法、フィードバックされた言葉に手を加えずにそのままメモする方法などを事前に話しておきます。

これらの方法は、フィードバックする人にとっては第三者を介さずにクライアントへ自分の思いを伝えられること、クライアントにとっても生の意見が聴けるという点でメリットがあります。ただし、これがうまくいくかどうかはクライアントが耳の痛いことを言われても素直な気持ちを維持できるかによります。それと同時に、フィードバックする人が率直かつ正直に話してくれる意欲があるかどうかにも関係します。

◎質問票の問題点

私はコーチになりたての頃、360度フィードバックで使う質問票をたくさん作成しました。大がかりなリーダーシップ開発プログラム用のものもつくったことがあります。しかし、私は自分やライバルたちが実際に使っている質問票にだんだんと幻滅し始めました。なかには優れたものもあるので、すべての質問票がいけなかったわけではありませんが、過去数年間

に見てきた何十種類もの質問票のうち、良いと思うものはそれほど多くはありませんでした。

　心理測定士がつくるわけではないので、適切とはいえない言葉が多く含まれていたりします。回答者が同じように質問項目を解釈しているという保証もありません。そのため、ある行動を5点満点で評価すると、ある同僚は4点、別の同僚は5点との評価になったりします。クライアントのことを包括的に知ろうとすることで何百もの質問項目が設定されたものもあり、記入するのに大変な時間を要することになります。ほとんどの回答者は意地の悪い回答にならないように意識が働くことでポジティブに偏り、その結果、分析にも偏りが生じがちになり、0.5ポイントの差であっても大きな差と解釈してしまうこともあります。これ以外にも、誤解や解釈の違いはたくさんあります。

　例えば、質問項目に「わからない」のチェックボックスがない場合、回答者のなかには5点満点で「中立」と信じて3を選択する人がいますが、これは通常は否定的な回答としてカウントされます。このような質問票を何人もの同僚のために記入しなければならないとなるとうんざりして、できるだけ早くその面倒な作業を終わらせようとして、適当に回答欄をクリックしてしまうことがあります。真の価値はフィードバック・コメントにあるのですが、これらはふつう各カテゴリーに一文であり、行動に関する有益な証拠というよりは誰にでもわかりやすい主張となります。そのようなコメントのなかには、不可解に不明瞭だったり、誤字脱字や句読点の入れ間違いで意味が正しく解釈できないものもあります。

　フィードバックは何もないよりもあったほうがましだというかもしれませんが、私のクライアントがこのアセスメント・プロセスを受けたときに、実際には注意を払うべきメッセージが含まれていたとしても、おそらく無視した可能性が高いと思われます。

◎面談によるオーダーメイドの360度フィードバック

　これは360度フィードバックの優れた方法であり、私がいま一番好むプ

ロセスです。質問票方式の場合と同様に、クライアントが回答者を指名して準備をします。

　クライアントは、回答者からの回答は責任を一切問われない守秘義務の条件で依頼し、それぞれに同じ形式のインタビューを行います。例えば、方向性の策定、リーダーシップ・スタイル、業績管理、影響力のある言動、コミュニケーションのあり方などの領域について訊くようにします。

　次に、訊いたことに基づいて、クライアント・レポートを作成します。私のレポートは通常7〜8ページほどです。

　この方法の利点は、その都度実例を探ったり、内容が確認できることです。また、興味深い矛盾点を探ることもできます。例えば、クライアントの影響力について、若手社員と高い役職者とではどう違うかなどです。

　一方、この方法の欠点は、適切な質問をする能力、客観性を保つ能力、重要なテーマを見逃さないと同時に収束的な思考を回避する能力、そしてクライアントが受容できるように報告書を書く能力に成否が大きく依存していることです。

　より客観性を高めるためには、クライアントと面識がない同僚のコーチにこのプロセスを代行してもらったり、同席してもらうようにするとよいでしょう。

◎デブリーフィング

　360度フィードバックの方法が何であれ、デブリーフィング（結果報告）がクライアントの学習が始まる起点です。ここでのあなたの役割は、プラス、マイナス、ニュートラルなどの回答にクライアントが真摯に向き合えるようにし、マイナス面ばかり見るクライアントを落ち着かせ、安心させることです。そしてフィードバックは変化を無理に強いるものではないことをクライアントに伝えます。

　このとき、クライアントはデブリフィーングについて何に気をつけて、何を気にしなくてよいか、を選択できます。コーチは、クライアントがそれをどう過去にもらったフィードバックとどう関連づけられるか、そして自分自身の学習課題に対する自らの認識との関連性に気づけるようにサ

213

ポートします。

　360度フィードバックは、効果が期待できます。

●孤独な幼少期を送ったアネット（続き）

　アネットは、自分について情報のギャップがあるのだと判断しました。それは、周囲の人たちが自分をどう思い、どう感じているのかがわからなかったので、私にフィードバックを依頼することにしたのです。

　アネットへのフィードバックは、他の人が彼女をどう見ているか、彼女自身の洞察と重なり合っていましたが、それはまた彼女にとって驚くべき内容でもありました。

　職場の人たちは自分のことを、冷静沈着でスタイリッシュ、そしてよそよそしい人だと見ていたことがわかったのです。そして、職場の人たちは、将来の市場動向を勘案して賢明な判断を下す彼女の能力が会社の成功にとって重要な貢献だと見ていました。

　彼女とメンバーが、彼女の最大の強みだと捉えていた危機対応時の冷静沈着さは、弱点でもあるとメンバーに指摘されました。「彼女には感情がないのではないのか？」と憤慨して言う人もいました。

　同じように、彼女の事業推進力は経営にはプラスに働いたものの、人に疎外感を与えることにもなりました。またある人は、「彼女は私たちを請求書発行マシーンかのようにしか見てないと思う」とも言う始末です。さらには、彼女が後継者育成をしてこなかったことが会社を危機に追いやっているのだと多くの人が認識していました。

　彼女の権限移譲の拙さが組織の弱体化の原因であることを痛々しいほど事細かに語る人もいました。

　会社の人たちの憤懣と不満がいかに大きいかを知ったアネットはひどくショックを受けました。しかし、おそらく最も大きなショックは、質問票のなかで彼女の価値観を尋ねる項目にほとんどの人が「知らない」と回答していることでした。質問票に回答した人たちはアネットの働く動機の中心は個人的な富の追求であると考えており、これは彼女のス

タッフの多くがアネットを冷ややかに見ることになった最大の要因でした。

360度フィードバックは、アネットにとって極めて有益でした。それは、他者が彼女をどう見ているかを知ることで、彼女は自分自身がどんな能力を開発すべきかが分析できたからです。他の多くのクライアントにも見られることですが、批判の大半は彼女の強みの乱用によるものでした。

このプロセスにより、彼女はフィードバックのどの部分に注意を払い、どの部分を控えめに見るかについて、有意義な情報に基づいて判断をすることができました。

アネットは人間として成熟した、明確な意志を持つクライアントであり、すでに自己認識がある程度できていました。ときどき、これが当てはまらない人をコーチすることがあります。

このようなケースでは、360度フィードバックは、クライアント本人の自己認識と他者認識が一致しないことで大きなショックを受けるかもしれません。

ここでのあなたの役割は、ぶれずに穏やかに、そして思いやりを持ってクライアントに寄り添うことです。

ただ、クライアントをケアするあまり、結託する危険が常に付きまとうことに注意が必要です。そうなると、次のような対応をしてしまうかもしれません。

「それは本当のことではありません。」
「彼らがあなたの長所を見ないのは、彼らのせいです。」
「彼らがそれを記入した日は、彼らにとってついてない日だったのでしょう。」
「これは他の人の結果です。」
「やり方に問題があるのです。」
「これは少数の意見です。もっと多くの人に訊けば違った結果になった

でしょう。」

「あなたは以前はそうだったかもしれませんが、もちろんいまは変わりました。」

●昇進を控えたマルコム

　マルコムは組織の高い地位に昇進する準備のため、コーチングでは当初、その支援を想定していました。コーチングの課題を話し合ううちに、現在、彼の仕事には差し迫った問題が多くあることがわかり、そのことも含んでコーチングすることで合意しました。これには、360度フィードバックが有効なことは明らかでした。

　後日、360度フィードバックの評価結果がネガティブな内容だったことを見て、私はデブリーフィングでは細心の注意を払わなければいけないと思いました。回答者たちはマルコムを、怒りっぽい意地悪な男、せっかち、わけもわからず突然激怒する、人を喜ばせることが苦手などと評し、彼のチームのなかで最も優秀な人材以外は育成できなかったと見ていました。彼の頭の良さと専門知識が渋々ながら認められていたことは救いといえました。

　周りから意地悪と見られていたマルコムは、セッションのときに顔面蒼白で震え、ショックのあまり動揺していました。それから間もなく、涙を流し始めたのです。その涙の理由を尋ねると、「恥ずかしいんです」と言いました。「私に管理されるのはどういうことかがわかりました。私自身、こんな自分に管理されるのはイヤです。彼らは私のことを本当に嫌っているんだ。どうしてこんなふうになってしまったんだ？」

　そのセッションの大半は、同僚が見た彼の行動がなぜそのように捉えられたのかを正確に知ることに費やされました。ときどきぶっきらぼうに椅子に座ることや、混乱すると視線が鋭くなること、意見を言うときの指の指し示し方、意見が対立したときの声の調子など、細かい行動にまで踏み込んで行いました。

　また、私たちは、これらの背景にある恐れと、その恐れがマルコムが

いかに現実の自分を見えなくしているのかを深く考えました。マルコム
は生い立ちの話に立ち戻りながら、アルコール依存で横暴な父が、子ど
ものときの自分にどう影響したのかをかなり正確に探りました。

　「あの頃、戦うことを学びました。でも、いまは父とは戦わないこと
を学ぶべきなんです。父はもう何年も前に亡くなっています。父のこと
を軽蔑していましたが、いま私は父と同じことをしています。私がすぐ
にしなければならないのは、周りから非難されることを恐れるのではな
く、自分を好きになり、周囲の人も好きになることです。」

　数年後、私はマルコムと別の機会で会うことがありました。そのとき
彼はこう言いました。

　「フィードバックのレポートを見たとき、それまでにあんなに震えた
ことはなかったです。あのショックはとても大きかったのですが、新し
い人生の始まりには絶対に必要なことでした。」

初回のセッションに持参してもらうもの

　クライアントに、本人のさまざまなことを理解してもらうのに役立つも
のを持参してもらいます。これには、最新の人事考課、仕事の関係者のア
ンケート調査、履歴書や職務経歴書なども含まれます。

　例えば、履歴書は面白みのない、淡々と事実を記した文書かもしれませ
んが、クライアントが自分をどう見ているか、あるいは世間に自分をどう
見せようとしているかを正確に伝えるものです。最新のサイコメトリクス
（心理測定）の結果があれば、それも持参してもらいます。

サイコメトリクスの活用

　クライアントの「自分を知る」というテーマの一環として、サイコメト
リクスをいくつか用意するとよいでしょう。サイコメトリクスとは文字ど
おり人間の心（psycho-）を測定（metrics）することです。数十年にわた

り研究されている分野であり、何をどのように測定するのか、最適な方法は何かの激しい議論が続けられています。心理測定に関するアンケートは何千もの種類がありますが、その多くは疑わしいものです。説得力のある研究に裏付けられ、わかりやすく、クライアントに啓発的であることが繰り返し証明されている信頼できるものの利用をお勧めします。

◎サイコメトリクスを活用するケース

私たちの多くは自分も他人も、それほど重要でないことはさておき、似たような行動すると思っています。サイコメトリクスは、私たちにはどのような類似性があり、どのような独自性があるかを実証してくれるものです。そして、対話に費やされるかなりの時間を効率化してくれることで議論がムダなく進み、そこで使われる用語はコーチとクライアントだけでなく、クライアント同士でも共有することができます。

そうした測定法を2、3種類使ってみると、それぞれの出発点が対照的でありながら有用性が高いため、いくつかの異なるアプローチを活用することで、異なる視点からの結果や気づきが得られます。

●MBTI™（マイヤーズ・ブリッグス・タイプ・インディケーター）：イザベル・マイヤーズとその母キャサリン・ブリッグスによって20世紀半ばに開発されて以来、研究と再開発を続けています。カール・ユングの心理学的タイプ論（Psychological type theory, 訳注：人の性格にはいくつかの特徴的な傾向があり、それをタイプとして類型化した理論）に基づいており、受検者は16の異なる性格タイプのうちの1つがベスト・フィット・タイプ（Best Fit Type）として現れます。MBTI™は、指向する心の使い方にスポットライトを当て、それぞれの使い方に関連する行動特性があるとしています。

●FIRO-B™（基本的対人関係尺度）：アメリカの心理学者ウィル・シュッツが、朝鮮戦争時の米国海軍のために開発したものです。質問票は、私たちが他人に対してどう振る舞うかについて、相手への期待および行動のスタイルの6つの次元についてスコアを算出し、なぜ私たちが必ずしも他人

から望むものを得られないかを説明するのに役立ちます。

●16因子性格検査：イギリスの心理学者レイ・キャテルにより開発されました。就職のための適性検査であるThe OPQ（Occupational Personality Questionnaire）と同じジャンルであるとされています。

●ベルビンのチームロール質問紙法：このよく知られた心理測定の質問票は、チーム内には9つの非公式な役割パターンがあるとし、そのうち、クライアントがどれを通常好むのかを特定します。

●キャリア・アンカー：組織心理学者エドガー・シャインが提唱するキャリア形成の動機を明らかにする手法です。この手法の考え方の基本となるのは、どんな人生にもモチベーションを掻き立てるものがあるという原則です。彼の著書『キャリア・アンカー』（Career Anchors, 2006；邦訳：白桃書房）では、それが何であるかを明らかにするための質問票やフォーマットが示されています。キャリアに課題を抱くクライアントに、とくに有用です。

●ホーガン・パーソナリティ・インベントリ：その人特有の「ブライト・サイド（平常時の行動スタイル）」を強く特徴づける評価手法の1つであり、通常は「ダーク・サイド（思い込みによってとってしまう行動傾向）」をテストするホーガン・デベロップメント・インベントリと組み合わせて行います。

●トーマス・キルマン・コンフリクト・モード検査：この心理測定手法は1970年代初頭に開発されました。コンフリクト・マネジメントの5つの典型的なスタイルが特定され、どれをクライアントが好む傾向があり、どれを避ける傾向があるかが測定できます。

●エニアグラム：これまで口伝えで受け継がれてきた性格診断法です。イスラム教スーフィー派の思想に基づき、精神的な側面を採り入れたものと

言われています。9つに定義された性格タイプのうち、自分に合うスタイルを特定するための質問項目が用意されています。具体的な実施方法については、ヘレン・パーマーとフィル・ブラウンの共著書『エニアグラム 職場で生かす「9つの性格」』（*The Enneagram Advantage,* 1998；邦訳：河出書房新社）に詳しく紹介されています。

◎サイコメトリクスを効果的に使う

　ここで最も重要な質問は、なぜコーチは心理測定の質問項目を使うのかということです。私はときどき、MBTI™のような心理測定を過信していると思えるコーチを見ることがあります。私たちコーチは、不安からこうしたツールやテクニックに心が惹かれてしまうことがあります。その真意は次のようなことです。

　　　質問票でコーチングを進めてその結果を解釈すれば、少なくとも私は安全な位置にいることができる。次にどんな質問をすればいいのか、それほど悩む必要もなくなる。私は、自分の助けになる仕組みを持っているのだ。

　これがあなたが質問票を使う目的だとすれば、その思いがどこから来るのかをよく考えてみることです。

　例えば、クライアントに対して優位性を持ちたいためや、コーチとしての能力に自信がないことへの恐れを抑えるためなどの理由で心理測定や他のコーチング・ツールを使うことは、問題を先送りするだけで、逆説的に言えば、CTIの傾聴力のレベル1（73ページ）に留まることになるだけです。また、クライアントが質問票を本当に必要としているかをよく考えずに、漫然と使いたくなることがあるかもしれません。

　「小さな男の子にハンマーを渡すと、何でもかんでも叩きたくなる」という古いジョークがあります。そうならないためには、まずはコーチとしての傾聴スキルと質問テクニックに磨きをかけることです。

　心理測定は、研修を受けずに実施すべきではありません。通常、資格取得には研修が必要です。

　心理測定を行う最適なタイミングは、コーチング・プログラムの開始時かその直前です。コーチのなかには、第2回のセッションに半日のミーティングを計画することがあります。そこでは、回収した質問票をまとめて、その結果を報告します。または、第1回のセッションに先立ち、それらが役に立つかどうかについての話し合いののち、クライアントに送ることもあります。資格と経験があるなら、たぶんこれが理想的な方法でしょう。

　心理測定の質問票がとても良くできたものであっても（多くはとても良くできています）、回答の結果はクライアントの真実の姿を完全に表すものではありません。

　また、質問票は自己回答のため、本当の自分ではなく、見られたいように記入される可能性が常にあります。良質な質問票にはこうしたことへの対策が施されているものの、完璧を期すことは困難であるため、すべての質問項目は、受検者がリスクを覚悟してすべての項目に率直に回答する意志に委ねられることになります。

　さらに、そのときの気分やストレス、危機の特定の時期などが結果に影響を及ぼすこともあります。

　MBTI^{TM}はカール・ユングの考え方に基づいていると先述しましたが、ユングの心理学的タイプ論を「人間の個性が集まる荒野における羅針盤のようなもの」と表現しています。名言ですね。

　フィードバックの対話は、コーチング・プロセスの中核となります。十分な時間を確保して、クライアントが質問に答えながらどう感じたかを尋ねる場になります。クライアントに結果を機密事項扱いにすると伝えて安心してもらうこともこのとき行います。

　そして、質問票の根底にある理論を簡単に説明しながら、疑いや苛立ちを覚えるのは健全なことだと伝えます。結果が自己認識とフィードバック

のさまざまな事柄とどの程度一致しているかを確認していき、クライアントに「報告された結果」と一致する行動だけではなく、一致しない行動も含めての具体例を探していきます。

　最後に、強みや育成する領域を確認し、それらを前進させる方法について合意する作業に時間をかけるようにします。

　ところで、心理測定の質問票を使うことでクライアントとコーチの力のバランスが崩れる可能性があります。通常のセッションではコーチが質問をし、それに対してクライアントは自分のことについて回答していくことで双方が共通の理解を図ります。それが心理測定では、コーチは質問に関する専門的な情報を有しています。これはクライアントには不利益になる可能性があります。おそらく多くのクライアントがその目的をよく理解せずに回答することに神経質にならざるを得なくなる理由がここにあります。

　　　「これは私に関して何か不都合なことを明らかにするものなのだろうか？」

　デブリーフィング（結果報告）のやり方が未熟だと、私の同僚が「心理的レイプ」と呼ぶ事態を引き起こします。心理的レイプとは、コーチが専門家としての立場から、クライアントのダメージになる不愉快なことを伝える行為です。

　　　「今回のアンケートの結果によれば、あなたのチーム運営の取り組み方は民主的ではないことが明らかなようです。」
　　　「ストレスをもっと上手に管理しないと、あなたは押しつぶされてしまう危険性があります。」
　　　「あなたはあまりうまく権限委譲ができていないみたいですね。」

　これが、コーチングのすべてのプロセスにおいて、敬意を持って信頼を築くという大原則を守らなければならない理由です。もし安心感を与える

ために最善を尽くしたとしても、クライアントが心理測定を受けたくなければ、無理強いはタブーです。心理測定の質問票の回答は任意です。

　また、質問票の結果から、クライアントが（仕事、スキル、コミュニケーションなどで）できること、できないことを恣意的に主張しがちになることには十分気をつけます。これを行えるほど、どの心理測定も十分な予測的妥当性（predictive validity, 訳注：当初設定した数値などと後になってわかるような基準との相関の程度のこと）を備えていないからです。いずれにせよ、そうしたことの主張は心理測定を乱用することになります。

　同様に重要なのは、過度に解釈したいとする誘惑に抗うことです。コーチの役割は説明することです。アンケート結果はあくまでも仮説です。解釈はクライアントに任せるべきです。

　クライアントが受けた同じ質問項目に対して、自分自身が解釈した結果に注意すべきです。クライアントと対等な立ち場であることを示すために、自分自身の結果とその解釈をクライアントと共有しましょう。そして、その結果から導き出した課題に対して、どうコーチングを進めるかについて影響を及ぼす可能性のある自分自身の偏見や盲点を常に認識しておきましょう。

　質問票の結果は、自分自身をどう見ているかに関係なく、自分に対するある種の最終的な判断であると思いがちです。

　デブリーフィングの対話で最も重要な質問となるのが、「これはあなたにはどう思えますか？」、または「この結果はご自身の見方とどのように一致しますか？」などです。ここでのクライアントの答えは、そのトピックについての最善の、そして最後の言葉でなければなりません。

　上級幹部がクライアントの場合は、その組織がコーチングから何を必要としているのか、またクライアントが私生活を振り返り、どのような目標を持っているのかをしっかり見極めることがとても大事です。これが、次の章のテーマになります。

第 **7** 章

目標設定

Choosing the future: creating goals for coaching

　優れた質問力がコーチング・テクニックの柱の1つであるとするなら、もう1つの柱が確固とした目標の設定です。

　この章では、目標設定がなぜ重要であるのか、その理由と設定方法を説明します。スポンサー（訳注：所属部門の責任者などで、コーチング・プログラムを最終的に承認する人）がいる場合の巻き込み方やプライベート（私生活）の目標の含め方にも触れていきます。

研究によりわかったこと

　モチベーションの源泉となる目標設定は、マネジメントにおいて詳細に検証されている領域の1つであり、何年もの研究により、フォーカスされてきました。また、目標設定がアスリートのパフォーマンス向上に果たす役割など、スポーツ科学の多くの研究プロジェクトの中心テーマでもあります。これらの研究からは、驚くべき一貫性のある結論が導かれています。

　そのうちの見解の1つとして、目標設定のプロセス自体が注意力を喚起し、目標達成に向けた行動に影響を与えることでパフォーマンスが向上することが明らかになっています。こうしたことからも、コーチも目標設定に注意を払うことの重要性がわかります。そして、漠然として安易な目標ではなく、測定可能で、明確な目標ほど、行動を変えるには効果的だとされています。そのため、包括的で簡単に達成しやすい目標よりも、中間で測定可能な段階を踏みながらのストレッチ目標のほうがその効果が期待できます。

　また、強みをさらに強化するための目標設定が最も効果が高くなるとされています。したがって、「弱点にどう取り組むか」よりも、「いまの強みで得意であることをさらに伸ばすにはどうするか」を検討することで、もっとやる気が引き出せるということです。このとき、途中段階で避けがたい困難への備えができているかどうかが成否を左右することになります。

　また、ある研究では、「目標を設定する主体は誰か」が重要だとしています。コーチから強制されず、クライアントと話し合いながら行う目標設定が、その達成に向けて、最も大きく影響することがわかったからです。目標には、能力が低く見られるのを回避することなどに関する「パフォーマンス目標」と、能力の習熟に関する「ラーニング（学習）目標」の2つがありますが、自尊心を高め、長期的に影響を与えるという点では、ラーニング目標のほうがはるかに効果的です。

　これらの研究結果[1]は、コーチングの目標設定でコーチが理解している機能と一致しています。目標をはっきり定めることは変容プロセスのスタートになるため、目標設定はクライアントにはとても重要です。目標が明確でないと、クライアントとの良好な関係を構築・維持ができないうえに、コーチングが成功したかどうかを判断する基準がわからないため、目標設定はコーチにとっても重要です。

┃目標設定がうまくいかないときとその理由

　セッションが満足いかないと感じたら、そうでないことが証明されるまでは、不十分な目標設定がその原因であると考えてください。ここではどのような問題がどのようにして起こるのかをいくつか以下に紹介します。

◎コーチはセッションの目標を知っていると思い込むが、それを明確にしない──本当の目標は別にある

　これは、次のケースに登場するスージーがコーチ資格のディプロマ（修

了証書）の一部として提出した振り返り日誌によく表れています。

　失業からおよそ1年、求職活動中の元司書であるヤーノシュ（45歳）との第2回のセッションのことです。スージーは、彼が若い頃に楽しんだ音楽業界でのささやかな成功を取り戻したいと切望していることに気づくことになりました。

●目標設定を誤ったスージー

　このセッションは本当に苦労しました。最初は大丈夫だと思ったのですが、時間が経つにつれ、少しずつ不安な気持ちになってきたのです。彼はとても礼儀正しく振る舞い（私もそうでしたが）、そのうち、セッションの時間が遅々として進まない感覚にとらわれるようになったのです。

　彼に感想を尋ねたら、コーチングが自分に合っているかどうかがわからないので、2回のセッションで十分だと言われました。私はとても傷つきました。セッションを無料で行っていたからです。私は怒りも感じていました、その気配は見せないようにしました。でも、心のなかでは「どうして本気になって仕事を探さないの？　本当に仕事をしたいの？　それとも、自分を憐れむことをこの先1年も続けるつもり！」と思っていました。

　しかし、このときの録音を聴くと、何が起こっていたのかがよくわかりました。私は、別の図書館での仕事を見つけることが目標だと思っていたのです。でも、それがこのセッションの目標かどうかを確かめる質問は一度もしていませんでした。

　そのとき見えなかった本当の目標は、彼がミュージシャンとして再び身を立てるために最後の一歩を踏み出すべきかどうかでした。私は音楽業界でのフリーランスの働き方について、ほとんど何も知りませんでした。

　私は、彼が以前と同じような仕事を希望していると思い込んでいました。一方、ヤーノシュはそれを望んでいませんでした。私は自分の思い

込みを疑うことがなかったため、彼が「きちんとした仕事」という選択肢の追求に消極的な姿勢だったことに気づきませんでした。

　スージーにとって、この経験は有益でした。また、よくありがちなことでもあります。クライアントの目標が何であるかを知っていると思い込むのは、経験豊富なコーチでもあり得ることです。実際のところ、以前にも同じ問題を多く聞いたり、または聞いたことがあると思っている経験豊富なコーチほど、その誘いに惑わされるかもしれません。

　「そうですね、これは私がこれまでに何度か関わったことがある時間管理をどううまくやるかということですね」とか、「昔からよくあるワーク・ライフ・バランスの問題」だと思うのかもしれません。しかし実際には、それはその種のどれでもないかもしれません。

◎コーチはクライアントが課題を設定する責任と、コーチが目標を明確に立てる責任を混同する

　スージーのケースが示すように、課題を出すのはクライアントですが、出された課題を目標として立てるのはコーチの役割です。クライアントが完璧な目標を用意してセッションに臨むものだと考えるのは間違いです。往々にしてクライアントとコーチは、最初のコーチング・セッションの大半の時間を目標設定にあてています。クライアントの言う目標は少し漠然としていたり、混乱しているのが普通であり、それをコーチが巧みに質問することで明確で最適な目標が浮かび上がってきます。実際には、クライアントがすでに目標を完全に設定していたら、コーチングは必要ないでしょう。すでに目標が明確であれば、その達成に向けてクライアントの動機は生み出されているはずだからです。

◎コーチはクライアントと目標を合意することなく、前回のセッション以降に起こったことをクライアントに話してもらう

　すべてのコーチング・セッションは通常は、「私たちが最後に会ってか

ら何がありましたか？」「私たちが以前話し合った重要な会議ですが、どう進みましたか？」というように、前回のおさらいから始まります。クライアントによっては、この話をセッションの中心にいきなり進めてしまう人もいます。目標はこの話のなかにそれとはなしに示されているかもしれませんが明示はされていないため、セッションで話し合いたい目標に関して通常は混乱が生じます。

◎「問題」に行き詰まる

　目標設定がうまくいかないときによく起こるのが、「問題」に行き詰まってしまうことです。クライアントが自分の課題を問題として提示します。

> 「私は時間管理が苦手です。」
> 「仕事が破綻を来しそうです。今期の結果は最悪でした。」
> 「私は常にストレス状態にあります。」

　こう言われると、コーチには同情心が起こります。相手を救いたいとの思いが強くなると、問題のあらゆる面に立ち入るようになります。「どれほど？　いくつの？　どんなにひどいの？……」と考え出すと、クライアントと同じようにすぐに絶望的な気持ちになります。こうした場面をビデオ録画や同席して観察できたら、クライアントもコーチも徐々に悲嘆にくれてゆき、椅子に深く沈む様子が見えると思います。これは思いやりのある対話かと問われれば「はい」ですが、コーチングとして有意義な対話かと問われれば「いいえ」です。

◎その場にいない人を変えるように求められる

　ここでクライアントは、問題のシナリオを別の形で提示します。例えば、次のようにです。

> 「私の上司はひどい人なんです。もう彼女には我慢できません。」

「私のチームに仕事ができないメンバーがいます。」
「同僚が会社で不正を働いているんです。」

　ここで陥りやすい罠は、セッションの場にいない人についての質問が多くなることです。
　「その人たちの年齢はいくつくらいでしょう？」「どんな役割の人たちですか？」「その人たちの驚くような行いとは何ですか？」
　こうしたときはすぐにセッションの進め方を修正しないと、憶測を生むことになります。
　「なぜその人たちはそうしたことをすると思いますか？」「その人たちはどんな思いからそうしたことをするのでしょうか？」「もしあなたがそんなことをしたら、その人たちはどう反応すると思いますか？」

　このまま対話が進んでクライアントと結託してしまうと、問題はクライアントにではなく、その人たちにあるということに暗黙のうちに同意しかねません。問題の当事者はコーチング・ルームに居るクライアントだけです。話の俎上にある関係者は残りの半分ということですが、この場にいない人をコーチングすることはできません。また、クライアントが自分事として捉えない問題もコーチングの対象外です。自分の問題にかぎり、コーチングは可能なのです。
　したがって、同僚が不正していると疑うクライアントにとって、クライアント自身もわかっていますが、同僚の不正を止めることは目標ではありません。それよりも、クライアントと話し合ったうえで、不正行為が実際に行われているという証拠を確認し、それをどうしたいかのジレンマに取り組むことが目標になるかもしれません。

◎目標が壮大な場合：1回のセッションで取り組むには大き過ぎる

　クライアントが心のうちにとても深い苦悩や不安を募らせ続けているとき、その問題に共感し、判断を下さない人に相談できることで安堵感は覚えることがあります。そうしたときにコーチングの目標を尋ねられると、

次のように答えるかもしれません。

> 「私は残りの人生をどうすべきかを知りたいのです。」
> 「私はもっと幸せになりたい。」
> 「私はリーダーシップ力をもっと磨かなければならないのです。」
> 「自分はなぜ40歳になっても独身でいるのか、その理由が知りたいのです。」

　これらは重要で本質的なテーマですが、1回のセッションで取り扱う目標としては大き過ぎるため、目標をいくつかに分け、小さな目標ごとに各セッションでコーチングしていきます。

　また、全体的な目標が大き過ぎるとメンタル・ブロック（mental block, 訳注：行動をしようとするときに生じる否定的な思い込みのこと）や障壁も大きくなり、問題解決に時間を要することになり、結果的に「答え」は徐々にしか出てこなくなります。経験の浅いコーチがコーチングの解説書などを読んだことで、クライアントの長年の大きな問題が「わかった！」として簡単に解決策が見つかると思うことがあるようですが、実際にはそうしたことはほとんどありません。

◎クライアントは実際のところ、何の目標も持っていない

　これは奇妙に思えるかもしれません。確かに、すべてのクライアントには目標があり、そのためにコーチングを受けに来るはずです。

　しかし、コーチングが組織で一般的に行われるようになった現在、コーチングはマネジメント能力開発プログラムの一環としてなど、広く従業員に提供されています。こうした場合、決められた回数のコーチング・セッションに参加することが明らかにプレッシャーだと感じられることがあります。これは、コーチにとっては悩ましいことかもしれません。

●参加意欲がない人にコーチングしたジェード

　コーチングの資格を取得した後、クライアントの獲得に必死になっていた私は、ある大手通信会社から、特定のレベルのスタッフに必須とされるリーダーシップ開発プログラムのコーチの1人として指名されたことに嬉しく思いました。

　最初のセッションは、各コーチが決まった手順に沿って進めることになっていたので、問題ありませんでした。決まった手順とは、いくつかの心理測定の結果を報告し、クライアントの360度フィードバックを確認することです。

　その後どう進めるかはクライアント次第でした。このプログラムの参加者たちのなかには、セッション開始直前にキャンセルしてきたり、目標を持たずにセッションに入る人が、思いのほか多くいました。こうした人たちにセッションを通して何を得たいのかと訊くと、下を向いたり、首を横に振ったり、顔をしかめる人もいました。そして、たいていが「わからない」という答えでした。

　その様子を見て私は、「コーチングを望まない」「必要としてない」と参加者は言えないのだと思いながら、時間の無駄だとして私に暗に不満をぶつけていることに気づきました。私は何の役にも立たないことにショックを受けました。それを自分の責任だと感じたのです。

　私はそこでのコーチングをやめることにしました。その後、自分でクライアントを見つけて、セッションを始めました。そのときのクライアントは自分でそこにいたいと思い、何に取り組みたいのかがわかっていました。この違いに、私はとても驚きました。

　コーチングの会話は、他の友好的な議論とは異なることがたくさんあります。そのうち、とくに大きな違いは自己変容に重点が置かれている点です。自己変容には自分への怒りも、無関心でいるよりはまだましです。不満を自覚することで、変容と改善のエネルギーを生み出すからです。

そのため、クライアントが何も変える必要がないと思っていれば、コーチングは成り立ちません。

●コーチングに目標を見出さないジョナサン

ジョナサンは新任の大使であり、英国の外務・英連邦開発局（訳注：現在の外務・英連邦省）で行われた5日間のリーダーシップ・プログラムを受けたばかりでした。そして、そのプログラムの参加者全員がフォローアップ研修としてコーチングを受けることになりました。

私は彼の新しい役割にどんな課題があるのかを聞いてみたのですが、そのときの対話の様子を以下にかいつまんで紹介します。

ジョナサン：今回任命された役割は私のキャリアの頂点といえます。英国にとって戦略的に重要な国への赴任であり、そこに行くことが楽しみです。素晴らしい経験になると思います。妻と私は……。

私：（ジョナサンの話を中断する）お話を途中で遮って申し訳ありませんが、コーチングとは、新しい役割がもたらすであろう課題についてあなたと一緒にさまざまな角度から探ることです。それは何だと思いますか？

ジョナサン：そうですね、ただ、きっと難なく切り抜けられると思っているんですよ。これが私のキャリアの頂点であることがわかっていますし……（と、同じ内容の話を繰り返していく）。

ジョナサンがコーチングの恩恵を受けるチャンスは十分過ぎるほどありましたが、彼には差し迫った目標も、長期的な目標もなかったようで、コーチングが本当に必要だと思っていなかったようでした。個人的に私は、クライアントが主役を担う舞台の観客になるのはコーチの役割ではないと思います。彼は魅力的で有能な人でしたが、どんなコーチングであろうがすぐに興味を失うだろうと推測できました。私は、そのことでの失望とフラストレーションを受け入れたくはありませんでした。

　クライアントが目標を持っているように見えないことによって発生する少しわかりやすい問題があります。例えば、あなたが経験豊富なクライアント、つまり、あなたや他のコーチと長期間にわたってうまくコーチングをしたことがある人とコーチングをしているとき、彼ら彼女らがセッションで価値があるのは、前回と今回のセッションの間で起こったことについて自由に振り返る機会を提供されることだと言うかもしれません。彼ら彼女らは、セッションを「共鳴板」に例えるかもしれません。このような場合には、通常セッションで設定する目標を持っていないという認識に注意を払いながら、クライアントの心から浮かび上がる課題らしきものを探ってみるように促してください。ここで役立つ質問は、セッションの議題についての簡単な要約と暫定的な提案を組み合わせたものです。

> 「では、あなたの話を聞くかぎりでは、［上司の名前］との関係性が変わってきているようですね。今日はそれについて探ってみますか？」
> 「あなたはチーム・ミーティングがどのように進んでいるかを問題視されているようですね。それはこのセッションの課題にするほど重要なことですか？」

┃ クライアントからの依頼を断るとき

　コーチにとってこの業界は、とても競争が厳しいといえます。コーチング・ビジネスの運営に関する研修会を開くと、そこに集まる人たちからの質問で一番多いのが、「クライアントの新規開拓には、どんな方法がいいのでしょう？」です。その一方で、「コーチングするには難しいクライアントはどの時点で見切ればいいでしょう？」という質問はあまり訊かれません。

　私は、新規のクライアントを引き受ける際には、双方の関係が成り立つかどうかを確かめるために、様子見（chemistry）の会話をしないことはほとんどありません。

　目標がないことは、私がコーチとして適任ではないとクライアントに言

うだけでなく、ときにはクライアントはコーチを全く必要としないのではと言う主な理由の1つです。ここで極めて重要な質問は、「魔法の杖を振って未来が見えるとしたら、このコーチングが成功したとしたときに、あなたは何が変わっていますか？」です。クライアントが必要としているものとコーチが提供するものが明らかに合致していなければ、他の方法や支援先を提案するのがいいと思います。なかには、コーチングできない人もいます。自己認識のレベルや、自分自身に責任を持つ能力が低い場合はとくにそうです。

　以下に、コーチングを断るのが賢明な、普通に起こり得る状況を紹介します。

●クライアントとなるのは、卒業しても就職先のない若者です。実家に戻って親と同居していますが、両親は彼を愛しているものの、早く自立してほしいというのが本心です。両親はこの「大きなカッコウ（その場にふさわしくないことの比喩）を巣から出す」ために深く考えた末、コーチングが解決策だと判断しました。そこでコーチは、クライアントになるかもしれない彼との様子見の会話をすることに同意します。しかし、実際に会うと、彼がコーチングに同意したのは両親を安心させるためだということがわかりました。彼自身からコーチングの動機が全く感じられません。本人にやる気がなければ、コーチングは成功しません。

●クライアントとなる人は、人事担当者からの紹介です。紹介者に問い合わせると、その人の技術的なスキルが疑問視されており、業務のうえで深刻な問題があることを確認します。クライアント自身はコーチングを熱望していますが、コーチングを行ってみた結果、どれほどの違いをもたらすことができるでしょうか？　たぶん、微々たるものです。あなたはコーチであって、メンターではありません。この組織は、いずれ訪れる別れの前に、適切に対処したと見られたいということなのでしょう。

●クライアントは、「コーチングとは何か興味がある」とあなたに言い、

「楽しいかもしれない」とも思ったようです。「会社がせっかくコーチング
のチャンスをくれたのだから、試してみてもいい」とも言います。「無料
なんだから、やってみない理由なんてないでしょ？」とも。こうしたクラ
イアントの姿勢では、将来、コーチングを実施するうえでの強い土台がつ
くれません。

●クライアントとコーチとの相性を見る会話のときに、メンタルヘルス
の問題を示すような、極端な言動や奇妙な行動が現れるとします。こうし
たときは十分に検討したうえで、おかしいと判断できたら断るようにしま
す。コーチが対処する分野ではないからです。

●クライアント候補者は、周囲の人の失敗を悪く言ったり、周りが変わ
ればすべてがうまくいくと言います。こうした人はコーチングの必須条件
である、自分の責任を受け入れる能力が低いことを示しています。このタ
イプの人とのコーチングはできないことはありませんが、普通よりも時間
がかかることは覚悟しておいたほうがいいでしょう。

●仲の良い友人の依頼で、例えば就職面接の準備のコーチングをする場
合、クライアントと同じように率直に対話することは難しいと思います。
コーチングとは、高度なサポートと高度なチャレンジの融合によるもので
す。友情を大切にしたいのであれば、はっきりと断って、代わりに信頼で
きる同僚を紹介するようにしましょう。

クライアントがコーチングを受けるレベルに至っていないと判断できれ
ば、躊躇なく断ることです。こうした場合、コーチングが成功する可能性
はとても低いのです。

▌目標設定がうまくできないことの代償

よく起こり得るこの問題に対処しておかないと高い代償を払うことにな

りかねず、コーチングがうまくいかないと、費用を負担するスポンサーを苛立たせたり、がっかりさせたりすることにもなります。コーチングでは何よりも評判がすべてであり、うまくいかなければコーチとしての評判は悪く伝わります。そうなると、そのコーチは自分を無能だと卑下し、自信までもなくすことになりかねません。

　目標設定が不適切なセッションだと会話は堂々巡りをし、前に進みません。適切な目標がなければ、コーチは相手の心に強く響く質問ができないでしょうし、次に何を言っていいかもわかりません。クライアントの真の目標が特定されないままのコーチングは、双方がその場を取り繕うようになりますが、どちらも内心では何か変に感じると思います。コーチはこの場を修正する方法がわからないと思いますし、クライアントは自分が何かを失敗したのだと思って、どちらも自分の責任にするかもしれません。あるいは、コーチはクライアントの曖昧さを疎ましく感じ、クライアントはこれ以上コーチからは解決策が出てこないとして、それぞれが相手を非難し始めるかもしれません。

　こうなってしまうと、クライアントは先に進むことをためらい、不服そうな態度になり、コーチはセッションのエネルギーが一気に萎む感覚にとらわれます。すると、コーチは次第に次に何をしなくちゃいけないんだろうと慌て出し、相手への介入が増え、また時間も余分にかかるようになります。反対にクライアントのほうは、徐々に会話が少なくなっていきます。

▍解決策

●解決に向けての最初の一歩は、何が起きているのかに気づくことです。

　次に、セッションのプロセスの段取りを行うこと、つまり目標設定や時間管理などを計画し運用することがコーチの仕事であることを常に意識します。この役割をクライアントに任せてはなりません。もしそうした場合、クライアントが実行できるとか、実行したいとか決して考えないことです。

●セッションが始まって5分から10分が経過しても目標が合意できていないと思ったら、適切な目標が決まるまでは我慢強くクライアントとの対話を続け、クライアントが妥協しないようにします。必要に応じて中断することはかまいません（305ページ参照）。ここで、あなたの懸念を伝える用意をしておきます。

●クライアントがネガティブな表現で課題を共有することがあれば、ポジティブな表現に変えるようにします。例えば、「テニスで負けないようにしたい」と言うのは目標にはならず、「試合に勝ちたい」と言うのが目標です。したがって、クライアントが「姉とは喧嘩せずに話ができない」と言ったとしたら、「では、お姉さんとお互いに冷静に話ができるようになりたいのですね」と言い直してあげます。

●目標には、「どのように」という言い方をしているかを必ず確かめるようにします。

●課題がジレンマである場合、目標は必ずしもその場で解決策を見つけることではなく、問題が何であるかを明確にすることもあれば、すべての選択肢を比較検討して、そのなかから判断していくこともあるかもしれません。例えば、クライアントが「いまの仕事に留まるか、管理職を目指すか迷っている」と言ったとしたら、「わかりました。今日のセッションでは、いまの仕事に留まるのがいいのか、管理職を目指すのがいいのかを明確にしたいのですね？」と返します。

●クライアントがまだ頑なな態度である場合、もう一度あなたが懸念をいだいていることを示すために、「本当の目標がまだはっきりしていません」と伝えます。そのほかの有効なフレーズは次のとおりです。

> 「今日のコーチングが成功したとしら、結果的にあなたの何が変わるでしょうか？」

「このセッションの目標は何でしょうか?」
「この場での理想的な解決策は何になるでしょうか?」
「この件に関して、私からどんなサポートが必要でしょうか?」

●セッション自体の目標と、コーチングの目標は区別します。例えば、クライアントの最終的なコーチングの目標は就職試験を成功させる準備にあるとしても、セッションの目標は面接での典型的な口頭試問にどんな受け応えをするかについてのフィードバックなのかもしれません。

コツを覚える

「コツを覚える」と言われては、人によっては目標設定プロセス全体がつまらなく、とても空虚な感じを受けるかもしれません。しかし、実際に目標設定にはコツ(技)があり、コツ(技)がつかめればプロセスの負担が軽減できます。ただし、コツを習得するには、コーチングの他のことと同様に、高いレベルの自己認識に加え、トレーニングや練習、そして経験豊富なコーチやスーパーバイザーからのフィードバックが求められます。目標設定は、ユーモアがなく、機械的である必要はありません。クライアントにコーチが駆使しているテクニックだと感じさせないように、共感と善意に満ちた会話のなかから自然に生まれてくるのが理想です。

何度もコーチングを経験しているクライアントは、適切に目標設定することの重要性をよく知っているので、速やかにコーチングが開始できるように注意を払います。

私が何年間かコーチングをしたクライアントのことをお話しましょう。いくつかの異なる仕事をしてきているその人が突然私のオフィスに飛び込んできて、コートを着たままこう言いました。

「今日のセッションの私の目標を訊かれるのはわかっています。はっきりするまで質問されることはもうわかってます。だから、今日は3つの目標を優先順に言います。初めの45分はそれに使って、そのあとは状況次第でどうするか、様子をみませんか?」

　当然、私はこのユーモアに満ちた提案を、ユーモアを交えて同意しました。

トランザクショナル目標（パフォーマンス目標）とトランスフォーメーショナル目標（ラーニング目標）

　コーチングでは、多くの場合、同時に2つの異なる種類の目標に取り組みます。トランザクショナル目標（パフォーマンス目標）とトランスフォーメーショナル目標（ラーニング目標）です。

　トランザクショナル目標（パフォーマンス目標）とは、日常的な業務（トランザクション）などにおいて、クライアントが達成したいとする特定のタスクのことです。これは、第三者などの外部から課せられることが多く、短期的なパフォーマンスに重点が置かれます。ときには、失敗を回避したり、能力が劣っていると見られないようにすることを目的としていることもあります。例としては、次のようなものがあります。

- ジムに入会して、週2回通う。
- 部の会議を時間内に終える。
- 採用試験の面接を成功させる。
- 新しいマーケティング・マネージャーを採用する。
- 来週の取締役会で印象に残るプレゼンテーションを行う。
- 2月末までに全スタッフの評価を行う。

　こうした目標はとくに問題はありません（私はクライアントといつもこのような目標に取り組んでいます）。

　その一方で、トランスフォーメーショナル目標（ラーニング目標）にはクライアントの変容（トランスフォーメーション）において、とても大きな力を発揮します。これは、本質的な満足を得るための目標です。クライアントの内部に秘めている要因に焦点を合わせ、短期的なタスクの達成よりも、同様の状況やジレンマに遭遇したときに対処できる能力を強化することを

目的としています。クライアントにこの違いを理解してもらうには、リフレーミング（reframing, 訳注：いままでの見方を変えて、新たな視点で捉えること）を1、2回してみることです。

トランザクショナル目標 （タスクにおける目標）	トランスフォーメーショナル目標 （自己変容のための目標）
ジムに入会して、週2回通う。	自分が楽しみながら体力向上のために継続できることを見つけて、それを実行することを約束する。
来週の取締役会で印象に残るプレゼンテーションを行う。	プレゼンテーションで何をすれば印象的であるかに対する意識を高めるようにし、実際の場面ではいつでも簡単にその知識を応用できるようにする。
2月末までに全スタッフの評価を行う。	パフォーマンスをうまく発揮できる方法の理解を深め、毎回それができるためのスキルを身につける。
採用試験の面接を受ける。	自分が注目されていたり、他の人と競い合っている場面などでは、いついかなるときも影響力と高潔さを示すようにする。

ビジネスと組織の目標

　エグゼクティブ・コーチングでは、目標設定のプロセス全体が急に複雑になることもあれば、簡単になることもあります。考慮すべきことが多くなれば複雑にもなり、適切なやり方で進めてクライアントの課題の本質部分をよく把握できれば、そのコーチングは簡単になり、うまくいくからです。

　エグゼクティブ・コーチングは基本的に、クライアントとコーチが第三者（すなわち、組織）の利益のために協同するビジネス上の取り組みといえます。

　しかしながら、組織のステークホルダーに、「このクライアントとのコーチングを信用してください。きっと組織に価値をもたらします。本当です！」と言うのはあまりお勧めできません。こう言ってしまうと、コーチングはコーチとクライアントの間で秘密裡に行われる、何かミステリアスなプロセスのように受け止められかねないからです。そして、組織にはクライアント本人のコーチングの目的は知らされないことから投資対効果の評価はともかく、コーチングの焦点がどこにあるのか疑いを持たれかねません。

　コーチがクライアントのビジネスの仕組みをよく知らないことで不安を感じていたり、個人的に組織の幹部職を経験したことがないと、そのコーチングはプライベートな人間関係や目標のみに焦点をあてたライフ・コーチングになってしまうかもしれません。これでは組織が期待するコーチングの成果が得られないことになります。

　これらの組織の置かれている状況は、重大な変革が必要とされている新たな要因があります。それは、組織はその環境の一部であり、そこでは顧客、ユーザー、競争相手、規制当局、または技術進歩からの圧力がかかっています。したがって、あなたがクライアントとすべきもう1つの重要な対話は、これらの圧力がどのようなものかを確認することです。個人が単独で行動して成功させることはあり得ないため、クライアントのチームの行動や態度も重要な要素となります。これらのすべてが、組織のパフォーマンスに影響を与えます。

　経営幹部がクライアントであるコーチングでは、目標設定のアプローチの1つとして図 7-1に示す考え方があります。

　エグゼクティブ・コーチングは、「リーダーの行動」にのみ集中してしまうと失敗の可能性がとても高くなりますが、コーチとクライアントがともにこの図のシステム全体を理解しながら進めることができれば、コーチングの効果がとても高まることになります。

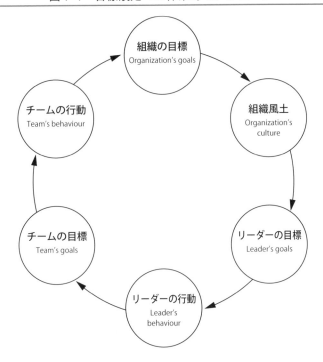

図 7-1　目標設定への体系的なアプローチ

組織の目標
Organization's goals

組織風土
Organization's culture

リーダーの目標
Leader's goals

リーダーの行動
Leader's behaviour

チームの目標
Team's goals

チームの行動
Team's behaviour

三者または四者間の契約

　できれば、クライアントとその上司との対面、またはオンライン三者ミーティングをコーチング・プログラムの標準手順に組み込んでおきます。人事担当者が熱心であれば、四者ミーティングでもいいでしょう。目的はコーチングにより、クライアントが達成できることと組織が期待することの共有です。また、そうしたミーティングから組織文化についての重要な洞察を得ることができれば、クライアント個人の視点に固執しがちになることを防ぐことができます。その方法を以下に示します。

◎ミーティング開始前

　まず、ミーティングを実施するメリットを説明し、クライアントの同意

を得ます。次に、上司やスポンサーなどにミーティングに協力してもらえるように依頼します。直接対面もしくはオンラインによる2時間ほどのミーティングを設定し、参加者全員にメールで目的と時間を共有します。コーチの役割は、ミーティングを円滑に進めることです。このミーティングではコーチングは行われませんが、料金が発生することはクライアント側には了解してもらいます。そしてコーチの目的は、組織のニーズをこの場で明確にすることだとよく認識しておきます。

◎第1段階：上司とのミーティング

初めの30分は、上司と1対1のミーティングです。率直に話してもらうように依頼します。クライアント本人のパフォーマンスに問題がある場合、上司はクライアントに直接言っていること以上に、コーチにいろいろと話してくるかもしれませんが、それが事実かどうかを、「○○さんとそうした問題についてどれだけ率直に話してきましたか？」と尋ねて確認するようにします。本当に率直であることは極めて稀なことです。上司に尋ねる際に使える質問の仕方は、あなたがこの先クライアントと行う目標設定のテクニックとよく似ています。以下はクライアントに尋ねる質問例です。

「理想的にこのコーチングが成功した場合、あなたにとって何が変わるのでしょうか？」
「いま、組織の最大の課題は何でしょうか？」
「このコーチング・プログラムの成功をどのように評価しますか？」

◎第2段階：上司、クライアント、コーチによるミーティング

ここからクライアントも参加し、40分ほどかけて同じように率直に話してもらうようにします。上司には先ほどコーチと話しているときと同じように組織がコーチングで期待していることをできるだけ率直に話をするように依頼し、次のセッションまでに行うクライアントの「宿題」には必要に応じて関与する旨、合意を得ます。例えば、行動の変化についてのフィードバックなどです。クライアントがコーチング・セッションで何が

起こっているのかを共有することで目標に向けての進捗度合いがよく見えるようになるため、目標が達成される可能性が高くなります。

　また、このミーティングはクライアントの状況をよく知るうえでの、貴重な情報収集の場にもなります。上司が同席することで、クライアントの組織内での普段の行動のあり方が観察できます。

　私は、上司を交えたミーティングの間に明らかに不安で震えていたクライアントから、指摘を受けた課題についてことごとく上司と激しく論争するクライアントまで、さまざまな行動を見てきました。

　このような、上司とクライアントの関係自体が問題だと思われることが時折あるのであれば、私はコーチングの代わりとして、あるいは補完として、その2人の面談をファシリテーションさせてもらうことを提案します。

　現実的でない期待に異議を唱え、代替案に同意できるように準備しておいてください。

◎第3段階：クライアントとコーチのミーティング

　クライアントと40分間、コーチングを受ける意志があるかを話し合って確認します。実際に会うのが初めての場合、これはとくに重要なことです。クライアントにその気がなければコーチングはできません。その場合、次のように尋ねることです。

> 「いま聞いた話をどう感じますか？」（クライアントのなかにはショックを受けて怒る人もいるかもしれません。）
> 「このコーチングにあなたの会社は時間とコストを負担していますが、それを利用するかどうかはあなた次第です。先に進むことについて、どのように思いますか？」
> 「このプロセスについて、どのような懸念がありますか？」
> 「スポンサーに進捗状況をどのように報告しますか？」

◎第4段階：コーチング終了時のレビュー

　コーチングが終了したら、上司やスポンサー、クライアントとのレビュー・ミーティングの開催を提案します。目的は、クライアントが上司やスポンサーに対し、何が変わったのか、何を学んだのか、そしてその学びを日々の仕事にどう活かそうとするのかを共有することです。これはコーチング全体のなかで、とても重要なプロセスになります。

　上司が部下に対して「変われない」「これからも変わらない」といった固定観念を持つ場合、変わるために奮闘してきたクライアントにとって、その変化が上司やスポンサーに認識されていないことがわかれば、とても落胆することになります。よって、この場合は、コーチング・セッションの細かい内容やプロセスについてはコメントしないようにします。その代わりに、クライアントが自ら変わったと信じている分野や領域を明確にすることを支援し、上司やスポンサーにも同様に、クライアントの何が変わったかを明確にするように励ましてあげてください。

　組織の重職にあるクライアントが自らのコーチング・プログラムを始めることになったとき、その費用は自部署の負担になることが多いようです。その場合、このプロセスが無意味で、押し付けのように見えるようであれば、クライアントに無理に勧めないようにしましょう。

個人の目標を明確にする

　コーチングに対する私の哲学は、全人格的な視点に立つものだとはっきりしています。それにより、目標設定のプロセスは仕事だけでなく、個人の領域も考慮することが必要だと考えます。このことで、コーチングに強力な2つの焦点が当てられます。

●三者面談を行ったアラステア

　アラステアは、解任された前CEOのあとを受けて、病院経営に携わっています。彼は多額の赤字と士気の低下したスタッフをそのまま抱

え込み、そうしたことで新聞の見出しにもなっていることにとても悔しい思いでいました。経営を引き継いで数週間ほどして、医師たちがマネージャーたちを、事の是非はさておき、「敵」のように見ていたりと、内向きの風土があることに気がつきました。

　会長とコーチとの三者面談で合意されたアラステアの組織目標は次のとおりです。

- ・18カ月以内に赤字をゼロにする。
- ・経営陣の自信と能力を再構築する。
- ・旧来の機能別の組織を「患者の病歴」に基づいて抜本的に見直し、実際の医療現場に即した組織に再編成する。このプロジェクトは上席医が主導する。
- ・政府が課したすべての目標を達成する。
- ・政府の監査人から最高評価を得る。

　これは手に負えそうにないリストです。アラステアと最初のコーチング・セッションをした後、いくつかの個人的な目標も挙がりました。そのなかには次のものが含まれていました。

- ・アラステアのダイエットを長続きさせる方法を見つける。
- ・体力と活力の増進を図る。
- ・同僚に影響を及ぼす能力を向上させることで、以前の体制の特徴だったコンプライアンスではなく、コミットメントを得る。
- ・より効果的に業務移管をする。
- ・会長、理事、保健省との強い信頼関係を確立する。

　アラステアにとって、個人的な目標と組織的な目標は密接に絡み合っていました。彼は、自分が病院の救世主ではないこと、そして決してそうなれないことを承知していました。コーチと上司との三者面談は、静かに人を鼓舞するリーダーシップが組織の再生にとって重要であることを明確にしてくれました。そして、コーチとの最初のセッションでは、その他すべての業務の重要な基盤として、身体的に健康であり、活気に

溢れていることに焦点が当てられました。

　彼によれば、組織課題を達成するためには、リーダーとしての個人的なニーズにも取り組む必要があるとのことでした。すなわち、彼の熟練したパフォーマンス・マネジメント・スキルを駆使しながら、チームを成長させることです。例えば、次のようなことです。

- ・権限委譲を正しく行うこと
- ・チーム・メンバーをコーチングする方法を学ぶこと
- ・ポジティブな影響力が伝わるテクニックを使って上昇志向の人間関係を育むこと
- ・病院の医師との強い関係を構築すること

　コーチングを依頼してくる会社側は概して、スタッフの活動と能力にしか興味がないのは事実です。エグゼクティブ・コーチングが実際のところ、心理療法を簡素化したもの、あるいはライフ・コーチングまがいではないかと疑われがちなことはよくあることです。役職の高いクライアント、とくに世間によく知られる有名人ほど、苦悩や混乱の経験が多いものです。彼らは自分の人生には意味がないと感じていると言ったりします。なかには、長時間労働や能力主義の呪縛から逃れたいと思っているのに、どうすればいいかわからずにいる、典型的な燃え尽き症候群の予備軍の人もいます。

　こうしたこともあるので、コーチとクライアントは仕事面だけでなく、個人的な領域にもコーチングの幅を広げれば、より強力な取り組みになるといえます。そのために使えるツールやテクニックはたくさん提供されており、あなたが気に入るものもあるかと思います。

　ここからは、これまで私が有用だと思うものをいくつかピックアップして説明します。

ライフ・ホイール（人生の輪）

　このシンプルでありながら、強力なツールを使う演習は、多くのコーチたちに支持されているものの1つです。「バランス・ホイール（Balance Wheel）」や「フルフィルメント・ホイール（Fulfilment Wheel）」などとも呼ばれ、現在の生活についての満足度を評価し、理想の人生と比較するためのものです。輪（ホイール）の中心は充実度または満足度ゼロを表し、各くさびの外縁までいくと、完全な充実度を表します（図7-2参照）。

　このツールの活用場面では、クライアントには初めての経験かもしれませんが、自分の人生全般を俯瞰するように促します。そうすることで、コーチとしてクライアントに対し、仕事面と同様に私生活面にも関心を抱いていることを示すことができます。また、クライアントが自分の人生で

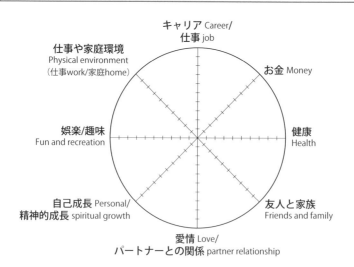

図 7-2　ライフ・ホイール

使い方：この演習では、現在のあなたの生活の満足度を評価します。中心が満足度ゼロであり、外側の端が満足度10です。0-10の尺度でそれぞれのくさび（ウェッジ）を評価し、各尺度を線で結んでください。どのような輪になりましたか？

何が起こっているのかをコーチと共有するための方法にもなります。

　これを使えば、クライアントは比較的簡単にコーチに重要な情報を伝えることができます。ここでケースを1つ紹介します。

●ゲイだとカミングアウトしたリチャード

　リチャード：パートナーのベルナルドとの関係を本当に誇りに思っています。私たちは15年も一緒にいるのです。私は重要な地位にありながら、カミングアウトしたゲイの好例として見られることを強く望んでいますが、これもまた、私にある問題を突きつけています。

　コーチ：それはどのような問題ですか？

　リチャード：それというのも、いまの会社は、ベルナルドがビザが取得できない国に私を異動させたいのです。私たちは別居などしたくはありません！

　このツールを使うことを承諾してくれたことで、リチャードは即座に、しかも適切な方法で彼の重要な課題だとしている性的傾向を明かしてくれました。この方法を使わなければ、コーチはこうした重要な情報を得るには他の手段を使わなければなりません。

◎ライフ・ホイールの使い方

　最初のセッションの前にクライアントにライフ・ホイールを送り、記入方法を説明したうえでコーチング当日に持参するように依頼します。そして、セッションの初めに、項目ごとに自己評点した背景について10分程度で説明してもらいます。これは、初めのセッションでコーチングするためのプロンプト（prompt, 訳注：「行動を促す刺激」の意の心理学用語）としてではなく、アジェンダを設定するために実施してもらいます（最初のセッションの実行方法は巻末の付録1も参照してください）。

このとき、率直に話したくないと言ったり、打ち明けたくないとほのめかすクライアントに無理には質問しないようにしますが、いずれ話してくれる機会があるかもしれないので、その旨をメモしておきます。

クライアントに、異なるそれぞれのくさび（ウェッジ）を採点した結果にどのような関係性があるかを質問してください。例えば、「仕事」への満足度を8か9で評価したクライアントが、「パートナーとの関係」を1か2で評価したとします。ときどき、クライアントの輪（ホイール）がこのように見えるとき、クライアントはパートナーとの関係を犠牲にして仕事にすべてのエネルギーを注いでいます。それは負の充実したサイクルになっています。（仕事は楽しくてやりがいがあるので、クライアントはそれに愛とエネルギーを注いでいます）。パートナーとの関係は達成感もやりがいもなく、クライアントはそれに愛とエネルギーを注ぐことを回避していて、それがさらに充実感のない、やりがいのないものしています。これは単純で驚くほど明白なつながりのように見えるかもしれませんが、クライアントがその瞬間まで見ることを避けてきたポイントであることが多いのです。

満足度が低い項目を変えるうえでの意欲がどれほどあるか、クライアントに尋ねてみます。このとき、クライアントは低いスコアは変える意欲があるはずだと解釈したり、低いスコアを変えることに気乗りがしないクライアントを奮起させることがコーチの役割だと思い込まないようにしましょう。そして最後に、満足と不満足の項目それぞれが、クライアントがコーチングの目標として初めにイメージしていたアイデアとどのように関連しているかを尋ねます。

ライフ・ホイール以外の方法

ほかにも、コーチングに採用できる方法がいくつもあります。その1つが、ライフ・ホイールの外側にある項目をクライアントが独自に考えて付ける方法です。これには、大きな紙か、ページ式の大きめのフリップ

チャートを使います。

　まず、クライアントにカラーペンのセットを渡し、ページの中央に円グラフを描いてもらいます。さらに輪を追加できるように十分にスペースを確保します。この円グラフの内側は、クライアントの現在の時間の使い方を表すためのものです。

　次に、中央に描いた円グラフの外側にもう1つ円グラフを追加し、それにはクライアントが理想とする時間の使い方を記入し、そのことがもたらす利点をリストにしてもらいます。

　さらにもう1つ円グラフを描き入れ、理想的な時間の使い方に変えていくには、何を変えるべきかをカテゴリーごとに記入します。

●理想的な働き方を実現したケビン

　石油会社のシニア・マネージャーを務めるケビンは現在53歳です。彼は「職業人生」を1つの会社で過ごしてきましたが、仕事への情熱を失っていました。強い宗教的信念を持つケビンは、発展途上国への慈善活動に自分の時間が割けられないことに不満を感じていました。

　彼はホイールの内側のくさびに、「社内政治」「チーム・マネジメント」「化学工場の訪問」「カンファレンスの出席」「出張」など、仕事に関するものをいくつか書き入れました。

　ケビンは年間80日以上の海外出張があり、このこともストレスを溜める原因になっていました。彼の結婚生活はこれまで十分な愛に満たされており、妻は最近退職したばかりです。手厚い給与は企業年金とも連動しているので、経済的な問題はありませんでした。

　ケビンのもう1つのホイールは、それとは劇的な対照を示していました。仕事の割合はごく一部に減少し、余暇の割合が大幅に拡大していました。その効用として、良好な健康状態、リラックスするための時間の増加、スペイン語の学習、結婚生活を楽しむことが記されていました。

　さらにもう1つのホイールでは、ケビンが理想を実現するために何が必要かが説明されていました。具体的に言うと、会社に希望退職の話を

し、コンサルタントの仕事を始めるにあたってそのスキルを磨くこと、スペイン語を「きちんと」学び、自分が心から楽しめる仕事に集中することでした。

　2年後、これらすべてが実現しました。ケビンは以前の勤務先や他の会社でフリーランスとして働きながら、それまで培った経験を活かして大好きな慈善活動団体に無料でのコンサルティングを行っています。

◎自分の人生を絵にしてみる

　多くのクライアントは自分のいまの状態を事あるごとに分析しているので、間違ったことがあれば、それは何かを正しく捉えます。しかしどういうわけか、状況が変わることがない人もいます。こうしたクライアントには、言葉がけや分析からいったん離れ、人間が本能的に反応する遊び心のある創造的な脳のある部分を刺激すると、好ましい反応が引き出せます。その方法は次のとおりです。

　まず、模造紙とカラーマーカーペンを数本用意するか、タブレット端末に作画アプリを準備します。そして、クライアントに絵を2つ描くように言います。1つは自分の人生のいまの様子を表したもの、もう1つは今後人生をどのようにしたいかを表したものです。このとき、上手に描く必要がないことを言い添えます。描き終えたら、現在から希望の未来を実現するにはどんな行動を起こすことが必要かを質問しながら対話していきます。

◎理想的な1日

　クライアントに、朝起きてから夜寝るまでの理想的な1日の過ごし方を話してもらいます。何が起こるのでしょうか？　具体的には何をしているのでしょうか？　それらのことがあたかも実際に起きているようにその日のできごとを現在進行形で話すように依頼します。

　ワーク・ライフ・バランスの問題を抱えるクライアントの場合にとくに有効なのが、見開きで1週間分の日記を使う方法です。これはまず、クライアントに日記を渡して次のように言います。

「いまの仕事を辞めたと思ってください。そして、この日記に有給の仕事を入れずに、理想的な1週間の活動を記入してください。」

ほとんどのクライアントは、この演習に真面目に取り組みます。通常、日記の記入は次のセッションまでに終えてもらいます。そして、その後のセッションで、次のような質問をしながら対話を進めます。

> 「すべて埋めるのは、どれほど大変なことでしたか？」（通常は不可能）
>
> 「こうした生活を送ることになれば、どんなことがあると思いますか？」
>
> 「仕事に合わせてプライベートな生活を送るのではなく、プライベートな生活を基準にして生活するのはどうですか？」

▌人生の目的を明確にする

コーチングの本質として、遅かれ早かれどこかのプロセスで必ず、「人生の目的は何か？」という大きな問いが現れます。この問いの根底には、いずれ誰もが自問するようになる、「人生にはどんな意味があるのか？」という問いかけがあります。コーチングの依頼の背景には、しばしば無意味さが垣間見えます。これらのことすべてが、自分に関係する世間の通念や思いによって、計り知れないほど強められています。最も一般的なものを以下に紹介します。

思い：明日はゆっくりできそうです。	現実：難しいでしょう。躁（そう）状態のエネルギーで仕事をすることが習慣になります。
思い：いま長い時間仕事をしていれば、後で自分の時間がつくれます。	現実：あなたの働く時間が長くなるほど、それがあなたの標準的な働き方として周囲は慣れてしまい、彼らは義務的にあなたの書類トレーを山積みにしていきます。

思い：子どもたちが喜ぶものを買ってあげれば、一緒に過ごせない時間の償いになると思います。	現実：喜ぶものを買い与えることは、親が子どもと過ごす時間の代わりにはなりません。
思い：私にしかできない仕事です。彼らは私がいなければやっていけません。	現実：多かれ少なかれ、あなたが辞めた途端、みんなあなたのことを忘れることでしょう。

　人生の目的の核心について尋ねることはこのすべてを切り崩し、クライアントにとってショックとして現れます。だからこそ、突然の失業や解雇という真の、明らかなトラウマのなかにあっても、人生の目的の核心をわかっているクライアントは元気を出して楽観的でいられるのです。いったん人生の目的が明確になれば、重大な決定ははるかに簡単になります。どのようなターニングポイントにおいても、人生の目的の基準に照らし合わせることができます。人生の目的を尋ねることについて、クライアントに曖昧な言葉を使ったり、謝罪的であってはいけません。それは少し尊大な言葉に聞こえるかもしれません。しかし、自信を持って紹介してください。

◎人生の目的を見極めるためのいくつかのアプローチ

　最もシンプルなのは、直截的な質問をしてみることです。あなたがクライアントとすでにこれまでの生い立ちについてのセッションを行っているなら、そのときにクライアントが答えたことをもとにして質問するのが有効かもしれません。

　　「周りの人からよく言われるあなたの価値とは何でしょうか？」
　　「お金のことが問題ではないのなら、あなたは何をしたいでしょう？」
　　「いまの仕事で一番楽しいことは何ですか？」
　　「考えなくてもよいほど簡単にできるスキルやタスクには何がありますか？」
　　「仕事以外の時間で一番楽しいことは何ですか？」

「あなたがまだ実現していない目標は何ですか？」
「あなたは人生にどんなテーマや展望を持っていますか？」
「レガシー（功績）として残したいものは何ですか？」
「とても寛大で、とても愛情にあふれ、とても誠実であるときのあなたはどんな人ですか？」

◎「未来からのハガキ」演習

　これは簡単な方法ながら、とても効果がある演習です。

　まず、クライアントに1枚のハガキを渡し、「未来のある時点の自分をイメージし、そのときの自分からいまの自分に宛ててハガキを書きます。ハガキには、自分はいま何をしているかを書き、そのことについて何が好きで、それに至るまでに何をしたかを書いてみてください」と依頼します。

　この演習の目的は、クライアントが潜在的に思う理想的な自分を発見することであり、書くことでそれが具体的にわかるようになります。この方法を6カ月先に設定したコーチもいます。クライアントが書いたハガキをコーチが預かり、半年後に書いた本人に郵送するというものです。

◎「得る」ではなく、「与える」を意識する

　ほとんどのクライアントは、真の人生の目的は何を得たいか以上に何を与えたいかにあると、じきに気づくようになります。得ることではなく、与えることが自分にとって重要というわけです。あなたが得ることに一所懸命であるとき、それがお金、名声、権力、魅力的な財産、家、セックスを追い求めたり競争相手を出し抜くスリルの何であれ、欲しがるものをすべて得ることなど決してできないことです。得たいという思いがあまりに強いと、誰かが自分のものを盗ったり壊したりする、生意気な後輩に仕事を奪われる、恋愛のライバルが現れる、それとも財産を狙う無謀な泥棒がいる、のではないかと、常に警戒しなければなりません。

　だからこそ、クライアントの人生の目的についてコーチングに取り組むことは、自分探しのための逃避やインナー・チャイルド（訳注：子どもの頃の思考パターンや習慣が成人しても自分を守るために性格の一部として形成される心理

学用語。「内なる子供」とも言われる）からの回復、インドを旅したり、お香を焚いたり、ゆったりとしたローブやサンダル姿になったり、あるいはある分野の作家や自称導師が奨励するその他のスピルチュアルまがいのことの空想にふけることとは同じではありません。

　よって、簡単なリフレーミングだけでも十分なこともあります。クライアントはすでに申し分のない分野でそれなりの仕事をしてきて、それに応じた人生を送っています。欠けていることは、自分が行った選択の意義を理解することです。パートナー、仕事、業種の選択はほとんど偶然ではありません。コーチとして私たちの仕事の大切な一部は、常に存在しているのに部分的に隠されているものを明確にすることです。

●人生の意味を見出したマーク

　マークは、貿易部門がうまくいっている第三セクター企業を運営していました。その組織は、自分たちは不屈で、事業として活動に集中するプロであるべきとする一派と、当初の普及活動の使命と目的を優先すべきとする一派に分裂していました。事業実践派は普及活動を「ふわふわした」ものとして見ており、普及活動派はマーケターや金融のスペシャリストを冷徹な日和見主義者と見ていました。

　マークはこの2つの流派の状況を不安に感じていました。彼は、西ベルファスト（訳注：英国の一部である北アイルランドの首府で、ある時期爆弾テロが頻発した）のカトリック地区の大家族のもとで育ちました。少年時代には「楽しかったし、エキサイティングだった」ことから暴動や戦闘に加わりました。そのことは、付きまとわれたり、不利な立場に立たされることがどういうことか、気づきを得ることになると同時に、人生の早い段階で自分は人を鼓舞する才能に恵まれていることを見出しました。学生時代にはその能力を弁論部で磨き、それが契機となり英国国会議員の研究員として働くことになりました。

　マークにとって人生の目的についての問いに答えるのは簡単でした。「誤りを正すこと」──。一言で言えば、これがその答えです。彼は、

旧約聖書にあるように、明らかに強力な敵のゴリアテに対抗するダビデとして大胆不敵に行動しているときほど、幸せなことはありませんでした。彼にとってのストレスは、いまの自分の役割が自分の長所を生かすことを制限しているように見えたことでした。

　その状況での彼の選択はシンプルに見えました。転職するか、これまでの役割に改めて向き合うかの2つに1つでした。結局のところ、いまの仕事に再度挑戦することを選択しました。そう決断したのは、組織の真の目的が彼の思いに近く、その目的を外部に啓蒙するアンバサダー的役割を自分のミッションとしながら、組織内では普及活動を直接指揮すると同時に、ビジネスとして事業を推進するディレクターを新たに任命することで、現状を変えられると考えたからです。

　いまや組織のビジネスとしての事業活動は普及活動の支援も目的としたものとなりました。マークもいまは自分自身を「毎朝ベッドから元気よく飛び起きると、自分が生まれてきた意味をしみじみと実感しています」と述べています。

価値観と原動力

　人生の目的について尋ねることは、本来の自分を発揮すること（doing self）ではなく、内面の領域にある本来の自分であること（being self）へいざないます。それは、クライアントに「あなたにとって本当に重要なものは何ですか？」と言うことです。あなたは一連の質問を通してクライアントが人生の目的を探求し、この質問への答えを得るかもしれないですし、クライアントの価値観と原動力を特定するように明確に意図された演習を通してそれを見るのを好むかもしれません。

　人生の目的について尋ねることは、キャリアのジレンマに直面しているクライアントにはとくに有効です。なぜなら、多くのクライアントが「誰が私を雇ってくれるのか？」という質問から考え始めるのではなく、「あなたは本当に何をしたいのか？」「あなたにとって何が重要なのか？」と

いう問いへの答えを認識することから始めるからです。自分の価値観を知ることは、目標を強固にするための強力な方法でもあります。

◎ゾーンに入る

　スポーツをする人たちは、最高のパフォーマンスを発揮する瞬間を「ゾーンに入る」と表現します。勝利やプレー、パフォーマンスを向上させ、いつもより同等以上に力を発揮する瞬間です。このことが素晴らしいのは、努力を要しないと感じられることです。同じ現象を「フロー状態にある」とも言います。それは何世紀にわたり何度も言及されてきており、しばしば精神的な覚醒に関係するものとされていますが、今日、この言葉は現代ポジティブ心理学運動の創設者の1人、ミハイ・チクセントミハイと最も関連づけられています。

　これらの瞬間は時間の経過が速く（時間の感覚は爽快感とともに歪みが生じますが）、心と体が一体となり、意識できる幸福感、陽気さ、活力の感覚として特徴づけられます。

　あなたには、個人としての揺るぎない価値観と密接に結びついた明確な目標があり、それにより自信を持って目の前の仕事に集中することができます。自我意識や恥ずかしさはありません。

　通常は、自分自身への瞬時のフィードバックがあり、難なくパフォーマンスを調整することができますが、その活動は本質的にやりがいのあるものであると感じているので、そこではほとんど努力を必要としないのです。何かを達成しているという感覚があり、挑戦的であるにもかかわらず、それが圧倒されるほど挑戦的ではありません。自分をうまくコントロールしている感覚があるのです。あなたにはそれができるし、何事も可能になります。

　クライアントに「フロー状態」を説明し、これまでにその瞬間を感じた場面を4つ挙げてもらいます。プライベートだけでなく職業人生において、また、異なる時期や十年単位の出来事などを網羅するよう依頼します。人

生の「ピークの瞬間」を尋ねることにより、より豊かな絵が描けるように
なります。そこで、出てきたキーワードはそのまま書き留めます（解釈し
ないようにします）。これにはフリップチャートなどを使うといいでしょ
う（クライアントが後でテーマを確認するのに役立ちます）。ほとんどの
クライアントはその瞬間をよどみなく話してくれるはずですが、次のよう
な追加の質問をして、多くのことを話してもらうようにします。

> 「その瞬間や時間を特別なものにしたのは何でしたか？」
> 「他に誰がいたり、誰が関わっていましたか？　そのとき彼らは何
> をしていましたか？」
> 「それをとても重要なものにするためにあなたが具体的にしたこと
> は何でしたか？」
> 「その瞬間のあなたの気持ちはどんな感じでしたか？」
> 「どんなことが達成され、実行され、学習できましたか？」
> 「その達成や学びについて、あなたはどのように感じましたか？」
> 「あなたはどんな価値観や信念を必要としていましたか？」
> 「それは何を満たしていましたか？」

　クライアントの発言を書き留め終えたら、フリップチャートのそのペー
ジとマーカーペンを渡し、気になる言葉に印を付けてリストにしてもらい
ます。その作業で手こずっていれば、言葉の関連性やテーマなどを提案し
てあげてください（関連性を見出すのはクライアントよりもコーチのほう
が気づきやすいかもしれません）。それから現れる価値観と原動力のもと
となることをリストアップします。
　次に、その意味を深掘りするよう依頼します。ここでは、次のような質
問が考えられます。

> 「これらの価値観や原動力をリストにしてみて、どう感じました
> か？」
> 「あなたには、そのなかでいちばん重要なことはどれですか？」

「このリストにないものに、どんな驚きがありますか?」

「現在の生活のなかで、それらをどの程度満足させていますか?」

「あなたがこれらの価値観に従っているとき、あなたはどのように感じていますか?」

「あなたがそれらに従っていないとき、あなたはどのように感じていますか?」

「これらの価値観をいまのあなたの真の原動力にするためには何が必要ですか?」

「それらの変化を起こすための準備はできていますか?」

　この演習は、ポジティブなことにのみ焦点を当てるため、クライアントは新しい発見に気づくことも少なくありません。

　例えば、あるコーチ養成コースの参加者は、エドワード・エルガー作曲の人気のオラトリオ「ゲロンティアスの夢」で天使の役を得て、地元の大聖堂で歌うチャンスがピークの瞬間の1つだと言いました。天使としてゲロンティアスを現世から来世へと導く役割は、彼女の歌の才能、パフォーマンスと脚光を浴びることへの欲求、そしてまたコーチとして他の人たちに対して深い意義のあることをしてあげたいという欲求をも内包していました。

　この演習にはいくつかの活用法があるのですが、とくにキャリアを考える際に有効です。例えば、演習で明らかになった基準に照らし合わせて、クライアントの現在の仕事や生活がどのような状況にあるかが評価できます。多くの場合、仕事と生活の一致が見られず、それが「何か別のことをする」というクライアントの決意を加速させることにつながります。

　もしくは、クライアントが新しい仕事をオファーされて、その承諾をためらうようなとき、いつでもこのリストに立ち戻る価値があります。そして、クライアントがあなたと共有する深刻な問題には、「決定がリストにどれほど合致しているか見てみましょう」と言ってみてもよいかもしれません。これにより、決断するまでの時間を大幅に短縮できます。

　目標はクライアントとコーチ双方にとって重要ですが、それがすべてだと捉える人たちには中毒性の罠が待ち構えます。スピリチュアル・カウンセラーのエックハルト・トールは著書『さとりをひらくと人生はシンプルで楽になる 』（*The Power of Now,* 2001；邦訳：徳間書店）でこのことを強く主張しています。

　この本では、私たちの人生はいつでも未来を待っていることになってしまうかもしれないことから、いまを生きることによる解放的なエネルギーを讃えています。トールは、「小規模な待ち」（バスの行列や渋滞のなかで）と「大規模な待ち」（より良い仕事やより豊かになるために）を対比しています。「大規模な待ち」は、とくに目標を現実のものにするための行動が伴わなければ、いまの生活の質を低下させてしまいます。彼がそのような「大規模な待ち」で行動を伴わない目標は、彼が「外なる目的」と呼ぶもので、そのすべてが最終的には失敗に終わります。これは、「外なる目的」の達成は、さまざまな要因に左右されるからです。

　彼は、待つという心的状態に警告を発していますが、それは、現在を拒絶しながら、未来をのみ望む可能性があるからです。目標を設定することは重要ですが、いまを生きているという感覚を犠牲にしてはならないのです。私がこの本で提唱しているコーチングのモデルに関して、彼は「本来の自分であること（being self）」から「本来の自分を発揮すること（doing self）」へ移行してしまうことへの警鐘を鳴らしています。

　「あなたの人生の旅には、“外なる目的”と“内なる目的”があります。“外なる目的”とは、目標や目的地に到着することであり、あなたが目指したことを成し遂げることであり、あれやこれを努力して達成することであり、もちろんそれは未来を意味しています。

　しかし、もしあなたの目的地や将来に向けて講じている対策が、あなたの注意力の大部分を占めていて、それをあなたがいまやるべきことよりも重要なものになっているとしたら、あなたは“内なる目的”の旅を完全に見逃してしまいます。それはどこに向かうのか、何をしようとしているのか、と何ら関係がなくなり、そのやり方だけが大切

になってしまうのです。」（同書より）

　そして、この真剣さにどっぷりはまり過ぎになっていたら、この私の本の初版を読んでくれた思慮深いデレク・アダムスより送られてきたウディ・アレンのジョークを付け加えずにはいられません。

　　「どうしたら神を笑わせることができるんだ？」
　　「彼にあなたの計画を教えなさい。」

注記

1) この分野における2つの有益な見解については、アルバート・バンデュラ（Albert Bandura）『激動社会の中の自己効力』（*Self Efficacy: The Exercise of Contorol,* 1997；邦訳：金子書房）、エドウィン・ロック（Edwin Locke）とゲーリー・ラサム（Gary Latham）『目標設定』（*Goal Setting: A Motivational Technique That Woks!,* 1990；未邦訳）の研究を参考にしています。

第 **8** 章

行動変容の支援

Coaching clients through change

> あらゆる変化は、たとえそれが待ち望まれたものであっても、物憂さを含んでいるものだ。自分の一部を置き去りにするのだから。
>
> 別の人生に入っていく前に我々は、ひとつの人生を終わらねばならない。
>
> アナトール・フランス（フランスの詩人・小説家）

　この章では、変化に臨むクライアントを理解しながら、コーチングを進めるうえでの有効なフレームワークについて説明していきます。あらゆる場面で活用できるように理論と実践を交えた戦略的なフレームワークであり、選択肢のメニューとして考えてみてください。

　そのうちのいくつかは重複する部分もあります。よく知られているものもあれば、あまり知られていないものもあります。また、クライアントによっては、効果が期待できるものとできないものもあります。

　クライアントがコーチングを受けに来るのは、自らの人生を変えたいと思うからです。しかし、変えたいと望むことと、それを実現することは同じではありません。また、クライアントは変化を実現するために、すでに何かしら試されてきたことでしょう。変化は、一筋縄ではいきません。なぜならば、変化を望んでも、変化には必ず何かを失うことがあるからです。

　私は、コーチとして独立する準備を整え、それまで務めていたロンドン郊外エルスツリーにあるBBCの建物を最後に出たとき、敷地内に植えて

ある木々に目がとまりました。それを二度と見ることはないと思うと、一抹の寂しさが胸に広がりました。その夜は、同僚たちが送別会を開いてくれました。これがおそらくそこにいる多くの人たちとの最後の別れになるのだと思いました。

　この変化を私は強く求めていました。自分にとって最善だとして決断したこと、そしてその決断を取り消せないことは十分わかっていました。しかし、それでも悲しみと喜びが激しく入り混じった気持ちはいまでも忘れません。

　自ら選択したことではなく、不可抗力に対処するのはそれ以上に困難が待ち受けています。例えば、思わぬ失業、満足度が低い仕事に就くことを余儀なくされる、いまの仕事を続けるために家を引っ越さざるを得なくなる。あるいはパートナーに去られたり、健康に問題が起こる。さらには、試験に失敗する、死別する、希望の仕事が得られず落ち込む。こうしたことに見舞われるかもしれないのです。

　これらは多くの場合、予測や防止ができず、引き起こさないようにしたり、制御も回避するのも難しい変化であり、無力感や怒りの感情を招く可能性を秘めています。実際のコーチングでは、こうした場面を何度も経験することになるでしょう。

┃ キューブラー＝ロスのフレームワーク「死の受容プロセス」

　スイスの精神科医エリザベス・キューブラー＝ロスが1960年代半ばに出版した先駆的な著書『死ぬ瞬間』（*On Death and Dying*；邦訳：中公文庫）は、死に対するタブーや困惑に挑むことにより、死の見方に革命を起こしました。死別の研究として紹介されることが多い本ですが、実際、彼女が最初に関心を持ったのは、人は絶望的に感じる情報をどのように受け取るかということでした。当初、末期患者に焦点を当てて行われた研究でしたが、その後まもなく「死の受容プロセス」は喪失や変化に対処している人にも有効だと見なされるようになります。

　彼女が提唱するモデルは単純だと非難されてきましたが、私はその考え方が深遠で簡素なものとして、時の試練に耐えてきたのだと思います。

　このモデルのコーチングにおける有用性は2つあります。1つは、多くのクライアントが苦闘する変化や喪失に活用できる心理学の知見をいつも思い出させるものとして、もう1つは、クライアントが自己変容のプロセスをより深く理解するように指導できるフレームワークとしてです。

　彼女の研究では図8-1の「変化のサイクル」にあるとおり、死に臨む患者の死の受容プロセスは6段階で表されています。

◎第1段階：予期悲嘆

　「予期悲嘆（Anticipatory grief）」の段階では、あなたは何かが変化したことを感じていますが、変化は終わっておらず、しばらくは終わりが見えないかもしれません。

　あなたには何を失うかがわかっていて、そのことに押しつぶされそうな無言の悲しみを感じています。同時に、あなたはその感情の強さに罪悪感も感じ、身勝手な自分を感じているかもしれません。

　通常、その感情は心のうちに収めておきます。それを言い表すことはいけないことだと思っています。

図8-1　変化のサイクル

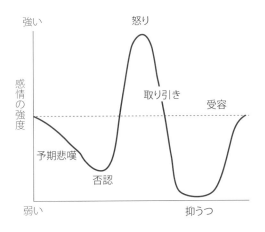

●妻の病状に悲嘆するフランシス

　カリスマ的な舞台芸術のスペシャリストであるフランシスは専門職から管理職への職務変更をすることになり、その準備のために私とコーチングを行うことになったのです。彼は、それまでの愉快で才気あふれる破天荒なリーダーから、尊敬を受けるリーダーに変わるには、噂話や小細工やえこひいきといったこれまでの恥ずべき習慣の多くを変えなければならないことがわかっていました。

　自分の欠点を素直に語る彼は熱心な学習者でもあり、強制しなくても人をやる気にさせる方法があることを知って驚き、喜んでいました。

　ところが、ライフ・ホイールの演習（248ページ）を開始すると彼の様子に変化が見られ始めました。妻のミアが子宮内膜癌だというのです。そして第3回のセッションのとき、癌が肝臓に転移し、車椅子を必要とするほどに彼女の病状は急速に悪化していることを話してくれたのです。

　「いままではなんとか耐えることができました。でも、車椅子姿の彼女を見るとこれからのことが予期されるのです。癌の克服がとても難しいことは私もわかっています。ですが、いつまで生きられるかはわからないんです。私は彼女をすでに失くした思いに駆られることもあります。絶望する私の姿を彼女や他の誰かに、とくに子どもたちには見せられません。」

　憂いに沈みながらも尊厳を保つ彼の姿に私は感銘を受けました。そして私たちの残りのセッションは、彼が悲しみをひとりで抱え込むことがないよう、より良い対処法を練ることに費やしたのです。

◎第2段階：否認

　第2段階の「否認（Denial）」では、無感覚の状態になります。私たちは、変化が起きたことを頭では理解しています。会社が吸収合併される、仕事を失う、パートナーが去る、愛する親が亡くなる、などの変化です。しかし、心の準備がまだできていない状態で出現するのが「否認」です。第三

266

者には、現実逃避策をとっているかのように見えるかもしれません。

●役割の変化に対応できないエイラ

　小さな会社の経営者だったエイラは、ライバル企業と合併したのち、新しい会社のCEOの候補者ではないと言われたのです。それで私のコーチングを受けることになりました。

　コーチング・セッションでは、新たな仕事を探すことに焦点を当てるつもりでした。しかし、エイラは何も起きなかったかのようにそのまま経営にあたっている自分に困惑していると言うのです。

　「私はいまだに会議を毎週開き、いつもどおり日常業務をこなしています。何かを感じなくちゃいけないのに、何も感じられないのです。まるで自分が蚊帳の外にいるみたいなのです。実はいまも来年度の事業計画を練っているところです。とても変ですよね？」

　もちろん、その状態は奇妙なことなどではなく、急に押し寄せる変化に反応する、人間の正常な保護メカニズムに過ぎません。

◎第3段階：怒り

　第3段階の「怒り（Anger）」では、責めるべき誰かを探し始めます。この状態にあると、例えば、「この恐ろしい出来事はきっと誰かのせいに違いないので、その人は罰せられるか、少なくとも謝罪すべきだ」などと考えたりします。

　私たちは、人を善と悪のどちらかに分けたがります（その中間はありません。それにより、怒りは十分に正当化されるかもしれないからです）。ある企業行動に冷淡や卑劣を感じると、その会社を信用しなくなります。あるいは、起こってしまったことに実際にはそうでなくても自分を責め、「私さえ○○していれば……」と自分を悪者のように卑下してしまうかもしれません。

　確かに、クライアントの過去の行動に何らかの責任がある場合もありま

す。そうしたときには自責の思いを吐露しやすいように気遣いながら、クライアントが全体像を正しく捉えるための支援を行います。例えば、クライアントはそのとき入手できたあらゆる情報を使って最善を尽くしたこと、人間には過ちは避けられないこと、どんな責任も1人が負うことなどないこと、こうしたことに気づいてもらうようにするのです。

そして、クライアントに今後同じ状況に直面したときに、ここで学んだことをどう活かせばよいか、を尋ねることは失敗の辛い責任に折り合うための力強い方法になります。

とても稀なことですが、クライアントがセッション中に怒りのあまり錯乱し、裁判で勝つ見込みがないのに会社を訴えるとか、上司をストーカーするといった、危うい救済策を提案することがあります。コーチは当事者ではないのでそれが事実かわかりませんが、こうした兆候が見られれば、それをすれば破滅的な結果を招くかもしれない（場合によっては法律違反になる）と、率直に伝える合図かもしれません。

コーチングの対話を通じて何らかの視点を提供することは、クライアントが大惨事に見舞われないために最も望まれることなのかもしれません。

心理療法が始まった初期の頃、溜めた感情は表に出し、怒りは吐き出すものだとされていて、クライアントはクッションを叩く、叫ぶ、怒りをぶつけることなどが推奨されました。しかし、いまではこれらは疑わしい行動だとされています。むしろそれは、激怒した人が怒りの状態に留まってしまう可能性が高くなると理解されています。

怒りには中毒性があり、私たちは怒りを表すことで正義を示すのだとして、それを楽しむことさえします。実際には、それは白黒思考（訳注：曖昧を認めない極端な判断をしがちな思考のこと）の誤った論理をより持続させる可能性を高めます。そうなるとクライアントは、「公正」や「正義」を求めているだけだと主張し、怒りを正当化しかねません。

しかし、その怒りは実際のところ、自分が必要としているものか、他人が必要としているものかという真実により近いのかもしれません。高揚していると、冷静にコーチングを受けられません。怒りのように本能的な感

情が出現するほどに論理的思考の中枢を担う前頭前野の機能が発揮されず、学習効果が低下します。よってセッションでは、クライアントの怒りの発散を促すのではなく、怒りを鎮めて落ち着かせてから、怒りへの対処の仕方を一緒に精査することが大事になります。

　ほとんどの場合、クライアントが自己変容プロセスのなかでの「怒り」の段階が認識できれば、「怒りを認めることは変化に適応するための正常なプロセスの1つだ」と説明するだけでうまくいきます。怒りを冷静に受け止めてもらうために、次のような質問をしてみてください。

　　「誰に対して怒っているのですか？」
　　「もし、その人がここにいたら、何と言いたいですか？」
　　「この怒りを乗り切るには何が必要ですか？」

＊自己責任の受容

　怒りの段階の白黒思考を通り過ぎれば、クライアントに恥、非難、罪悪感と自己責任を区別してもらうための支援が役に立ちます。

　私たちコーチの役割は、常にクライアントの自己変容に何かしらの貢献をすることであり、そして、クライアントが学ぶことや前進するために、それらが何であったかを冷静に考えてもらうことはクライアントにとって癒やしにもなることでしょう。

●突然ポストを失うことになったヒラリー

　ヒラリーは、ホテル・チェーンで12年間、人材育成と能力開発のスペシャリストを務めてきました。彼女が担当している研修コースは好評を博していて、組織に重要な役割を果たしていると信じていました。

　そうしたところへ、彼女のポストが廃止されるとの報せが来ました。彼女はとても傷つき、自分が拒絶された思いを抱きました。彼女の怒りの感情は4カ月経ったいまも強く残っています。第2回のコーチング・セッションでは、彼女のキャリアに何が起き、彼女に責任があるとすれ

ばそれは何かを訊いてみることにしました。

　その答えは、彼女が子どもを学校に迎えに行く時間に間に合うように家に帰ることができたため、仕事にあまり高い意欲を感じることがないまま、そのポストに留まっていたということでした。また、自分の仕事の戦略的価値を上司に知らせずにいたとも言いました。仕事の価値は自然にわかるはずだと考え、黙々と業務を行っていたというのです。

　自分との私的な駆け引きを理解することと、自分のキャリアをコントロールするのは本人しかできないことを受け入れることが前に進むためのカギでした。

◎第4段階：取り引き

　第4段階の「取り引き（Bargain）」は良い兆候なのですが、その状態にあるときはそうは思えないかもしれません。これは、少なくとも部分的には変化が起こることを受け入れる心の準備ができた兆候です。

　キューブラー＝ロスによる末期患者の研究では、「取り引き」は神との交渉のことだと述べられています。「必死に祈り、高潔な人生を送ることを約束すれば生き永らえるかもしれない」と。

　コーチングする際、クライアントが提案する捨鉢な妥協案のなかに本人の「取り引き」を見ることが多いといえます。例えば、別の男性のもとに行ってしまった妻が戻ってきてくれるなら、家を引っ越してもいいと申し出たクライアントもいました。

　会社を解雇されたクライアントは、雇用契約終了が成立してしまう正式な書類のサインを阻止するために苦情処理手続きを起こしました。

　また、希望の職につけず落胆していた別のクライアントは、勝ち組として残ったライバルの代理として新たな役割を申し出ました。

　このような状況では、「取り引き」によってその後に続く解決策が得られるとは思えません。というのも、「取り引き」するということは変化の必然性を否定するための惨めな努力に過ぎないからです。コーチとして求められる私たちの役割は、次のような質問をして、現実を確認することか

もしれません。

　「根本的な問題をこれでどこまで解決できるのでしょうか？」
　「良い面と悪い面のバランスはどこですか？」
　「この解決策に取り組む1年後の自分を想像してみてください。どのように感じると思うでしょうか？」
　「この解決策を可能にするには、何が起こる必要があるのでしょうか？」

◎第5段階：抑うつ

　第5段階の「抑うつ（Depression）」では、感覚が麻痺し、優柔不断になりがちな状態です。怒りは消えましたが、無力感が残っています。これは、コーチにもクライアントにも難しい段階です。クライアントはセッションをキャンセルするかもしれず、その理由を伝える気力もありません。コーチングへの興味を失ったかのように見えます。

　こうした状況からクライアントがセッションに来ないことになったら、連絡を入れて継続したい意志を伝えましょう。返事がなければ、メールや電話でフォローアップもしましょう。

　私はよく知るクライアントがそうした状況になったとき、最小限の手間で返信ができるように、チェックボックス付きの5つの選択肢から回答できるメールを送ったことがあります。

　□私は元気で、これ以上のコーチングは必要なく、いままでの経験に感謝しています。
　□いまのところ大丈夫です。しかし、いずれコーチングが必要になるかもしれません。
　□あまりにも辛く、いまは連絡できません。
　□いまは辛いですが、時期が来れば、改めてセッションを受けることに同意するかもしれません。まだ、その気分ではありません。
　□いまは辛いですが、セッションが助けになると思います。アン

ジー（私の辛抱強いパーソナル・アシスタント）に手配してもらい、私に連絡してもらえたら助かります。

彼に対して少し生意気だと思われかねないメールでしたが、後日、次のように言ってもらえました。

「あのメールをいただけて、本当に良かったです。悲しみで凍りついた私の気持ちを解かしてくれました。なぜ、私は自分自身のことで頭がいっぱいなのかと思い、そして、誰かが気にかけてくれていることに気づきました。私はすぐにアンジーに連絡し、セッションを予約しました。」

変化のプロセスにおけるこの段階の根本的な原因は、永久に失われたことを完全に自覚するに伴い、行動すれば好影響を与えられるという信念が萎えてしまうことです。自分が再び幸せになれるかどうか疑ってしまうのです。これは、自分のアイデンティティが仕事に強く結びついていて、仕事を失ったクライアントや、大切な人の死によって人生の中心が押しつぶされたように感じる遺族であるクライアントに、とくに当てはまります。クライアントがセッションに現れたとしても、その場は活気のない空気に包まれているかもしれません。

このような状況を目の当たりにしたら、それを言葉にしてもらいましょう。まずは感情レベルで働きかけ、理性的にならないようにしましょう。セッションの進め方や実務の面で、何が役立つかをクライアントに尋ねてみましょう。その答えは、多くの場合、癒しと再生に向けた小さなステップを一緒に考えることです。単なる悲しみではなく、深刻なメンタルヘルスの問題に直面していると感じた場合は、クライアントが医療機関の助けを求めることを励ますのがコーチングの目的としなければなりません（第11章参照）。

◎第6段階：受容

第6段階の「受容（Acceptance）」は、軌道修正することと密接に関わり

合います。変化が起きた、あるいは今後起きるものとして、私たちは新しい行動を試し始めます。陽気な気分が時折、そろりそろりとよみがえり、起こった現実を受け入れ、人生はその後も続くと容認し始めます。そして、自信を取り戻すと、コーチングも再び活気づきます。

　この6段階の変化のサイクルがその順番どおりに表れるものだと思うことには注意が必要です。順番がどうあれ各段階を経験することもあれば、いくつかは完全に見過ごすことがあるかもしれません。基本的には変化のサイクルどおりの段階を経ることになりますが、明らかに受容段階にあるクライアントが怒りや取り引き、抑うつに何度も戻ることもあります。よって、ここでの6段階はクライアントに何が起こっているかを理解するためのツールとして活用するのがよいでしょう。
　コーチであるあなたは、どこかの段階で立ち往生するクライアントもいることを心得ておきましょう。通常、否認や怒りの段階が多いのですが、その場合、「もし～だったらどうなるか」とか「あのときああしておけば」といった“たられば”を何度も繰り返すことがそのヒントになります。

転換期への対応：ウィリアム・ブリッジズのモデル

　アメリカの心理学者ウィリアム・ブリッジズは、人間の変化を理解するフレームワークを提唱しています。彼は著書『トランジション　人生の転機を活かすために』（*Managing Transitions*, 1991；邦訳：パンローリング）のなかで、組織内で起こる人間の変化に焦点を当てた理論を展開しています。それはキューブラー゠ロスの「変化のサイクル」にもよく対応しています。
　彼は、人間が変化していくプロセスと、その変化に対応する心理面での適応は別々の現象だと提唱しています。というのも、確かに環境や状況などの変化があったとしても、同時には心理的な調整が行われないことがあるためです。
　例えば、仕事を辞めざるを得なくなったクライアントが、無意識に「私たち」や「私たちの」という言葉を頻繁に口にし、あたかも退職した職場

にまだ在職しているかのように話すようなことです。

　ブリッジズの理論では、変化を3つのフェーズで説明し、それぞれの境界が乱雑で重なり合っていること、心理的な調整の遅れがその原因であることを示唆しています（図8-2参照）。

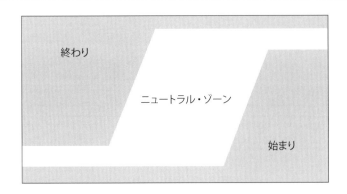

図 8-2　トランジションの３つの段階

終わり

ニュートラル・ゾーン

始まり

◎第１段階：終わり

　変化が起こらなければなりませんが、法的や物理的なレベルだけでなく、心理的なレベルにも変化が起こる前に、古いものは手放さなければなりません。これが私たちにとって、難しいことなのです。変化がもたらすメリットを強調しても、失われたことが認識されていないといけません。これまでの慣れ親しんだやり方の快適さ、地位、これまでの健康状態、信念、期待など、常に何かが失われます。最初に焦点が当たるのは自分です。「これは私にどのような影響を与えるだろうか？」と。以下は、これに関連する質問です。

　　「いま実権を握っているのは誰でしょうか？」
　　「決定はどう行われているのでしょうか？」
　　「いままでのルールでまだ有効なのはどれでしょう？　そして新しいルールは何でしょう？」

＊「終わり」の段階にいるクライアントのコーチング

クライアントが新しい現実に適応するのに役立つ方法はいくつもあります。まず、何が変わり、何が変わらないのかを質問し、この2つを区別することです。クライアントが変化から距離を置くほど、自分に対して何かがなされているように感じるので、通常は変化に自ら関わるようにクライアントの意識を向けます。その際、クライアントに変化への関わりをどうやって強められるかを訊いてみます。

終わったことについては一言で表現してもらい、クライアントが悲しみのさなかにあれば、「何が一番悲しいですか？」などと訊いてあげてください。

終わったことを祝うのも有効です。葬儀が愛する人が本当に死んだことを遺された人たちに実感させるように、何かが確実に終わったことを実感するために、パーティーを開催したり、儀式を行うのもよいでしょう。組織を去り、そこの人たちとの関係も切れるようなとき、お祝いの印をつけてみるとよいでしょう。

ローズは、まるで教科書にあるように「終わり」の段階を上手に終えたクライアントです。

●昇進が叶わず転職を決めたローズ

惜しくも製薬会社の上級職への昇進を逃したローズとのセッションでのことです。彼女は、思い余って怒りをあらわにしました。それは、野心が垣間見える女性が昇進できなかったことに、男性の同僚が本音ではそれを喜んでいるのに偽善的な同情を示していたからでした。

私はブリッジズのフレームワークを思い起こし、「ここで何が本当に終わったの？」とローズに質問しました。

彼女は「この組織での私のキャリア」と答えるとすぐに、「私は先に進まないといけないわ」と言い添えました。

そこで私たちは、彼女がヘッドハンターへの連絡の取り方や、これまでの人脈の活かし方などを話し合いました。数カ月後、ローズは素晴らしい会社から内定を得て、転職を決めました。すると今度は、退職の仕

方が問題になりました。よくあるように、彼女はそっと立ち去りたいと思っていました。そこで私はローズに、この「終わり」の段階で役立つことは何かを尋ねたのです。

「私自身はあまり気乗りしないのですが、きちんとさよならパーティーを開かなければならないと思うのです。私が長いスピーチやセレモニーが嫌いだということ、知っていますよね？　でも、私にもみんなのためにもそれはやらないといけないと思うのです。」

「そうですね、そうすべきです。」

「それを重要なイベントとして捉えるべきだと思っています。」

私はとても素敵なパーティーへの招待を喜んで受け、私と練習したローズのスピーチを聞きました。それは、組織の強みを心から讃え、彼女自身の将来に向けての自信を伝える内容でした。

クライアントのなかには、「終わり」の段階をローズのようには寛容に対処できない人もいます。復讐心に駆られてしまうと、話を聞いてくれる人にその失望感を暴力的な言葉でぶつけたくなるのです。

ある送別会ではこんなことがありました。退職者はフリップチャートで「落書きの壁」をつくり、自分を辞めさせたマネージャーに辛辣な言葉を書き入れるように勧めました。招待客が恥ずかしい思いに駆られたことは当然でした。

裏切られたと思って見境なく怒りをあらわにすると、その行為が何かしら本人に跳ね返ってくることをクライアントが理解できないことがあります。怒りを抱えたクライアントがそうしたいとの思いを口にするとき、私は通常、「あなたが逆に暴言を受ける側になったとしたら、どう感じますか？」と尋ねます。するとだいたい、「気まずさ」「哀れさ」「嫌悪感」といったニュアンスに近い答えが返ってきます。これにより、クライアントは賢明でない行動を思いとどまるようになるでしょう。

◎第2段階：ニュートラル・ゾーン

この段階は、キューブラー＝ロスのフレームワークの第5段階「抑う
つ」と共通点があります。ブリッジズは「まるで終わりのない急流のなか
にいるかのような感覚」と表現しています。エネルギーが失せて引きこも
りがちになり、自分のことで精一杯になります。病気や事故にも遭いやす
くなります。何が終わったのか、新しいことが実際に始まっているのかさ
えわからなくなります。昔の弱点が浮かび上がってきます。

ニュートラル・ゾーンの本質は、「曖昧さ」にあります。しかし、だか
らこそ、ニュートラル・ゾーンは自分を見つめ直したり、何かを創造した
りすることが可能な時期でもあるのです。なぜならば、この時点で私たち
は何をなすべきか、その答えをはっきりと求めるからです。多くの場合、
この段階は初めてクライアントとコーチが接点を持つ機会となります。

●解雇をポジティブに転換したキース

キースは、勤務先のオランダ企業が英国の競合企業を買収したときに
はロンドンを拠点にしていました。しかし、今度は別の企業からの買収
により、取締役としての地位を失いました。こうした理由で転職したい
と話すクライアントは確かにいます。

しかし、キースの場合はもう1つ、別の事情がありました。人気者で
ナイスガイのキースでしたが、問題の多い同僚だという好ましくない事
実の持ち主でもありました。何でも自分でやらないと気が済まない性格
は部下の意思決定を妨害していました。小さなことにこだわり過ぎて大
局的な戦略ニーズが検討できず、日常業務をこなすだけのこともありま
した。1つの会社に25年もいたので、予期せぬ運命に憤慨したり、これ
からの再起に不安を覚えることは仕方のないことでしょう。

ところが、実際はそうではなかったのです。正式な解雇通知を受けた
ところでコーチングを受けに来たキースは、ニュートラル・ゾーンの考
え方を知ると、すぐに共感しました。そして、360度フィードバックの
とても厳しい評価を勇気を持って受け入れました。「これは、また一か

ら学び直すためのチャンスだと思っています」と晴れやかな表情になり、次のようにも言いました。

「1つの場所に長くい過ぎてマンネリ化していたようです。これまで人に迷惑をかけてきたことに私は取り組んでいけると自信を持って言えますし、より良くする方法を学ぶ心構えもできています。こうした機会を得られて、とても幸運です。」

そして、キースと私は、彼が「3つの人生行路」と名づけた作業に取り組むことになりました。第1の行路は、彼の人生全体を精査することでした。ここで、家族や友人にもっと気を配る必要があることへの気づきが得られました。第2の行路は、就職活動の調査です。ここでは、彼の強みを明らかにすることから始めました。例えば、ヨーロッパの5つの言語に精通していることなど、これまであまり活用されなかった強みがいくつも出てきました。「ヨーロッパ市民」であることが重要だとする彼の価値観とこのことは密接に結びつくものでした。第3の行路は、リーダーとしてのあり方を学び直すことです。過去のジレンマを見直し、新聞・雑誌や本をよく読み、私が彼の学び直しの参考になると思う他のクライアントとの人脈づくりのミーティング（これは彼のたっての希望でもあります）を手配したりしました。そして、彼から送られてくるメールの終わりにはいつもニコニコマークの絵文字がありました。チューリッヒでの仕事の内定が出たとの彼からの報告メールにはその絵文字が「各行路に1つずつ」付いていました。

＊「ニュートラル・ゾーン」の段階にいるクライアントのコーチング

ニュートラル・ゾーンにいるクライアントをコーチングする際は、ニュートラル・ゾーンの価値をクライアントに説明しましょう。そして、避けられない不快な思いを学ぶポジティブな機会としてクライアントが捉え直すようにコーチングしましょう。「やることがない」や、危機的状態の組織に見られがちな「やることが多過ぎる」といったニュートラル・ゾーンで不平不満として語られる思いは、実際のところ、真実であるかを

クライアントに視点を変えて考えるように励ましましょう。

　これまでの仕事は終了することになるかもしれませんが、現在の課題は、スキル・トレーニングや求職活動など、将来への準備に集中することです。

　例えば、ニュートラル・ゾーンを飛ばして「終わり」から「始まり」へ進みたがるときは、ニュートラル・ゾーンに一度留まるようにクライアントに促します。数日の休暇の取得といったことでも貴重な、ミニ・ニュートラル・ゾーンがつくれます。

　また、ニュートラル・ゾーンでは孤立の危険性が伴うこともあるので、人脈づくりや社会的なつながりの維持に関心を持つことの大切さをクライアントに伝えましょう。

◎第3段階：始まり

　物事を形のうえで始めることと心理的に変化を受け入れ始めることはそれぞれ別のプロセスです。始まることを待ちわびていても、困難に感じることがあります。始まりが「本物」なのかどうか、疑問を感じることもあるでしょう。もしかしたら、ニュートラル・ゾーンの曲がりくねったペースと低いストレスが心地よかったのかもしれません。または、遅くまで起きて、自分を満足させ、日々のプレッシャーから解放されるのは楽しいことだったのかもしれません。

　新しい一歩を踏み出すという決断は、契約などの正式な手続きがすべて完了していても、まだ暫定的なものだと感じるかもしれません。それは新しいことは未知であり、成功するためには何が必要なのだろうか、という不安があるからです。この段階では、実力や能力に疑問を感じるのが普通です。また、新しい状況の現実が明らかになる数週間後には、自信を喪失するのもよくあることです。

＊「始まり」の段階にいるクライアントのコーチング

　「始まり」の段階では新たなことに備えて、情報を集めること、想像してみること、視覚化すること、よく考えること、準備することなどについての計画を促します。いずれもこれから始まることへの理解に役立ちます。

そして、新天地での典型的な成功の1日をイメージしてもらい、そこでは何が起こるかを尋ねます。

　また、そこではどんな新しいスキルが必要になるかを尋ねてみます。そうしたスキルをいくつ持っているか、なければどのように取得するか、持っているスキルはどう高めてより良くしていくか、こうしたことです。

　最初の数週間はタスクの遂行ではなく、タスクが何であるかを学ぶことがタスクであることの理解を促します。

　また、変化をうまく行うために、何かしらの行動を始めることで、コントロールできていないという感情を抑えられるようになるでしょう。クライアントに次のように訊いてみましょう。

> 「どうしたら、この新しい生き方のあらゆることに関わることができるようになりますか？」

　初期に小さくてもよいので、なんらかの成果を出すことの利点を説明しましょう。これらは、「始まり」が起きていることを強調するだけでなく、何が変わったのか、何が始まっているのかを明確にするための有益な機会となります。

自分を制限してしまう思い込み：リミティング・ビリーフ

　変化に気後れすることはよくあることです。クライアントのなかには現状のままでいいと思う人もいます。居心地が悪いと思っていても、その状況に慣れてしまうことで安心できるからです。これが、私たちが自分を変えたいと思っていても、自分を制限する思い込みに固執してしまう理由です。

　自分の限界をつくる思い込みには、さまざまな名前がつけられています。164ページで登場したティモシー・ガルウェイは著書『インナーワーク』（*The Inner Game of Work*, 2000；邦訳：日刊スポーツ出版社）のなかで、自分（self）

に限界をつくってしまう心理を「セルフ1（諦観者）」と呼び、可能性と能力に溢れた自信満々のもう1つの心理である「セルフ2（自信家）」と区別しています。知ったかぶりのセルフ1は、セルフ2を信頼しません。内なる声のセルフ1は、自己非難、失敗の予測、自分を他人との比較で悲観的に見ることなどに根差しています。しかし、セルフ2がセルフ1を沈黙させることができれば、潜在能力を達成能力や成長能力に変えることができます。

　潜在的に誰もが持つネガティブな心に焦点をあてたリチャード・カーソンは、成功を妨害する口うるさい批判的な内なる声を「グレムリン」（訳注：「グレムリン」は1984年米国公開の映画に登場する悪戯好きで残酷なペットのこと）と名付けました。

　これらの内なる声は誰もが秘めています。成長の一部ではあるのですが、合理的ではありません。そもそも私たちに備わっているものなので、捨て去ったり抹殺することはできません。変化に向けてのチャレンジには、その声の正体を突き止め、それを明らかにし、とくにユーモアを交えながら鎮ませることです。そうすれば、この内なる声の力は弱まります。

◎セルフ・サボタージュを表すフレーズ

　ここでいくつかセルフ・サボタージュ（自己妨害行動）を表すフレーズを紹介します。

> 「私は（少ししかできない……）」
> 「私は……が得意じゃない。他の人のほうが……はうまくできる。」
> 「……という、論議を巻き起こすようなことを言わないほうがいい（？）。」
> 「私のような人間には到底……はできない。」
> 「私は……について時期が来るのを待つ。」
> 「私は（より良く、より強く、より素敵に……）あるべきだと思う。」
> 「私は（愚か、貧乏）……であるべきではない。」
> 「私はやってはいけないんだ。なぜなら、（成功するかもしれない、

人に笑われるかもしれない、それは他の人のためであり、私のような者のためではない）。」

　これらのフレーズに耳を傾けましょう。通常、これらのフレーズは子どもの頃に思ったことであり、クライアントに自伝的な話をしてもらうときに聞き出すことになります（第6章参照）。子どもの頃、親など保護者に植え付けられた制約的な思い込みは、おそらくもともとは良かれと思った教育の一環だったのだと私はクライアントに伝えます。そのような「処方箋」のほとんどは、どんなに単純化されていても、私たちを安全に、あるいは正しい道にいざなうためのものでした。子どもの頃はそうだったかもしれませんが、大人になってからは邪魔になることが多いでしょう。

●自分を押さえつけてきたマイケル

　私は、権威に対する恐れが非常に強い労働者階級の人たちが暮らす環境で育ちました。私の両親は、教師や議員、警察などには従順な態度でいるようにしていました。「トラブルに巻き込まれないようにすること」がとても重要だったからです。私は常々両親から、「目立つことをしてはダメだ、子どもはおとなしくしていなさい、私たちのような者は自分のことを自慢してはならない」と言われて育ちました。私はこれらの戒めを心に焼き付け、目立たないように努めました。その結果、良い大学に入れたのですから、それなりに意味はあったのだと思います。

　私にとってのコーチングの大きなメリットは、子どもの頃に助けになったようなことが、大人になってから逆に弱みになっていることを学ぶことでした。

　コーチングを通して私は、発言しないことで同僚から「何も言うことがない」とか「よそよそしい」と思われたり、役職の高い人に遠慮してしまうことで「押しが弱い」と思われたりすることを学びました。若い頃にこうしたことを学んでこなかった私にとって、コーチングからうまくやるためのいろいろなスキルを学ぶことが必要だったのです。

他の欠陥のある思考パターンを見抜く

　コーチングのクライアントの多くは、典型的な役に立たない"行動パターン"を認識しているものです。しかし、自分の典型的な"思考パターン"を認識できている人はあまりいません。多くの場合、これらの思考パターンには欠陥があります。これらは現実の歪みを表しており、これが「悲惨な行動」や「効果が表れない行動」の原因です。これらのパターンに注意深く耳を傾けましょう。変化によるストレス下では、典型的な小さな思考の歪みが拡大する可能性があることに注意してください。ここでは、最も一般的なものをいくつか紹介します。

●悲観主義者：不幸なことは起こる可能性があり、実際に起こるだろう。しかし、それが起こるともそうでないとも誰も何も言ってくれない。私はリスクや起こり得る危険のことを耳にすると、それが自分や家族の身にも起こると思い込む。テロ攻撃、核戦争など、それが勃発する可能性があることだと聞けば、その可能性が高いと思い込んでしまう。良いことが起きても一時的であって、悪いことは永久に続くと思ってしまう。

●すべては私のせいだ：何かうまくいかないことがあれば、そのすべては私のせいだ。他の誰かがやることではないし、体制がうまく機能するというわけでもない。私には、私に関係するすべての人の健康と幸せに責任があるのだ。

●他の人は私を幸せにしたり、悲しませたりできる：私は、私に起こった恐ろしいことや、私を幸せにできなかったことについて、その責任を他人のせいにしている。その人が引き起こした悲惨なことに気づいてくれればいいのに、なぜか気づいてもらえない。

●私の過去が私を形づくる：私の人生に何らかの悲しみや悲劇、とてもやっかいな出来事があったとしたら、きっと克服できないと思う。それが

どうやっても抗えないことであるほど、常に自分の心に住みついてしまうだろう。児童虐待、若くしての未亡人、強盗被害、こんなことで自分という人間が形づくられてしまうのだ。

●超能力者の私：私は仕事でも私生活でも、あらゆることにおいて極めて有能でなければない。卓越者でないことは災難といえる。失敗は考えられない。私は私の与えられた役割を果たす。仕事をうまくやりたければ、自分がやればいいのだ。誰かが私の仮面の裏が空虚であることを見破るかもしれないので、失敗を認めるのは恐ろしいことなのだ。

●白と黒の中間はない：物事には完璧なものもあれば、大失敗もある。黒か白か、正しいか間違っているかのどちらかなのだ。人間として私は、立派かひどいかのどちらかであり、人というのは誰もがそうなのだ。

●フェアではない：私はすべてがフェアであることを期待していたが、実はそうではない。罰せられるようなことをしても免除される人もいる。厳しく罰せられるべきなのに、そうでないことが多い。その責任は誰かが必ず取らなければならない。

●私は人を変えることができる：私は、人を変えたり、救済したりすることは可能だと信じている。私は、みんなに自分たちのやり方が間違っていることに気づけるように、できるかぎりのことをする。そうすることで、私がしてほしいことや要望をもっときちんと受け止めてほしいのだ。だからアドバイスをしても、それに従おうとしないのは腹立たしく思う。

●規律ある完璧主義者：私は、「しなければならない」「すべき」「したほうがいい」という話し方が多い。踏襲すべき厳格なルールがあれば、私はそれに従って仕事をする。会社が設けた社内ルールを誰もが無視していても、私は遵守されるべきだと信じるタイプだ。もし誰もが（私も含めて）人生についての規律を持てば、すべての問題は解決されると思う。その規

律の要求基準に満たなければ、それに対して私は厳しく非難する。

● **自己犠牲的な人/強迫的な介護者**：私は他者を第1に考えることで、常に高潔であるべきだと信じている。人生は奉仕のためにあるべきだ。自分へのご褒美は、他者も奉仕してくれることだ。たとえその見返りがなくても落胆や怒りを感じてはならない。

● **すべてが平和で調和のとれたものでなければならない**：対立は恐ろしく、常に破壊を伴う。私は平和を保つためにできることは何でもしなければならない。対立の意志を示してしまうと、二度と平穏に戻れない。何もしなければすべてが通り過ぎるかもしれないのだから、危険だと思うことは無視するに限る。

● **タフでなければならない**：人生は厳しい。タフでなければならないし、自分に気を配る必要がある。そうでなければ誰かに優位に立たれてしまうので、先手を取ったほうがいい。社会生活を営むうえで競争は避けられないことであり、健全なことでもある。ただ、もろさや優しさを示せば弱みを見せることになり、これは競争上致命的となる。

● **ナルシスト**：世界は私の要望に応えるためにある。私が中心であり、私は特別であり、注目、成功、賞賛を享受する権利がある。他人の気持ちにはあまり興味がない。私の内面では自我は脆いが、それは世界に向けて自分を誇示しなければならないという超越した自信のなかに隠されている。

　コーチとして私たちができる最も有効なことは、パターンを見つけて、クライアントとのすべてのやり取りと同じように、観察したことに敬意を持って丁寧に扱うことです。その後、そのパターンを示し、質問したりします。

　　「今日の私たちの会話のなかで、何度かあなたが『どちらか、または』（あなたはこの後あなたが聞いて気づいたことを示します）へ

選択肢を絞ったように受け取りました。」

または

「あなたはここで、どのような『ルール』を適用していますか？（通常は原因と結果についてのもの。例えば、「私がこれをすると、それは……と続く」）

そのパターンを認識しているかどうか、クライアントに尋ねます。

「これはあなたによくあるパターンですか？　他の例を思いつきませんか？」

パターンの根底にある一般化（ジェネラリゼーション）に疑問を投げかけます。

「（クライアントが提起するどんな問題でも）解決するために、例えばどのような代替案があるか考えてみましょう。」

●子どもの頃の“ルール”に縛られたエド

エドは上司との関係について、私とコーチングに取り組んでいます。彼とは昇給の話題をどのように切り出すかを練習しているところです。私は気づいていたのですが、エドは例えば次のように、「いまも十分な給料だとわかってはいますが、以前よりも責任のある仕事をしているのでいまの1割増しにしてもらえたらと思います」と、自分の要求を誰かに伝えるとき、控えめな表現をするのです。

議論するなかでわかったことは、エドのなかにある“ルール”は、「謙虚にほのめかすようにすれば、望むものが得られる可能性が高い」ということです。彼の自己抑制的な言い方は、ひどく批判的な父親から幼い頃に学んだもので、自分を褒めたりすると誰かに責められ、嘲笑を受けるというものでした。エドが子どもの頃に自ら設けた“ルール”は、自慢する危険から自分を守るように思えました。確かに彼は感じのよい謙虚な自分を演じています。欠陥のある思考パターンは、対立の危険を冒

すよりも平和を保つほうが常に良いということなのです。さらなる思い込みは、謙虚さと自分の考えを主張することは相容れないということです。これらの心理的な習慣が重なり合うと、彼の要求は本心ではないとか、簡単に跳ね返せるという印象を与えてしまいます。

　私は、観察できたことをエドに率直に伝えました。私たちは、彼が十分な給料を得ていることを謝罪しながら、さらに増額を要求するという二重のメッセージを聞かされた相手にはどのような影響があるかについて話し合いました。そして、セッション1での彼の子どもの頃の話に戻り、これらの思い込みの価値を再検討しました。

　エドがこのような発言をするのを聞くたびに（頻繁にあります）、私はそのことをそのたびに指摘するか、同じパターンがあれば彼自身でフィードバックするように促しました。

　エドはこれにより、彼のリーダーとしての役割で戸惑った多くのことに気づき始めました。例えば、部下に仕事を依頼しても、それに協力しないことが頻繁に起きていたことなどです。

これらはすべて簡単に思えるかもしれませんが、そうではありません。第1に、コーチにはクライアントに異議を唱える勇気が必要です。第2に、クライアントは真実が合理的であると信じているかもしれませんが、この件に関しては自分の思考は非合理的であることを認識できるようになる必要があります。クライアントに改めて、次のような質問をしてみてください。

「本当にいつもそうですか？　いつも？」
「その証拠は何ですか？」
「この仮定に反していることに何か気づいたことはありますか？」
「他にどんな説明ができますか？」
「逆のことを信じてみたらどうなりますか？」
「あなたはどのような信念を持ちたいですか？」

主題からそれて、世界観の違いについて議論を開始する危険性にも注意してください。コーチ自身の考えがクライアントの考えと同じくらい偏っているかもしれず、実際上の、あるいは潜在的な弱点を見つけられるかどうかを確認するために、上記の質問リストを活用するとよいかもしれません。

▌「値引き」による変化への抵抗

　クライアントの精神分析を通して本来のパーソナリティを獲得する心理学療法の1つである「交流分析」に、「値引き（discount）」という考え方があります。それは、私たちが現実を否定し、変化に抵抗するための多くの方法を体系化しているものでもあります。

　私たちは、自分自身、周囲の人たち、または私たちが生活し、働く環境について大切に持っている信念を脅かす事実を値引きすることがあります。値引きは私たちが認識していることを歪め、それは意識の外でも起こります。値引きに執着することの激しさの度合いは、認識する脅威の強さに直接比例しています。

　このようにして、私たちは現実を認めることにより生み出されるかもしれない妨害や恐怖から身を守るのです。

　値引きは、次の4つの段階で起こる可能性があります。

◎レベル1：問題自体の値引き

　喫煙者は、喫煙は有害ではないと信じ続けているかもしれません。ここでは、およそ80年におよぶ研究によって確立された事実が否定されています。事実の妥当性を認めることは大きな不安を引き起こすため、喫煙者は有害ではないと信じようとするのでしょう。

　クライアントが問題自体の値引きを行う場合、確かな証拠があるにもかかわらず、例えば、自分の仕事が脅かされている事実を否定することがあります。このとき、自分のパフォーマンスに問題があることや、生活のなかでの中核的な関係が危険にさらされていることの強い証拠を否定するか

もしれません。見た目がだらしないクライアントは、自分が人からどう見られているかや、人が自分をあからさまに見苦しいと思っていることがわかっていないのかもしれません。既婚のゲイのクライアントは、自分は本質的には異性愛者であると思っていることで、男性とのひとときの浮気をささいな逸脱として片付けてしまい、本当の性的嗜好を値引くことがあります。クライアントがこのレベルで値引きをしている兆候は、明らかに脅威に直面していて、これまでの古い行動を続けている可能性があります。ここでの模範的なコーチングの質問は次のとおりです。

　　　「既知の事実は何ですか？」
　　　「これが問題であるという根拠は何ですか？　その問題が起こる頻度や程度、激しさはどれほどでしょうか？」
　　　「その証拠はどの程度確かだと言えますか？」
　　　「誰がそれを確認したり、否定したりできるのでしょうか？」
　　　「情報にギャップがある場合、どのようにそれを埋めることができますか？」

◎レベル2：問題の重大さの値引き

　喫煙者は、喫煙が有害だと認めても、遺伝子がおそらく自分を守ると信じていたりします。そうした人は、1日60本のタバコを吸っていた伝説的な長寿の人を引き合いに出して、この信念の妥当性を示すことでしょう。
　クライアントは、受検した360度フィードバックの不愉快な結果を他者や評価方法のせいにしがちです。あるいは、クライアントの将来に影響力のないフィードバックの協力者たちは、自分には関係ないとして無視するかもしれません。ブランド・マネージャーが市場の予測可能な需要の動向に起因する売上高の減少を値引きで対処するように、このレベルでは、恐怖、失望、損失、怒り、不安などの根底にある感情が表現されるまで、値引きは続きます。私たちは自分の感情の強さを恐れているので、それは理性の庇護の下に隠れています。ここで役立つ質問は次のとおりです。

「もしこれが本当だとしたら、どのような影響があるのでしょうか?」

「最初にこれを聞いたとき、あなたはどのように感じましたか?」

「それは他のメッセージ/証拠のどこに当てはまるのでしょうか? または当てはまらないのでしょうか?」

「これがどれほど重要になるかをどのように確認できますか?」

◎レベル3：問題の解決可能性の値引き

　喫煙者は、喫煙が深刻な健康被害の可能性があることを認めていますが、ニコチン・パッチ、禁煙外来、催眠療法などの治療法はどれも自分にはうまくいかないと確信しています。

　コーチングのクライアントは、もはや無力だとして、自分には手に負えない状況にあることをほのめかして見解を表明するかもしれません。そして自らを犠牲者だとして、明らかに安全な場所に入り込むかもしれません。白黒がはっきりしたどちらか一方の考え方、「私はできない」のような決まり文句、「私はいつも……」のような一般化した表現には注意してください。ここで有効な質問は次のようなものです。

「以前これと似たようなことがあったとき、何をすればうまくいきましたか?」

「他の人がこの状況にうまく対処するのを見たとき、何が彼らに機能しているように見えましたか?」

「有効な支援が提案できる準備ができているのは誰ですか?」

「ここであなたが発揮できるスキルには何がありますか?」

「解決策を見つけるために、あなたはどんな条件を用いますか?」

「たとえそれが部分的な解決策であったとしても、あなたはここで何に我慢できますか?」

◎レベル4：変容能力の値引き

　喫煙者は、一般的な治療法のどれもが自分に効果があることを知っては

いても、タバコなしでは生きていけないと思っています。

　ここでは、クライアントは事実を受け入れ、その重要性を理解し、解決策があることを知っています。しかし、行動を変えるか、結果を我慢して受け入れるかの個人的な能力を値引きします。エグゼクティブ・コーチングのクライアントは、「これが私です。私は他の人と異なることはできません」「それは他の人にとても良いと思います。彼らはまだ若いのでね」（または、より適応性があるか、より雇用適性がある）などと言うかもしれません。

　このレベルでの効果的なコーチングの戦術は、通常、目標設定（第7章参照）とそれに伴うビジョンの重要性を再確立することです。ここで効果的なのは、問題と格闘するのではなく、絵を描く、ビジョンを描く、ポジティブな未来のなかで過ごす1日を想像し、ポジティブな結果に再び注意を向けるようなテクニックです。ここでの良い質問は次のとおりです。

　　「ここでの全体的な戦略は何ですか？」
　　「それを達成することでどんな利益があるのですか？」
　　「誰があなたの助けになり得る人でしょうか？」
　　「目的に向けての初めの一歩は何をすることですか？」
　　「あなたが対処できることを想像してみてください。そこでは何が起こっていますか？」
　　「過去に新しい何かを学んだとき、あなたは何が最良の学び方だと思いましたか？」

行き詰まり状態の見返りを特定する

　私たちが問題を解決せず行き詰まった状態に居続けられるのは、見返り（payoff）があることがわかっているというのがその理由の1つです。これについて、詳しく調べる価値があります。

　クライアントが行き詰まりをどんなに惨めに感じていたとしても、必ず何らかの見返りはあります。不幸に見舞われることは怖いと思うかもしれ

ませんが、とにもかくにもよくあることです。そうした場面でクライアントに見返りがどう効いているかの確認を依頼することは、多くの場合、クライアントにとって自己発見の瞬間となります。「ここで立ち往生して何をしているのですか？」と尋ねてみてください。

　典型的な見返りとしては、相手に罪悪感を抱かせることで他人をコントロールしたり操作したり、自分のためのパーソナル・スペースをつくったり、気分が高揚したり、純粋に楽しみなどの時間をご褒美として与えることです。ときには、自分から変える力を放棄することで、努力すれば成功したかもしれない、といつでも言えるため、自責の念から免れているように感じることもあるでしょう。とてもよく知られた賢人、ホーマー・シンプソン（訳注：米国の人気アニメ「シンプソンズ」の主人公）が息子を諭すためにこう言っています。「おまえはベストを尽くしたが、惨めに失敗した。教訓は、『決して挑戦するな』だ。」

　他にも、自分の責任を他人に押し付けることで、何かがうまくいかなくても自分を責める必要がないという効果もあります。これらの見返りに共通しているのは、実際の弱点を直視することを避けていることです。

┃ 変革を阻む「免疫マップ」を活用するアプローチ

　コーチングはすべて、変化を目的にしています。クライアントは変化を望み、私たちコーチはクライアントが志向する変化を実現してもらえることが望みです。それでいて正直なところ、コーチとしてあなたは、クライアントとただ目の前の問題解決のため（クライアントの学びのためではなく）だけにコーチングをしていると疑問に思うことはないでしょうか。あなたがしていることは、クライアントの行動レベルでは表面的に取り組んでいるものの、核心に至っていないのではないかと思っていませんか。例えば、次のように。

> 「クライアントのＡさんは権限移譲すると宣言したのに、いまだにメンバーの仕事に手を出しているように見受けられる。」

「クライアントのBさんは自分の太り過ぎを恥じて、体重を20キロ落とさなければいけないとしているのに、太ったままでいる。」
「クライアントのCさんの人生は仕事ばかりでプライベートがまったくない。彼の結婚生活は危機に瀕しているのに、それでも12時間は会社にいる。」

　あなたのコーチングのおかげで、少しは状態が改善されたかもしれませんが、本質的な問題は手つかずのままかもしれません。
　この課題に取り組む方法について、ロバート・キーガンとリサ・レイヒーが著書『なぜ人と組織は変われないのか』(*Immunity to Change*, 2009；邦訳：英治出版) のなかで変革を阻む「免疫マップ」を提案しています。これについて、私たちが巧みに心の免疫システムをつくることによって、自ずと私たち自身を絶えずサボタージュ（妨害）してしまう、と述べられています。
　変革を阻む「免疫マップ」は人と組織が変わるための方法として4つの要素を提示しています。まずは、それを自分で試してみてください。

◎4つの要素を書き出す

●第1の要素：改善目標

　これは本質的に、あなたの人間としての成長についての改善目標です。
　まず、あなたの人生を変える力になると思われる"1つの大きなこと(One Big Thing)"を探します。それはあなたの変化にとって重要であり、あなたの人生を根本から改善することに影響するものであり、あなたにとって大切な人にも重要なものでなければなりません。改善すべき領域は自分自身です。
　そして、それはスキルのようなテクニックではなく、人格を全面的に変えるようなものでもありません。自分の中核部分はそのままにしておくことが大切だからです。図8-3に書き込む目標は、ポジティブな言葉にします。ポジティブな言葉とは、あきらめや中止のニュアンスのある言葉を使わないということです。

図8-3　免疫マップ

1. 改善目標 前向きで肯定的な言葉で設定する	2. 阻害行動 代わりに何をするか/何をしないか？（実際に取るべき行動）	3. 裏の目標 改善目標の達成を妨げる要因（裏の目標）は何か？ 「阻害行動」とは逆のことをしようと考えたとき、どんな不安があるか？	4. 強力な固定観念 どのような強力な固定観念を持っているか？ 「裏の目標」に記入した内容に対して自分の世界や自分自身について何を思うか？
私は……したい	改善目標の実現を阻害する自身の行動	私は……することを心配する	私は……と仮定する
私の改善目標はどのようなコミットメントを意味しているか？	私がしないことは……	害になる行動に関与することで、どのような心配な結果を回避しようとしているか？	

● 第2の要素：阻害行動（改善目標の達成のための行動を阻害する行動）

　これらを態度や信念、心の状態としてではなく、実際の行動として正直に記述します。改善目標の達成を阻害する行動をすべて書き出します。そして、その行動を取る理由ややめようとしている計画などを気にする必要はありません。まずは、これまでのバツの悪い行動をすべて書き出しましょう。

● 第3の要素：裏の目標（改善目標の達成を妨げる要因の特定）

　これは、内面にある心配の領域です。隠されたダイナミズム、変革を阻む「免疫マップ」、すなわち改善目標を妨げている阻害行動（裏の目標）を示しています。この欄を埋めるために、第2の要素の項目を1つずつ取り上げ、自問自答してみてください。

　「この行動と反対のことをしようと想像したら、最も心配で、怖くて、

不快なことは何だろう？」

　このとき頭に浮かんでくることに、不快感を感じるはずです。この感覚の力を体験してみてください。もし体験できなければ、あなたはまだ希望的な要因を挙げていないのです。何らかのリスクを感じるはずです。人はよく、初期のネガティブな感情、例えば「退屈」「落ち着かない」「焦り」などを認識します。しかし、これでは答えになりません。その下を掘り下げてみるのです。その下に潜んでいる、恐れている感情は何でしょうか？リスクは何でしょうか？

　典型的な恐怖とは、無能であること、屈辱的であること、無力であること、愛されていないこと、大切な人を傷つけることなどです。

　第2の要素：阻害行動は、不安を抑え、自分を守るためのものです。これが私たちを動けなくし、目標に向かうことを妨げているのです。

　「最初の『私は……をすることを心配しています』に、恐怖を書き留めてください。

　「私は……をすることを心配しています。」

　その下に「だからこそ、私は……ために変化を阻んでいます。」

　（例：恥をかかない、手に負えないと感じない）を書いてください。

● **第4の要素：強力な固定観念**

　阻害行動を中断させるのは、それを「しないようにしよう」とすることだけでは十分とはならず、強力な固定観念も明確にします。そのために、裏の目標を確認します。ここで、改善目標を妨げている阻害行動を起こしている人にあるかもしれない固定観念についてブレインストーミングしてみます。どの程度まで一般化しているか、つまり状況にかかわらず常に真実であるようなことをしているか、そして、その固定観念が自分に及ぼす影響力・支配力がどの程度強いかを自問してみます。その固定観念はどこから来たのか？　その歴史は何か？　重要なターニングポイントは何だったか？　「私の固定観念は……です」と書き出してください。

◎4つの要素を書き出した後の次のステップ

●強力な固定観念の分析を設計する

　キーガンとレイヒーは、このような強力な固定観念は一夜にして解消することはできないと強調しています。私たちの多くは、最も深く自己制約的な思い込みを抱きます。それらが私たちを守ってくれていると信じているからこそしがみついているのです。小さな変化を起こすことによって、この強力な固定観念は少しずつ解消できるとキーガンとレイヒーは述べています。これを行うために次のように質問してみます。

> 「強力な固定観念が正しいかどうかを確かめるために、どんな行動を取ることが的確でしょうか？」
> 「その確認のために、どのような情報を集めればよいのでしょうか？」

　次に、安全で簡単なテスト、つまり仮説を検証するための実験を行います。これは遠い未来のことではなく、すぐにできることでなければなりません。これはあくまでも実験、つまりテストであり、何かをする約束ものではないことを忘れないでください。

　これには、いくつか選択肢があります。
・阻害行動を変更する。
・改善目標を妨げている阻害行動に反する行動を取る。
・固定観念を覆すことに挑む。

●異なる行動を起こして評価する

「何をしましたか？」
「何が起きたのですか？　他の人はどう反応したのですか？」
「これはどう、あなたの強力な固定観念に挑もうとしていますか？」

●変革を阻む「免疫マップ」アプローチをクライアントに活用する

　必要に応じて、クライアントに294ページの図8-3を見せながら、一緒

に作業することもできます。または、まずはあなたが自分で試してみて、それからプロセスの流れを説明しながら取り組むのでもいいでしょう。

これは、「免疫」という重要な概念と、一見不可解な方法で自分自身を妨害してしまうことをクライアントに説明するのに役立ちます。異なる行動を考えることは、コーチング・プロセスを通して主体的に行動を取り、その説明責任を果たすことにもつながります。また、私たちが着実に変化をもたらすことができるように、十分な期間にわたってクライアントと一緒に取り組むことにもなるでしょう。

●プレゼンテーションがうまくいかないサンドラ

サンドラがプレゼンテーションの支援をしてほしいと私のもとに来たとき、彼女は食品会社の上級職にいました。人事担当者が私に言うには、彼女はプレゼンテーションではいつも「堅くなって緊張している」らしいのですが、それは彼女の仕事には必要不可欠なスキルだということでした。高額なプレゼンテーション・スキルの研修を受講したらしいのですが、あまり効果はなかったようです。コーチングへの行動的アプローチとは、たぶん練習とフィードバックの際にビデオカメラを使い、1対1のトレーニングを行うということだったのでしょう。私たちは、彼女がなんとしてもプレゼンテーションを上達させたいと思っていて、それには何が必要かがわかっていました。しかし、彼女自身の「阻害行動」により目標達成ができなくなっていました。

そこで私たちは変化を阻む「免疫マップ」により、彼女がどのように行動を変えたいか、やるべきことを明確に特定しました。それは、彼女特有の自信に満ちた、活気のあるプレゼンテーション・スタイルを開発することでした。

「阻害行動」に関するディスカッションでは、巧妙な回避行動が明らかになりました。

・講演する機会を断る。
・それが避けられないときには、つぶやきながら講演を行う。

・土壇場での準備か、または何も準備せず、精巧なパワーポイントの
　スライドを用意して、プレゼンテーションの間はずっとそれらを見
　つめる。
・講演をできるだけ短く済むようにする。

　「裏の目標」のディスカッションでは、「改善目標」に対しての「阻害
行動」が浮かび上がってきました。私たちは、イギリス西部地方の訛り
を残すアクセントで話す彼女がプレゼンテーションの相手に愚鈍だと思
われているとする彼女の思い込みの原因を探りました。すると、彼女は
他の人が聞きたいと思うことなど自分は何も言えないとの深い信念が潜
在的にあることがわかりました。6人きょうだいの末っ子でただひとり
女の子だった彼女は、子どもの頃から「太った小ブタちゃん」と呼ばれ、
家族が集まると「あなたの話に誰が興味を持つと思うの？　だから黙っ
ていなさい」と言われ、文字どおり沈黙させられたそうです。
　「強力な固定観念」のディスカッションでは、彼女が最も恐れていた
のは、子どもの頃のあざけりが、突出した学業成績と仕事での成功があ
るにもかかわらず、自分が愚かで、無能だという真実として明らかに
なってしまうことでした。
　そこで私たちは、この自己妨害的な思い込みが果たしてそうなのかを
分析するために、安全性を考慮していくつかの試案を一緒に考え、次の
数回のセッションを通してゆっくりと、彼女の思い込みとは違う、次の
ような「現実」を確認していきました。
・誰も彼女のアクセントを少しも気にしていなかった。
・彼女は担当分野についての深い専門性を持っている。
・同僚よりも賢くあろうとする必要はなく、すでに十分賢い。

　これにより、彼女はすでに優れた話し方ができる人であることを自覚
し、プレゼンテーションの効果を高める、この才能を実務に採り入れる
ことができるようになったのです。

プロチャスカとディクレメンテの行動変容ステージ・モデル

コーチングを始めたばかりの頃の私は、クライアントが自分の人生で変えたいことがあると言ったとき、すぐに変える準備ができているものだと短絡的に考えました。私自身のことをよく考えれば、そんなことはないとすぐにわかったはずです。例えば、ある個人的な習慣（怠け癖、先延ばし、運動不足、飲み過ぎ）がよくないとわかっていても、何か違ったことを始めようとする瞬間を先延ばしにしてしまうものです。

アメリカの心理学者ジェームズ・プロチャスカと同僚のカルロ・ディクレメンテは、もともとはアルコール問題を抱えた人たちを改善する目的で始めた取り組みから、行動変容を支援するモデルを開発しました（図8-4参照）。

それは、その改善には時間がかかり、それが再発する可能性があることの現実を認めますが、そのときでさえ変容が必要なのを否定した最初の地点まで戻るのは稀であると述べています。

このモデルは、行動変容をする気がない「無関心期」から、行動変容が行われ、問題の行動がすでに解決されている「終了期」の6つの段階で説明されています。

プロチャスカとディクレメンテによる行動変容ステージ・モデルは、変容のプロセスには自然なリズムと時間の尺度があり、ある段階で有効なはずのコーチからのコメントや質問が、別の段階では適切ではないことを気づかせてくれます。

例えば、クライアントが「もっと運動を増やしたい」などと言って、変容のプロセスに興味を示すのは「実行期」であると多くのコーチが誤って解釈しがちです。しかし実際には、このクライアントはまだ「関心期」にいて様子をうかがっているのです。よって実際のコーチングでは、状況に応じてクライアントにこのモデルを見せて、「いまこの瞬間では、ここにあるどの段階にいると思いますか？」と尋ねながら進めるようにするのがいいでしょう。

図 8-4　プロチャスカとディクレメンテの行動変容ステージ

	ステージ	クライアントのコメント（例）	コーチが力になれること
1	無関心期 期間：1年	私には何も関係ありません。それは問題でありません。私は無視しています。なぜ皆が黙っていないのでしょうか？	クライアントがこの選択をする権利があることを認める。巧みに、チャレンジする。 クライアント自身が「変わることでメリットがあるかもしれない」と言えるまで意識を高める。
2	関心期 期間：6カ月	考えています。何かしようと思いますが、まだです。	クライアントの考えを探り、励ます。あなたが準備できたら私はここにいますよ、と。
3	準備期 期間：1カ月	問題となりつつあるので、自分の選択肢を探ってみます。	励まし、サポートを提供し、利用可能な実用的な支援をはっきり説明し、変更の開始となる小さな一歩を話し合う。
4	実行期 期間：週/数日	覚悟を決めました。私はやります。	過度に熱心に思われることなく、クライアントの選択を検証する。変容することの利点をはっきり説明する。クライアントと支援者に依頼する代替案を話し合う。
5	維持期 期間：6カ月	簡単そうに見えますが、残念ながら、私は何度かリバウンドしています。	再発はすべての変化を起こすことの一部であることを認め、誘惑に関連する状況や人々を避ける方法を話し合う。そして、その利点を再認識する。
6	終了期	それはもう問題ではありません。私はそれについて考えることさえありません。	恩着せがましくなく、クライアントが注力した努力とそのスキルを認める。

▎恐れの克服

　究極的に言えることは、私たちを変化から遠ざけるのは恐れです。恐れがあるから自分がコントロールできなくなったり、未知のものに対処できなくなったりするのです。

　恐れは、コーチングにおける真の敵といえます。恐れは冷酷にも最も弱いところを標的にし、かすかな疑念から始まり、条件が揃えば、たちまち恐ろしいほどの大きさに膨れ上がります。

　神経心理学が証明しているように、論理はしばしば何の助けにもなりません。それというのも、恐れは論理を追いやり、理性らしきものに変えるだけであり、すぐに不安とパニックになってしまうからです。

　コーチングでは、クライアントの全面的な同意のうえで、クライアント本人が理論で装った見かけ上の表面を剥がし、不合理な防御によって守られている脆弱な核心を可視化します。恐れを具体的に示し、その根底にある固定観念を受け止め、挑戦し、支援し、代替案を提示し、新しいスキルを身につけ、小さなステップで取り組み、人間の変容の心理に注意を払い、クライアントの人生が彼ら彼女らの望むものになり得ると信じていることを示します。これが大きな違いを生みます。

　コーチとして成功するには、心を開き、温かくあり、好奇心が強く、正直であることです。これらの資質は、クライアントとの行動変容の共同作業には必須となります。そのうえで、恐れないことも大切です。これが、次章のテーマになります。

第 9 章

支援とチャレンジ

Being nice is not enough: adding challenge to support

　コーチとしてのキャリアを選択する人は、自分自身を寛容で、信頼性があり、人間の行動に興味関心を持つタイプだと思うことがあるかもしれません。私たちコーチがコーチングに惹かれるのは、人間の可能性をポジティブに捉えているからです。人に救いの手を差し伸べたいという気持ちが強いのです。

　コーチになるためのトレーニングを受ける前から、他者と気の合う関係性を築くことはできるでしょう。ただ、新米コーチのうちは、この関係性を常に維持し続けることは難しいですし、うまくいかなくなることもあります。しかし、関係性を維持するための原則は理解できるでしょう。それよりもより難しいのは、クライアントの支援につながるためにどのタイミングで、どのような方法でクライアントにチャレンジするかということです。

　この章では、なぜコーチは「いい人」でいるだけでは不十分なのか、そして、クライアントとの関係性を壊さずに支援していくために、どのようにチャレンジしていけばよいかを説明します。

　チャレンジには、①クライアントが新たなことに対して挑戦すること、②クライアントが表明することに対してクライアントが考えるためにコーチから異議を唱えること、などの意味が含まれます。

支援とチャレンジを組み合わせる

　コーチングが特殊な種類の会話であると言われるのは、同じ会話のなか
で支援とチャレンジすることが高いレベルで展開され、敬意と信頼の枠組
みのなかで偏見を持たずに行われるからです（図9-1参照）。これは通常の
会話ではなかなか経験できないことです。

　親しい友人ならば、問題事の相談に親身になって支援してくれます。も
し、あなたが揉めごとの渦中にあり、あなたが困っているやり取りを友人
が見ていれば、あなたが正しく相手が悪いと言って安心させてくれるで
しょう。あるいは、別の形の議論になる場合、例えば、相手との関係が悪
化するような言い合いや、上司があなたに反感を示すような言い合いにな
るようなときに相手からチャレンジされると、敵意や悪意、無礼といった
感じを受けるかもしれません。

図 9-1　チャレンジと支援を組み合わせる

チャレンジ	多い	チャレンジすることが多く、支援が少ない クライアントは侮辱され、憤慨し、防御的になる（コーチングは早々に終了してしまう）	チャレンジすることが多く、支援が多い クライアントがコーチを信頼し、気に入る（違和感を感じるときでも学ぶことができる。生産的な関係を長く築くことができる）	
		チャレンジすることが少なく、支援が少ない 影響の少ないコーチング、ただの楽しいおしゃべり（コーチングの意義やコーチング自体がだんだん減っていく）	チャレンジすることが少なく、支援が多い コーチがクライアントと結託し、クライアントが学ぶ機会を逃してしまう。長期的には、コーチングは持続できない	
支援	少ない			多い

クライアントが人生の大きな転機が必要だとして、また、それを望んでいる場合、支援とチャレンジを組み合わせながらコーチングすることは避けられません。ここで重要なのは、「組み合わせる」ということです。もし、あなたがチャレンジばかりしていたら、それが親切心からだとしても、相手を攻撃したり弱体化させる人たちと同じ行動を取ることになります。こうした人たちはすでに私たちの回りにいることはよくご存知かと思います。このタイプのコーチからでは、クライアントがコーチングを継続しようとはなかなか考えにくいことです。

　私自身、このようなコーチからクライアントの立場でコーチングを受けたことがあります。そのコーチはとても愛想の良い人でした。ただ、彼はいくつかコーチングに関する手法や理論を持ち出してくるのですが、まるで私がそれを知っていないといけないかのように感じさせられました。そして、彼は上級管理職の経験がなかったのですが、当時管理職だった私のパフォーマンスについて厳しく問い質してきたのです。度重なる彼の質問は私を糾弾するような感じがして、早々に関係を解消することにしました。

　支援もチャレンジもなければコーチングは機能せず、クライアントは知人と気楽なおしゃべりをするようなことになりかねません。

　クライアントがトラブルになっているということにコーチが同意しながら、賢明な面持ちでうなずき、首を傾げて真摯に聞く姿勢でいるだけでは、のちのちあまりよいことにはならないと思います。これだと、悪いのは他人で自分には全く非がないとするクライアントの被害者意識を煽ることになりかねません。どんな揉め事であれ、おおよそ問題というのは少なからず当事者本人が関係しています。よって、第三者であるコーチに自分が被害者だと共感してもらうことはクライアントの助けにはならず、被害者意識を持つクライアントの共謀者になるだけです。これでは、「そうです、あなたは不当な扱いを受けていて、あなたにはどうしようもないのです！」というように、クライアントが被害者として感じている無力さを強調することになります。

　クライアントのパフォーマンスに問題がある場合、コーチの役割はその

問題の原因や問題発生の可能性をクライアントが理解できるように手を差し伸べ、クライアントと協同しながら問題解決に向けての最善策を考えることです。こうしたとき、コーチがクライアントは常に正しいのだと同意するだけなら、エグゼクティブ・コーチとして組織からの依頼を受けて、第三者の立ち場でコーチングを行う役割を果たさないことになり、クライアントの行動を変えることができなければ、期待はずれだとスポンサー（依頼者）はがっかりせざるを得ません。

　また、クライアントががっかりすることもあります。最初のセッションでどんなコーチングをしてほしいかをクライアントに訊くのですが、そのときよく言われるのが「チャレンジしてほしい」です。クライアントは、コーチングの最も価値ある機能のひとつが、思考の幅を広げ、先入観を揺るがし、異なる視点を備えられるようになることだと理解しているものです。コーチがクライアントに同意するだけでは、これは起こりません。
　これを実現する唯一実行可能な方法が、支援とチャレンジを高レベルで組み合わせることです。私自身クライアントとして、さまざまなコーチとのセッションを経験してきましたが、何が起こるかわからないセッションが最高だったと断言できます。警戒し続けなければならないものの、どんなに弱さを見せても恥ずかしいという思いは起きませんでした。

┃ 核心に迫る

　「核心に迫る」とは、どんな問題であれ、最終的に何が真の問題であるかをクライアントに挙げてもらうことを促すスキルのことです。
　偏見のない姿勢で話を聞いてくれる人と話ができるという安心感によって、クライアントはしばしばとりとめもなく話し始めるかもしれません。その兆候は、クライアントが同じ話を言い方を変えて繰り返し、あなたはすでに何が問題かがわかっているため、少し飽き飽きし始めるときです。あなたは直感で、話が長いのは本論を避けたいためかも、と思うかもしれません。クライアントが、遠い過去にさかのぼってまで事細かに話してい

るときはその兆候だと思ってください。例えば「どこまで話しましたか？話の流れがわからなくなりました！」と言うようなときです。

　コーチとして、クライアントに細部にわたりさまよう話をさせてしまうことは、コーチング・セッションの有効な使い方ではありません。話の核心に迫るということは、あなたにとってもクライアントにとっても、何が真の問題なのかを突き止めることです。

　メンバーの1人が他者を操ろうとしている、と感じているクライアントの例です。クライアントは、その行為についての怒りを長々と話します。彼女は、人に支配されることで、周囲に自分が愚かに見えると最終的に感じたということでした。問題の人がメンバーを支配しようとするのは初めてではないとも言います。あなたとクライアントの対話は、堂々巡りになり始めています。コーチとして、あなたは次のように言葉を挟みます。

> 「つまり、この問題の核心は、あなたがこの行動に対して怒りを感じ、うんざりしていて、それについて何かをしたいということですね？」

　このように、真の問題を挙げることで、クライアントはその核心に触れ、それに対して何をすべきかを決めることができるようになるのです。

話に割り込む

　世間一般的に、人の話に割り込むことは失礼なことだと言われます。子どもの頃、私たちは社会性を養うために、人の話を遮ってはいけない、少なくとも、話の腰を折ってはいけないと教えられます。だからこそ、例えば、テレビ番組でタフで知られるジャーナリストの司会者が人の話に割り込んだりすると、視聴者が恐れや畏怖とおかしさが入り混じった感情を抱くのは、タブーを破っているからです。

　コーチングでも、タブーを破らなければなりません。クライアントは物事の核心に迫るために私たちにお金を払いますし、コーチングの時間は限

られています。また、クライアントはすでに友人と何度も同じ話を繰り返していると思います。クライアントにとって、これは十分に準備した終わりのない話なのでしょう。

　割り込みは慎重に行う必要があり、必ず考慮すべき注意点があります。クライアントは話を整理しようとして、事細かに語らなければならないと思うのかもしれません。長く話すことでカタルシス効果（訳注：不安などネガティブな感情を伝えることによって、その苦痛を緩和すること）を得たいのかもしれませんし、コーチに聞いてほしいと思うあまりに、話が長くなるのかもしれません。本題に入ることを避けるために、長々と話をしてしまうこともよくあります。

　長く話すことは意識的または無意識的な戦術であり、コーチに本音を明かさない方法だと思うのかもしれません。このようなクライアントは、コーチが関心を寄せそうな話のネタを使って惑わそうとするかもしれません。これはほとんどの場合、あなたが変化のためのいくつかの分岐点上にいるからです。イギリスのある政治家は、自分のパーソナルトレーナーに対して、この戦術を使うことを次のように明かしています。

　　　「私は自分の限界にまでプレッシャーを感じて、突然、彼の気をそ
　　　らすために興味を引きそうな程度の低いゴシップ話を持ち出したり、
　　　彼の人生や幸せについて強い関心を寄せます。」

　ときには、コーチの礼儀正しさに敬意を払っていたクライアントは、後になって的を射ない話ばかりのコーチングだったと言うクライアントがいます。また、問題についてどれほど長く話せばいいかわからず、話の組み立てをコーチからの指導が必要なクライアントもいます。緊張のあまり、必要以上に話をしてしまう人もいますが、こうした人は話を途中で遮ってあげると安心します。話が長いことを自分でもわかっている人は、それはその人の習慣になっているのです。

　効果的なコーチングを行うために、すべての詳細を知っておく必要はありません。実際には、ほとんど知らなくてもよいことが多いのですが、ク

ライアントは、コーチに多くの背景を知ってもらいたいがために、延々と話を続けるのかもしれません。クライアントが、これが通常のプロセスだと思って長々と話をするようなことがあれば、クライアントもコーチもいずれ不満に思うようになるかもしれません。

　コーチングでの割り込みは、普段の会話での迷惑な割り込みとは目的が違います。一般的な会話では、退屈な話になっているときや、話したいのに相手の話が長いときなどに思わず口を挟みます。なかには、「では、これからは私が本当に面白い話に変えましょう！」という、無礼な割り込み方をする人もいます。これとは違い、コーチの割り込みは、クライアントの関心に留意して、コーチングの関係性に基づいて行います。

◎割り込み方のポイント

- いまがそのときだという直感を信じる。
- 割り込むことで、クライアントに嫌われないかという心配は捨てる。割り込むことでクライアントからコーチとしてより尊敬される可能性が高くなる。コーチングは、友人との丁寧な会話とは全く異なる。
- 許可を得る。
　　例：「いま、ここでお話してもよろしいですか？」など。
- ボディ・ランゲージを活用する。例えば、手のひらを上に向けてクライアントに見せる（交通整理のスタイル）など。
- 話に割り込んだ後、すぐにその理由を伝える。
　　例：「私はいまの話でわからないことがありました。」
　　　　「私はそのことを詳しく知る必要があるのでしょうか？」
　　　　「あなたがいまとても興味深い言葉を使ったので、それについて考えてみましょう。」
　　　　「ここでちょっと一呼吸おきましょう。」など。

┃ 瞬間的に現れる重要な情報

　変化をもたらすために本当に有効となることは、コーチとクライアント

の間に生じる関係性そのもののなかにあります。クライアントがコーチの前で取る言動は他の場面でも同じようにしていることでしょうから、コーチが持つべきクライアントに関する最も重要な情報は、コーチングの際、その瞬間に取っている言動です。これは多くのコーチが素通りしようとする情報で、クライアントを知る多くの人も知っているのに、避けようとしている情報です。

- そのクライアントは、あなたに恐怖心を与えるようなことをしますか？　彼女はそれを職場でもやっています。
- そのクライアントは、自分のチームで起きていることをとりとめもなく話して、あなたを困らせますか？　十中八九、彼は他人とのコミュニケーションもうまくいってないはずです。
- そのクライアントは、あなたに過剰なほど丁寧ですか？
- そのクライアントは、あなたとの会話をコントロールしようとしていませんか？　これは、おそらく他の人も経験していることなのです。

　これらの情報は、クライアントから共有してもらうセッション外での出来事や人々についての話と同様に重要です。極めて価値がある情報なので、素通りするのは危険だともいえます。それは、コーチとクライアントが内なる動機を推測したり、知的に考えたり、分析したりすることよりもはるかに重要です。

　こうした重要な情報がいまこの瞬間、あなたにどのような影響を与えていますか？

フィードバックを行う

　こうした重要な情報をうまく活用できるようにするには、フィードバックを上手に行えるようになることです。これは、コーチングの会話が、クライアントが交わす他の会話と異なる最も顕著な点でしょう。クライアントの直属の上司と違って、コーチには雇用や解任の権限がありません。ク

ライアントのパートナーではないので、コーチは愛を育んだり壊したりすることを望みません。クライアントの友人とも違うので、コーチは単刀直入に伝えることで友だち関係にひびが入るのではと危惧する必要もありません。

コーチングは、クライアントがその瞬間に見せている行動やその影響についてコメントすることが許されるどころか奨励される数少ない機会のひとつなのです。クライアントが気づかずにいること、遠慮していること、周りは認めているのに誰も勧めてあげようとしないことなどを教えてあげることが、クライアントが最もコーチに望むことかもしれません。例えば、不快な体臭や口臭、似合っていない服装（現代風でない、露出が多過ぎる、着崩れしている、汚れているなど）、こうしたセルフ・ケアに関するプライベートなことについてもです。

コーチは自己の利益ではなく、クライアントの学びを支援したいという正直な気持ちでフィードバックを行うようにすれば、コーチングにとても大きな力を与えてくれます。これには、コーチとクライアントが抱くかもしれない恥を捨てなければなりません。

●フィードバックで改善できたアンソニー

アンソニーは、優秀なITスペシャリストです。転職を切望していましたが、選抜候補者の選考段階でなかなか先に進むことができませんでした。私はすぐに、彼が決して笑顔を見せず、何度も口を手で隠すようにしていることに気づきました。誰もが気づいていると思いますが、アンソニーの歯はだいぶ変色していてボロボロでした。

「アンソニー、あなたには少し言いにくいことをフィードバックをしてもよいでしょうか？」と尋ねられたアンソニーは不安げな表情に変わりました。

「そうですね、はい、どうぞ」

「あなたはよく口を手で覆いますね。歯の状態があまりよくないようですが」

　一瞬ためらってから、アンソニーは思い切ったかのように話し始めました。彼は重度の歯科恐怖症で、30年以上も歯科医にかかったことがなく、常に口のなかに違和感があることを自覚していました。口元を恥じるあまり、親密な関係を避け、いつも孤独感に苛まれていたのです。彼は、決して笑わず、口元を手で隠すことで問題を隠し通せると思い続けていました。そして、虫歯や歯周病が体の健康に悪いことを知らないようでした。

　私はフィードバックで、彼の問題は他の人には歴然であり、健康管理を無視した人だと見られることで自己管理にも問題があるのでは、と思われかねないと伝えました。

　アンソニーは、自分のような患者を専門とする、催眠法や鎮静剤を使った痛みのない治療ができる熟練の歯科医がいることを知らなかったので、この問題が彼のなかでは最大の恐怖だったのです。

　私たちは一緒になってインターネットで検索することをしながら、この課題で2回、セッションを行いました。数カ月後に彼に再会したのですが、私はクライアントが短期間でこれほどまでに心身ともに劇的に変化したのを見たことがありませんでした。アンソニーはこの短い期間のうちにガールフレンドとデートを始め、新しい仕事も見つけて給料がほぼ倍になっていました。

ここではっきりさせておきますが、「フィードバック」は「批判」と同義ではありません。

批判を受けた側は、次のように打ちのめされた気分になります。

- 悪さをした子どものような気持ちになりました。
- とても恐怖を感じました。自分のキャリアがどうにかなってしまうのではないかと。
- それはとても不公平だと思いました！　私はその不公平さに悩まされ、その背景にある状況を聞けませんでした。

・彼が話している間も、私は仕返しを企んでいました。よくも私のことをあんなふうに言うなんて！

批判とは、一般化された判断を下して相手を責めることであり、「あなたは（たいてい何か不快なこと）をしている」などといったように、意見をすることです。批判されたほうが傷つきやすいため（例えば、「コミュニケーション能力が低い」「だらしない」「誰もが…と思っている」）、上記のような自己防衛や攻撃的な反応を引き起こします。

批判は受け手には厳しい指摘であり、脳の扁桃体（124ページ参照）に警告を与えて思考をストップさせてしまうため、聞き入れたり、改善行動などにはなりにくいのです。

対照的に、フィードバックはポジティブとネガティブの両方があります。ネガティブの場合は、問題のズレに対して厳しく考慮されます。フィードバックの最も本質的な目的は、相手の学びを支援することです。そして、フィードバックを行う側は相手がそれを聞き入れてもらえるタイミングを見計らうことが重要になります。また、フィードバックは、変えられることに関しての行為です。身長などについてフィードバックしても意味がありません。

一方、批判は相手を傷つける行為であり、批判する側の怒りを吐き出す手段でもあります。

ポジティブなフィードバックは、「好意的な評価」とは違います。例えば、「あなたはとてもできる人ですね」「あなたはその会議をうまく進めましたね」といった、曖昧な、あまりにも簡素な褒め言葉では意味がありません。

＊フィードバックするときの留意点
・そのつど、許可を得る。
　　「ここでいくつかフィードバックしてもいいですか？」
・「…に気づいた」「私は…を見た」「私は…を観察した」「私は…を聞い

た」など、自分が実際に見たことに基づいて説明する。

　「○○のことを話しているときのあなたは、本当に生き生きとしていました。」

　「あなたは身を乗り出して、書類をトントンと叩いていました。」

　「Xさんが何をすべきか、とてもわかりやすく説明しているのを聞きました。そして、Xさんの表情がすぐに和らいだことがわかりました。」

・解釈しないようにする。実際に自分が見たことを意見を交えずに説明する。そこで、次のような言い方は避ける。

　「ですので、あなたがXさんに対して……のことで怒っているのはわかっていました。」

　「あなたがすぐにも退室したいことはわかっていました。」

　このような言い方の代わりに、「……（クライアントの言動）について気になりました」のような言い回しを使って質問してみてもいいでしょう。これは、コーチがクライアントの考えを推測するのではなく、クライアントにそう考えた理由を自分で話してもらうためです。例えば（次のような質問）「そのとき、あなたに何が起こっていたのでしょうか？」

・あなたが感じ取ったことを述べる。

　「あなたが身を乗り出したとき、私は一瞬警戒しました。」

　「私に対して怒っているのではないかと思ったほどです！」

　「プレゼンテーションの最初にお話をされていましたが、私はすっかり夢中になりました。次に何が起こるのかを知りたくなったのです。」

　「話をしているときに何度か顔に触れていましたが、あのしぐさで本当に自分の話に自信があるのだろうかと疑問に思いました。」

・「このことが……とどう関係するのかが気になります」のように、クライアントの目標と関連づける。

・自分が話したことについて、クライアントの考えを訊く。

・この案件が生み出した気づきをどのように今後コーチングで取り組んでいくべきかを合意する。
・ネガティブよりも、ポジティブなフィードバックができる機会を探す。とくに、クライアントのスキルや行動の大幅な改善がなされたことなどの場合。
・言葉は慎重に選ぶ。
　「あなたは威圧的だった」よりも、「あなたが次に何をするか、ちょっと心配になりました」という言い方のほうがよい。
・クライアントがコーチに与えた影響をフィードバックすることと、それを個人的に受け取ったと思われることは紙一重。フィードバックをするうえで肝心なことは、あなたがクライアントから受けた個人的な影響を説明していても、あなたが個人的に受け止めていない、ということ。

以下はその例です。

●コーチからの意見で気づきを得るキャンディス

　自らの生産管理の仕事での実績を誇りにするキャンディスはMBAを取得しており、厳しい競争のなかで勝ち抜いてきたことに満足感を覚えていました。しかし、彼女の上司は、キャンディスは専門用語に頼りながら話したり書いたりしているといって、彼女の登用を後悔し始めていました。

　キャンディスは、自分の言うことを理解できないのは周囲の能力が低いせいだとして、上司の言いがかりに困惑し、悩んでいました。

　そこでコーチングを受けることにしたキャンディスですが、コーチも彼女の立場が危ういことをその話から認識していました。ところが、キャンディスがわかりにくい表現を使い始めたことで、コーチも徐々に彼女の同僚のように困惑していくことになったのです。コーチは、キャンディスの話をわかったふりをして聞き流すことはせず、わからないと

ころがあれば、その都度制止して説明を求めることにしたのです。

　「キャンディス、ちょっと話をストップしてもらっていいですか？　私にはとても長い用語や説明が多くてあなたの話が少し理解しにくいです。いまの話は、生産の柔軟性の分析とかカンバン方式、JIT方式、経済的付加価値といったことの説明だったようですが、私には何を言っているのかよくわかりません。それで私は自分が常識知らずではないかと思い始め、あなたのことをよく理解したいのに、それができないのは私のせいだと思うようになったのです。これは、あなたの同僚が感じているのと似たようなことではないでしょうか？」

　キャンディスは、その後も何度か同じように専門的な話をしたのですが、そのうち、コーチも専門外のことについては同僚と同じであることを理解し始めました。そして一歩引いて、「ここで専門外の人が本当に理解しなければならないことは何か？　それをどう言ったらわかりやすくなるか？」と考え始めることで、同僚への影響がだいぶ変わるだろうとわかりだしました。

　誰もがこのように事細かに尋ねる、嫌がられてしまうかもしれないというリスクの高い接し方ができなかったため、キャンディスは、防衛手段である「否認」に頼ってしまっていました。キャンディスにとっては専門家であることが何よりも重要であったため、技術的な専門用語を過度に使っていました。彼女が専門家になるために行った過剰な投資も、いまとなってはコーチングの対象になってしまったのです。

　このアプローチを使うには、クライアントの挨拶の仕方から入室後の最初の数秒間に話すこと、コーチへの接し方や言葉づかい、セッション中の様子とその印象、こうしたことすべてに意識を傾けるようにしなければなりません。
　また、これらのことを実際に認識しながら、コーチからの支援で行われ

たこととクライアント自らによって行われたことの違いを認識している必要もあります。

　フィードバックをしないほうがいいタイミングを知ることは、フィードバックしたほうがいいタイミングを知ることと同じくらい重要です。

　私はいまでも不思議に思うことがあります。それは、初対面のときに男性の姿をしてきて私を驚かせた女性のクライアントのことです。彼女はトランスジェンダーなのか、ただ男性の服を着ているだけなのか、女性らしい服装を拒むゲイなのか、このことをまず知りたいと思いました。なぜかというと、このクライアントは就職試験では最終選考まで残るのに、面接で落とされていたからです。

　私は、面接官が彼女を初めて見たとき、まさに私が経験したのと同じように動揺し、それが一因となって仕事を得られないのではないか、そう考えました。

　当時の私は、このような極端な格好をするのは、その人の核となるアイデンティティによるものであり、フィードバックによって指摘してはいけないと考えていましたが、いまとなっては神経質になり過ぎていたのかなと思います。相手が傷つくことを望まずに、こうした課題に取り組むことは誰もができることではないと思います。ここでカギとなるのが、次の自問です。

　　　「これはクライアント自身が何かできることなのだろうか？」
　　　「それに取り組む準備がクライアントにできているのだろうか？」

　この２つの自問の答えがどちらも「いいえ」なら、この問題は無視すべきです。しかし、答えが「はい」なら、コーチにはクライアント対しての「注意義務」があります。この「注意義務」という考え方は、私が医療現場を見て有効だと思うため、参考にしています。

挑発とユーモア

　私は、コーチング・ルームが静寂に包まれた聖なる礼拝堂のようでなければならないとは全く思っていません。例えば、初期の来談者中心療法（Person-centered therapy，訳注：米国の臨床心理学者カール・ロジャーズらが提唱した心理療法。クライアントの話をよく傾聴することで、クライアント自身が気づきを得ていく）では、心理療法士は退屈さや怒り、哀れみ、苛立ち、笑い、疑義などを含め、さまざまな反応がクライアントから出ても、それらに配慮し、その間、クライアントに話し続けてもらうことが奨励されていたようです（ただし、このことは果たして実際に行われていたかどうかははっきりしていませんが）。

　私がコーチングで初めてユーモアや挑発を採り入れたとき、私は少々常軌を逸していると自覚していました。他のコーチは賛同しないと思い、それについては何も言わないほうがよいかもしれないと考えました。しかし、フランク・ファレリーとジェフ・ブランズマの『挑発療法』（Provocative Therapy, 1974；未邦訳）を読み、その本に書いてあったことほど激しくはないにしても、私がしていたことは間違ってはいなかったことがわかりました。

　ファレリーは、面白おかしく、からかい上手に、押しつけがましく、性的な挑発をし、不謹慎なコメントを通俗的な言葉を交えてクライアントに投げかけていたようです。このような表現方法を使ったのは、クライアントが恐れを打ち消し、陽気に笑い声を上げながら、自分自身を守れるようにするためでした。そして、クライアントの行動について、現実離れした突拍子もない奇抜な「解釈」をしているのは、基本的にクライアントへの心配りと温かさがあるからで、これにより驚くほどポジティブな結果をもたらしました。このことについて心理学者グラハム・ドースは、ファレリーの「挑発療法」公式サイト（provocativetherapy.com）上で次のようにコメントしています。

　「挑発療法は、心理療法のこれまでの考え方を粉々に砕きました。

ファレリーは口を開くと（クライアントに問題を説明する機会が与えられる前に）、出てくる言葉はクライアントに決して言ってはならないと言われていることばかりです。

　彼はクライアントに、この狂気の状態にいることを奨励し、そこで行われる狂気の行動がクライアントにもたらす利点を放り出し（その利点がクライアントの行動よりも狂気じみているにもかかわらず）、クライアントにその行動に正当性があると何度も言い（その正当性がクライアントに提案するどのことよりも偽りがあったとしても）、クライアントがやめたいと言う行動を続けることをさらに勧めます（たとえ継続することの結果がクライアントが最も避けたいと思っていることだと楽しみにしながら確認したとしても）。」

　私はここまではしません。しかし、同じジャンルと思われるアプローチを使うことがあります。その裏付けとなる2つの仮説があります。

　1つは、クライアント自身の基準系（frame of reference，訳注：何かを理解するために使われる判断基準のこと）を使用したユーモアと明敏さをもってクライアントを挑発すると、クライアントは逆の方向に動く傾向があります。実際これは、アドバイスを与える際に起こる典型的な反応です。

　もう1つは、明らかに自滅的な行動を続けるようにクライアントを促すと、クライアントはより健康的な行動に向かっていく傾向があります。取るべき姿勢は、からかい、喜び、明るさ、跳ね返り、図々しさ、そしてチャレンジです。

◎実践例1

　椅子に深く沈み込み、暗い表情をしたCEO（最高経営責任者）のクライアントが、業績の落ち込みがわずかでもあれば、自分のキャリアは終わりになるとはっきり言っています。私は彼とは何年か一緒に仕事をしたことがあるので、彼がどのような対話をするかよく知っていました。

　コーチ：うーん、そうですね、（クライアントの不振に同意している

かのように、大げさに言う）あなたの人生は終わりですね。私はその
状況がありありと目に浮かびます。奥様のキムは毎朝5時に起きて、
ビールのにおいがする近くのパブの床掃除に出かけます。お子さんた
ちはドアのところであんな学校には転校したくないと泣いているし、
こうなったのはすべて自分のせいだと思うあなたは家の隅に潜んでい
ます。

クライアント：（椅子から少し腰を浮かしながら、笑わないようにし
ている）それはあんまりだよ。もちろん、それほど悪いことにはなら
ないと思う。（少し笑みを見せて）少なくともキムは7時に起きて、
床掃除に行く前にベッドで横になっている私のためにお茶を淹れてく
れるはずだよ！

　結果：誇張により、クライアントは自己修正を促されました。暗い表情
は消え、その後のセッションで憂鬱な表情を見せることはなくなりました。

◎実践例2

　ある上級職に就く外交官は、仕事を委任することは自分の立場を危うく
するものだと思い、どうしたらよいか思案に暮れていました。それにより、
16時間労働の日が続くことで、彼のスタッフは指示待ちの状態となり仕
事が停滞し、彼の妻は夫は家にいることがないと言って、とても怒ってい
ます。クライアントは、委任が「不可能」な理由について、ありがちな言
い訳を私にしました。これにより、彼の本心がわかりました。

　コーチ：［クライアントの詭弁に対して、正当性を強調して］全く
もっておっしゃるとおりです。このスタッフたちはどうしようもない
ですね。誰が任命したのですか？　［クライアントを強く指差して］
その状況じゃ、マネジメントはできなかったはずです。自分の仕事だ
けでなく、メンバーの仕事もしなくちゃならなかったというのはまと
もな判断ですよ。（大きな声で）あなたを聖人と言ってもいいくら
い！　こんなにしてまで自分を犠牲にするなんて。自分の健康と結婚

生活を危うくしてまで、なんて立派なんでしょう！　あなたのハイレベルな基準でしかこの仕事はこなせるわけがないですものね。組織ははきっとあなたに感謝するはずです。実際、次の女王陛下誕生日叙勲（訳注：エリザベス女王の誕生日を祝って行われる叙勲）ものですよ。あるいは、ロイヤル・ヴィクトリア勲章（訳注：イギリス王室関係者に贈られる勲章）かもしれません。女王から直接授与されてもおかしくないくらいだわ。

クライアント：［口を挟みながら、戸惑いと驚きの表情を浮かべ、笑顔を見せ始める］ちょっと話が飛び過ぎじゃないでしょうか？　本気で言ってますか？

コーチ：［真面目な顔で］もちろん本気ですよ。外務大臣はあなたの並外れた献身的な働きぶりを買うはずです。それだけじゃなく、首相も個人的に感謝を述べることになるんじゃないですか。

クライアント：［クライアントは自分のことながら、鼻で笑うように］オーケー、なるほど、状況が見えました。英国外務省は私に感謝することはないですし、勲章なんてとんでもない。そんなことになったとしたら、そのときはもう妻とは離婚になっているかもしれません。あなたは私に望みが残されていると思っているんじゃありませんか。それなら、私は何をしたらいいか教えてください。そして私をからかうのはやめてくださいね！

　結果：長く続く笑い声。業務をスタッフに委任をしても、どう仕事に対する高い基準を担保できるかに焦点を当ててコーチングが再開します。後日、クライアントはコーチングで「自分がまさか超現実的な喜劇の主人公」になるとは思わなかったとコメントしてくれました。

　ジークムント・フロイト自身が挑発療法を提唱していた可能性もあります。他人に提案した反応厳禁のルールを自分には適用しない、と考えていたことは明らかです。

　1932年にフロイトの被分析者だったロイ・グリンカー博士によれば、この偉人はチャウチャウ犬のヨフィを部屋で飼いながら仕事をしていたと報告されています。犬が外に出たがって壁を引っ掻くと、フロイトは「ほら、このおばかな犬も君に退屈しているよ」と言い、犬がまた戻ろうと壁を引っ掻くと、フロイトは「ヨフィは君に二度もチャンスを与えたのだから、私もそうしよう」と言ったそうです。

クライアントと率直に向き合うとき

　コーチにタフで率直な話し合いが有効な場面がいくつかあります。まず、クライアントが大切にしていると言っていることと、実際に行っていることに矛盾がある場合です。例えば、雇用の機会は平等だと言っているのに、旧来のやり方に縛られたり、同窓を優先した採用や登用をしているクライアントがいるかもしれません。あるいは、クライアントは自己変容することに同意しているのに、それが起こるのを先送りする場合です。クライアントは現在の役割にうんざりしていて会社を辞めたいと言っているのに、職探しに動こうとしないなどもそうです。

　また、クライアントが提案した行動が賢明で望ましいか、深刻に考えざるを得ない場合もあります。例えば、クライアントは上司の振る舞いに怒りが抑えきれず、次の日に上司のオフィスに押し掛けようかと思っているようなときです。コーチの立場からすると、こうした強硬手段では本人が望むような結果にはならないことはわかるはずです。

　クライアントと向き合う必要があると感じたら、話し合うべきテーマを率直に伝え、クライアントが望んでいる結果との関連性を説明します。そしてクライアントの耳に痛いことを言うことがあるかもしれないと断りを入れつつ、この話し合いがクライアントにとって大切なことであり、支援につながることを強調します。そのうえで、事実に忠実に話をします。説明的で偏見のないことを心がけ、「ありたい姿」ではなく「現状」について話し合い、クライアントにそれをどう見るか、そして状況が変わらなければどうなるかを尋ね、その場合の解決策を共有します。最終的に、変化

を起こすかどうかはクライアントが判断する旨をはっきりと伝えます。

　クライアントに正面から意見する場を成功させるには、コーチとしての動機が「この人を何としても救いたい」という心からの願望に依らなければなりません。クライアントを非難したり、諭したいという気持ちが少しでもあったとしたら、そんなことはするべきではありません。

クライアントが過ちを犯すとき

　重い責任を担う上級管理職も人間ですから、キャリアのどこかで致命的な結果をもたらすミスを犯す可能性はあります。それは戦略的に大がかりな賭けの末に判明した誤った判断だとか、人を巻き込んだマネジメント上のミスなどです。こうした事態に見舞われたときは自責の念に駆られるものですが、分別のある人として説明責任を果たすことも必要になります。クライアントがその状況にあるとき、コーチにその助けを求めるかもしれません。

　　フェントンは当初、不正行為に着目した内部告発者の話をまともに取り合いませんでした。内部告発者が正しいことが判明すると、フェントンは隠蔽工作での自分の役割について嘘をつきました。
　　エマは、莫大な費用のかかるITプロジェクトの契約が合意されたとき、それを承認した幹部の1人でした。サプライヤーとプロジェクトの実行可能性について個人的な疑念を強く持っていたにもかかわらず、彼女は反対の意を唱えませんでした。プロジェクトは制御不能に陥り、チーム全体が英国会計検査院から厳しい指摘を受けました。

　コーチは、このような状況では絶妙なバランスを保たなければなりません。実は、役に立っていないのに、支援しているように見える場合がたくさんあります。「誰にも間違いがある」という決まり文句は、クライアントには慰めにはなりません。
　また、コーチが見え透いたように「あなたには非がないことを信じてい

る。間違っているのは周りの人たちだ」と言ったとしても、クライアント
が心からその言葉を受け入れることはないと思います。

　ましてや、クライアントの行動について、コーチは裁判官や陪審員の役
割を果たせるほどの知識を持っているとは思えません。しかし、クライア
ントが何か間違ったことをしたということに同意することは、正しいこと
をしたとして安心させるのと同じくらい重大な場合があります。そのため、
大声で皮肉を言うことで弱さを隠していたクライアントがようやく勇気を
出して、「私がいじめを行う人間だと思いますか？」と尋ねてきたとき、
私はその人が働く姿を見たことがないので、なんとも答えようがありませ
んでした。ただ、彼が快く語ってくれた行動は、彼が私の上司だったら、
私を威嚇するには十分だ、と伝えました。

　別のクライアントは怯えた口ぶりで「私は会社から解雇されるのでしょ
うか？」と尋ねてきました。彼女は、会議やメール連絡の対象外になって
いると言い、とても厳しい業績評価を受けたばかりでした。私は彼女の上
司の真意はもちろん、彼女の質問への答え方もわかりません。ただ、こう
したケースでは、通常、解雇の前兆であることが多いと彼女に伝えること
が私の役目であると知っていたので、偽りの安心感を与えることはできま
せんでした。

　秘密を守る司祭に告解するキリスト教の伝統は、重大な過ちを犯したク
ライアントとの関わり方の参考になるかもしれません。告解は任意であり、
極めて私的なことです。キリスト教では、罪とその罪を犯した人間を分け
て考えます。クライアントが世間から非難されるようなことを犯したと打
ち明けようとしたとき、コーチはそれを適当にあしらったり、もったい
ぶって断ることをしてはいけません。そんなことはクライアントにとって
よいことではありません。逆説的な考え方かもしれませんが、確かに自分
自身を裏切る行為ではありますが、人生に失敗した人間だと決めつけるこ
とでもありません。クライアントは自分が犯してしまったことを受け入れ
てくれる人がそばにいることで安心できるのです。コーチに支援してもら
いたいとするクライアントを信頼して、次の質問をしてみてください。

「あなたはこのことについて、私にどんな支援を必要とされているのでしょう?」

　答えにもよりますが、コーチングでは、修正が可能な場合はどう修正していけばよいのかを含めて、自分を許し、善悪の判断が可能なほどの落ち着きを取り戻すにはどうすればよいかといった話し合いが行われることが多いです。

いつも誰かのせいにしているとき

　クライアントのなかには、自分は被害者だと決めつけてしまう人もいますが、この場合のコーチングは大変難しいと感じるでしょう。こうしたクライアントは、被害者の立場をとても魅力的に感じていたりします。自分が変わる前に他の人が先に変わらなければならないなら、自分は永遠に待つ立場でいられると思うからです。自分の不幸を他人のせいにしようとするクライアントとの仕事ではいつも、私はスキルの限界を強いられることになります。代替案として心理療法を提案することもできますが、多くのクライアントは、それが必要なほど深刻な苦悩を抱えているわけではありません。

●昇進の希望が叶わず転身したキャリーズ

　キャリーズとのコーチングを始めたとき、彼女はひどく落ち込んでいました。経理主任の彼女は、いずれ財務部長になることに期待を寄せていました。しかし、そのポストは彼女ではなく、好感を持ちながらも能力は自分よりも下だと見ていた同僚が就くことになったのです。あまりにも屈辱的なことだったので、キャリーズはその会社に留まることができないと感じていました。そこで、私たちは当初の目標を別の会社に移ることに焦点をあてることにしたのです。

　私はキャリーズに、ヘッドハンターと彼女の知り合いに転職を希望し

ていることを知らせるように勧めました。ほどなく、2社からオファーがありました。どちらも、希望が叶わなかったポストとほぼ同じ給料でした。そのうちの1社に就職しましたが、その後のコーチングで新しい仕事のことに言及したとき、前職でのことを「不公平だ」として、未だに不満を断ち切れないでいるようなのです。しかも、いまの仕事は孤独で、オフィスは息苦しいほど暑く、CEOから評価されないと愚痴ばかりこぼします。そしてセッションのたびに必ずといっていいほど、前職での財務部長の一件を持ち出し、不公平だったとの話に回帰するのです。このぶんだと、1年後も同じことを言い続けるかもしれません。

キャリーズのようなクライアントには、何ができるでしょうか？

◎いくつかの可能なアプローチ

まず、クライアントの思考や行動のパターンに気づく必要があります。それは、クライアントが他者を変える方法を見つけにコーチングを受けに来ていること、そして、直面している状況に自分はどう関わってきたのかと質問されるのを避けていることです。こうしたとき、次のような文言が入った対話がひんぱんに始まるかもしれません。

・もし彼ら彼女らが……であれば
・もし、……だったらそうならなかっただろう。
・他の人が私に……させてくれていれば、私の人生は良い方向に向かったのに。

また、このクライアントの周りにいる他のほとんどの人が自分を間違って解釈している、と示唆する一般論を唱えるかもしれません。「彼らはいつも……」「'彼らは決して……」に加えて絶えず疲弊感と失望感が付きまといます。どんなに良いことが起こっているように見えても、何もかもが十分ではありません。

次に行うことは、クライアントへのフィードバックです。

　　「キャリーズ、他のセッションでも私は同じことを感じたのですが、
　あなたは財務部長職に就けなかった古い痛みのことに何度も立ち返っ
　ています。今回も前回と同じく2回、そのことに触れています。ここ
　であなたに何が起こっているのですか？」

　キャリーズの場合、彼女は機先を制して、「私はいつも誰かのせいにし
ているから、とても迷惑なクライアントなんでしょうね」と私に言いまし
た。キャリーズは自分のジレンマを頭では理解できているようでしたが、
それでも前に進むことができなかったのです。
　クライアントのなかには、自分自身に原因があることを否定する人もい
ます。心理療法士兼作家のアービン・ヤロームは、次のように言うことを
提案しています。

　　「わかりました。このことの99％は他の誰かのせいだと受け入れま
　しょう！　残りの1パーセントはあなたの責任だとして、それに取り
　組みませんか？」

　これに加えて、過去に起きた事態を変えようとすることに時間とエネル
ギーを費やすのは間違っていることだとはっきりさせることが有効です。
過ぎ去ったことは予定変更ややり直し、つくり変えは絶対にできません。
それらが可能なのは、いまだけです。
　ここで私が説明してきたアプローチのいずれかもしくはすべては、多く
のクライアントにとって何らかの形で有効に機能します。そうならないと
きの場合には、最後の戦術が1つあります。それは、クライアントを支援
する方法についてコーチ自身が抱えるジレンマを明かすことです。
　したがって、キャリーズのようなクライアントで上記の戦術のどれを試
してみても成功がおぼつかなければ、私は次のように言うかもしれません。

　「キャリーズさん、私はいま、限界を感じています。あなたのため
にコーチングを成功させたいと思っているのに、私の無力さにもどか
しさを感じているのです。私たちはいろいろ試しましたが、あなたは
まだ当初願って叶わなかった仕事に執着しているようです。私に何か
アドバイスはありませんか？」

　ここでのリスクは、キャリーズのようなクライアントには、私もまた彼
女を困らせながら、さらに拒絶したり、見捨てようとしていると誤解され
るかもしれないことです。私は、そうなるような駆け引きはしません。私
は、彼女の支援を続ける気持ちを強く示し、彼女に私たちの関係性の半分
の責任を負うようにしてもらいます。私は、このような人たちがしばしば
気取った自信家に見せつけるようでいて、実際には傷つきやすいことを
知っています。私がそのようなクライアントを担当するとき、クライアン
トが「自分は無力な被害者」と考えていることに対して疑問を投げかける
時点でクライアントからコーチングは終了することがたびたび起こります。

クライアントからの攻撃

　極めて稀ですが、クライアントがコーチとの会話に激しく動揺し、コー
チ本人とコーチの能力を攻撃してくることがあります。
　これは、まだ研修中のコーチであるジョンに起こったことです。彼は、
クライアントに合わせて特別に作成した360度フィードバック（209ページ）
の演習を行いました。彼はクライアントである彼女の上司から、新たなポ
ストに就いた彼女がチーム・メンバーの信頼を得るのに苦心していること
を聞いていました。彼女への評価結果レポートは、いまの状況がどのよう
に、そしてなぜ起こっているのかを、できるかぎり機転を利かせられるよ
うに伝えることに配慮しました。クライアントはそのレポートを読むうち
に激昂し始め、怒気のこもった言い方に変わりました。彼女はジョンが欠
陥のある手法を使ったと非難したうえに、彼の遠回しな言葉の使い方を鼻
であしらったのです。

「何人[・]かはこれをそう捉えています、何人[・]かはあれをそう捉えていますってあるけど、これはどういうこと！」

　その後の彼と私とのスーパービジョン・セッション（訳注：指導役によるコーチへの指導セッション）の場で、ジョンはすぐに自分がクライアントのターゲットではないことを理解し、挑発はあったものの、安定した状態を保てたと言いました。そして、突発的な出来事に対して武道の方法論をどのように使ったかについて言及しました。その手法は人間が生み出したものだから欠陥があると言う、クライアントの意見には同意したそうです。それでも、レポートは有効だと信じていると、併せて彼女に伝えました。そして彼は、クライアントにレポートの有効性を確認してもらうために、別のコーチに同じエクササイズを無償で再度行うことを申し出たというのです。

　彼は、次に何が起きたかを説明します。

　　　「短い沈黙ののち、私は彼女にこう言いました。『あなたがそうした思いでいるなら、私たちは一緒にコーチングを続けることはできないと思う。私は攻撃を受けているように感じているし、不公平だと言わざるを得ません。』」

　彼とのセッションは、こうして突然終了することになったのです。

　その後、ジョンが驚く出来事がありました。このクライアントから1カ月後に連絡があったのです。彼女は勇気をふるって、そのレポートを上司に見せていました。彼女はジョンに謝罪しました。彼女と上司は、彼女が間違った仕事に就いていたことを確認し、チーム・マネジメントが必要ない技術専門職として元のポストに戻ることにしたそうです。

▎アカウンタビリティ

　アカウンタビリティ（説明責任）は、難しい概念です。方法を誤ると、先生と生徒、上司と部下との間で行われる説明のようになります。コーチン

グでのアカウンタビリティは、クライアントが約束を果たさなかったとき
にダメ出しするということではありません。

　親しい同僚から聞いた話です。その彼はコーチを自称する人から催眠療
法を受けていたのですが、彼が禁煙の取り組みのために課されたちょっと
した「宿題」をしてこなかったことで、催眠療法士はイライラし始め、関
係を終了させられたというのです。これを聞いたとき、私はとても驚きま
した。

　また、あるクライアントの話ですが、以前受けていたコーチからのメー
ルを私に見せてくれました。それには、「宿題をしてこないと、私はとて
も不愉快になると思います」とはっきり記されていました。

　コーチングにおけるアカウンタビリティは、上司と部下、先生と生徒、
親と子などとの説明責任とは全く違います。それは、クライアント本人が
口にした変化のためにしたいことについて、コーチがクライアントに対し
て主体性を担ってもらうことを意味するものです。クライアントの課題と、
「どう変えたいか」というアイデアが核となります。クライアントが当事
者意識を持ってアカウンタビリティのために項目を考えるのであって、
コーチでなく、クライアントがさらにアカウンタビリティについてどうす
るかを考えるのです。

　コーチとしては、クライアントのタスクや宿題が行われたかどうかに執
着しません。クライアントがコーチを喜ばせるために取り組むことに関心
を寄せる必要はないのです。何が起こったにせよ、クライアントにとって
は学びがあるのですから、コーチが価値判断や非難をする必要はありませ
ん。例外として、クライアントが約束したことを全然守らなければ、クラ
イアントのために「何がクライアントのなかに起こっているのか」を慎重
に、そして敬意を持って話し合うことが重要になります。

フォローアップ

　私はセッションの合間にクライアントの目標の進み具合について連絡を
取り合うことを楽しんでいることもあって、電話や手紙、メールでのやり

取りを推奨しています。これは、あなたとクライアントが新たな行動を試す重要な局面にあるときにとくに有効です。

クライアントがこうした方法を望まないのであれば、次のセッションで「前回合意したことについて、その後進んでいますか？」と尋ねるようにします。クライアントがすべて達成できていたら、温かく祝福し、そのための努力を認めてあげましょう。

もし達成していなければ、次のような質問をしてみます。

> 「何が妨げになりましたか？」
> 「次の機会には、違ったやり方で何をしましょうか？」
> 「それらをしなかったことで、何を学びましたか？」
> 「今後、それらを成し遂げるには何が必要だと思いますか？」

┃ クライアントへのプレッシャーの強弱を知る

コーチングでは、コーチとクライアントはデリケートな関係にあります。クライアントへのプレッシャーが強すぎれば関係が壊れますし、弱ければコーチングが活性化してないように感じられます。プレッシャーの強弱のタイミングを見極めることは、とても繊細であり、一瞬の判断が求められます。

●妻との2人きりの関係を考え始めるロバート

鉱夫の家に生まれたロバートは16歳で学校生活を終えると、弁護士事務所で働く傍ら、パラリーガル（弁護士補助員）の仕事の基本を独学しました。40歳のいま、経験豊富な弁護士として見事に成功し、地方自治体の法務部長の任にあります。私たちが取り組んだコーチングの彼の最初の課題は、マネジメント・スタイルをより洗練されたもの（温和で安心感というのがそのテーマ）にすることでした。

しかし、セッションを始めるとすぐに、彼には根本的な問題のあるこ

とが明らかになりました。深刻なほどの自信のなさと重苦しくのしかかる社会的孤立感です。職場に友人と呼べる人がいなく、社交的でもありませんでした。

　彼は19歳で幼馴染みと結婚し、2人には子どもはいなかったのですが、妻は専業主婦を選択しました。お互いが依存し合う関係でしたが、ロバートはコーチングを始めたことにより、夫婦生活から生じる窮屈さから抜け出したいという思いを強くしていきました。

　「私は、週末は外出してサッカーを楽しみ、多くの人たちと会いたいのです。でも、そんなことをすれば彼女は恐れを感じると思います。彼女は一緒にガーデニングをしたり、ビデオを観たり、2人だけでいられるようにしたいだけなのです。」

　彼のコーチとして、このとき私は岐路に立たされていると感じていました。

　私：本当は何がしたいのですか？

　ロバート：仕事以外で、もっと充実感のある人生を送りたいのです。そして、彼女と私だけの関係の外に出てみたいのです。

　「その理想的な人生を送ることができたら、何が起こりますか？」という私の質問に対して、ロバートはその情景を身振りを交えながら詳しく説明してくれました。

　私：では、それを始めるうえでの阻害要因としては、どんなことが考えられますか？

　この質問に、12秒ほどの沈黙がありました。ロバートは私と少し目を合わせ、緊張した様子で手を少し動かし、自分の足元に目を移しました。それから、とてもゆっくりとした口調で話し始めました。

　「私は、やはりそんなことはできません。彼女に相談でもしたら、パニックになることがわかっています。彼女との関係そのものに疑問を呈することになり、やはり彼女にそんなことはできません。」

　クライアントがとてもはっきりと目標を説明すると同時に、行動に移せ

ない状況にあることも説明する場合、コーチはどう対処したらよいのでしょう? 意見してあげればよいのでしょうか? 最初の一歩を踏み出す方法を提案するのがいいのでしょうか? それとも、話自体をやめてしまうべきでしょうか?

しばらく沈黙が続きました。そして私は、ロバートが何もしないという選択肢についてどのように思うかを尋ねました。

「いまのところは、それで大丈夫です。」

これが彼の答えでした。

後日、私はこのやり取りについて時間をかけて深く考えました。彼にもっと強く迫るべきだったのではないかとも思いましたが、そうせずに我慢していたことが正解ということに最終的に行き着きました。

8週間後のことです。ロバートがとても打ちひしがれた様子で私に電話をかけてきました。彼の妻が何の素振りも見せずに、突然、致死量の鎮痛剤による服毒自殺を図ったというのです。彼の妻は末期癌だと信じ込んでいたそうですが、実際にはそうではありませんでした。広場恐怖症だったことを含めて妻が脆弱な精神状態にあったことをロバートは私と共有してくれませんでしたが、彼のセッションでの進め方の最終判断は完全に正しかったといえます。ただ、彼は、妻の感情が内側に向かってこれほど激しく動揺していたことを思ってもみませんでした。妻との関係に向き合った場合にどのように対処できるかという彼の判断も正しかったのです。

そして、当時は関連するすべての情報を持っていたわけではありませんでしたが、何が行き過ぎだったかについての私の判断も正しかったといえます。

その後、新人コーチをトレーニングするなかで目の当たりにしたことがあります。それは、クライアントをなんとか「救いたい」というコーチの熱意が、クライアントからの「立ち入り禁止」という警告を無視して、あまりにも早く親密な関係になろうとすることです。これが起こるとき、クライアントのエネルギーは学習と変化にではなく、自分への侵入者として

知覚するものに対して拒絶モードに入ります。クライアントから、「それ以上立ち入らないで」と率直に言われたら、コーチはすぐにそれに従うべきです。拒絶モードのシグナルとしては、次のようなことに注意が必要です。

眉をひそめる、足を踏み鳴らす、よそ見をする――。これが表れると、問題解決のための課題を先に進められなくなり、それに代わって、沈黙や抵抗が課題になります。そうした状況を見極められたら、次のように伝えます。

「ここで一時停止したようですね。いま、どんなことを考えているのですか？」

そして、クライアントがいま感じていることについて、それをどのように進めるかを合意しながら次に進みます。

良いコーチングには、チャレンジが不可欠です。次の章のテーマである情報提供やアドバイスとこのことは密接に関連しています。

第 **10** 章
情報提供とアドバイス
Giving information and advice – in coaching style

コーチングでは多くの場合、決してアドバイスはしてはならないとか、クライアントに有用であっても情報提供してはならないというような絶対的な決め事はありません。そうした決め事よりも重要なのが、アドバイスや情報提供のタイミングと方法を見極める卓越さです。これが、この章のテーマです。

3人のケース

アンワルは、ショックでほとんど話すことができませんでした。会社が買収されたことで解雇され、翌日には荷物をまとめて退社しなければならないからです。退職金については後日提示されるとのことです。偶然にも、このニュースは彼のコーチング・セッションの日と重なりました。彼特有のレジリエンス力はそのとき失われていました。予定のセッションは中止を余儀なくされ、代わりに彼とコーチは、これから取ることのできる緊急措置について話し合うことになりました。コーチはこれと似た状況を何度か経験したことがありました。

アンワル：弁護士に連絡を取るのはどんな理由からなのでしょう？

コーチ：会社はあなたに不利な条件を提示するかもしれず、専門家のアドバイスとあなたのために交渉してくれる人が必要だからです。

アンワル：私の代わりに連絡してもらっていいですか？

　　コーチ：もちろんです。なるべく早く会えるようにお願いしておきます。

　幸いなことに、彼女はすぐにその弁護士とアポイントが取れ、アンワルと一緒に出かけることにしました。

　優秀な弁護士のアドバイスのおかげで、アンワルは会社が提示していた退職金の額を25%増やすことに成功しました。また、弁護士費用は会社が支払うことにもなったのです。1カ月後にアンワルからコメントが届きました。

　「あの日、私はゾンビのように無気力でした。私の代理になっていただき、本当にありがとうございました。」

　ルースは、ロンドンで働くカナダ人です。彼女はチームのメンバーが三度もミスをしたことに憤慨し、その状態のままコーチング・セッションに現れました。

　「会社に戻ったらすぐに、彼女はクビだと言うわ」とルースは言いました。コーチは、英国の法律では重大な違法行為がないかぎり即時解雇は認められないことをルースは知らないのだと思いました。彼女が訴えるミスは、重大な違法行為にはあたらないからです。もし彼女が解雇を強行したら、おそらくルースの会社は労働訴訟を起こされ、敗訴することになるとコーチは懇切丁寧に説明しました。そして、ルースの意図することに従うことは望ましくないこと、そしてその理由を添えて伝えました。

　ジェマは医師であり、コーチングの研修を受けたコーチでもあります。彼女は医師としてのパートタイムの仕事と、コーチとしての仕事を両立させています。

　暑い夏の日、彼女はクライアントの前腕部に、少し炎症になっている奇妙な黒いほくろがあるのに気づきました。クライアントは多忙な経営コンサルタントです。彼が健康に対して無頓着であることにジェマは気づいていて、「まあ、人間はいつかは死ぬんだから、健康診断なんてあまり意味がない」という彼の言葉からもそのことがわかります。

「ジェイミー」と彼女は言います。「医者に行くのは神経質な人だけだと思っているかもしれないけど、あなたのその腕のほくろは何？」

　ジェイミーは肩をすくめながら、「ああ、ちょっとかゆいだけで何でもないよ。医者みたいに言わないでよ、ジェマ」と答えました。

　ジェマはジェイミーの腕を取り、よく観察しました。すぐに、彼には単刀直入に伝えないといけないと思いました。

　「ジェイミー、すぐに主治医に診断してもらいなさい。何でもないかもしれないけど、検査してもらったほうがいいわ。メラノーマ（悪性黒色腫）だとしても早めに治療すれば治るわ」

　ジェイミーは彼女の目をじっと見ます。「私はコーチングを受けに来たのであって、病気の診断を受けに来たわけではないよ」と彼は口元では笑っていますが、その目には敵意を示すような不安が感じられます。

　「それはわかっています。でも、私にはあなたに対してコーチとしての注意義務があります。これは余計なことじゃないの。いま、PCでメラノーマを調べるわ」

　彼女はすぐにノートPCを開いてキーを打ち、画面を彼に向けました。

　1年後、ジェイミーは皮膚がんを克服しました。彼はコーチに命を救われたと謙虚に認めています。

　この3つの例は、古典的なコーチングのアプローチでは不適切な場面を示すものです。しかし、こうした状況では、率直なアドバイスが最も必要なのです。

クライアントからアドバイスを求められた場合

　コーチングでは概して、アドバイスしてもあまりうまくいくことがないので、なるべく避けたほうがよいでしょう（第2章参照）。

　とくにエグゼクティブ・コーチングのクライアントは熟練した成功者であることが多く、アドバイスを受けることに慣れているものです。アドバイスをどう自分に適用するかも熟知し、不要であれば拒否することも心得

ています。そうではあっても、強引に、不適切に、あるいはコーチがつい
つい押し付けるような傾向があれば、そのアドバイスに抵抗することもあ
るという点では、他の人たちと変わりません。
　しかし、時折、クライアントが率直にアドバイスを求めてくることがあ
ります。

　　「あなたはどう思いますか？」
　　「あなたが私の立場だったら、どうしますか？」

　どのように対応するかは、状況次第です。例えば、コーチとクライアン
ト双方が、クライアントが自分で答えを見つけられることをわかっている
ような質問かもしれません。その場合は、コーチとして何をすればよいか
を知るために、クライアントに目標に向けてすべきことは何かを、敬意を
持って尋ねることです。これは、答えは自分よりもむしろ他者が持ってい
るとするクライアントの信念にチャレンジなことになります。あるいは、
笑顔でこう言ってみるのもいいかもしれません。「私なりの答えをお伝え
できますが、あなたと私とは違いますので、それが役に立つかわかりませ
ん。ご自身の答えが最も適切だと思います。」
　別の方法として、「答えをお伝えしてもいいですが、その前にあなたの
アイデアを探りましょう」と言うのもいいでしょう。こう言われるとクラ
イアントは、コーチからアドバイスをもらうことへの関心が薄れます。
　コーチのなかには、クライアントへ直接回答することをうまくかわし、
いくつかの選択肢を設定して、それにプラス面マイナス面で評価するジレ
ンマ解決法を使って対処する人もいます。

アドバイスを行う際のガイドライン

　アドバイスが適切な場合があります。ここでは、その際に満たすべき条
件を紹介します。実際の場面では、以下のガイドラインに当てはまるかど
うかを確認してみるとよいでしょう。

図 10-1　アドバイスを行う際のガイドライン

	はい	いいえ
法的、医学的、経済的な見地から、クライアントの質問に対してはっきりとした正しい答え（もしくは誤った答え）がある。		
危機的状況であり、迅速な対応が必要である。		
アドバイスがないと、クライアントの身体的、経済的、精神的な健康状態が危険にさらされる（あなたにはコーチとしての注意義務がある）。		
周囲の人に身体的、経済的、道徳的な危険がある。この場合にもあなたにはコーチとしての注意義務がある。クライアントは自分で判断できる状態ではない。あなたは意見としてではなく、事実に即してアドバイスする。		
クライアントが具体的に情報を求めていて、その情報をどのように使うかをクライアント自身が決めることを明らかにしている。		
複雑なテーマのため、クライアントが正しく理解するには専門家の指導が必要である。当該分野において、あなたには個人的な見解ではなく、確かな専門知識がある。		
アドバイスを行うことで、依存心を生じさせたり、自尊心を傷つけたりするほか、安易に楽観的になるようなことがない。		
自分自身のモチベーションが次のようなものではないこと。 　印象づけたい、見せびらかしたい 　コントロールしたい 　コーチング手法を使うのが厄介 　いくぶん、クライアントにお返しをしなくてはと感じている		

　微妙で複雑な課題を扱う際には、思った以上に曖昧であることが多いため、まずは事実に着目して考察します。自分自身の強い感情や欲求、懸念に左右されることはよくあることです。

●同じ経験をしたクライアントへアドバイスするカースティ

　コーチのカースティは、子どもの頃に性的暴力を受けました。加害者は起訴され、長期の実刑判決を受けました。いま彼女は、余暇には子どものためのヘルプラインのボランティアをしています。カースティは、加害者に対する公的な処罰の重要性を強く信じています。

　過去に子どもへの不適切な性的行為で告発された著名人の最近の事件をきっかけに、カースティのクライアントの1人が、唐突にそのような著名人にレイプされ、どうしたらよいかわからないと打ち明けました。

　カースティは直情的に反応しても何もならないことを理解していたので、しばらくの間、気持ちを落ち着けるようにしていました。事実確認をするための質問をなんとかしていくうちに、クライアントが言う日時や場所などの詳細が曖昧であることに気づきました。これは、クライアントが警察に行くべきか否かに関しての判断に大きく影響します。

　カースティはクライアントに自分の経験やヘルプラインでの仕事について手短に説明し、落ち着きを取り戻して、ボランティア活動のために受けた研修を参考にしながら、告発に必要なことをクライアントにアドバイスしました。また、クライアントが刑事告発を決断するための専門家も紹介しました。

　クライアントと一緒に課題を掘り下げていくと、最初は単純に見えた問題のなかに、曖昧さや複雑さが多く潜んでいることがわかります。ここには、明らかに正しい進め方ができる単純な問題と、どの解決方法を取っても大きな不利益があるやっかいな問題の違いがあるのかもしれません。

　このような場合、個人的な意見が強く出て、次のケースのようにアドバ

イスしたくなるかもしれません。

　合併により地方自治体の最高責任者の職を失ったリズは、そのショックから立ち直ろうと、ジョンのコーチングを受けることにしました。彼女は公的機関での職に強いこだわりを持っていましたが、他の選択肢も検討していました。コーチングでは履歴書や職務経歴書の書き直しのほか、面接の練習も行いました。彼女はまもなく、以前の専門分野が活かせ、収入面も満足できる民間企業から内定を得ました。これにより彼女は心の傷を癒やし、自尊心を取り戻すことができました。しかし、彼女はまだ公共部門に未練を残し、再び最高責任者に返り咲く夢を捨てきれずにいることを自覚していました。

　彼女は緊急のコーチング・セッションをジョンに依頼し、内定受諾のメリットとデメリットを検討しました。そのなかで、地方自治体では財政削減が進むことが普通になるなか、以前のような仕事はもはや少なくなっている可能性も考えました。それでも、彼女はどうするかを決めあぐねていました。

　その翌日、彼女はジョンに電話をし、およそ1時間近くためらい続けました。

　「どうしたらいいのか教えてほしい」と彼女は懇願しましたが、ジョンは「それはできない、あなたが決めることだから」と言って、改めて、選択することのメリットとデメリットの検討を提案しました。

　ジョンのジレンマは、現在の市場環境と彼女のキャリアを重ね合わせて考えると、今回のベストのオファーを受け入れるべきということが核心でした。

　しかし、彼女は内定を断りました。

　半年後、リズは正社員としての仕事に就くことはなく、賃金の低い、不安定な派遣の仕事を仕方なくこなしていました。彼女は、民間企業への就職を断ったことを深く後悔することになったのです。

　ジョンは、内定受諾をリズに「勧める」べきだったのでしょうか？
ジョンは悩んだ末、自分の信念を貫いて勧めなかったことは正しかったと
いう結論に達しました。

　まず、ジョンのアドバイスをリズが聞いてくれるかどうかはわかりませ
んでした。

　また、もし彼女がこの仕事を引き受けていたとしても、最終的に公共部
門に留まろうとしたときと同じように、公共部門を離れることに不満や後
悔を感じていた可能性が当時は高かったのです。

　さらに、コーチングを通して彼女とジョンは、彼女が本当に望んでいる
地方自治体の仕事に再び就くことがどれほど現実的であるかなど、あらゆ
る選択肢を検討しました。

　最終的には彼女の賭けであり、彼女の人生であり、彼女自身が選択する
ことだったのです。

　このケースからもわかるように、また、他の優れたコーチングと同様、
ジョンはクライアントに対してコーチとしての責任はありますが、クライ
アント自身の責任まで負う必要はないことをはっきりと理解していました。

情報提供

　コーチング・セッションでは、コーチが備えておくべきクライアントに
役立つ情報として、いくつかのポイントがあります。例えば、次のような
ものです。

　特定の分野の仕事に関する有用な情報、クライアントが就職に際しての
面接を成功させるためのテクニックやノウハウ、マネジメントとリーダー
シップの違いが説明できる知識、MBTI™ を初めとする性格診断テストに
ついての理論の説明、クライアントに何度もその効果性を証明してきたフ
レームワークやモデルへの知識、など。

　危険なのは、これらの情報を、クライアントを萎縮させたり、退屈させ
たり、すでに知っていることや知りたくないことを伝えたりするような方
法で繰り出すことです。コーチが好んで行うリーダーシップ・スタイルの

分析やストレスに対する特殊療法など、特定の理論や手法を事あるごとにクライアントに試したいと思うことには、とくに注意すべきでしょう。

　コーチのリス・パイス氏は著書『ニュー・コーチ』（*New Coach*, 2013；未邦訳）のなかで、このようなことが思わず自分に起こったことを皮肉たっぷりに述べています。

　パイス氏は著名な医師であり、大きな医科大学院の運営に携わった後、コーチングを含むさまざまなキャリアを経験しました。彼女はコーチングについては一定の理解があると思っていたのですが、一緒に受講してほしいという同僚の執拗な誘いがあったことと、自分のコーチングの力量を確認できればいいとする軽い気持ちで、コーチ養成コースに参加することにしました。当初彼女は、初日が終わったところで仮病を使って、その後のコースを休むつもりでした。ところが、実際に受講してみると、コーチングに関する自分の知識が思うほどになかったことに気づかされたのです。そのプロセスと影響力に魅了され、感銘を受けたのでした。

　そこで、コーチングの資格取得を目指している新米コーチのように、クライアントが求めているかどうかに関係なく、「自分のためのセミナー」と名付けた演習をクライアントと一緒になって開き、自分の経験を伝えることもしばしばありました。そのときのことを、「私はコーチングをきちんと学ぶまで、自分がこれほど独断的に話す人間とは思いもしませんでした」とコメントしています。

　あるときは、彼女は医学教育のスペシャリストとして、クライアントのセッションの目的は専門家になるための試験を突破することだと思い込み、そのために役に立ちそうなヒントを熱心に提供しました。

　　「私（リス）は、このことに多くのエネルギーを注ぎ込み、過去の経験を共有していたことを自覚していましたが、彼女（クライアント）は私の指導に頑張ってついてきている様子でした。できるかぎりの準備を終えたあと、私は彼女にその試験を突破するための学習計画策定の

　課題を与えました。」

　そのクライアントが次のセッションに現れたとき、とても幸せそうに高揚していました。前回のセッションで共有されたクライアントが携わる舞台劇がついに上演されることになったのです。リスは、専門家として提供できるアドバイスがあるという思いが強すぎたことで、クライアントが本当に達成したいことにほとんど気づかなかったのです。確かに、コーチングによってクライアントの「やる気」は引き出せましたが、試験に対する関心が薄れたことで受験を取りやめることにしたのでした。

■ コーチングらしいスタイルで情報提供する際のガイドライン

　ここに示す4つのステップによるシンプルなガイドラインには、それぞれチェック項目があり、これらの一般的な問題を回避するために活用できます。

◎ステップ1：許可を得る

　これはあまりにも当然過ぎて、取るに足らない形式的なことのように思うかもしれませんが、きちんと行うかどうかでその後に大きな違いが出てきます。礼儀正しく行うことが大事であり、許可を得てもクライアントに断られる可能性も考慮に入れます。

　　「これについて、あなたに役に立ちそうなアイデアがいくつかあります。それらを説明してもいいですか？」

　クライアントがコーチの「とても貴重な話」を聞くことに疑いや反論を示す（実際そんな人はほとんどいませんが）ことができるように配慮することがここでのポイントです。それにより、コーチはクライアントと真のパートナーシップを築き、コーチングは活性化します。

　自分の専門性を強調することも効果的かもしれません。

「私は何年にもわたり、このテーマについて他のクライアントの方々と探求してきており、役立つ知見がいくつかあります。ここで共有させていただいてよろしいですか?」

◎ステップ2:クライアントが持つ知見を聞き出す

　私のクライアントだったダイエットと栄養学の世界的権威は、退職後に備えて非常勤で働いていたのですが、その専門知識に対して謙虚でした。その彼が原因不明の骨折をし、骨スキャンを受診することになったのです。結果は本人の診立てどおり、骨粗鬆症の前段階の骨減少症だとわかりました。その結果に基づいて上級医との初診のとき、彼はカジュアルな服装をしていて、自分からは経歴等を話すことをしませんでした。医師は彼が骨粗鬆症などの知見を持つことを知らずにいたので、彼に食事の摂り方や骨粗鬆症へのケアについて注意を与えたのでした。

　彼は医師とのやり取りについて、私にこう言いました。

　「私は彼女よりもこの分野についてはよく知っています。彼女のアドバイスは古く、全く参考になりません。あの程度の知識しかないことは上級医として恥ずかしく思うべきだと思いましたので、彼女の話に口を挟むどころか、訂正する気にもなりませんでした。」

　コーチが伝えるかもしれないトピックのことを全く知らされていないクライアントはほとんどいないと思います。ここで役に立つフレーズを紹介します。

「このことについて、あなたはすでにかなりのことをご存知ではないですか?」
「あなたがよく知っていることを話しても意味がないので、このテーマについてあなたの仮説/持っている知識/経験を簡単に説明していただけますか?」
「インターネットで調べているようでしたら、いまこのテーマについてどう考えていますか?」
「このトピックについてかなりの手がかりを得ているようですが、

それはどの点についてですか？　また、どの点にギャップを感じら
れているのですか？」

◎ステップ3：クライアントが望む情報共有の仕方を確認する

　1から10までの説明を1つずつ聞かないと気が済まない人がいます。一
方で、初めに主題を知りたがる人もいたり、詳しい内容を確認するのが面
倒だから主題だけでいいとする人もいます。内容の詳細を知ることをため
らう人もいます。クライアントはどのような情報の共有方法がよいかを確
認しましょう。

◎ステップ4：「情報を引き出し、足りなければ加える」アプローチを行う

　コーチの多くは、コンサルタント、管理者研修講師、プレゼンテーショ
ン慣れしているマネージャーなど、人前で話す仕事の経験者が多いといえ
ます。こうしたキャリアの人たちは、言葉巧みに流暢に話しながら聴き手
と上手にコミュニケーションを取り、注目されることに喜びを感じます。
　ただ、話が長くなりがちで、クライアントにも同じように対応するかも
しれません。次の会話のように、クライアントに少ししか話す時間を与え
ず、話を続けないように注意しましょう。

　　コーチ：（数分間、途切れることなく話し続けてから）ここまでは理
　　解できましたか？
　　クライアント：はい。（この回答を求められていると思っている）
　　コーチ：（また、数分間途切れなく話を再開する）
　　クライアント：（無言でうなずく）（携帯電話を確認したくなり、いつ
　　終わるかを考え始め、コーチングへの関心が減衰している）

　こうならないように、上記のように、クライアントにすでに知っている
ことを尋ねてから、何について詳しく聞きたいと思っているかを質問しま
す。その話をした後に、いったん、質問やコメントを求め、クライアント
の興味や関心に沿いながらこのプロセスを繰り返します。

以下は、このことをうまく機能させているケースです。

●ジョアン（クライアント）とモーガン（コーチ）のケース

　ジョアンは、技術専門職から上級管理職に昇進したばかりです。新任管理職の多くがそうであるように、本来ならば彼女はチーム・メンバーに業務の大半を委譲すべきところですがそれを手離さず、その結果、考えたり計画を立てたりする時間が確保できずにいることに苦労しています。

　彼女のコーチであるモーガンは、これまでの話を楽しく聴きながら、問題の核心はジョアンの権限移譲の困難さにあると気づきました。そこでモーガンは、「情報を引き出し、足りなければ加える」アプローチを活用することにしました。モーガンは、ジョアンが権限移譲について一通りのことは知っていて、部下に有能な人材がいることを確認しました。

　「では、部下が問題をかかえ相談しに来たら、あなたはどうしますか？」とジョアンに訊きます。

　ジョアンは、チーム・メンバーから「ジョアンは専門家だから何をすべきかを知っているはず。でも、私ではわからない」と嬉しくなるような（おだてられるような）ことを言われる場面について説明します。そして、そのメンバーにアイデアを求めることなく、「私に任せて」と致命的な言葉を自ら口にしてしまいます。これにより、彼女は本来逆であるべきですが、チーム・メンバーに進捗状況を報告しなければならなくなります。

　モーガンは、「ジョアン、それはよくある問題ですよ」と言い、これまでに彼女が話してくれたことを要約してこう伝えました。「この課題についての解説記事がハーバード・ビジネス・レビューに載っていました。『マネジメントの時間：誰が厄介な仕事を担うのか』。とても面白くて気づきが得られる内容でした。この記事のこと、知ってましたか？」

　まとめ：これまでにジョアンは自分がすでに知っていることや行っていることを説明し、モーガンはそれを傾聴していました。モーガンは、

彼女が記事を読んでいなくて、興味を抱いているようであれば、その記事のことを説明していきます。

　実際、彼女はその記事を知らなかったので、モーガンは記事の冒頭を簡単に説明してから、「この状況はあなたにどれくらい当てはまりますか？」と質問しました。

　ジョアンは笑っていましたが、同時に身をよじっていました。

　「全くもって同感です！　メンバーたちは“猿”（訳注：ここでいう「猿」とはあらゆるプロジェクトにおける次にやるべき業務の比喩）を連れてきては私に預けます。これじゃ何もできるわけがない。私のオフィスはメンバーたちの猿でいっぱいなのですから！」

　「では、あなたが猿を飼うのではなく、その猿たちをどうすればいいか、説明しましょう」とモーガンは言いました。

　ジョアンは笑顔のままうなずき、モーガンは再び説明を始め、最後に「この記事のアドバイスはいま言ったとおりですが、どう思いましたか？」と質問しました。

　まとめ：この会話は、クライアントがどれだけ知っているかだけでなく、次に何を知るとよいのか、聞いたアイデアに対してクライアントがどのように反応しているのかを、各段階で細かく確認しながら行われています。それは、その場しのぎの講義ではなく、ダンスのような会話のようなものです。モーガンはセッションの後、ジョアンにその記事のリンクと同じテーマの記事のリンクをもう2つ送信します。そして、次のセッションで「私が送った記事は参考になりましたか？　また、これらのアイデアを自分の仕事に取り入れることができると思いますか？」と訊きました。これによって、ジョアンが感じている抵抗感を取り除くことが可能になります。彼女は見下されることはなく、自分で結論を導き出せる知性の持ち主として見なされています。同時にモーガンは、彼女の権限移譲に関する問題を解決するのに役立つ可能性の高いアイデアを紹介する義務を果たすことになります。

◎ステップ5：異なる意見を求め、クライアントの自主性を尊重する

　理論やモデルは、あくまでも考え方です。しかし、私たちの誰もが自分の好きな理論に過度に傾倒してしまうことがあります。そうなると、その理論を宗教的な教義のように扱う危険性があります。つまり、その理論の対論や競合する考え方があるにもかかわらず、自分たちがそうだと言うことで真実となることです。

　この危険性を回避するには、常にクライアントに異なる意見を求め、会話のなかでクライアントが答えを返せるように十分な間を確保します。

> 「だからこそ、私はこの考え方／マトリックス表／本／心理テストはとても面白い／役に立つと思うのですが、あなたはどう思われますか？」
> 「これは、1つのモデルに過ぎません。あなたは、それにはどんな弱点があると思いますか？」
> 「これは、あなたにとって、どれだけ意味のあることなのでしょうか？」

　理論やモデルに関する参照記事のリンクを送る場合、とくにリーダーシップのようなトピックには何百万語からなる多数の競合する理論が書かれているので、原則として複数のリンクを送るようにします。

◎ステップ6：他のクライアントの似た問題の解決例を挙げる

　ストーリーテリング（訳注：伝えたいことを受け手に具体的な理解を促すために物語風にして語ること）で伝えると、人間の脳は説得力を持って受け入れます。私たちはストーリーが好きで、事実だけを聞くよりも、ずっと説得力があります。

　自分の行動を変える方法に悩みを持つクライアントがいます。例えば、怒りを抑える、上司と良好な関係を構築する、生活のなかに十分な楽しみや余暇を取り入れる、などの方法です。そこで、他のクライアントがどのようにしてうまくいったのか、簡単な例をいくつか、もちろん匿名性を担

保しながら提示してみましょう。こうすることで、共通な問題に対処する方法は1つだけではないこと、そして、ある1つの考えを唯一の正しい方法として支持しているわけではないことを明確にすることができます。

●患者に他者の取り組みを伝えて指導するポーラ

　ポーラは、糖尿病の初期症状の患者を指導する専門看護師です。彼女は、ライフスタイルを変えることで大きな変化が得られることを、自分の患者に理解してもらうことがいかに重要かを知っています。また、買い物、料理、食事、運動などの生活習慣を変えることがいかに難しいかということもわかっています。彼女は次のような指導法を取っています。

　「では、私の患者のことを少しお話ししましょう。1人は67歳の男性で、血糖値が上がっていましたが、歩数計を購入して数週間かけて目標歩数を着実に上げ、いまでは1日1万歩を楽にこなせるようになりました。

　別の50代の患者は、体重を減らすことに努力しています。例えば、ケーキやビスケットを買わないようにして家のなかに置かずに誘惑を断ち切るなど、炭水化物を徹底的に減らすことで体重を安定させています。

　また、ずっと若い患者は血糖値を管理する総合的な取り組みを始めたことで、食べ物や運動の種類ごとに、どのような違いをもたらすのかを自分で正確に理解するようにし、とてもうまくいっています。」

　「それぞれの人に自分のやり方があります。人はみな違うのですから。あなたに合う方法は何だと思いますか？」

　そしてポーラは、次のようにコメントしています。

　「このような習慣を変えるにはいくつか方法があると思いますが、実際に血糖値を改善したり安定させたりした人の実例を紹介することで、クライアントからは、どれも自分には効果がないと言われるかもしれません。ただ、何かのきっかけになることはあると思います。それは自分のお気に入りのヒントを与えるためではなく、さまざまな例を提供することによって気づきを促すこと自体が目的なのです。こうした類のス

トーリーテリングは、気分が落ち込んで不安なときに、楽観的な気分に高めてくれます。」

意見の違いに対処する

コーチングの会話は基本的に、コーチがクライアントの支援を念頭に入れ、心理的な安全性を醸成しながら行われます。ユーモアを交えた会話であったり、濃密な会話でもありますし、そうすべきときもあります。明らかに意見が合わないということは稀で、真っ向から議論することはさらに稀です。

しかし、コーチングが独自の専門性を持つようになると、クライアントがコーチの既知の専門性を理由にあなたを選ぶことが多くなることもあり、コンサルティングとコーチングの境界が曖昧になってきます（45ページ参照）。このような場合、あなたとクライアントの意見があからさまに、そして大きく食い違うというリスクが内在することになります。最も可能性の高い原因は、クライアントが大切にしている信念にコーチがチャレンジすることです。例えば、健康、お金、キャリアなどの深刻な状態に対して、コーチは善良の管理者として不快な問題を提起する注意義務があると信じているからです。私はこれまで何百人もの医師をコーチとしてトレーニングしてきましたが、彼ら彼女らもまた他の臨床医たちや患者に対するコーチとして活動しています。そのなかの1人から、私は次のような質問を受けました。

「私は癌専門医として、化学療法を恐れ、やぶ医者によるいんちきな"治療法"のほうが良い選択だと信じる患者を何人も診ています。私はこういった自称専門家のほとんどを調査しましたが、彼ら彼女らが誇大な主張を裏付けるデータや理論には科学的根拠は全くありません。

しかし、どのようにすれば、患者に失礼にならず、また、希望を打ち壊さないように、このことを伝えることができるでしょうか？」

　どう対応すべきかの判断は誤りやすいというのが私の見解です。私は数年前に、ある有名な投資銀行家のクライアントに対し、このようなことをしてしまいました。

　彼女は現在の役割に大きな不満を持っており、同レベルの数少ない女性の1人として異彩を放っていると感じているものの、キャリアへの不安から私に助けを求めての来訪でした。最後のセッションで、彼女は別の会社に移る準備をしていて、面接にどんな服を着て行けばいいか、アドバイスを求められました。私は、カラー・スタイル・コーチングのトレーニングを受けたばかりでした。カラー・スタイル・コーチングでは、人を4つに分類するシンプルで魅力的なシステム「パーソナル・カラー4シーズン分類」があります。これは、自分の目、肌、髪に合った色のパレットから選ぶと、健康的に見え、気分も良くなり、何を購入すべきかがわかるので、買い物も楽になるという考えに基づいています。私たちは、このテーマでセッションを進めることにしました。

　私は、彼女がいつも深みのある黒のスーツに黒のセーターを着ていることに気づいていました。私は口には出しませんでしたが、彼女のとても白い肌、淡い目の色、明るい茶色の髪にはあまり似合わず、病んでいるようにも、疲れ切っているようにも見え、内心、葬儀スタッフのようだと思っていました。

　セッションの最後に、彼女は私に丁寧にお礼を述べてから、落ち着いてこう言いました。

　　「新しい色だと気分が悪くなるの。私はそうした色が嫌いなんです。
　　ありがとう、でも、どれも使わないわ」

　1年後、私はあるイベントで彼女に会いました。彼女は快活で愛想よく、仕事は決まったと言い、私の助けに感謝しているとのことでした。そして、お互いに彼女がいまだに黒ずくめの服装であることには触れませんでした。私がいま思うに、彼女が私と同じようにはカラーに対して熱意を感じていなかったことに単に気づかなかっただけなのかもしれません。私は、自分に似合う色を分析するシステムは使い方次第で誤りやすくもなり、コーチ

の適性、訓練、経験、判断に大きく依存していることを十分に認識していなかったのです。また、パーソナル・カラー・システムを覚えたての私が、実際のカラー診断を大きく間違えていた可能性もあります。

◎意見が合わないときの対応方法

　クライアントと意見が合わないときの対応方法として、優れた交渉人や調停人の経験からたくさん学ぶことがあります。その共通する基本行動とは、話すよりも多くのことを聴くということです。

　気に入らない意見をされたり、事実に反することを聞いても、私たちの多くがしてしまうように、感情的に反応したり、相手の間違いを冷ややかに指摘するようなことはしません。その代わり、予想に反することをします。彼ら彼女らはクライアントにもっと話すことを促し、そうすることで相手の心のなかで起きていることをより深く知ることができ、信頼関係を保つように努めるのです。

　ゲイリーは退職直前の人を専門にコーチングを行っていて、ファイナンシャルアドバイザーの資格も持っています。彼のクライアントのナイジェルは56歳の独身男性で、支給予定の退職金は決して多いとは言えませんでした。ナイジェルは、この退職金と年金を無利子の当座預金に入れて、そのままにしておきたいということでした。

　それは賢明ではないとするゲイリーは、そのことを言う代わりに、「ナイジェル、そう決めた理由を教えてくれませんか？」と中立的な立場で質問しました。

　ナイジェルは、いかに株式市場が信用できないか、また自分のお金を実際に銀行の取引明細書で見ることが「現実的」で良いということを時間をかけて話してくれました。

　ゲイリーはまた、ナイジェルにお金の使い途を訊きました。両親は50代で亡くなり、自分も60歳以上は生きられないと思っていること、また、何かの天災によって、いずれ地球上の人類が滅亡するだろうと考えているとも言いました。「それなのに、貯蓄する意味なんてあるのですか？」と

訊き返してきました。

　レイラは他の多くのエグゼクティブ・コーチとは異なり、いわゆる職場で問題を起こしている人へのコーチングを専門にしています。いわば、ニッチな分野です。彼女のクライアントのほとんどが、いじめを指摘されて紹介されて来る男性です。彼女のコーチングではまず、クライアントに職場の人たちの働く態度について説明してもらうようにしています。すると、ほとんど例外なく、自分の職場は監督していないと仕事をしない怠け者ばかりで、脅さないと動かないし、動機づけはお金しかないと信じていると言います。レイラは、クライアントには迫害しているという意識はなく、むしろ自分が迫害されていると思い込んでいることを念頭に置きながら、クライアントの話を注意深く傾聴することを心がけています。そして、クライアントから共有されたことに対してまずはクライアントの見解を巧みにまとめてその場で共有してあげます。

　この2人のコーチは、クライアントが詳細に語る本人の行動をそのまま受け入れることは決してしていません。その行動自体がクライアントにとってどのような意味を持つのかを見つけることが、まずは大切だと考えています。

　ゲイリーは、ナイジェルのようなクライアントが不合理な恐怖にとらわれ、ありもしない心配（小惑星の衝突、突然の死）ともっともらしい心配（株式市場の暴落）の見境がつかなくなっていることを認識しています。不合理な恐怖に対処するには、それが何であるかを知ることです。

　レイラのクライアントの場合、いじめが疑われる行動を取るのは、自分が被るかもしれない危険を抑えることにありました。多くの場合、彼らの思いは悲観的で、厳格に善悪を区分し、自分が抑制できない衝動の力を恐れ、それを他人に振り向けています。

　私のクライアントの投資銀行家の場合、彼女が黒を着るのは、性差別的な発言を避け、圧倒的に男性が多い社会での数少ない女性として目立たないようにするための防護服だったことを理解していなかったかもしれません。

クライアントと意見が合わないとしても、同意できるところは同意するのが効果的です。ゲイリーはナイジェルに、株式市場は世界で最も予測不可能なものの1つであり、何が起こるかを完璧に予測することは誰にもできず、投資には常にリスクが伴うという点で同意しています。レイラは、お金を稼ぐためにのみ機械的に仕事をして、雇用主にほとんどコミットしない人もいるというクライアントの意見にも同意しています。また、リーダーになることはストレスが多く、人の嫌がる決定をしなければならないことが多いという見解をクライアントに提示しています。

次のステップは、異議を唱えるときの許可を求める方法です。

> 「あなたの話を注意深く聴いていましたが、賛同できない部分がたびたびありました。別の見解を提案してもよろしいですか？」
> 「あなたが言ったことの多くに私が同意できないことを知っても、あなたは驚かないとは思いますが、その理由と方法を丁寧にお伝えするために、私の話を聞いていただくことをご了承願いたいと思います。」

コーチが話すことを拒否するクライアントは、普通はいません。コーチがクライアントに話す許可を与えているのですから、クライアントもコーチに同じことをします。これは単なる形式的なものではありません。許可を求め合うことは、自分が攻撃されていると感じたときに自然に生じる抵抗感を取り除く効果があります。

ナイジェルとのコーチングでは、ゲイリーはまずナイジェルの両親が亡くなったときのことを確認します。父親は水泳中の事故で溺れ死にし、母親は希少癌によるとのことでした。ゲイリーはその癌には遺伝性があるかどうかを尋ね、ナイジェルはそれはないと答えます。また、何かの災害で地球上の生物が絶滅する可能性は現実的にどのくらいあるのかと尋ねると、ナイジェルはその可能性が低いことはわかっていました。ゲイリーは、資

産防衛の対策になっていない当座預金のお金をうまく運用するためにいくつかの方法を提案したいと許可を求めると、ナイジェルはすぐに快諾しました。ゲイリーは、投資用の財務データに不安を持つクライアントのためにポートフォリオをつくりやすいように、変わった形のカラフルな大きなポストイットを好んで使うようにしていました。彼はセッションを軽快なゲームのように進めると、テーブルに派手な色の星やフキダシ、ダイヤモンドの形をしたポストイットを散りばめ、マーカーペンを使ってナイジェルにお金の運用について一連の選択肢と、それぞれのリスクとメリットを提示しました。

　レイラは、クライアントの考え方や信念は変えられないということを信条にしています。その代わりに、クライアントが仕事で危険な状態にあれば、現状維持という選択肢はないとして、現実的な代替案を提示するようにしています。彼女は、権威主義的なリーダーシップは短期的には従ってもらえるものの、大きな犠牲を伴うことを示す多くの研究結果を簡潔にまとめていました。彼女はクライアントに、その研究結果を確認してもらい、次回のセッションでその感想を聞かせてくれるように言いました。

　どのような手法を取るにしても、クライアントに反論する権利があることを強調しておくことでコーチも報いられることになります。また、疑念や疑問を伝えることも賢明なアクションです。例えば、リーダーシップにおける行動について、これという正しいコンセンサスというものはなく、その時代背景によっても違っていたりします。組織行動についても、「Xの行動は必ずYの結果につながる」と誰もが確信を持って言えるような、絶対的で明確な公式は事実上存在しません。人間の行動はそもそも、あまりにも可変的なのです。次のことを心得るのは、賢明なことだといえます。

　　「この多くは曖昧で、人によって対応の仕方が異なる。」
　　「最終的には、クライアントが決めたことをクライアント自身が受け入れなければならない。コーチができるのは、クライアントが決

断するためのアイデアを提供することだけである。」
「自分にとって何がベストなのかは、クライアント自身が決めることだが、コーチの役割は、クライアントにチャレンジしたり、他のアイデアを提供することである。」

　内容にもよりますが、コーチからクライアントに提供した情報にクライアントが耳を傾けなかった場合、クライアントとその関係者は何らかの危難に遭うと強く感じるかもしれません。コーチが自分のリアクションの強さに気づけば、自分の考えに固執し過ぎたことでクライアントから拒絶される危険性を伴うとわかります。自分の懸念を表明しながらも、クライアントの反対意見を支持するのは、全くもって正当なことです。

「私はここであなたを助けたいと思っていますし、これまで話し合ってきたいくつかの行動を変えなければ、あなたのこれまでのキャリアが軌道から外れてしまうのではないかと心配しています。しかし最終的に決めることができるのはあなただけです。」
「もちろん、それはあなた次第ですが、私が心配しているのは、1年もすればあなたが困難な状況に陥る可能性があるということです。私はあなたにそうなってほしくないのです。」

　クライアントは、あらゆる種類の専門的な支援やアドバイスから恩恵を受けることができますが、それはコーチングと並行して、あるいはその後に連続して利用できます。

●コミュニケーションが問題視される新任上級職のリン

　リンは、新たに上級職に任命されたマネージャーでした。私たちの課題は、彼女が新しい職務に就いてからの100日間にどう取り組むかということでしたが、彼女から共有されたことは、会社が「個人的影響力」と呼んでいるものは自分にはないことに彼女は悩みを持っているという

ことでした。リンがそのことに自信を持てなかったのは、有名校で数少ない授業料免除の奨学生として周囲に遠慮していた子ども時代に原因がありました。

　彼女は、つぶやいたり、言葉を飲み込んだりするほか、早口で話を早く終える人だと周囲には受け止められていました。彼女と私は、最初の100日間の戦略をうまく練りましたが、コミュニケーション・スタイルの問題については、専門のコーチを紹介することにしました。俳優や声の専門家としての訓練を受けていた私の同僚は、心理的な問題に加えて、リンには舌や息のコントロールなどいくつかの身体的な問題があることを見つけました。その問題に基づき、彼女には一連のエクササイズが指導されました。その後、それを着実に行ったことで、会議やプレゼンテーションでのパフォーマンスに大きな効果をあげることができたのでした。

　他にも、結婚やパートナーシップに問題があるような場合には、恋愛相談カウンセラーを紹介したり、フィットネスやダイエットの専門家を紹介したり、定年退職を控えている人にはパーソナル・ファイナンシャル・アドバイザーを紹介したりするなど、コーチングではさまざまな専門家のサポートを受けることができます（385ページ参照）。

　コーチングではクライアントに情報を提供するとき、話すことよりも聴くことを優先すると会話が躍動します。情報を提供するべき場面を理解することで、気持ちが自由になります。一見小さな行動が大きな結果を生み出すことができます。

　情報を提供することの許可を得ること、クライアントがすでに知っていることを確認すること、クライアントが反応ができるように少し間を置くこと、反対意見を述べる許可を得ることなど、これらすべてはクライアントとコーチの双方にポジティブな影響を与える行為になります。

1) ハーバード・ビジネス・レビュー1999年11月／12月号に掲載。筆者：ウィリア
ム・オンケン、ドナルド・ワス

第11章
涙、トラウマ、そして心理療法
Tears, trauma and therapy

　クライアントの感情がひどく混乱したら、あなただったらどうしますか？　クライアントがトラウマを抱えていたり、心理療法が必要だったりする場合、どのようにして専門家の支援が必要かを判断しますか？　クライアントに自殺の気配を感じたら、どう対処しますか？

　コーチングでは、少なからずこのような課題に直面する可能性があることは避けられないことです。この章では、その対応方法を考えていきます。

┃ 涙

　私たちは、笑いながら泣くことができ、悲しみで泣くこともできます。怒りで笑うことでき、喜びで笑うこともできます。泣くことは、人間の感情の一端に過ぎません。コーチング・セッションではクライアントの全人格を扱うことになるので、時折、涙を見る場面もあります。

　クライアントが泣き出してしまった。さて、どうすればいいのか――。こうした場面のとき、コーチが不安に駆られるのは無理からぬことでしょう。ほぼ面識のない人が泣き崩れるのを目の当たりにするのは滅多にないことです。また、大人が泣くことは子どもっぽく、自己制御ができず、非力でうまく対処できないことを示すことだと思われがちです。確かに、泣くことは弱さの証かもしれず、クライアントのなかには屈辱的なことだと思う人もいるでしょう。

　しかし私の経験では、泣くクライアントを最も心配するのが、コーチです。それというのも、世間的には順風満帆に見える人が泣き崩れるのを見

ることに戸惑いもありますが、クライアントがその場やその後かもしれませんが、涙を見せたことで自己嫌悪になる恐れ、弱さを見せてしまったことへの後悔などが入り混じった思いに駆られるかもしれないとコーチは考えるからです。

　また、深いラポールの状態ができていると、相手の感情が直接伝わってくるので、コーチのなかには自分も同じように感情が高ぶってしまうのではないかという恐れを感じると言う人もいます。

　さらに、コーチとして不適切なコーチングにより泣かせてしまったのではないかとの懸念があると、「私が彼を泣かせてしまった」というように、自分の責任にしがちです。しかし、泣くことは、クライアント自身がコーチング中に取る行為の1つです。コーチは、意図的にクライアントを泣かせることはできません。笑わせたり、退屈させたり、思いどおりに相手の感情を操ることができないのと同じことです。泣くことを含めて、感情表現はクライアントの意志であり、クライアントが無意識の場合も含めて、本人が選択している行為です。こうしたとき、コーチはクライアントがその感情にうまく対処できるかどうかを心配しますが、「泣いているクライアントに私自身が対処できるだろうか？」というように、コーチ自身の心配の投影でもあるのです。

　泣くクライアントを前にしてコーチが陥りやすい最大の罠は、泣くのをやめさせるのが自分の仕事だと思い込むことです。クライアントの涙がこの場にふさわしくないと思わせることが相手にどう受け止められるかを自問自答してみてください。クライアントは涙を流すことによって、コーチが自分のことをより深く理解できる特別な機会を与えているのです。「泣くことでスッキリしますよ」と時が経つことにより楽になるなど、ありきたりの決まり文句をつぶやいてみても何の効果もありません。

　もう1つ、注意すべきことがあります。それは、コーチ自身も泣いてしまうことです。コーチが相手の感情に敏感になることは必要ですが、クライアントに同調して泣いてしまっては、コーチングは機能しません。コー

チには愛に満ちた思いやりが必要ですが、過剰な同情心は不要です。

ここでの最も適切な対応は、コーチにしかできない一瞬の判断にかかっています。

> 「動揺しているようですが、このまま続けますか？」
> 「もちろん泣いてもかまいません。ここは泣いてもいい場所です。」
> 「泣いて楽になるのなら、思いきり泣いてください。」
> 「恐ろしい経験をしたのですから、動揺するのは当然です。動揺があまりにも激しいので、涙が出てしまうのですね。」
> （沈黙も選択肢の１つです。何も言わず、ただ静かに見守っていたり、ティッシュを渡したりするだけで、共感や受容を伝えることができる場合があります。）

涙をこらえるクライアントは、こうした対応で泣くことをやめるかもしれません。それでも泣き続けるクライアントからは、あとになって、「前に進むために必要なことだった」と言ってくれるのではないでしょうか。

●職場の事件に巻き込まれ失職したマリー

マリーは、自分が最高責任者を務めていた病院で起きた大事件が大きく報道されたことで職を失うことになりましたが、その後の調査により彼女の容疑は晴れました。コーチング・セッションでは、履歴書の書き方、面接の準備、人脈のつくり方、新しい仕事に慣れる方法などを確認し合いました。ただ、最初のセッションでは彼女は、怒りの涙を流し続けたのです。

私はそのセッションで何度か休みを入れ、そのつど、先に進みたいかを確認しましたが、「はい」と言う彼女に合わせてコーチングを続けました。後日、このときのことを彼女は次のように振り返っています。

「あなたが私が泣くのを止めようとしなかったことが、一番の癒しになりました。あの部屋では、他の場所では見せられない姿で自分の気持

ちを吐き出すことができたのです。一家の稼ぎ手である私の困惑する姿を夫に見せて心配させるわけにもいきませんでした。私が前に進むためには、あのように大泣きするしかないと思いました。あなたがそうさせてくれたことで、私が感じていることが正しいことであるかが、どんな言葉よりもとてもよく伝わってきました。私が大丈夫だということ、そしてあの事態を乗り越えられることがあなたの態度から伝わってきたのです。」

　コーチがクライアントのためにこの機会を持つことは良いことです。そしてここでコーチができることは、「気持ちが整理できるまで時間をかけてかまいません。再開できそうになったら、声をかけてください」と伝えることです。
　涙はコーチングには恥ずべき厄介なことであり、コーチもクライアントも何もなかったかのような錯覚として早く消してしまいたいと思うところか、熟練のコーチほど涙はコーチングにとても有意義だと知っていて、クライアントの心の奥に根差した価値観やニーズを時折明らかにしてくれると考えています。
　ただ、涙の場面はコーチもクライアントも予期せぬ瞬間に突如現れたりします。そうしたときに役に立つ質問が次です。

　　「涙が出たきっかけは、何だったのでしょう？」

　この質問へのクライアントの回答の一部を紹介します。

　　「美しかった祖母のことを思い出したからです。祖母は小さい頃から私を無条件に愛してくれた唯一の人でした。いまも、彼女がいないことにとても寂しさを感じます。」
　　「怒りからです。不当な扱いを受けたんです！　18歳になったら家を出なさいと親からはっきり言われました。その親からの誕生日プレ

362

ゼントはなんと安物のスーツケースでした！」

「クラスのいじめっ子たちに立ち向かっていた少女時代の自分を思い、どれほど勇敢だったかを思い出しているところです。」

「後悔と罪悪感からです。弟をもっと助けてあげられたのに、そうしなかったんです。弟はダウン症で、13歳のときに亡くなりました。」

コーチング・プログラム終了後にクライアントに再会したときに、泣き出したときにはその理由がわからなかったり、どう言葉に言い表せばいいのかわからなかったが、あの瞬間がコーチング・プロセス全体のなかで最も役に立ったと言ってもらえたりもします。

●突然仕事が嫌になったマーティン

マーティンの仕事や役割が何度か変わっていくなか、私はこれまで何年もの間、たびたび彼をコーチングしてきました。あるセッションで一度だけ、彼は思いがけず、少し涙を流したときのことを回想してくれました。

「私は突然、自分の仕事が嫌になり、複雑な思いにふさぎ込んでしまったのです。このことを話すのにはためらいがありました。なぜなら、私がいつもうまく振る舞っているようにしていることが、あなたには重要だと思っていたからです。でも、あなたが、「不安に思うことを意識してもいい」と言ってくださったおかげで私は勇気をもらい、感情を表に出すことができたのです。あなたを信頼し、ときどき失敗してもいいんだと思えるようになったのは、あなたが失敗はあり得ることだと考えていて、私が失敗しても受け入れてくれることがわかったからです。」

「あなたは私に、『仕事が嫌になったきっかけは何だったのでしょう？』と質問しました。なぜ私がそう思ったのかを説明しましたが、その理由を知ってもあなたがいつも思っている私の印象には全く影響しないと言ってくれたのは、一緒にコーチングをしてきたなかで、最高の瞬間でした。そして、あなただけでなく、誰に対しても、称賛される成績

をあげたり、何においてもいつも楽観的であることは必要ないとわかりました。あのときあなたは、私の「奈落の底」のような状況を一緒に受け止めてくれました。不思議なことに、泣くことで不安が解消され、その後すぐにそのことをより深く理解することができたのです。」

ストレスとマインドフルネス

　現在が昔よりもストレスが多いかどうかは議論のあることだと思うのですが、新しいタイプのストレス要因が生まれていることは確かです。例えば、携帯電話や電子メールに追われる感覚、不安定な雇用状況、以前なら大したことではないことへの住民からの通報、誰もが投稿に反論できるSNS、こうしたことなどです。「ストレスを感じている」は、エグゼクティブ・コーチとして聞くことが最も多いフレーズの1つです。

　こうしたストレス解消に役立つとされているのが、マインドフルネスです。実は、マインドフルネスはおよそ2500年前から（それ以前という説もあります）実践されていると言われています。現在では、マインドフルネスに関する多くのコースや書籍があり、ブームの様相を呈していますが、それはマインドフルネスの本質が幻惑するほどのシンプルさにあるからです。

　マインドフルネスとは、意識して自分を観察し、過去・現在・未来にわたって私たちに入り込んでくる否定的な考えを俯瞰して認識することです。すなわち、自己観察により自分に意識を向けることによって、余計な判断を行わないようにすることです。いま、この瞬間、この部屋、この自分に強く意識して集中することです。マインドフルネスを行うことで、あなたは自分の思いがただの思いであることに気づくようになります。すなわち、その思いは現れたり消えたりして「現実」ではありません。マインドフルネスを実践することで、「思い」と「現実」を分離することができるようになり、「思い」と「現実」は別であることに気づくようになるのです。また、単なる「意志の力」を行使するのではなく、考え過ぎて選択肢がた

364

くさんあり過ぎることを緩和させることです。コーチとして、まず自分で
実践しながら、納得して学ぶことが大切です。

◎マインドフルネス 1 分間エクササイズ

　ここでは、簡単にできるマインドフルネス 1 分間エクササイズのやり方
を紹介します。

- 静かな場所を選ぶ。
- 背筋をまっすぐに伸ばした姿勢がとれる椅子に座り、肩の力を抜いて、両足を地面につけ、手はゆったりと膝の上に置く。
- 目は開いたままで、視線を和らげる。
- ゆっくりとした呼吸や深い呼吸をしようとするのではなく、普通に呼吸をする。自分の呼吸を観察してみる。何か気づくことがあるだろうか？　息が鼻孔を通過している感覚、息を吸う時間よりも吐く時間が長いこと、またはその逆。
- 体の他の部分を観察する。足、手、胸で何を感じているか？
- 他の考えが割り込んでくるかもしれない。
- その場合は「うーん、面白そう」と自然に受け止める。
- 再び、呼吸に意識を戻す。
- 今度は、部屋の他の部分に視線を向けてみる。

　マインドフルネスは、循環器系の健康増進、うつ状態の緩和やレジリエンス力の向上などへの効果が実証されています。また、MRI 検査などによって、マインドフルネスは共感を司る脳の部位である島皮質を活性化させることがわかっています。共感力が向上することは、自他ともに、より親切になることにつながります。マインドフルネスの働きやその有効性の根拠を知るには、『自分でできるマインドフルネス　安らぎへと導かれる8週間のプログラム』（*Mindfulness: A Practical Guide to Finding Peace in a Frantic World,* 2011；邦訳：創元社）という書籍に詳しく解説されています。

マインドフルネスは、コーチングの手法の1つとしてすぐに使うものではありません。まずは自分自身で実践してみることが大事です。マインドフルネスの研修に参加して学び、実践を経てからクライアントに良いかどうかを判断しましょう。なかには、マインドフルネスはメンタルヘルスに問題のある人のためや、「宗教的」「スピリチュアル的」「単なるリラクゼーション法」と思い込み、抵抗感を感じる人もいるからです。これを学んで活用するには、努力と練習そして規律が必要です。多くの人が長い時間と労力をかけて試行錯誤を繰り返して実験してきた結果が確かな効果としていまに伝わっているのです。

　なお、コーチングでの活用については、ビジネス・コーチで北アイルランド・アルスター大学客員教授キャロル・ペンバートンによる『レジリエンス－コーチへの実践ガイド』(*Resilience: A Practical Guide for Coaches,* 2014；未邦訳)という著書のなかにマインドフルネスの章を設けており、いつ、どのようにクライアントに使うかについて詳述しています。

　コーチとしての自己開発への初期投資を行うことで、マインドフルネスの原理がいろいろ活用できるようになります。クライアントにそれがどのように機能するかを説明したり、セッション中にクライアントに守られた環境で平穏な時間を提供できるようになるのです。

●自分の昇進に懐疑的だったサスナム

　サスナムは落ち込んでいました。自分が「インポスター症候群」(Imposter syndrome，訳注：周囲から評価されても、自分を過小評価してしまうこと)だと思い込み、最近の昇進が「間違い」だったのではないか、今後の仕事の要求に応じられる能力があるのかどうかが心配でならなかったからです。そこで私は彼に、マインドフルネスとその原理について簡単に説明しました。

　彼のことをよく観察してみると、肩を丸めがちで呼吸が速くて浅いことに気づき、それを彼に伝えました。まず彼に提案したのは、一緒にゆっくりと呼吸することでした。息を吸いながら7まで数え、吐きなが

ら11まで数える。そして、数分間、私たちは静かに座っていました。それから彼に、体に意識を向けてどこに感覚を感じるかを訊きました。「胸の緊張感」との答えでした。私は彼に、胸にそっと手を当てて、腕と手から緊張が溶け出していくことをイメージし、呼吸に集中するように言いました。そして、自分の考えに意識を向けてはその考えを頭から蒸発させることを繰り返すよう伝えました。その考えが何であるかを私に言う必要はないとも伝えました。これには10分ほどを要しましたが、サスナムの顔と肩の緊張がほぐれたことがわかりました。

　その後私たちは、彼の不安が実際にそのとおりなのかどうか、彼の強みを新しい職務に活かすにはどうするか、そして、新任者によくありがちなことですが、新しい役割に対して彼の能力に足りないのはどこなのか、こうしたことの検証にスムーズに移行できました。

　その後のすべてのセッションでサスナムは、このやり方を繰り返してほしいと言いました。

　「特別な静けさを感じる瞬間があるということは、とても素晴らしいことです」と振り返り、さらにマインドフルネスを学ぶためのコースに参加することを約束しました。

涙もろい人

　さまざまな世代が集まる祝賀会に出席したときのことです。偶然にも2人の幼児がほぼ同時に、庭の硬い小道で転ぶところを目にしました。泣き喚く女の子にその子のおばあさんが駆け寄り、あやしながら抱きしめましたが、しばらくは泣き止みませんでした。もう1人は男の子でした。その子も大声で泣き、こちらもおばあさんが駆け寄って抱き上げました。男の子の膝を見てから「さあ、勇気を出して！」と言うと、男の子は間もなく泣き止みました。

　1つの事実だけで断定的なことは言えませんが、西洋社会では、女の子は泣くことを許され、男の子は許されないという考えがあるのは確かなよ

うです。女の子は泣くことで危険を寄せ付けず、同情を誘うことを学ぶのかもしれません。男の子は泣くことは弱さとしてさげすまされることを学ぶことで、感情を抑えるのかもしれません。

　以前のことですが、クライアントのなかに感情を抑えることができない大使がいました。国歌が流れる式典などでも感情が高ぶってしまい、それをなんとか抑えるのが大変だということです。公の場で感情をどうコントロールするかという問題を私に持ちかけてきた男性クライアントは彼が初めてでした。女性クライアントにこの相談が多いのとは対照的です。
　ただ、男女にかかわらず涙もろいということは、昇進するにつれ、キャリアを左右する問題になる可能性があります。

　涙もろい女性クライアントは、コーチング・セッションでもよく涙を流します。ただ、大泣きすることはなく、目に涙をためてティッシュを必要とする程度です。コーチとしての役割は、これがどのくらいの頻度で起こるかを確認し、了承を得ながら、クライアントの人生に起きたことと何が関係しているのかを探ることです。
　涙もろいことが問題になり始めているとクライアントから言われたら、まずは、どこで、いつ、どのように涙が出るのかをチェックするように依頼します。その結果報告で多いのが個人攻撃をされたときというものですが、よくよく話を聞くと、同僚からの軽い否定的なコメントが原因だったりします。泣くのを抑えられないとクライアントは言い張りますが、泣くことは自分の意志でもあります。刺激（批判と受け止める言動）と反応（泣くか泣かないかの判断）の間には一瞬の間があり、ここで泣くか泣かないかが選択できます。
　また、涙は他者の同情を誘うどころか、致命的な欠陥の現れと見られる可能性があると知ることは、クライアントにとっては良い気づきにもなります。

●泣きながら会議を中座したベアトリックス

　ベアトリックスは、ドイツ系銀行の一部門の経営陣の1人でした。自分もドイツ人である彼女は「イギリス人は感情を表に出さないことが国民性だと思っているようですが、ドイツ人はもっとストイックです。しかし、女性は感情を表現したいと思うのが普通なので、感情を抑えることは女性にはとても大変なことなのです」と私にこぼしました。

　私のコーチングを受けることになったのは、規制当局との重要な会議中に泣きながら退室した出来事がきっかけでした。彼女の上司はこのことに愕然とし、彼女はこれが初めてではなかったこともあり、今後銀行員として求められるタフさを身につけなければ、これからのキャリアを考え直すべきではないかと言われたそうです。

　ベアトリックスはそう言われたことに憤慨していました。「彼は男性にはそんなことを言わないはず。銀行で女性が活躍することはとても大変なことなの。何をやるにも男性の倍の能力がないと認められないからです。」

　その後私は、ベアトリックスの同僚にインタビューし、彼女に関するフィードバックを集めました。すると、リーダーシップに関する資質には多大な敬意が払われていたものの、同僚の多くは彼女が泣くことにうろたえ、気が散り、時には巧妙に操作しようとする行為と感じていたことがわかりました。ベアトリックス本人は涙を流すことは人間らしさを感じさせるので許される弱みだと思っていましたが、同僚はそう思わなかったのです。

　それをフィードバックで受けたベアトリックスは、それが不当とか性差別的とかよりも、それをどうコントロールするかを学ぶことのほうが重要だと見なしました。

　ベアトリックスの場合、他のクライアントと同様に、解決策は認知的アプローチを学ぶことでした。例えば、彼女は自分の感情をつかむことに無

力ではないこと、他の人の意見が必ずしも自分を対象にしているものではないことを理性で理解することです。もし仮に、彼女に向けての意見だとしても、そのなかに貴重な意見があるかもしれず、それをよく考えてみることの価値を理解することです。こうした状況を上手に対処するためのスキルの習得はとくに有効です。深呼吸や気晴らしのテクニックを学ぶのと同じくらい簡単なことで解決する場合もあります。

┃ トラウマを持つクライアント

そこそこ自信を持って生きていくには、世界が安全で予測可能な場所であることを前提としなければなりません。基本的に、私たちは自らの価値と自分らしく生きられることを信じています。しかし、これらはトラウマにより覆されます。トラウマとは、過去の出来事により、自分ではどうにもできない、安全ではないと思う状態にとらわれることです。正義、個人の安全、健康、あるいは原因と結果に関する仮定は、しばしば裏切りと困惑の混乱状態に取って代わられます。疲労感、無力感、愛への飢餓感を感じているかもしれません。自分は本質的に良い人だとする思いが、「悪いことは悪い人にしか起こらない」ので自分は本質的に悪い人だという考えに置き換えられてしまいます。つまり、自分を取り巻く世界との「心理的契約」が破られたと感じてしまうのです。

トラウマを持つクライアントのコーチングは、自信と経験があり、自分のスキルの限界を知っている場合に限って行うべきです。この領域は確かに、コーチの熟慮が必要でしょう。クライアントの苦悩の大きさに恐れたり怖くなるのが最初の反応かもしれません。これは大変過ぎて、これは私の力の及ばないといった場合です。熟慮し、自分の手には負えないと思ったならば、専門家に相談することを親身になって勧めましょう。このときのコーチの役割は、クライアントの問題の助けとなる専門家を探すことだと考えてください。

また、必要なスキルや知識がないにもかかわらず、興味本位で関わることにはとくに注意が必要です。

　それというのも多くの潜在的な「罠」があることがはっきりしているからです。自分のスキルを過信するかもしれないこと、ほんの少ししか理解していない技術を使いたがるかもしれないこと、クライアントのほうからコーチにはないスキルや知識を与えられるかもしれないこと、何もかもめちゃめちゃにしてしまうヘマをするかもしれないこと、などです。

　しかしながら、手に負えないとして後ろ向きに考えなくてもよい場合もあります。例えば、クライアントの状態が安定していて、セッションが十分に機能しているのなら、起きたことが大惨事だとしてもトラウマによる閉塞感は感じていないかもしれません。クライアントが自分の支援者になるのはあなただと決めるならば、あなたは自分の力が及ぶかぎり、支援すると考えてもよいでしょう。そして、クライアントは他には支援する人がいないと思っているかもしれません（ただし、そうではないかもしれないので、その場合は他の支援者を紹介することがコーチの役割であることに留意します）。クライアントは、長い間一緒に関わり、高いレベルの信頼と好感を持っているから、その選択をしたのかもしれません。
　コーチング・プログラムの実施過程でトラウマ的な出来事が発生し、クライアントから寄せられる課題に対処できる十分な知識があり、必要なトレーニングを受けている場合は、とくに上記のすべてが該当するでしょう。
　コーチングの経験を積むほどに、予想以上にいろいろなことが頻出するものです。私自身の経験を紹介しましょう。

- たまたま休暇を取っていた外国で起きた大規模な自然災害で、被災者である英国人に領事サービスを提供することになった外交官
- 政治的スキャンダルの余波で、共同経営する会計事務所が捜査されたことによりストレス・レベルが急激に上がり、自制できなくなった会計事務所のシニア・パートナー
- 勤務先の病院で起きた大惨事によって自らの評判が著しく損なわれてしまった医長

また、合併や人員整理の経験をしたり、突然仕事を失ったクライアント

の数は枚挙にいとまがありません。ここで紹介したクライアントたちは、明らかに危機やトラウマのケースですが、同じような現象の軽い出来事にもっと頻繁に出くわすでしょう。突然発覚した重大な健康問題、突然立ち去ったパートナー、薬物問題を引き起こした年頃の息子（または娘）、キャリアを脅かす出来事、こうしたクライアントのコーチングに携わる可能性もあり得ることです。

　クライアントに次のような兆候が認められれば、注意しましょう。

　フラッシュバック：ある出来事が再び起こっているかのように思い出すこと。他人からの何気ない言葉や、新聞で見た一言がきっかけとなることが多い。

　悪夢を見たり、眠りが浅い：早く目が覚めてしまったり、なかなか寝付けなかったりする。

　感覚の麻痺と回避：自宅から数メートルのところで強盗に襲われたクライアントは「頭のなかは真っ白だった」と語った。別のクライアントは「まるで映画のなかにいるようで、トラウマ的な出来事に自分が巻き込まれているのに、その場から遊離しているようだった」と語り、テレビのニュースで自分の姿を見たら、よりその感覚が強まったと言った。

　ネガティブな再想起：大惨事を想像すると、最悪の可能性を思い巡らす。医長のクライアントのケースでは、ゴミ袋に入れられた私物と一緒に病院から放逐、医師登録の抹消、年金受給の資格剥奪、すべての新聞に敵意に満ちた記事の掲載といった社会的な不名誉な場面を想像した。

　生き残りの罪悪感：他人が失職したり、怪我をしたり、殺されたりした事件でクライアントが生き残ったとき、安堵感の後に不徳義や罪悪感を感じる。「なぜ私が？」「もっと何かできたのではないか？」「自分は利己的だったのか？」「私は臆病者なのか？」

　「たられば」への執着：評判が危機に瀕した会計士のクライアントは、その状況に至るまでの出来事を何度も繰り返し、もし自分が特定のことをしたり言ったりしていなければどうなっていただろうかと自問していた。

　覚醒レベルの上昇：苛立たしさ、怒りっぽさ、強い警戒心、心拍数の上

昇、発汗など。

　こうした現象に対処することは困難です。極端な場合、心的外傷後スト
レス障害（PTSD）と定義するのが適切でしょう。クライアントが食欲不振
とともに不安や抑うつを訴えることは驚くことではありません。苦痛を和
らげるために、アルコール、性的乱れ、タバコ、ドラッグなどに頼ること
もよくあることです。
　ピーター・ホジキンソン氏とマイケル・スチュワート氏が設立した危機
心理学センター（The Centre for Crisis Psychology）のトラウマ専門家の見解や、
彼らのトラウマに関する古典的名著『大惨事への対処』（*Coping with
Catastrophe*, 1998；未邦訳）が参考になります。基本的には、クライアントに
共感しつつも、本人にとって受動的で構造化されたアプローチを一定期間
継続することが効果的であるというものです。受動的なアプローチを大切
にしているのは、クライアントが無力感を感じているからです。一時的に、
彼らはコーチングが効くような状態ではありません。そこには教育的な要
素があり、コーチはクライアントに対して教師の役割を果たすことになり
ます。クライアントには、通常のコーチング方法ではなく、このような体
験をすることを伝え、同意を求めてください（第10章参照）。

◎効果的な戦術

　クライアントがトラウマになるような出来事に巻き込まれたとき、私は
さまざまな標準的なコーチング手法を活用しています。例えば、クライア
ントが私に何を求めているかを見極め、観察しながら慎重にコーチングの
質問を選んで伝え、その答えに共感して耳を傾けるという手法ですが、適
切な状況下ではよく機能します。
　クライアントの反応をノーマライズ（正常化）するには、第8章で紹介し
た「変化のサイクル」などが役に立つかもしれません（265ページ参照）。ま
た、本やインターネットで自習できる情報源を紹介することもあります。
　ここで大切なことは、クライアントに事実に即しながらすべてあったこ
とを話してもらい、その流れ全体を再構成し、話の途中に生じる強い感情

を受け入れ、それを抑えられる環境をつくることです。クライアントに対して、「理解している」と断定した言い方には注意が必要です。それはあなたはその経験をしていないので、「理解」することなどできないからです。このとき、あなたが語ることができるのは、クライアントの話があなたにどのような影響を与えているかということです。先に紹介した捜査によるトラウマが生じた会計士の例では、捜査員が何かを見つけ出すのではという恐怖と、聞き取り調査に応じているときの屈辱的な挫折感の恐怖を語っていたとき、私は次のように言いました。

　「大変でしたね。あなたのその痛みとストレスの話を聞いていると、私にもその緊張感や不安が伝わってきます。」

　クライアントが恐怖との直面を避けたがっていることに気づいたとき、見落としている事実を伝えることが役立つ場合があります。これも先述したクライアントの例ですが、自分を襲った強盗が何週間も尾行して、再び自分を襲おうとしているのだと言い張るのです。しかし、裁判記録を読むことで、それが実際には稚拙で、行きあたりばったりの無計画な犯罪であったことを知り、彼女の回復に極めて重要なことになりました。

　正しい横隔膜呼吸法や昔からある筋弛緩法などの覚醒解除の手法を教えることで、通常は早く落ち着きを取り戻せます。また、身体や心の気晴らしになる方法を教えれば、否定的にいろいろと思い巡らせている状態を中断させることができます。そして話の内容に論理的でないところが出てきたら、丁重にしっかりと質問することができます。息子さんが溺死されたクライアントのケースですが、その事故がきっかけで「私の近くにいる誰もが危険な目に遭うのだ」と考えるようになりました。それがさらに助長され、「私の近くにいると皆が不幸になるから、誰とも関わってはいけない」と思考が発展していったのです。この極めておかしな論理の展開に異議を唱え、現実的な解釈に戻してあげることは、このクライアントにとって、とても良いこととなりました（このような歪んだ思考パターンについては、第8章の283ページでも述べています）。

　また、クライアントそれぞれに適した簡単な柔軟体操などのプログラム

を毎日続けることも効果的です。

　そのほかにも、就寝前に聴くためのリラクゼーション音楽をクライアントにメールで送ったり、その日に起きた良い出来事を日記に記すこと（例えば、日常のなかでの誰かからの支援や支持についてなど）を提案することも効果的です。

　問題が手に負えないと思ったら、クライアントに主治医に相談することを強く勧めましょう。同時に、恐怖反応が再び現れてきたときのために、脱感作療法を段階的に取り入れる心理療法など、トラウマの専門家を紹介することも一考です。

　こうした問題はコーチング・セッションだけでは完結しないと思います。もし、あなたがこうした状況にあれば、制限を設けずに電話やメールでのサポートを検討し、必要な日数をかけての体系化されたプロセスを通して、フォローアップすることの合意をクライアントに求めましょう。ただし、これは経験を積んでスキルに自信がある場合にかぎります。

発達障害が疑われるクライアント

　コーチとしてのおよそ30年の間に、私はおそらく15人以上の自閉スペクトラム症の症状を大なり小なり持つクライアントをコーチングしてきました。ほとんどの場合、私の「診断」はコーチング・プログラムが終わってからの推測に基づいています。これらのクライアントは、1人を除いて男性でした。似たような組織変更がもとで典型的な問題を抱えることになり、全員が紹介で来た人たちでした。ここ最近は、自閉スペクトラム症への偏見が薄れてきたこともあり、クライアントのなかには自分が「自閉スペクトラム症である」と認める人もいます。ある人は、家族のなかにもいるので、それにより自分の行動の多くが説明できると私に言いました。

　アスペルガー症候群のような、軽度の自閉スペクトラム症である可能性を示す兆候は、視線を合わせるのが苦手であったり、過度に形式ばった話

し方をすることや、あまり省略を使わなかったり、受動態を使って複雑な文章で話したりすることなどが挙げられます。また、別の兆候として、軽く指をならし続けたり、足を踏み鳴らし続けるなどの反復的な身体の動きを自分でコントロールすることが難しいことや、同僚との関係づくりや感情的な接触に問題があるなどのほか、変わり者との評判もつきまといます。

　身体的な行動障害が問題になることもあります。あるクライアントは、部屋に入ると何度もつまずき、退室時にも部屋のドアに頭をぶつけていました。別のクライアントは、ほぼすべてのセッションでコーヒーをこぼしていました。こぼさなかったのは1回だけです。時折、特定のルーティンにこだわってしまうために、時間管理がうまくできなくなるクライアントもいます。こうしたクライアントのスキルは限られた範囲に集中していて、変化に対する強い抵抗があるかもしれません。収集癖に強いこだわりを持つ人もいます。あるクライアントは、仕事や健康、妻や子どものことよりも、地元のマイナーなサッカー・クラブに異常なほどの思い入れを持っていました。

　これらの行動のどれもが、他に原因があるかもしれませんが、その数が多ければ、自閉スペクトラム症が原因になっているかどうかを検討する必要があるでしょう。私のクライアントのなかで、このタイプの人たちは皆、知的で明晰で、組織の上級職に就いていました。ほとんどがパートナーとの関係がうまくいっていて、子どももいました。概してITや財務のスペシャリストなど、組織のなかで安全なポジションが与えられていましたが、ある変化をきっかけにその仕事から離れてしまう人も多く見られました。

　こうした人たちに対するコーチングはおそらく限定的な成功しか収められていません。それはフィードバックを細かく提供したことに関することです。場合によっては、社会性についてティーチングすることなどもあります。例えば、相手と視線を合わせることや社会的なコミュニケーションを取ることの重要性を学び、それを効果的に維持する方法を学ぶことなどです。

　クライアントが何らかの発達障害を抱えているのではないかと疑うこと

は、その問題への対処を拒否する理由にはなりませんが、コーチングがこれまでとは違う趣きやペースで行われていくことを理解する理由にはなるでしょう。

また、コーチングで達成できることについて、クライアントやその所属組織と一緒に現実的に考えることも重要でしょう。アスペルガー症候群などの認知が向上し、それに伴う偏見も以前ほどではなくなってきた現在、クライアントとその組織が状況を理解し、共同でどう対応していくかを私たちに教えてくれることがますます期待されるかもしれません。

一般的な心理療法状態または精神状態への理解

コーチには、一般的な心理学的・精神医学的問題についての知識が必要です。例えば、私のクライアントのなかに気分の抑揚が激しい人が何人かいたのですが、その人たちは軽度の双極性障害だったのかもしれません。そのなかのある会社の最高経営責任者は、組織の壮大な計画とその実現への熱意の希薄さ、そして彼女の活力と楽天さが突如低下することに対し、あまりにもリスクが大きいと見なされて、最終的に解任されてしまいました。

クライアントのなかには専門家の助けが必要な人もいれば、明らかにその必要性を感じていても、クライアントにそのことを取り上げることはしないと決めていたりするコーチもいるかもしれません。

●強迫性障害の疑いがあるカミラ

カミラは仕事上のパフォーマンスに問題を抱えていたクライアントで、その多くは、彼女の完璧主義と自信のなさに起因していました。コーチング・プログラムの最初に、彼女はアパートの大掃除をすることが目標の1つだと言っていました。彼女がリスト化した目標のほとんどを無事に終えたとき、私は、アパートの片付けが話題として避けられていたことに軽く触れました。カミラは、何千部もの新聞をため込んでいて、そ

のため誰も家に招けないと感じていることを話してくれました。これは、彼女が明かしていた社会的孤立を説明するのに十分なものでした。このような極端なため込みは、強迫性障害の典型的な症状であり、カミラが言ったような完璧主義や自信のなさを伴うことが多く、強迫性障害を持つため込み症患者は多くの場合治療を受けることを嫌がることを知っていました。私は、事の善し悪しは別にして、これ以上踏み込むことは好ましくないと思い、そのままにしました。

強迫症障害に関しては、多くのクライアントが自分や他人のことを「ちょっとした強迫症障害」だと気軽に言ったりします。通常、これは単に、その人が細かいことや日常的なことを綿密に行うのが好きだということを意味します。しかし、私は何人かの強迫症障害患者を見てきた経験から、これははるかに悲惨な実際の強迫症障害とは全く違うとして、異議を唱えることがあります。

クライアントのなかには、パートナーが深刻な精神的問題を抱えていることも珍しくありません。例えば、ある種の妄想状態に陥っている人もいます。あるクライアントは、夫が密かに仕事場まで尾行し、その職場でのマネージャーというのは仮の姿で、本当の任務は英国諜報機関のMI5だと信じ込んでいたと話してくれました。また、テレビに自分宛のメッセージが映っていたり、アパートの水道に毒が入れられていると信じたりして、被害妄想的な強迫観念にとらわれている家族を持つクライアントもいました。他にも、高齢の親の認知症の問題や、認知症による問題行動は極めて普通のこととなっています。

家族を愛する人たちにとって、このような状況にあることは大変深い苦悩で、コーチング・ルームのような場所以外で話すことはあまりにも辛いことだと察します。

ここでのコーチの役割は、クライアントが自分の感情を探求することと、もし取るべき行動があればそれを検討することです。ここでも、専門家に

　アドバイスを請うことを提案してもいいでしょう。あるクライアントは、長期にわたり精神疾患を抱える夫が重い病気にかかったにもかかわらず、治療を拒否していると言うのです。そこで私は、精神科の顧問医師でもある同僚のコーチに会うように提案しました。このコーチは、彼女の夫を患者として診ずには治療薬の処方はできないけれど、夫とのやり取りの仕方について一緒に考えることはできるということで、私からの依頼を引き受けてくれました。

　こうした状況にあるクライアントへのコーチングに関わるには、つまずく可能性をはらんでいるので、細心の注意を払う必要があります。精神障害の分類やレッテル貼りは、精神的に病む人たちを扱う専門家の間でも議論の的となっています。臨床心理学者のリチャード・ベントール教授の著書『医師としての心：なぜ精神科治療は失敗するのか』（*Doctoring the Mind: Why Psychiatric Treatments Fail*, 2010；未邦訳）では、精神障害には身体的な根拠があるという社会通念に基づいて、製薬業界が治療薬を製造していることを紹介しています。彼はこう書いています。

　　「私の考えでは、ほとんどの精神科の診断は、星座と同じように科学的に意味のないことだと思います。星座は、未来に起こることを人に説明するのに使われる診断システムとして役に立たないとの科学的な根拠があるにもかかわらず、広く支持されています。」

　だからこそ、私たちは警告を受けていると考えるべきなのです。

▍自殺の恐れのあるクライアント

　私のコーチング・キャリアのなかで最も辛い瞬間は、ある日曜日の午後、クライアントから私の携帯電話に電話がかかってきたときでした。私は携帯電話の番号をクライアントに教えていますが、これまでいたずらに使われたことは一度もありません。とくに、週末にかかってきたということは、緊急であるはずです。そのクライアントからの電話は、私に話す内容とは

全く違った明るい声で、死ぬために鎮痛剤を大量に飲み、最期の眠りについたはずなのに目が覚めて、ここにいるということでした。私はショックを通り越して、無感覚、支離滅裂、愕然となりました。

とても感じの良いこの男性は自分は不幸だとは言っていましたが、自殺するような絶望感を感じていたのでしょうか？　いいえ、最初はそう思えませんでした。後になって、おそらく彼はそう意味して言ったのだろうとも思えましたが、まるで暗号のように、あまりにもさりげない言い方だったのです。

あまりにも深刻な状況のために頭が回りませんでしたが、なんとか私は彼に、誰も彼がいないことを寂しく思わないというのは大間違いで、私も同様に感じている多くの人のなかの1人だと伝えました。

彼が翌朝8時に精神科医を至急紹介してもらうためにかかりつけ医に連絡することや（実際彼はそうしました）、残りの睡眠薬をトイレに流すなどを私と約束するよう彼に強く求めました。私は常に連絡が取れ、いつでも対応できるようにし、彼が話したいときには時間にかかわらずいつでも聞けるように準備していました。また、自殺を考えている人のための無料電話相談サービスの番号もメールしました。

このとき、私は本当に恐れを感じました。魅力的で、成功していて、社交的で、社会適応性が高いクライアントの、まさに青天の霹靂の出来事だったのです。その後私は、ボランティアが運営する慈善団体の自殺防止対策の研修コースに参加しましたが、ボランティアの一員になることは私には向いていないと早い段階で悟りました。しかし、この研修により、自殺について私が思っていたことの多くが間違いだと気づかされました。また、この研修から、自殺がいかによくあることか、いかに当事者の周りの人の人生に関わるものであるかを知りました。コーチングのキャリアの長さにつれて、クライアント本人が、あるいはその家族や友人のなかの誰かが自ら命を絶ったり、その恐れがある問題に遭遇する可能性が高くなります。

いまでは、自殺の可能性をほのめかす言葉が本人の思いとして、または

身近な人のことについて語られると、より注意を払うようになりました。例えば、「私の人生は無意味に思える」「ときどき、死にたいと思う」「こんなにも残酷で絶望的な世の中にいて、何のために生きているのだろう」などの言葉です。こうした発言から逃げたり、自殺願望があるとして自殺の可能性を恐れるあまり、そのような発言を無視することがないよう、私自身肝に銘じています。現実に、こうした発言があっても自殺する確率は高くないという信頼できる研究結果もあります。自殺は「自分勝手な行為」だと間違って非難されることが多いことを、いまとなって理解しています。また、自殺を試みたり、実行してしまう人たちは、自分の行為が友人や家族に及ぼす影響が考えられないほどに、急に歪んだ感覚に襲われることも理解しています。

クライアントが自殺を示唆するような曖昧な言い方をしたり、はっきりと言葉にしたら、私はそこでセッションを中断し、その言葉の真意を確かめるようにします。その発言の意味を、そしてその背後にあるものを尋ねます。場合によっては、コーチングのタブーを破り、「どのような痛みですか？」「何かお役に立てることはありますか？」と質問することもあります。

私が参加した研修では、自ら命を絶ちたいと言ったとしても、実際には死にたいわけではなく、耐え難い痛みを終わらせたいだけかもしれないと学びました。ただ、「では、どれほど死にたいと思っているのですか？絶対に？　それとも少しだけ？」というような言いにくいことを言葉にしたり、本当に命を絶つ計画を立てているかどうかを探るのはとても難しいことでした。

自殺について、意味のない社会的通念がいくつかあります。その1つは、自殺未遂は助けを求める叫びにしか過ぎない、したがって、あまり深刻に考えることはなく、注意を引くためにモーションをかけているに過ぎないというものです。自殺未遂は深刻なことですし、苦痛の叫びと捉えるのが普通です。自分に注意を向けさせるために自殺を図るという解釈は間違っ

ています。当事者たちは、実際に死ぬかもしれない思い切った行動を取ったのであり、最初の試みが次の試みにつながりかねないのです。

　また、自殺は防げないというのも真実ではありません。自殺のなかには、周囲の誰にも気づかれないように込み入った、密かに計画されたものもありますが、多くはその機会を見つけて起こることから、介入の仕方が適切であれば防ぐことができるのです。

　身近な人が自殺して、その後遺症に悩むクライアントを担当することがあるかもしれません。私のクライアントに、大人になってから親の本当の死因が自殺だと知った人が何人かいました。そのうちの1人は、そのときのことを「降りしきる吹雪のなかにいるようだった」と表現しました。私はこれまでに、家族のなかに自殺者がいたというクライアントのコーチングを数多く経験してきました。怒りや裏切りの感情、答えの出ない「なぜ？」という永遠の問い——。これらすべてが死別の苦悩にさらに拍車をかけます。作家のマーガレット・アトウッドは『昏き目の暗殺者』（*The Blind Assassin*, 2000；邦訳：早川書房）という小説のなかで、このことを見事に表現しています。

　　「好奇心だけが私たちの動機ではない。愛や悲しみ、絶望や憎しみが私たちを駆り立てるのだ。私たちは死者のことを容赦なく探る。彼らの手紙を開け、日記を読む。私たちを見捨てた者に対して、手がかりや最後の言葉、説明を期待してゴミ箱を漁っても、想像したものよりもずっと空っぽなのだ。」

　ブラウザで「自殺の余波（suicide aftermath)」と検索すると、参考になる多くのウェブサイトが見つかります。この厄介なテーマについて詳しく知りたい方は、臨床心理学者であるマーク・ウィリアムズ教授の『痛みの叫び　自殺と自殺したい思いをより深く理解する』（*Cry of Pain: Understanding Suicide and the Suicidal Mind*, 2014；未邦訳）の一読をお勧めします。この本では、自殺の心理を徹底して、繊細に、読みやすく、そして深く思いやりを

持って探究しています。

心理療法が必要になる場面

　コーチングのクライアントが心理療法を必要としている時期を特定する万能の方法はありません。深刻な精神的問題を示唆する兆候行動として、クライアントの反応の強さがその刺激に比例していないように見えることがあります。

　あなたにも、心理療法が役に立つと思うようなクライアントの反応に一般的なパターンがあることがわかると思います。最も顕著なのが、クライアントが何度も激しく泣き出したり、親やその面影、きょうだいたちとの関係についてしつこいほど何度も何度も繰り返すことです。これはとくに、死別の整理がつかず、その死のショックを乗り越えられなかったときに見られがちです。そして時折、ある大きな恐怖がクライアントの人生を縛り付けているように思えることがあります。例えば、見捨てられたことや、とてつもない大惨事の記憶を引きずり続ける恐怖、拒絶、自制不能などです。また、同じ症状の別の現れ方として、クライアントが自分と身近な人の健康のことを絶えず気にし、わずかな症候でさえも生命を脅かすと思い込んでしまうことがあります。

　クライアントが自らの人生を語るときにはっきりとしたトラウマの特徴が現れたら、それは注意が必要なサインです。私のこれまでのコーチングでは、次のようなトラウマを持つクライアントがいました。大火事で家を失った人、きょうだいの死に明らかに関係している人、幼少期を難民として過ごした人、新しいパートナーとの関係で子どもと別れざるを得なかった母親、幼少期に激しい虐待にあった人、小児がんを患いながらもなんとか回復できた人、長い結婚生活の末、突然離婚された人、信頼していた同僚から博士論文を盗まれ毀棄された人などです。

　クライアントが不幸な出来事から立ち直れないようであれば、身の回りのあらゆることをその事件のプリズムを通して見ていることにあなたは気

づけるかもしれません。通常、その出来事によって何らかの損失を伴っています。

　このような場合、クライアントは「もし……だったら」という言い方になりがちだとあなたもわかると思います。

> 「彼が／彼女が／彼らが変わっていたら」
> 「それが起きなかったら」
> 「私はそれをしていなかったら」
> 「私がいまの私ではなかったら」
> 「私はいまのような姿ではなかったら」

　エグゼクティブ・コーチングのクライアントが、本章で取り上げているような深刻な問題を抱えていることは比較的稀とはいえ、あり得ないことではありません。クライアントがそうした問題を抱えている場合、コーチが守秘義務を約束しても、恥ずかしい秘密が漏れることを心配して、本心を明かすことにはためらいがちになります。クライアントは、コーチが心理療法士ではないため、その問題を効果的に対処できないことはよくわかっているかもしれません。心理療法の必要性は、クライアントが日常生活に著しく支障をきたすような精神的機能不全の症状を頻繁に訴えている場合には、より高くなると思います。例えば、うつ病、不安症、パニック発作、広場恐怖症、強迫性障害などの症状や、飲酒、摂食障害、薬物などの乱用を行っている場合です。さらに稀に、ギャンブルや抗しがたい危険行為、セックス依存症など、いろいろなタイプの依存症を持つクライアントに出会うこともあります。

　そこで、PIPOの頭文字を覚えておくといいかもしれません。

[P：止むことのない（Persist）苦悩] 涙が止まらない、悲しみが尽きないなど

[I：立ち入ること（Intrusive）での影響] クライアントの生活において

[P：身体的な（Physical）兆候] 動悸、発汗、食欲不振

　　［O：自制できない（Out of control）感情］自分や他人を傷つけてしま
　　う頻繁に起こる脅威

　また、これまで述べてきたトラウマにかかわる行動はすべて、もっと無
邪気な理由から来るかもしれませんが、全く精神的に健康であると思って
いても、ときには経験しないこともないとはいえません。クライアントに
このような症状が多ければ多いほど、そしてそれが長く続けば続くほど、
コーチは治療の領域に踏み込む可能性が高まります。
　全体的に見て、おそらく最も重要な指標は、自分では手に負えない、あ
るいは何かがおかしいと感じるあなた自身の感覚です。その感覚を信じて、
あなたが心配だと感じることに耳を傾けてください。このとき、動揺しな
いようにすることが肝心です。私は、ありもしない「セラピーとの境界
線」を探すのをやめるべきだと思っています。治療領域にあることはグ
レーですが、コーチが経験を積んで自信が得られ、技術が身につくにつれ
て、そのグレーは色を濃くしていくのだと思います。自分の感情や判断だ
けに頼るのではなく、クライアントを信頼することです。クライアントが、
コーチが自分の助けになると信じれば、それはおそらく正しいのです。

他の専門家に紹介する場合

　コーチとして、たとえあなたやクライアントが心理療法が良い結果をも
たらすとわかっていても、オプションの1つとして心理療法を受けるクラ
イアントはあまりいないという事実を理解しておく必要があります。自分
に合った心理療法士を見つけることが難しいこと、心理療法を必要として
いることの恥ずかしさ、悲惨な状態を自力で解消できることへの期待、変
化への恐れ、コスト、一部の心理療法の評判の悪さ、こうした理由でクラ
イアントが心理療法を受けることを躊躇させています。
　しかし、自分が正しいと思えば、こうしたことを提案の妨げにしてはな
りません。英国では、かかりつけ医がメンタルヘルスの最初の窓口となり、
最良の相談者とされています。よって、ここでのコーチングであなたはそ

の問題に直接取り組むのではなく、クライアントの助けとなる専門家を見つけられるように支援することです。

その場合、自分のスキルに限界があることをクライアントに伝えます。クライアントが抱える問題をクライアント自身のせいだと思われないように注意します。クライアントへの敬意と支援の意志を伝えます。心理療法とコーチングの違いを説明し、心理療法の有用性を理解してもらってから、クライアントの反応を尋ねます。教育の効果を得るのに「無知」であること以上に、心理療法の効果を得るために「異常」である必要はないことを指摘してもいいかもしれません。

クライアントのなかには、心理療法士を紹介するという考えに消極的になる人もいれば、うやうやしくうなずいて了承する人もいるでしょう。あなたは心理療法士の候補の紹介や、かかりつけ医に相談するなどして、適切な人を見つける方法をクライアントに指導できるかもしれません。コーチングの関係を終わらせる必要はないかもしれません。心理療法士と並行して続けることができるかもしれませんし、心理療法後にコーチングの再開に同意するかもしれません。

コーチングのクライアントは、さまざまな種類の心理的苦痛を示すことがよくあります。コーチングにおける卓越性とは、コーチが独自に使えるあらゆる介入のスキルを身につけること、そして、クライアントを他の専門家に紹介しなければならない場合を判断し、実行するスキルも同時に備えていることです。

第12章
より良いセッションにする
アイデア

Bringing pace and interest to the session

　スーパーバイザーとして他のコーチのセッションの録音を聞くとき、私は、第三者の役割と目的を持つ「盗聴者」の感覚を覚えることがあります。そうであっても、何人かのコーチの会話にはメリハリがないので、注意が薄れてしまいます。そんなときには、何かアクションを起こしたり、ペースを変えたりして、ドラマチックにしていけばいいのにとつい思います。経験上言えることですが、メリハリのあるセッションは、クライアントにとってより良い学習になります。単調なやり取りが2時間も続けば、退屈になるものです。コーチとクライアントの会話が途中からトーンダウンしてしまうセッションの録音を聞くこともあります。私自身もそうしたことがあるのかと訊かれることがありますが、もちろんあります。

　この章では、セッションのペースに変化をもたらし、学習を加速させることができる多くのテクニックを紹介していきます。そのほとんどが、行動や視点を意図的に変えたり、非言語的なテクニックを使ったりするものです。

時間管理を徹底する

　クライアントにコーチング・セッションの進め方と時間のルールをはっきり伝えておくことは、とても大切です。私の場合、クライアントの右肩越しに時計が見えるようにしていますし、相手の腕時計を逆さまに読むこ

ともします。クライアントにも時間がわかるようにと、私の後ろの壁にも
時計があります。こうしておいて、時間経過を確認するようにしています。
例えば、袖をまくり、「あと、残りは何分ぐらいでしょうか？」と言って
腕時計を見たり、セッション開始時のクライアントからの要望項目につい
て、大体の進め方を共有し合うこともします。また、セッションのペース
を変える必要があれば、例えば次のように言うことで、同意を得るように
しています。

　「私たちは、かなり重く真面目なテーマに長い時間かかりました。これ
から、少し軽いテーマに移りませんか？」

　2時間のセッションでは、90分過ぎたあたりで集中力が低下しがちです。
そうしたときは、「あと30分あります。残りの時間でどんなことを話し合
えば、有意義ですか？」とクライアントに尋ねるようにします。もしクラ
イアントの集中が完全に途切れて先に進められないようであれば、その日
の予定した時間のためにセッションを引き延ばしません。逆に、早めの終
了を提案したり、残り時間を雑談に使うのでもかまいません。

　初回のセッション（巻末付録1参照）のときに、2時間じっとしているこ
とに苦痛を感じる人もいるかと思いますので、セッション時間はクライア
ントに確認し、合意しておきます。
　私は、若いスポーツ選手がトップレベルで活躍する際のストレス管理に
ついてコーチングしたことがあるのですが、セッション開始から15分間、
彼の右足はずっと貧乏揺すりをしていました。少し会話を中断して、私は
「エド、右足が別の生き物みたいに動いているけど、それはどうしてなの
かしら？」と訊くと、彼の返事は「いま、とても落ち着かなくて、じっと
座っていられないんですよ。礼儀正しくしようと頑張ってはいるのです
が」ということでした。
　これがきっかけとなって、セッションをどう進めるかを話し合いました。
適度に休憩時間を入れたり、外で散歩をしながらというセッションも設け
て、通常120分のところ、90分で行うことにしました。

環境を変える

　セッションの途中で、簡単な介入を行うことが最善の効果を生む場合があります。お茶のおかわりを勧めることで、緩み気味のペースをリセットできたりします。ちょっと立ち上がったり、ストレッチを挟むのもいいでしょう。天候や場所にもよりますが、散歩がセッションのペースを変化させたりもします。

　得意分野を活かしてコンサルタントとして独立を目指すクライアントとコーチングを実施していたときのことです。セッション開始の数時間前に、彼はサンフランシスコからロンドンに戻ってきたばかりでした。その日は7月の暑い日で、よく晴れていました。セッションが始まっておよそ10分後に、彼は突然、こう言いました。「ジェニー、どうも集中できない。暑いし、時差ぼけもあって気が散るんだ。」

　私たちはとりあえずオフィスを出て、当時ロンドン中心部にあった私のオフィスから数分の距離にある、古式ゆかしき法曹院とその周辺の庭園を散策することにしたのです。90分がすぐに経ちました。

　いま、振り返ると、このときのセッションは、彼との時間のなかで最も有意義だった気がします。向かい合うのではなく、並んで歩きながらの会話についてときどき議論されることがあります。でも、外に出れば気持ちがいいし、普段のように視線を合わせて話すことがないので、素直な意見が出やすいのかもしれません。

ブレインストーミングを取り入れる

　クライアントの何人かは、コーチング・プログラムが実施されているどこかの時点で「行き詰まりを感じる」と言います。その「行き詰まり」とは、課題についてこれまで考えてきた以上に、もっと満足できる解決策を見つけようとしているときです。クライアントはコーチングを通じて目標を明確にすることはできたとしても、具体的な達成方法がすぐにはわかりません。クライアントは正しいと思える解決策に至らずに、何度も同じ考

え方を繰り返してしまうことがよくあります。

> 「体重が増えて止まりません。でも、私は運動が嫌いだし、ダイエットは結局のところ、リバウンドするだけだと思うんです。」
> 「お金がないので社宅から引っ越せません。でも、そこはあまりにも粗末な建物で満足できませんし、場所も本当に不便なのです。」

　ブレインストーミング[1] は、やり方が簡単なうえ、効果が十分期待できるアイデア発想法です。コーチング・ルームでコーチ自身のアイデアを出したいと思うコーチが、その場ですぐにできる手法です。ただし、これには守るべきルールがあります。そのなかで最も重要なのは、どんなアイデアであっても、それを批評するのは禁止というルールです。眉をひそめたり、ため息をついたりといったしぐさもダメですし、つまらないアイデアだと思って口をつぐんでしまうのもいけません。このルールは、コーチとクライアント双方ともに守ります。ブレインストーミングは、頭に浮かんだことを編集せずにそのまま共有することで効果があるのです。

◎ブレインストーミングのやり方

　まずは、クライアントに許可を得ます。例えば、

> 「ここでブレインストーミングを使ってアイデアを出し合うのがいいかもしれません。いかがでしょう？」

　続いて、質問を明確にします。シンプルで短い質問がいいでしょう。通常は、「どうしたら……できますか？」や「……するにはどんな方法がありますか？」といった質問から始めます。

　さて、次はルールの説明です。ブレインストーミングとは何かを知っていても、実際にやってみると、アイデアを口にした途端に評価を始めてしまうことがよくあります。しかし、これを防ぐのが基本です。この段階で

は、どんなにばかばかしかったり、突飛で型破りであったとしても、どのアイデアも歓迎されることを共有します。できれば、アイデアをフリップチャートなどに書き留めるようにするといいです。これは座ってよりも、立って行うほうがいいでしょう。フリップチャートに書くためにそのつど立ったり座ったりすると、セッションの流れを止めることになるからです。そして、ユーモア、自由奔放、ばかばかしいアイデアを大切にしましょう。また、これはアドバイスではなくアイデア出しなので、コーチも一緒になって考えることがよいでしょう。

　アイデアが出尽くしたら、次は新しい紙を用意して、「出されたアイデアをどんな基準で評価しましょうか？」とクライアントに尋ねます。ここから、あなたはコーチ・モードに戻ります。評価の基準は通常、実用性、コスト、クライアントの価値観との適合性、時間、現実性、人間関係への影響など、さまざまな領域にわたります。

　次に、出てきたアイデアと評価基準の2枚の紙を並べて、クライアントに検討してもよい面白そうなものにカラーペンで印をつけてもらいます。そして最後に、そのアイデアについて、評価基準と照らし合わせたうえで、実際に行動してもらうようにします。

●肥満をなんとかしたいアラン

　アランは、美味しい料理とワインが好きです。学校に通っていた頃、「クラスの太った男の子」として、肥満を自虐ネタにしていました。他の子からイジメにあわないようにするためです。これもあって、運動は好きではありませんでした。
　彼自身太っていることは嫌なのですが、最近、さらに太り出しています。「スーツを買いにマークス＆スペンサー（訳注：英国国内を中心に多数の店舗を展開するスーパーマーケット・チェーン）に行ったのですが、自分に合うビッグサイズは置いてありませんでした」と言うほど、余分な脂肪

が増えている状態です。

コーチング目標には、リーダーシップ・スタイルに関することに加え、30ポンド（約13.6kg）の減量を目指しました。彼は会社を代表してテレビに出ることが多いのですが、太っていることを恥ずかしく思い、「この姿では会社のために良い宣伝にはならない」とぼやいたりもしていました。

健康のことも心配しています。彼の父親は若くして心臓病で亡くなり、アランは自分も早死にするのではないかと不安に思っているのです。

彼の目標は、ライフスタイルを変えることで、フィットネスとダイエットを永続させる習慣を見つけることです。彼はダイエット方法には詳しく、「いろいろとダイエットを試してきたから、大体のことはわかります」と言うほどです。また、長期的には、一気に減量するよりも少しずつ体重を減らすことが成功の秘訣であり、それには食べる量を減らし、運動を増やすことが欠かせないことも理解しています。

そこで彼のコーチは、ブレインストーミングを提案しました。質問は、「どんな運動が減量と健康維持に役立ちますか？」です。

スキューバダイビング、ジャズダンス、ロンドン・マラソンへの参加、毎日の徒歩通勤、サイクリング、水泳、マンションのエレベーターの代わりに階段を使う、ジムに通う、パーソナル・トレーナーをつける、ピラティスをする、家庭用のトレッドミルを買う、などなど、アランとコーチは思い浮かぶままにアイデアを出しました。

次は、これらのアイデアを評価する基準が何かの検討です。アランの評価基準ははっきりしていました。他の人も参加するものであり、「男らしい」ことです。競争があり、その結果責任を負うことです。自称「怠け者」の彼にはふさわしくないように思えるのですが、とても努力がいる、走ることに関係することです。彼が学生時代に唯一楽しめたスポーツがクロスカントリー競争だったからです。

しばらくして、アランがハッとしたような声を上げました。ブレインストーミングで出されたアイデアは、どれも自分に当てはまるものがな

かったのですが、その流れのなかで直感的に思いついたことがありまし
た。彼は自分が何をしたいのかがはっきりとわかったのです。

　彼は職場の男性たちのために「肥満体ランニングクラブ」をスタート
させることにしたのです。男性陣が昼休みのロンドンの公園を週に合計
20マイル（約32キロ）走ることこそ、彼にはぴったりだったのです。ブ
レインストーミング以外でも考えついたアイデアかもしれませんが、他
の多くのクライアントのように、ブレインストーミングのペースと楽し
さが彼の思考を自由に解放したのは確かでした。

エンプティ・チェア技法を取り入れる

　これから紹介するエンプティ・チェア（空の椅子）技法は、古くから伝
わるいろいろな心理療法に見られますが、とくにゲシュタルト学派（訳
注：人間の心理現象を個別要素に分解して捉えるのではなく、全体性からアプローチす
る心理学の一学派）の精神科医フリッツ・パールズが開発した技法はコーチ
ングにも非常に貴重だと言われています。

　エンプティ・チェア技法は、基本的にすべて同じ前提で考えられていま
す。物理的な視点を変えること、つまり、異なる角度から物事を見ること
で、新しく、価値のある洞察が得られ、行動を変えることにつながる、と
いうことです。クライアントが座る椅子と同じ椅子を一脚用意します。ク
ライアントに誰もいない椅子に移ってもらい、別の視点から自分を見るこ
とを想像してもらいます。

◎メタ・ミラー技法

　エンプティ・チェア技法は、第三者との関係が問題になっているときの
コーチング目標に最も効果が期待できます。危機的な状況の改善だけでな
く、健全な関係をさらに良くしたいときにも使えます。この手法を使うに
あたって重要なことは、相手との現在と未来の関係がどちらも大切である
ことです。まず、コーチは、クライアントに相手になりきるように言いま

す。そして、相手の気持ちを想像するように言い、相手の立場から自分を見るように依頼します。

エンプティ・チェア技法の代表的なエクササイズが、「メタ・ミラー（The Meta Mirror）」です。これは、コーチとクライアントが座るのとは別に椅子を2脚（A椅子とB椅子）用意し、4段階の質問を行うものです。

ステージ1：クライアントに、向かい側のA椅子に自分が座っている姿を想像してもらいます。そして、コーチからクライアントに、「この人のことをどう思いますか？」と質問します。

ステージ2：クライアントに、向かい側のB椅子に座ってもらい、相手の人になりきってもらいます。そして、相手の目線で、A椅子に自分が座っている姿を想像してもらいます。コーチはクライアントに「〇〇さん（相手の名前）、△△さん（クライアントの名前）についてどう思いますか？」と質問し、相手の人になりきって答えるように言います。

ステージ3：今度は、クライアントに少し離れた場所に立ってもらい、空いている2つの椅子（A椅子とB椅子）を見て、そこに2人（クライアントと相手の人）が座っている姿を想像してもらいます。クライアントには、機知に富んだ会話が最高潮にある2人がそこにいると伝えます。そしてクライアントに、「ここからの2人の関係について、何が見えますか？」と質問します。

ステージ4：さらに遠ざかるか、元の席に戻って、一体何が見えたかについてコーチングします。

「メタ・ミラー」は、クライアントに他者への最大限共感できる状態に入るための技法です。体を動かしながら行うことでクライアントは心と体に変化が起き、新たな洞察と活力が得られるようにします。場所を移動しながら行うことにより、クライアントは重要な人間関係を別の視点から見られるようにします[2]。

椅子に座っている想像上の相手が自分のことをどう思っているかは、直接、本人に訊かないとわかりません。クライアントのなかにはそうする人

もいます。しかし、相手の椅子から見る自分への洞察は、しばしばドキッとするほど近いことがあります。エンプティ・チェアのような技法を使うことで、他者が自分にどんな感情を抱いているかの手がかりを探すことができます。こうした技法の最大の価値は、自分がどのようにその関係性の問題を引き起こしているかを理解し、体験することを可能にすることです。

　エンプティ・チェア技法には、多くのバリエーションがあります。どれもが簡単に、そしてすぐにでも行えますし、時間も要しません。以下にその例を紹介します。

●会議での発言の仕方に課題を持つソニア

　ソニアは、会議で積極的に自分の意見を言うにはどうしたらいいのか戸惑っています。彼女のコーチは椅子を2脚用意し、エンプティ・チェアの手順を説明してからこう言いました。

　「自信を持って発言している会議中の自分と、おとなしくしている普段の自分がその2つの椅子に対になって座っている姿を想像してみてください。…それでは、自信に満ちた自分がいるほうの椅子に座ってみてください。…いま、どんな感じがしているか教えてください」…少し経ってから…「おとなしくしている自分を変えるには、あなたはどのようにアドバイスしますか？」

●就職先の決断に悩むブライアン

　ブライアンは、キャリアパスの選択で迷っています。彼は2つの魅力的な仕事のオファーを受け、決断しなければならない責任の重さから思考停止状態にあります。

　コーチはエンプティ・チェアの技法を説明し、ブライアンにそれぞれの椅子に座ってもらい、自分が2つの仕事に就いている場面を想像することで、その感覚を探るように促します。

クライアントが対人関係に困ったり悩んでいるときに使える、もっと簡単な方法があります。いつものように、クライアント以外についてはコーチングできないことを確認し合います。そのうえで、クライアントに椅子から立ち上がってもらい、その空いた椅子を見るように言い、「いま立っているあなたは相手の人であり、椅子に座っている自分を見ていると思ってください。あなたには何が見えますか？」と尋ねます。クライアントはこれを行うことで、相手への自分の影響について何らかの洞察を得ることができます。

　物理的に視点を変えることは、もっとシンプルな方法もあります。私のコーチング・ルームには、同じ椅子が3つと小さな丸テーブルがあります。私は、ほとんどのクライアントが毎回同じ椅子に座る習性があることに気がつきました。そこで、あるクライアントに、別の椅子に座ることを提案しました。彼は親切で礼儀正しく、セッションの後には必ずお礼メールを送ってくれるような人です。このときのセッション後のメールには、こう書かれていました。

　　「先日のセッションでもお世話になり、ありがとうございました。いつもと違う感じがして、とても助けられました。なぜなら、あなたは"白血病の椅子"から私を離してくれたのですから。」

　これは2回のセッションで、下の娘さんが白血病だと診断された衝撃的なニュースのことを表わしています。やるせない怒りと不当な仕打ち、彼女が耐えることを余儀なくされる治療に対しての苦痛、動揺の激しさから娘のサポートができないのではないかと不安を覚えていることなどを話したのです。椅子を変えることで物理的な視点が変わり、それがメンタル・リフレーミング（mental reframing, 訳注：ものごとを認知する視点や枠組みを別の視点や枠組みで捉え直すこと）を行うことにもつながりました。それ以来、私自身も座る場所をよく変えるようにしています。というのも、クライアントと同じように、コーチも固定的な視点に固執しやすいからです。夏の季

節は、緑の多いテラスにクライアントをいざなうこともありますが、そこではまた違った景色（視点も）が楽しめます。

小石を使う

　人間関係の問題に対処するための別の方法として、物理的なモノを擬似的に表現することで、クライアントが人間模様を特定できる取り組みがあります[3]。

　私のコーチング・ルームのすぐ手に届く棚には、形や大きさが違う小石を入れた器が置いてあります。きれいに磨かれていたり、水晶玉のような特別なものではありません。海辺に行ったときに無造作に拾った、ただの小石です。

◎小石を使った方法

　クライアントに、自分や関係者に見立てた小石をそれぞれ選んでもらい、テーブルの上に並べてもらいます。このとき、それぞれの人間関係が視覚的にわかるような並べ方がポイントです。このときのクライアントは、「人」に合わせた大きさや色の小石を楽しそうに選びます。並び終えたら、クライアントに次のような質問をします。

> 「どの小石が誰を表していますか？」
> 「それぞれの小石が何を言い表しているか、その理由を教えてください。」（例：大きさ、色、形などの違いの背景）
> 「小石同士の間の空き方は何を表していますか？」
> 「この人たちはお互いが向き合っているのですか、それとも反対を向いていますか？」
> 「あなたは自分をここに置きました。そこはあなたにとってどんな場所か教えてください。」
> 「この人間模様を見て、どんな気持ちになりますか？」
> 「自分を表す小石を見て、どんな気持ちになりますか？」

次に、クライアントの回答に応じて、人間模様がもっと快適になるように小石を配置し直してもらい、その配置についての説明を依頼します。そのときのコーチの質問です。

　　「それでは、この改善された人間模様を実現するには、何が必要になりますか?」

●昇進を機に人間関係を考え直したティファニー

　ティファニーは、チーフ・エグゼクティブ就任から数週間を経たところでした。彼女はこの期間のことを、装備もチームのサポートもなしで山を登るような経験だったと言いました。私たちは、この経験が彼女にとってどのような意味を持つのかを、比喩を使って心のうちを知る「クリーン・ランゲージ」(185ページ参照)を使って探りました。すると、彼女にとってのこの新たな職務は、新しい国に引っ越して、親しい友人や隣人との関係が失われ、一見気難しい上司と新たに関係を築く必要があり、経営陣の能力が予想以上に低く、そのメンバーの1人は病気がちで、別のメンバーは辛辣な言葉で歯向かってくる、このような状況で組織を預からなければならなかったということでした。しかも、夫が家の売却手続きの最中だったこともあり、彼女は新任地で1人で過ごしていました。

　彼女は自分を表す小さな丸い小石を選び、テーブルの中心から少しずれたところに置きました。チームの各メンバーを表す小石は、6つのうち2つを彼女の反対側に向けて配置しました。上司は、小石のなかで一番大きいものを選び、彼女に一番近いところに置きました。夫と以前の友人は一番端に置き、夫は彼女のほうを向き、友人は反対側を向けていました。この演習について、彼女は次のようにコメントしました。

　　「この演習には荒涼とした気持ちにさせられましたが、自分が社会的にも仕事的にも孤立していることが、他では考えられないような形で浮

き彫りになりました。あのかわいそうな丸い小石に申し訳なく思いました。自分の態度や行動を変えないかぎり、自らの無能さや抑えがきかない感情は増すばかりだとすぐにわかったからです。小石を満足のいくように置き直してくださいと言われてそのとおりにしたら、間もなく気分が晴れてきました。

新しい小石をいくつか追加しました。そのうちの1つは秘書ですが、私はこの重要な役割の人を探さず、そのままにしておいたのです。また、招待されていたヨーロッパ全体のチーフ・エグゼクティブ・アカデミーに参加することで、仲間のサポートやチャレンジの機会が得られることも気づくことになりました。

仕事以外の友人もつくりたいと思ったので、新しい小石を数個、近くに置きました。そのうちの1つは、以前のように運動不足を解消してくれるパーソナル・トレーナーです。

この演習は、とても素晴らしい気づきを得る経験でした。私はすぐに気分が良くなったことで、一連の新しい取り組み方を計画するきっかけにもなりました。」

この演習は、問題を「解決」するためではないことに注意してください。問題の本質を明らかにし、変化への意欲を生み出すためのものです。ティファニーの場合、この演習は、私たちがその後数カ月にわたって続けることになったコーチングの重要な基盤となりました。

ビジュアライゼーションを活用する

人間の脳の数ある凄さの1つが、想像する能力です。ただ、脳は想像と現実をそれほど簡単には区別できない特性があるようです。心のどこかに恐れを抱くようなときは不利な立場になりがちですが、ポジティブに意識を転換すれば有利な立場になることがあります。それは、ポジティブに考えることで否定的な考えをしているときとは違った信念や行動につながる

新しい神経経路を構築できるからです。

　ビジュアライゼーション（訳注：誘導イメージ療法；コーチがスクリプト〈台本〉を読み上げながらクライアントの気づきを促す手法のこと）に興味を惹かれたなら、独自にクライアントに伝えるスクリプトをつくることになりますが、多様に考えられるシナリオには共通する要素があります。

　まずは、クライアントに想像する力を利用した心理療法を実施する許可を得たら、簡単に手順やメリットを説明します。少しでも疑う様子があれば、無理に勧めないようにしましょう。クライアントは軽い催眠状態に入ることになるため、誰にでも合うわけではありません。コーチのなかには、いわゆる舞台で行われる催眠術ショーのいかがわしさと混同されるのを恐れて、催眠療法と言わない人もいます。

　また、「トランス状態」（訳注：恍惚とした感覚になるなど、通常とは異なる、自我が失われた精神状態のこと）と言うことでクライアントが違和感を持つならば、敢えてそう言わないという選択肢もありますが、私ははっきりと言うようにしています。トランス状態は人間なら普通に起こる現象だからです。例えば、単調に続く高速道路を運転しているときや、長い距離をジョギングしているときなど、無意識にトランス状態に入っていることがあります。この状態にあると、時間の経過や環境の変化などが気づきにくくなります。教会の信者は祈りや瞑想によってトランス状態に入りますが、コンサートでも同じ状態が体験できます。軽いトランス状態に入っているときは、潜在意識にアクセスしやすい脳内環境に変化していることが研究でもわかっています。

　想像する力を使う心理療法を行う際には、クライアントが常時、自分自身をコントロールしていることを伝えて安心させてください。そのうえで、身体をリラックスさせ目を閉じてもらい、トランス状態へいざないます。これにより、精神的な静けさが生まれます。あなたの声は低く、優しく、単調なままです。心地よい、落ち着きのある声を続けます。ゆっくりと、「そして……」「それで……」という接続詞を使って話を続け、ポジティブな表現だけを使って話すことに注意します。例えば、「緊張していません

ね」ではなく、「落ち着いていますね」というようにです（「緊張していますね」と言うと、その言葉の意味が拡がっていくため、緊張を招くことになります）。

　こうしてクライアントが確認したい内容を中心に、そのイメージをつくり上げていきます。そして、さらに役立つイメージを具体的につくり上げるような話をします。

　すべてのビジュアライゼーションによる療法は、クライアントにくつろいでもらい、そして目を閉じてもらうよう声をかけ、穏やかな状態に落ち着かせることから始まります。

◎シナリオの例

　足や腕などを組まずに、椅子に座って楽にしてください。首を支えるためのクッションが必要な場合は、そうしていただいてかまいません。

　まずはリラックスするために、呼吸を安定させましょう。お腹の底から深く息を吸って、肺が満たされて胸が膨らんで外側に押し出されるのを感じてください。少し息を止めたら、今度は息を吐いて、また胸が元に収まっていくのを感じます。吐く息のほうが、吸う息よりもずっと長くなります。息を吸うときは口を閉じて鼻から、吐くときは一定の長さで口を少しすぼめてゆっくりと息を外に出します。（このような呼吸をクライアントと一緒に何度か行い、呼吸ごとにゆっくりと数を数えます。）

　目を閉じて、体をリラックスさせます。
　足首から下の力を抜いて動かし、完全に自由になった状態でぶらぶらさせます。つま先を固めているかもしれない筋肉をすべてほぐします。足の指を小刻みに動かして、リラックスさせます。

　今度は、脚全体で同じようにします。膝をゆったりさせたら、太ももの力を抜きます。足全体から脱力するようにすると、とてもリラックスした状態になります。重いと感じ始めていますか？　そうであれば、大丈夫で

す。　少しうずうずしてきたら、足の感覚に意識を向けてください。暖か
いと感じ始めていますか?

　続いて、手の力を緩めます。指を少しぶらぶらさせて、ゆったりと感じ
るようにリラックスさせます。そして、手が重くなるのを感じてください。
今度は腕も同じようにします。腕が重くなり、とてもリラックスした状態
になります。腕の感覚にも意識を向けてください。温かくうずうずと感じ
始めていますか?　その状態が良い状態です。
　呼吸はゆっくりと安定させ、息を吸って…吐いて…吸って…吐いて。
(クライアントの呼吸を観察し、自分の呼吸と合わせます。)

　そして今度は、肩です。筋肉が柔らかくなるように、肩をストンと落と
します。それから、首です。緊張をほぐしましょう。今度は胸とお腹も同
じように。そして、体の中心部をリラックスさせましょう。全身に柔らか
くて温かい感覚が流れているのを感じてください。

　顔も行います。肌が滑らかになるように、顔の筋肉がリラックスしてい
るのを感じてください。口の周りの筋肉がやわらかくなるように。額の筋
肉も同じようにしてください。
　全身が弛緩して、呼吸がゆっくりとなり、心拍が静かで安定して落ち着
いた状態になるのを感じてください。そして、全身を感じ、気分を良くし、
リラックスしてください。

　ここで、自分が楽しい場所にいることを想像してみてください。それは
あなたにとって特別な、実際にある場所でも、想像上の場所でもかまいま
せん。その場所があなたにとってどのように感じられるか、あなたがそこ
にいることを知るために身体に生じる感覚を思い出してください。聞こえ
てくる音や見えてくる景色を思い出したり、想像したりしてください。こ
れらすべての感覚を楽しんでください。リラックスして、さらに深く……。
この場所で自分を体験しながら、解放してあげてください。

　この後どうするかは、クライアントが何を達成したいかによります。私自身もさまざまな方法でこのような言葉を使って、コーチングを行ってきました。コーチ仲間からは次のようなサンプルを集めてみました。

クライアントの状況	コーチの対応
いつも面接前に緊張する。	面接室にいる自分の姿をイメージしてください。穏やかに、しかし注意を払いながらうまくやっている自分を想像してください。面接官の人たちのポジティブな反応が見え、聞こえます。
身体的・精神的虐待を受けた夫とは離婚したが、いまだに夫への恐怖心が消えない。	コーチはクライアントに元夫の姿を想像するように言います。すると、彼は巨大なゴブリン（鬼）のようだとの答えが返ってきました。コーチは、彼を庭小人（にわこびと）のサイズに縮めてはどうかと提案してから、彼をどうしたいかを訊いてみたところ、彼女の答えは「○○ガーデンセンターの裏の、誰にも見つからない場所に埋めたい」でした。
大きな会議で発言するのが怖い。	クライアントが会議室をイメージし、議長の目を引く最適な場所に身を置き、自分がキラキラと輝き、自信に満ちた態度で発言している姿を思い浮かべることを提案します。
歯科医の治療事故で長く顔の痛みが引かない患者がクライアント。いろいろ試してきたが、痛みを癒やすことができないでいる。	コーチは医師です（ただし、歯科医ではありません）。8回にわたるセッションを行い、コーチはクライアントに痛みがどのようなものかを訊いたところ、その答えは「巨大なカニの爪が外側から頬に突き刺さっている」でした。コーチは、カニを小さくして、爪の力を弱めることを提案しました。セッションを重ねるごとに、痛みは我慢できるレベルまで軽減していきました。

将来への不安、人生の目的の見つけ方に戸惑っている。	クライアントに5年後の生活を想像してもらいます。親しみやすく自信に満ちた人物が近づいてくるのが見え、未来の自分の話を聞いてもらっています。
喫煙をやめたいと思い、ニコチン・パッチ、禁煙補助薬、意志の力などを試している。	クライアントが普段タバコを吸っていたさまざまな状況で、タバコに誘惑されない幸せな自分を見て体験するというシナリオをつくります。
なかなか寝つけず、「いろいろな考えが浮かんでくる」と言っている。	コーチとクライアントは、就寝前に刺激物を避けること、寝室を快適な室温に保つこと、お気に入りの本を読むことなど、一通りの不眠対策の取り組みを話し合いました。コーチは、呼吸のコントロール方法、それから成功した自分の姿を想像することで潜在意識を活性化するビジュアライゼーションといった斬新的なリラックス方法を教えました。

●ビジュアライゼーションで将来を変えたスティーブン

　私がコーチングを受けに来たのは、いまとなっては笑えるほどありふれた要求に思えることのためでした。上司である最高経営責任者に影響を与えるには何をすべきか、そして彼のカバン持ちとしての私の仕事を上手にこなす方法を知りたかったのです。上司は私のような役割をこなす部下を必要としていました。彼の業務をスムーズに遂行させ、スピーチ原稿を書き、フライトの予約を確認し、マスコミとの折衝をすることなどです。

　コーチングでビジュアライゼーションを行ったことで、5年後の自分がはっきりと見えました。そのとき、私と一緒にいるのは、妻と幼い子どもたちです。

　このエクササイズのとき、私にはガールフレンドはいましたが、未婚なので子どもはもちろんいませんでした。また、ビジュアライゼーショ

ンでは、どんなふうに生計を立てているかをイメージしました。自分が
組織の中枢で直接事業運営に携わり、現在とは別な方法でマネジメント
している姿を見たのです。それは、私が日々目にするような、典型的な
威張り散らすリーダーシップスタイルとは全く違っていました。私が完
全に目覚めた瞬間でした。高給でしたが、全く無意味な裏方の仕事に時
間を費やし、プレイボーイ気取りの独身生活で無駄にエネルギーを使っ
ていたのだと、突然気がついたのです。この現実は、私が望むことでは
ないと気づきました。未来の自分からのアドバイスは、「現実を見るん
だ、友よ！」でした。

　あのときに気がついたことにより、コーチングで取り組む内容が全く
変わりました。

　あれから5年、いま私はそのときイメージした上級職に就いています。
当時、ガールフレンドをどれほど愛していたか、彼女を失ったらどれほ
ど狂わんばかりになるかに気づけました。その後私たちは1年も経たず
に結婚し、ビジュアライゼーションで見た2人の子どものうちすでに1
人を授かり、もう1人は妻のお腹にいます。同僚のような12時間労働
は拒否しています。ワーク・ライフ・バランスを適切にすることが重要
ですし、二度とリスクのある暮らしに戻りたくはありません。

　このような活動はとても強力です。適切な場所で、適切なクライアント
と一緒に行えば、他の何よりも効果を発揮します。ただし、1回行えばそ
れで十分とは思わないことが大切です。
　例えば、顔の痛みの問題に対処する医師を兼ねたコーチは、クライアン
トと会うたびにビジュアライゼーションを繰り返していました。また、ビ
ジュアライゼーションのセッションの録音をメールで送り、クライアント
が何度でも再生できるようにしてもよいでしょう。

テクノロジーを活用する

　いまやテクノロジーのおかげで、セッション中にあらゆる種類の支援ツールを簡単に使うことができます。私は、コーチング・セッションでは常にiPadを手元に置いていますが、そのアプリの種類の多さには驚かされ、常に有益なアイデアを得ることができます。

　例えば、描画アプリを使って、クライアントに絵やメモを描いてもらい、それをメールで送信することもあります。さまざまなエキスパートのプレゼンテーションが動画で視聴できるTED.comは、会議や役員会でのスピーチに困っているクライアントに使っていますが、パワーポイントを使った退屈なプレゼンテーションの改善に役立っています。

　また、自分の声を録音するアプリや、それをテキスト化するアプリも豊富にあり、クライアントは必要に応じて、声の出し方や話し方を試すこともできます。私は、脳の立体構造学習アプリ「3D Brain」（日本語版有り）というとても優れたアプリを使って、クライアントに脳の機能を説明することもあります（126ページ参照）。

　私のコーチ仲間であるエイミー・アイバーセン博士の、クライアントとのビデオ録画の活用法を紹介しましょう。

　　私はコーチとして、クライアントが他人から見た自分を認識すること、すなわち「メタ・スタンス」を持てるようになるために、クライアントにビデオ録画を見せることがとても効果的なことに気づきました。これによりクライアントは、自分が客観的にどのように見えているのか（例えば、服装、メイク、表情、姿勢や歩き方）、どのように話しているのか（声、アクセント、トーン、抑揚、語彙）、どのように受け取られているのか（挨拶、握手、物腰）を自ら発見することができます。

　これは2つの意味で強力なツールだと感じています。1つは、自分では気づいてなかった重要なことがわかるようになり、その後の言動（例：ア

イコンタクトを避けたり、口を挟んだりする傾向）の改善に役立てられる
ことです。これは、面接や試験の準備にあるクライアントや、他者に影響
力を示したい新任リーダーのクライアントにとっては、強力な情報になる
はずです。

　一緒にビデオを見ながら、質問を繰り返すソクラテス式問答法をするだ
けで、とてもパワフルな気づきが得られることがあります。例えば、クラ
イアントに第三者の視点でビデオを見てもらうように言い、「知らない人
のビデオを見るように、ここに登場する人を見てください（例えば、この
女性のどこが気になりますか？）」と一言付け加えて、ビデオに集中して
もらうように促すと一層効果が高まります。

　もう 1 つは、自分の外見や行動面をとても気にしているクライアントが、
そのことが他人にとってどれほど重要であるかについて、リアルタイムで
フィードバックを得られることです。この場合、クライアントと一緒に短
いビデオと静止画をつくり、クライアントが他の人に尋ねたいと思う質問
票もあわせて作成します。

　私のクライアントの 1 人に、抗うつ剤を飲み始めたことで、人前でのス
ピーチを断るほど「薬漬け」になっているようだとして悩む人がいました。
本人の許可を得て、彼がスピーチをする短いビデオを 100 人のボランティ
アにメールで送り、彼の外見についてコメントを求めました。その際、彼
の声や表情の変化を見逃さないようにと依頼しましたが、おかしいと感じ
た人は 1 人もいませんでした。このエビデンスがクライアントにはとても
勇気づけられる新情報となり、彼はこの悩みを乗り越えることができまし
た。

┃ ロールプレイを行う

　ロールプレイは、学習を加速させるだけでなく、会話のペースに変化を
もたらすとても意味のあるもう 1 つの方法です。ただ、研修でのロールプ
レイで恥ずかしい思いをしたという人もいて、そのなかには作為的な雰囲

気での演習の不自然さが原因で、この方法を極端に嫌うようになったと言う人もいます。これは、俳優ではない人が演技をしなければならないという、演出された人工的なシナリオのことを指しているようです。こうした人には、「ロールプレイ」と言わずに実施するのがよいかもしれません。

　ロールプレイとは、クライアントが重要な会話をリハーサルしたり、再確認することです。通常は、クライアントが自分自身を演じ、コーチがその相手に扮しますが、コーチがクライアント役になることもできます。

　クライアントのなかには、いつもの自分の行動パターンから抜け出せなかったり、他人から自分がどう見えているかがわからなかったりする人がいます。ロールプレイは、それを客観的に試すための安全な方法です。コーチとクライアントに信頼関係が築かれていれば、クライアントが間違ったことを言ったとしても、面目をつぶすことなく自分の弱さを曝け出すことができますし、コーチがクライアントにフィードバックする機会も得られます。

　ロールプレイは、クライアントが近々予定されている難しい会談のリハーサルにもなり、最近うまくいかなかった対話を見直すうえでもとても良い方法です。

　また、ロールプレイは、周囲の人がなぜか自分に同じような態度を取ると言うクライアントにとって、非常に有効です。このような場合、ロールプレイは相手だけではなく、自分自身にこそ、その結果を招いてしまう原因があることに気づける機会になります。同じ理由で、他人を変えたいと思ってコーチングを受けたクライアントにも有効です。

　ロールプレイは、他人を変えるためには、まずは自分自身を変えることを知る方法です。クライアントに昔から言われている「行動がさらなる行動を生む」という決まり文句を思い起こさせるうえでも役立ちます。

◎ロールプレイの実施方法

　ロールプレイを有意義にするうえで、実際の演技力は必要ありません。

ただし、自分の普段の話すペースや話し方を変えて、演じている人に少し
でも近づけることができれば、効果は高まります。

　まず、クライアントに次のように質問して、ブリーフィング（訳注：要
約を報告すること）してもらいます。

　　「この人はどのような人なのでしょうか？」
　　「彼らはどのような容姿でしょうか？」
　　「年齢はいくつくらいですか？」
　　「○○や△△が起こったとき、彼らは通常どのように反応します
　　か？」
　　「困難だった状況のことを教えてください（そのときの会話の一部
　　を教えてください）。」

　ブリーフィングは広範囲に及ぶ必要はなく、1〜2分あれば十分です。
　初めにクライアントにこう言います。「私が相手役で、あなたがその人
といるときに起こる状況に戻ったと仮定してみましょう。それで、あなた
は……と言いましたね？」
　相手役になっているあなたは、事前に知らされたとおり、その人が普段
受け答えするように答えます。この会話を数分間続けますが、ある程度納
得のいく長さで十分でしょう。通常は3分もあれば十分です。

◎デブリーフィングの実施方法

　ロールプレイは、デブリーフィング（訳注：事後に何が行ったかを話し合う
事後報告会）がなければ意味がありません。このとき、まずはクライアン
トにフィードバックすることの許可を得るようにします。そして、次のよ
うに進めてみましょう。

・まず、ロールプレイがどうだったかをクライアントに尋ねる。その答
　えを聞きながら、クライアントの自己認識がどの程度正確であるかを記
　録する。必要以上のへりくだりや過大な自己評価がないかを後で探る。

・ロールプレイがどれほど現実に近かったかを訊いてみる。通常は、クライアントはロールプレイの進め方が実際の出来事と全く同じだった、あるいはそうなりうるものだったと言う。「あなたはこの人を知っているはずです。だって、本当にそっくりなんだから！」と言われたりする。この観察から得てほしい気づき（学習）は、クライアントの典型的な言動が周りの人たちからの典型的な反応を引き起こしている、ということ。

・相手方になった感想をクライアントに伝える。ここでは解釈を入れずに、ただ自分の感情が反応して気づいたこと、確信したことを伝える。

・具体的に説明する。ここでは、あなたのミクロとマクロの観察、客観と主観の印象をフィードバックする。それには、ロールプレイをしている間、その記録を取っておく必要がある。どんなに些細なことでも気づいたことはフィードバックする。客観的な印象としては、姿勢、声、表情、言葉づかいなどがある。

　例：「プロジェクトが危機に瀕していることを私に話し始めたとき、あなたは身を乗り出し、声が大きくなりました。この時点であなたは有無を言わせない感じがしましたが、そのすぐ後には声が小さくなり、口元に手を当てていました。」

・あなたの持つ主観的な印象は、その行動があなたに与える影響について。これを行うには、相手の立場になった自分を想像する。「あなたがこの……をした/言ったとき、私に与えた影響は……でした」というように、常に「私」を使う。

　例：「そのため、最初あなたは威圧的な態度だったので私は用心していましたが、その後、声が小さくなり、口に手を当てたのを見て、あなたは必ず引き下がると思いました。私が受けた印象は、『頑張れば自分の思いどおりになるのではないか』というものでした。」

・クライアントが自分自身の言動などに関して何を変えたいのか、何を試したいのかを尋ねる。

　ロールプレイがうまくいかなかった場合は、クライアントが成功体験をつかむまで必ずやり直すようにします。クライアントが違ったやり方で言動することを学び始めているのがコーチにわかるような、前向きな兆候を細大漏らさず見逃さないようにしてください。

◎ロールプレイの練習法

　ロールプレイは数分間続けるようにします。そして、大げさにせず、ラベリング（訳注：人や物の評価を固定したレッテル貼りをすること）しないことに留意して取り入れるようにします。

　あるいは、状況によっては、時間を延長して行ってもかまいません。例えば、面接指導、メディアへの対応、プレゼンテーション・スキルの向上などのコーチングのときなどです。

●昇進の面談に失敗を続けるギャレス

　ギャレスにとって、チーフ・エグゼクティブの候補者リストに載ることは簡単なことでしたが、結局、その職務を得ることはできませんでした。4 回連続して失敗してから、彼はようやく誰かの支援が必要だと気づきました。

　まず、私たちは彼がどんな気持ちで面談に臨んだのかを探ってみました。彼の言葉から、学校の試験と同じように考えていることがわかりました。

　私：面談はあなたにとって何なのでしょう？
　ギャレス：口頭試験です。博士号取得のときの口頭試問を思い出します。
　私：つまり、自分の知識を披露する場と捉えているのですね？

ギャレスは、転職の面接はアカデミックな場とは違い、社会的場面であることを認識しなければなりませんでした。面接官はおそらく、彼の知識は彼のキャリアなら当然あってしかるべきと考えたと思います。それを延々と披露してみせても、「この候補者と一緒に仕事をするのはどんな感じだろう？」という雇い主なら常に心のなかで思っている重要な質問には答えられていませんでした。

　私たちは、面接に必要な新しい一連のスキルに取り組みました。リーダーシップの経験やスキル、影響力を発揮するためのアプローチ、その仕事をしたいという動機などだけでなく、面談の社会的側面にも力をそそぎました。面談で訊かれる質問は集約すると8つほどのため、私が面接官になり、そのすべてについて5分単位で彼が答えられるように練習しました。ギャレスが回答したら、私がフィードバックをして、ビデオ録画も使いながらデブリーフィングを行いました。こうして、ギャレスは自分がどのように伝えているかを自分自身で確認できるようにしました。

　「生意気な表情をしている」
　「席を立ったほうが自信があるように見える」
　「その質問にはもっと簡潔に、直接的に答えるほうが説得力がある」
　「笑顔のほうが感じよく見える」
　カメラの冷静なレンズを通して見る、彼自身による忌憚のない正直なフィードバックは、彼にとって本当に有意義なものでした。

　ギャレスはそれから2カ月ほどで希望していたチーフ・エグゼクティブの職務に就き、その後さらなる転職に成功し、いまでは業界でその名が知られるほどです。

　ギャレスのように、すでに高い役職にいるクライアントの場合、自分の弱みを見せ、支援を求めるのは勇気がいることです。面談について話すことは、そのかぎりでは役に立つかもしれませんが、何が障害になっている

のか、それをどうやって克服するのかは、実践してみないとわかりません。

　同様に、驚くほど多くのクライアントが、社会的行動における自信の欠如によってハンデを感じていると述べています。組織内や自分がコントロールしていると感じられる状況では、何も問題ありません。しかし、自分の役割や地位という鎧を身につけていない状態で見知らぬ人たちのなかに身を置くと、自然と構えてしまうのです。

　ここでも、社会的行動に自信を持つ人がそのような状況でどのように行動するかを観察したり（この行動観察はクライアントへの「宿題」にしてもいいでしょう）、議論したりすることが出発点となり、その後、少しずつ練習とフィードバックを重ねていくことになります。

シャドーイングを行う

　クライアントが普段いる職場に訪問してみると、たいていとても有益な発見があります。実際にそうしてみると、クライアントが鮮明に描写しているものの、あなたには空想上の人物かもしれない人たちやそれ以外のロールプレイに登場しそうな人たちに出会えます。

　シャドーイングとは、1日または半日、クライアントの許可を得て、できるだけ目立たないように「影」のようになって同行することです。

　この手法の目的は、普段の環境でのクライアントを観察することで、コーチは、クライアントが他の人とどのように接しているかを見ると同時に、会社の雰囲気を実際に感じることにあります。クライアントがその会社に入社したときに感じた特徴的なことや違和感は、時間が経つと忘れるのが普通です。しかし、初めてその会社を訪問するコーチはそのことに気づくことができます。それを他のことと一緒にフィードバックすれば、非常に貴重な学びの源泉となります。

　これを行うには、クライアントの勇気ある協力が必要ですが、意外と多くのクライアントが賛同してくれるものです。

　まず、クライアントにとってのメリットを説明します。そして、あなた

のことを職場の人たちにどのように説明するかを話し合っておきます。これについては、隠し立てせず、オープンにすることが確実に望ましいといえます。

　あなたの役割はオブザーバーであり、そのことをクライアントや他の人にはっきりと伝えてください。その日に同席する同僚に対して許可と守秘義務の両方を説明して了解を得るよう、クライアントに依頼します。同僚には、スポットライトが当たるのはクライアントだけに限ることを伝えれば、コーチから何か言われはしないかといった懸念はほとんどなくなります。クライアントには、とくに何に関してフィードバックを得たいかを事前に確認しておきます。こうしたときに多いのが、業務移譲や概要報告の会話、会議の運営、秘書とのやり取り、時間管理、意思決定などについてです。

　シャドーイングの締めくくりとして、フィードバックとディスカッションの時間（通常は半日）を十分に取ります。

　クライアントの課題によっては、通常のコーチング・セッションにシャドーイングを組み入れてもいいでしょう。

　以下に、完璧な挑発により、品位とユーモア（317ページ参照）をもってその瞬間を捉え、一風変わった即興のシャドーイングを思いついたコーチの例を紹介します。

●人見知りで自分に自信を持てないラヴィ

　ラヴィは大家族のなかで育ちましたが、自分のことを生まれつきの人見知りだと評していました。家族や友だち以外だと、自意識過剰になってしまうのです。人目につくほどのハンサムにもかかわらず、自分から会話ができないため、彼のこれからのキャリアでますます重要になってくるカンファレンスに参加しても、居たたまれない気持ちで会場の片隅でおとなしくしているだけでした。ラヴィの目標は、自信を持って人脈

を広げられる能力を身につけることであり、そのためには初対面の人にも積極的に話しかけられるようになることでした。

　ラヴィのコーチは、自分のコーチング・ルームがサンドイッチ店が多く店を出す地区にあることで、その地の利を活かすことにしました。ランチタイムになり、ラヴィは次のようなことにチャレンジすることになったのです。

　コーチ：ラヴィ、オフィスの人たちからランチの注文を取り、6つのサンドイッチ店それぞれの店員さんと話をすることに挑戦してみましょう。会話の内容は、天気や食べ物、店のことなどなんでもいいです。私はあなたに付いて行って、お店ごとに会話のフィードバックと激励をしますね。男性女性どちらともフランクな会話を期待していますよ。
　ラヴィ：（すごく驚きながら）あなたはなんて嫌なことをさせる女性（ひと）なんだ。そんなことのために私の会社はお金を払っているんですか？
　コーチ：（肩をすくめながら冗談めかして）そうですよね、確かにそんなことをするのはいやですよね。みんなには言わないようにしてくださいね。
　ラヴィ：妻は何と言うかな……。
　コーチ：会社がこのおかしな女性にお金を払って、浮気の仕方を教えてくれたとでも言ったらどうでしょう（笑）。
　ラヴィ：（力の抜けた笑い）わかりました、そうしましょう。

　突拍子もないことを言われた驚きから冷静になると、ラヴィはそれを承諾しました。少し戸惑いはありましたが、オフィスの人たちから注文を取ると、コーチと一緒に出掛けていきました。コーチはお店に行ってはその都度彼を励まし、いくつかヒントを出しました。例えば、アイコンタクト（ときどき避けていました）や笑顔（彼の笑顔は眩（まばゆ）いほどです）のこと、そして何がうまくいって、何がダメだったかを彼に質問しました。

その効果は驚くべきものでした。ラヴィは20分で、30年間他人が先に話すのを待つという気弱さを克服できただけでなく、自分を振り返ってみて、実際にそれを楽しんでいることを知ったのです。

観察を行う

クライアントの職場を訪れたら、いろいろ観察しましょう。壁に貼ってあるもの、トイレの状態、食堂の料理とその給仕のあり方など、建物内の状態に注意を払います。訪問者としてあなたはどのように扱われるか、驚かされたり、感心させられたりすることは何かといったことにも目配せをします。例えば、クライアントが所属する軍の制服組の研修大学校を訪問したとき、私はすぐに自分のクライアントがどのように考え、行動するかについて理解を深めることができました。

その大学校は、気候が穏やかで、緑豊かな田園地帯のなかにありましたが、私はその土地の雰囲気には少々似つかわしい、制服を着た警備員に迎えられました。敷地内は多くの人で賑わっていましたが、そのほとんどが男性で、帽子も含め完璧に制服を着こなし、スマートな出立ちでした。騒がしい食堂は、細長い食卓と上座には教授用の高いテーブルが置かれ、その上にはリネンのテーブル・ナプキンが置かれていました。食事はヘルシーで量も多く、まさに学生食堂という感じでした。誰もが私に対して慇懃に挨拶し、名誉あるゲストとして扱われていることを実感しました。

この組織には、一緒に過ごす時間を楽しむ仲間同士が助け合い、緊密に繋がっている、和やかな友情が見られました。そして、階層、明確な役割、ルール、スマートな身だしなみも組織風土として重要な要素でした。上級職に上がれば、物質的な面でより快適に生活ができるようになります。これはおそらく、厳格な命令責任を負うことに対する、わかりやすい対価なのでしょう。

仲間意識の強い組織で観察を行うことはその関係を脅かすかもしれず、

難しく、辛いことだともわかっていました。そうしたなかで、例えば、私のクライアントが、仲間の調査をするというとても厳しい課題をこなすには、勇気と強い意志をいかに必要とするか、私はすぐに理解しました。

　私のコーチング・セッションについての考え方は、以前のテレビ・プロデューサーとしてのキャリアから影響を受けています。どんな番組でも、プロデューサーは視聴者の関心を引く内容から始めることが重要だと知っています。そのうえで、番組のペースを微妙に、あるいは明白に変えていくのです。速い部分と遅い部分、笑いを誘うシーンと悲しみを誘ったり、考えさせるシーン、光と影、長いシーンの後の短いシーンの挿入などのメリハリが求められます。どんなに簡素なラジオのDJ番組でも、テンポの速い音楽とゆっくりした音楽、甘いバラードと明るい調子の曲が交互に流れます。

　これと同じ原則がどんなコーチング・セッションにも当てはまることを理解することは、コーチとクライアント双方にとって、計り知れないほどの助けとなるでしょう。

注記

1）このテクニックについては、フィル・ヘイズの著書『NLPコーチング』（*NLP Coaching*, 2006；未邦訳）に詳しい説明があります。

2）私がここで説明していることと少し似ている「コンステレーション」というコーチングやグループワークのテクニックがあります。これは、家族療法への特定のアプローチから生まれたものです。私は、コンステレーション理論の信者ではありません。コンステレーション理論では、「システム」（System と常に頭文字で書かれています）を「表現」するだけで、それを変える魔法の力があると主張しています。コンステレーション理論における「システム」は、現在のシステムに属する人が何も知らなくても、何世代も前の神秘的な記憶を持っているとも、驚異的な速さで解決することが可能だとも言われています。祖先崇拝、現象学的、ノウイング・フィールド（Knowing field）、実存主義、形態共鳴（Morphic resonance）などの言葉が、疑惑の出来事を説明するために使われているのが散見されます。私が尊敬する人のなかにも、この説を信じている人がいます。しかし、調べれば調べるほど、私には古い戯言にしか聞こえず、私は合理主義者で猜疑心が強すぎるのかもしれません。Constellations Theory をグーグル検索すると、トレーニングを提供しているウェブサイトがたくさん出てきます。これらが懐疑的だと思う方は、skepdic.com/

hellinger.htmlを調べてみるといいでしょう。

第 13 章
プロ・コーチが知っておくべきこと
Practising professionally

　コーチングは、新しい知的職業といえます。この章では、コーチがプロとして活動するために考慮すべき重要な課題と、それをどう取り扱うのが有意義であるかを見ていきます。

倫理

　コーチングは、簡単にははっきりとした解決策を示すことができない、多くのジレンマをコーチに課します。ただひとつの解決策しかない問題というのはなかなかないのが実情です。

　ジレンマがあることに気づくきっかけは何でしょう？　何かがどこかで起こるかもしれないという不安感かもしれません。あるいは、不祥事によりクライアントが新聞に載るようなことがあれば、とてもきまりが悪く、擁護できないという思いかもしれません。道徳的判断や良質な意見でいつも尊敬し、尊重しているクライアントにその思いを抱いてしまうやるせなさから生じることかもしれません。または、クライアントが提案した行為が法律違反だったり、コーチとしての価値観を自分自身が侵害する恐れがあるとの思いかもしれません。

　ジレンマは、優先順位に関係しているかもしれません。例えば、事実vs感覚、個人のニーズvs組織のニーズ、会社組織vs地域コミュニティ、ビジネスvs自然環境、短期的な影響vs長期的な影響、組織の利益vsクライ

アントのニーズなどです。

　また、クライアントが取る宗教的・文化的・政治的信念からの言動が自分が持つ信念とギャップがあることがわかるとジレンマが生じます。

実際に起きたジレンマ

- あなたは、受注したいと思っていた会社の最高経営責任者から、彼の部下のコーチング・プログラムの実施を依頼されたとします。部下のコーチングに関する進捗状況は彼に提供できないことを了承する代わりに、部下がコーチングを打ち切ったり、セッションに現れなかったりした場合には知らせてほしいとの条件が付けられます。
- あなたは、クライアントの360度フィードバックを取得するために、クライアント本人が指名した10人とインタビューを行ったところ、全員が彼に対してとても批判的でした。インタビューでは、クライアントの強みもヒアリングしてみたのですが、彼に対してのインタビュイー（訳注：インタビューされる人）の評価が低いものばかりであることが浮き彫りになります。
- あなたは、ある会社の役員クラスの人たちに対してコーチングを行っています。その会社の最大のライバル企業から、同様のコーチング・プログラムの実施を打診されています。
- 転職活動中で同じ職種の候補者2人があなたのコーチングを受けに来ました。2人は所属する会社がそれぞれ別であり、空きのある転職希望先の会社とも違います。
- クライアントの上司とスポンサーから、クライアントにほとんど変化が見られないとの連絡が来ました。このままだと、クライアントは解雇される可能性もあるとのことです。これは機密情報として取り扱うべきでしょうか？　それともクライアントに伝えるべきでしょうか？
- あなたは、そのクライアントを引き受けるかどうかでためらっています。彼のような職業、年齢、経歴の人が、取り組みたいとする課題にはコーチングをする興味がわかないからです。しかし、収入は必要で

すし、顧客リストに彼の会社が加われば箔がつきます。

・クライアントが違法行為や犯罪に関する情報を打ち明けます。

・クライアントが自分自身や他人に危害を加えると脅します。

　コーチごとに対応は異なるものの、このようなジレンマを受け入れる可能性は誰にも等しくあることは十分に考えられます。

　クライアントのコーチングの進捗状況を詳細に報告することが会社側から絶対条件として示された場合、断ることが適切でしょう。クライアントの変化の確かな証拠は日常の仕事から理解すべきことなので、そのような進捗報告には意味がないと思うからです。コーチである私たちが日常の様子を見ることはないクライアントのパフォーマンスをどう判断できるというのでしょう？

　これと同様に重要なことですが、コーチングとは評価（全く異なるプロセスですが）に関するものとの認識をクライアントが抱いてしまったら、信頼関係が築けなくなります。クライアントの出席を確かめるために上司が温和な態度で、また当たり障りのない方法で要求したとしても、これは強制にあたります。

　もちろん、上司がコーチングの様子を知りたいと思うのは当然ですので、通常はクライアントと上司の間で報告方法などを合意しておいたほうがよいでしょう。

　競合関係にある会社の人を同時にコーチングすることは難しいことです。コーチングの際にビジネス上の機密情報が出てくることは避けられず、利益相反が生じる可能性があるからです。ライバル関係にある2つのサッカー・チームのコーチを同時にはできないのと同じように、先程の例で紹介した、同じ求人先に応募している2人を同時にコーチングすることの難しさはおわかりいただけると思います。

　これと同じようなケースでしたが、就活中の2人のクライアントによるジレンマに直面したことがあります。私はクライアントそれぞれに固有名詞を出さずにコーチングの可否を相談したところ、1人は、「全く問題あ

りません。最適な者が勝つだけですよ」との返事でした。もう1人は少し納得がいかない様子で、「あなたの判断に任せます」とのことでした。結局私は、以前私がコーチングしたことのある候補者には同僚を推薦し、現在コーチング中の女性候補者とのコーチングを継続することにしました。後日、彼女とそのことを話しあったとき、もし私が2人ともコーチングしていたら、「とても気分を害したと思うけど、その素振りは見せなかったでしょう」と正直に話してくれました。

　また、あなたがインタビューなどで直接クライアントのフィードバックを集め、それが同僚からいかに嫌われているかといった否定的な内容でも本人に報告する義務があります。クライアントがそのフィードバックに対処できないだろうと思うのは、少し見下すことにもなりかねません。ここでは、そのメッセージの真意を歪曲せず、クライアントが受け入れられる言葉にしてデブリーフィングする卓越さが求められます。

◎異文化理解

　コーチングの急速な成長に拍車がかかることで、発祥の国からどんどん広がり世界中に浸透していっています。それに従いコーチは、自国のみならず、海外で働く人たちを相手にするようにもなりました。また、コーチ自身が海外にいて、その国の言葉ではなく、コーチの母国語によるコーチングの機会も増えており、異文化理解力も求められるようになってきています。

　国によって文化が大きく異なることはご承知のとおりですが、実際に経験してみると本当に驚かされます。例えば、ドバイの米国系企業でコーチをしていたアメリカ人女性のボビーは、サウジアラビア人のクライアントが握手をしないことでそのことを実感したそうです。また、社内コーチを目指す人たちを対象に上海で研修講師を務めたアメリカ人コーチのブルックスは、熱心にトレーニングを受ける受講生たちは、コーチングはメンタリングと同じで、丁寧にアドバイスすることだと理解していたことがわかりました。また、自分たち研修講師を「エキスパート」として崇め奉るよ

うな態度を見ると、指導するほどに、彼ら彼女らが固定観念が最大の課題でした、と言いました。

　私自身も英国大使をコーチングしていたときにそんな経験をしたことがあります。海外経験豊富な外交官でさえも、現地採用のスタッフの仕事に対する考え方にその国に深く根差した違いがあることに驚いていました。例えば、近隣のヨーロッパ諸国では家族との生活が優先され、緊急時や週末の仕事の依頼や日曜夜からの出張移動の指示は敵意をもって受け止められかねないとのことです。

　そうした国のクライアントと言語が共通し、文化遺産が似通っていることで思いは共有できると決めてかかることがあれば、これらに違いがあることにとくに注意すべきです。言語の違いは微妙なことが多く、「とても（very）」「非常に（remarkably, fantastically）」のような強調するときに使う用語や、「まさに（quite）」「ちょっと〜過ぎる（rather）」のような修飾語は、同じ英語圏の国でも解釈が異なる場合があります。

　また、イギリス人コーチが文化の異なるクライアントをコーチングするとき、直截的な表現が一般的な国では、イギリスの巧妙で婉曲的な言い方では誤解を生みかねないことは知っておくべきでしょう。

　ロンドンで働くドイツ人のクライアントから、フィードバックする際に誤解されがちな例を教えてもらいました。

イギリス人の上司	上司の本音	ドイツ人の部下の解釈
多分、私のミスだ。ちゃんと説明しなかったのだから。	それは、君のミスだ。私はただ、お世辞を言っているに過ぎない。	ああ、よかった！　私のミスではなかった。
この仕事はもう少し頑張ってほしい。	これは大幅に修正が必要だ。	まあまあうまくいってる。少し直せば十分だ。

大西洋をまたいでのコーチングも同じような誤解を受けやすいかもしれません。イギリスとアメリカは「共通言語で分断された2つの国」と言われるとおりだと思います。イギリス人コーチとアメリカ人のクライアントまたはその逆の場合、語義をよく確認し、問題が起きないように注意しましょう。

　例えば、first floor はイギリスで2階ですがアメリカでは1階、bathroom はイギリスでは浴槽室のことでアメリカではトイレ設備、bloody はイギリスで非常に〜ですがアメリカでは血だらけ、などです。というのも、一見何の変哲もない言葉が、全く異なる意味を持ち、しばしば性的なニュアンスを持つこともありますので。ここではそのいくつかを紹介しましょう。

用語	英語の意味	米語の意味
bum	お尻	浮浪者
fag	タバコ	男性同性愛者
fanny	セックス対象としての女性	お尻
shag	性行為	毛足の長いじゅうたん
pants	女性用の下着ショーツ	長ズボン
period	期間	終止符
spunk	精液	勇気
slash	切る	批判する
rubber	消しゴム	コンドーム
solicitor	弁護士	勧誘員
knocked up	くたびれる	妊娠させる
vest	肌着	チョッキ
restroom	公衆のトイレ設備（オフィスやレストランなどのトレイ設備はwashroom）	オフィスやレストランなどのトイレ設備

　私が苦い経験から学んだことは、英国外から来た英語が達者なコーチを指導した場合でも、私が普段使う英語表現をイギリス英語を母語とするネイティブ・スピーカーと同じように理解するには限界があるということでした。

　コーチングに期待されることは、国によって微妙な違いがあるようです。アフリカ諸国の一部では、問題の核心に触れるような目標設定にすぐに取り掛かることは失礼だと見なされます。セッションの導入部は、お互いの家族や健康について時間を割くことが望まれます。しかし、家族や健康のことを話すのは遠慮すべきことであり、尋ねること自体が失礼で不適切だとされる国もあります。アジアの国のなかには、役職の高いクライアントを持つエグゼクティブ・コーチは専門知識やアドバイスの提供が期待されているということです。ヨーロッパや北米のコーチは、こうしたことはあまり受け入れたがりません。

　異文化に関して広範な研究を続けている作家兼コーチのフィリップ・ロジンスキーは、時間管理や家族への義務、個人的な責任感などにおける違いの現れ方に注意を促すフレームワークを提供しています。

◎多文化共生

　多文化の問題は、一筋縄ではいきません。多くの西側諸国は早くから移住者が多いという歴史に加え、近年とどまることのないグローバルな移住の流れのなかで、本人はコーチと同じ国の生まれでも、クライアントの両親や祖父母は他国からの移住者なら、クライアントもその国の文化に大きく影響を受けている可能性があります。こうした場合、コーチは、自らの文化的背景の理解、異文化への好奇心、そして鋭い言語的な意識といった「多文化理解」が必要になります。

　多文化主義というと、何か小難しいトピックのように思えます。例えば、人種差別主義者に思われることを恐れて、自分の道徳的指針を揺るがす課題の提起をためらうかもしれません。また、多文化主義は、隠しようのない溝を浮き彫りにすることになるかもしれません。例えば、コーチングは西欧民主主義の価値観に基づいていて、このことが世界の多くの地域で共有されていない事実を私たちは常に認識しているわけではありません。

　ナイジェリア人の友人から非公式にコーチングを依頼されたことがあります。彼の問題は、同性愛の関係を続けていけば、いずれ地獄に落ちるこ

とをどのように同僚に伝えればよいかということでした。

　私がスーパーバイザーとして関わっていた女性コーチからは、次のようなジレンマを提起されました。自称「敬虔なイスラム教徒」であるクライアントがサウジアラビアでの仕事が決まったため、イギリス人の妻を説得するにはどう話せばよいかということでした。妻と一緒に行くことは、妻の生活が大きく制限されることを意味します。最近まで女性の車の運転が禁止されていたサウジではいまも女性は運転をためらい、車を使う場合、故障でもしたら運転手の男性と2人きりになります。このコーチは、「"敬虔なイスラム教徒"の彼は、部屋には女性の私と2人きりになっていることに思い至らなかったようでした」と皮肉を込めて言いました。

　また、フランス人のクライアントは、米国ヘッジファンドの破産に関する上級スペシャリストとしての就職面接の準備のため、コーチングを依頼してきました。おそらく非常に貧しい国が保有している国家予算相当の大規模な資産を清算することになる可能性がある、とのことでした。

　中国大陸出身で現在は米国企業で働くクライアントからは、部下の将来に関する重要な問題について上司から相談にのるように指示されているが、それを回避する方法を教えてほしいと言われました。

　このような課題に躊躇してしまうのは、先進資本主義国の中心にいるかのような思考で、人種差別的になっている、または過度に独善的で尊大な態度を取っている、ということになるのでしょうか？

　私たちは偏狭な考え方をしているのでしょうか？

　このようなジレンマの道徳的根拠に心から同意できない場合、クライアントとコーチングに取り組むべきなのでしょうか？　私の答えは「ノー」です。断って、その理由を敬意を持って説明することが唯一の選択肢であるように思います。

　このような問題について、あなた自身がどこで線引きをするかを考えてみてはいかがでしょうか。

◎守秘義務の限界

コーチングにおける守秘義務が実際のところ、何を意味するのかを探究することは極めて重要です。とくに、クライアントの上司など第三者が関係する場合は、徹底的に話し合っておくべきです。

上司がコーチに、クライアントが組織内での将来が危ういことを本人には隠して話すような場合、コーチはその気まずい秘密を胸にしまうのではなく、クライアントにオープンにするよう、上司を促しましょう。私はコーチングの冒頭でクライアントに、ここで話すことはすべてが守秘義務の対象になるとは限らないと説明するようにしています。万が一、クライアントが自分や他人にとって違法となることや危険にさらされることを告白すれば、守秘義務のルールは適用されないことを警告します。

ここでの私のポリシーは、常にクライアントに適切な行動を取るように説得することです。しかし、もしクライアントがそれを拒否するようであれば、クライアントの尊厳を最大限尊重したうえで、適切な人や当局に警告するなど、私が正しいと判断した行動を取ります。ごく稀にですが、この原則から行動せざるを得ないことがありますが、それはあまり気分のいいことではありません。こうしたときは、自分自身に次のように問いかけるといいと思います。

「これは法律に違反しているだろうか？」
「私が行動しなければ、誰かが被害を受けるだろうか？」

あるコーチング・カンファレンスに参加したコーチが、サハラ以南のアフリカ出身で、現在は英国の医療サービス会社の上級職に就いている女性クライアントに関するジレンマを取り上げました。このクライアントのジレンマは、夫が2人の娘を夏の長期休暇中に実家に連れて帰り、女子割礼を手配したいとのことでした。女子割礼を実施することが結婚できる唯一の条件だという理由からです。英国では女子割礼は法律違反です。このコーチは、涙を流しながら次のように言いました。

「私自身がこの慣習に恐怖を感じたこともあります。私のクライア

ントは、彼女自身が幼少期に"カット"された経験がありました。古風な家族関係の意識が極めて強いため、慣習には従わざるを得ないと諦めを感じていたということです。

　私の義務としてやるべきことははっきりしていました。彼女の子どもたちを守るために行動することです。私は、社会福祉事業団体に通報しなければならないと思ったので、クライアントに速やかに通報する旨を伝えました。通報するのは私ですが、そのきっかけとなったのが彼女だとわかれば、私の取る行動がクライアントを危険にさらすことになりますし、社会福祉事業団体や警察が彼女を守ることができるのかもわかりませんでした。私は正しいことをしたと信じていましたが、それでもクライアントを裏切ったという思いが強く残り、その後彼女をコーチングすることはありませんでした。また、私はコーチングの初めに、守秘義務には限界があることを説明していませんでした。この教訓を学ぶには辛い道のりでした。」

クライアントから次に示すようなジレンマを持ち込まれると、守秘義務を守るべきかどうかの判断基準が曖昧になってくるかもしれません。

　ヘレンは、1日中ウイスキーの匂いをぷんぷんさせている同僚に仕事のミスが繰り返されていることに気づきました。彼女は職場の仲間として彼が好きでしたし、長い付き合いでもあるので、彼が結婚生活に問題を抱えていることも知っていました。

　彼の仕事は、公共の安全に直接関わるものです。ヘレンは、彼が仕事中に飲酒している確たる証拠を持っているというわけではありません。ただ、彼が机の上の小さな水筒に何度も口をつけているのが気になったので訊いてみたところ、水筒にアルコールは入っていないし、仕事中に飲酒などしないということでした。

　彼女は自分の責任に対して、ジレンマを感じました。ヘレンは、この問題を共同経営者である上司に伝えたりしたら罪悪感に苛まれるだろうと言いますが、ただ傍観しているだけではさらに状況を難しくさ

せることもわかっています。

　ヘレンの話を聞いて、コーチもジレンマの予感を感じます。ヘレン
が行動を起こさなかった場合、コーチの責任はどうなるのでしょう
か?

　こうした問題をコーチングで扱うときは、まず行うべきことは事実につ
いての証拠を示すことです。次に、道徳に即して感じているクライアント
自身のジレンマが何かを明確にすることです。両方が明らかになったら、
何がクライアント自身の責任になる可能性があるのかを特定します。

　このとき、コーチが道徳的な問題についてはっきりした見解があるかも
しれませんが、この段階でコーチが個人的に何をするかは別の問題になり
ます。ここで重要なことは、クライアントが何もしなければどうなるか、
また行動するとしたらどんな選択肢があるのかを明確にすることです。そ
して、いくつかある選択肢のメリットとデメリットをクライアントと一緒
に考えることです。このプロセスを経たのちに、コーチ自身がひとりの人
間としての責任とは何かを考えます。

　守秘義務を大げさに心配するのではなく、常識的に考えることが大切で
す。

　命に関わるほどの大量の薬を飲んだことで市民相談局に電話で助けを求
めたクライアントがいました。そのとき応対した職員が緊急で医師を呼ん
だ行為が規則違反だとして、その職員は解雇されました。しかし、解雇は
無効との訴訟を起こした元職員は勝訴しました。裁定理由は、元職員の
取った行動により、人の命が救われたからです。このときの行動が「間違
い」だったり、「非倫理的である」とは到底思えません。

　しかし、市民相談局の規定では、上級管理者に相談し、上級管理者が委
員会に報告することになっていました。そのため、市民相談局は、職員が
「ルールに反した不合理なミス」を犯したため、解雇は正当だとしたので
す。裁判所はこの判断を「ばかげている」として、ためらいなく裁定を下
したのです。

倫理ガイドライン

倫理ガイドラインは、推測や仮定などの曖昧さを明確にするものです。国際コーチング連盟（ICF）、プロフェッショナル・エグゼクティブ・コーチ＆スーパーバイザー協会（APECS）、ヨーロッパ・メンタリング＆コーチング・カウンシル（EMCC）など、国内外のコーチング団体のほとんどは、次のような倫理規定を明示しています。

- コーチングの社会的評価を守ること
- クライアントを常に尊重して扱うこと
- クライアントの秘密を守ること
- ○○○○といった搾取するような行動を避けること
- 心理療法との境界などに細心の注意を払うこと
- トレーニングとスーパービジョン（訳注：経験豊富なコーチからの指導を受けて、コーチとしての資質を向上するためのサポート体制のこと）

なお、各団体のウェブサイトにはその詳細が記述されています。

コーチングに関する法的な整備は未だ十分とはいえず、クライアントと裁判で係争に発展するケースは見られないものの、その可能性は大いにあります。訴訟になるリスクは低いですが、起こり得るということです。

例えば、次のようなことが考えられます。

- 当初の約束どおりに行動変容が起きなかったので料金の払い戻しを要求したクライアントに、コーチが拒否したため、損害賠償を請求する。
- コーチが守秘義務を破ったとして、クライアントはキャリアに悪影響となる不利益を被ったことを理由に損害賠償請求を行うと言ってくる。

「善管注意義務」（訳注：善良なる管理者の注意義務のこと）の定義も難しいといえます。その基準は何であり、誰がそれを定義すればいいのでしょうか。クライアントが在籍した会社が、クライアントに対して、結果的に解雇となったものの、そこに至るまで支援を続け、できることはすべてやったと

して、クライアントからの不当解雇の告発をする裁判に証人として召喚されるようなことがあるかもしれません。その際、企業側はコーチを証人として労働裁判所への出頭を要請することもあるでしょう。クライアントは、コーチングは何の助けにもならなかったと反論するかもしれません。

　こうしたことに備えて、コーチはコーチング・セッションの記録を残しておかなければなりません。裁判所では、セッションでのことが何も記録されていなければ、そのセッションは実施されなかったことになります。コーチングの守秘義務は法律では保護されておらず、記録は召喚される可能性があるため、常に完璧な状態にしておく必要があるのです。

◎倫理問題を俯瞰して考えてみる

　以上のように、コーチには現実問題として、倫理的なジレンマがあります。しかし私は、医療、看護、ソーシャルワーク（訳注：社会変革、社会開発や社会正義のために働きかける活動のこと）の現場で働くクライアントの抱えるジレンマを本人たちから聴いてきましたが、それに比べればまだその程度は軽いように思えます。コーチングでは、これらの職業の人たちのように生死に関わる問題を扱うことはほとんどないことがその理由として大きいと思います。

　例えば、学習障害のある若い女性が、両親が希望する不妊手術を受けたくないと判断する能力の有無について、コーチが関わることはありません。末期患者が延命治療を拒否する願いを叶えるべきかどうかを決断する必要もありません。敬虔な宗教家である両親が子どもの命を救う輸血を拒否した場合、その決定を無効にする裁判所命令を申請するかどうかを判断することも必要ありません。

　これ以外にもたくさんの重大な問題に関わる人たちがいることに、私たちコーチは感謝しなければいけないのではないでしょうか。

スーパービジョンとコーチ・メンタリング

◎スーパービジョンの目的

　コーチングの倫理ガイドラインには、通常、スーパービジョンを受けることの必要性とその価値が記載されています。また、コーチにはスーパーバイザー（米国ではコーチ・メンターと言われる）が必要だともあります。ここで、スーパービジョンの目的について考えてみましょう。

　コーチングに関する文献を調べてみると、スーパービジョンには2つの異なる目的が記されています。それぞれが、発祥の異なる学問分野から来ています。

　1つが、コーチのためです。スーパービジョンがいま現在行っているコーチングについての自己認識力を深めるプロセスになります。この目的の由来は、心理療法からです。心理療法では、どのタイプの治療であっても、心理療法士は先輩など他の心理療法士からスーパービジョンを受けることが通例です。場合によっては、スーパーバイザーと一緒に治療することもあります。

　もう1つは、クライアントのためです。コーチがスーパービジョンを受けることによって、より品質を担保し、クライアントを保護するためです。これは心理療法に直接関係するだけでなく、コーチングのスーパービジョンに大きく貢献した作家や学者などのソーシャルワークからも関係しています。

　ソーシャルワークは、法律によって定められた枠組みのなかで事業が行われます。そこで働く管理者は、直属の部下と頻繁にスーパービジョンを行います。目的は、仕事内容を確認し、問題の拡大を未然に防ぐことなどです。ソーシャルワークの対象者は社会医学面で問題を抱えた弱者であることが多く、身分がしっかりした成人がクライアントであることの多いコーチングとは根本的に違います。

　コーチは、通常、個人事業主であることが多く、そうした場合はいわゆ

る上司にあたる人がいません。よって、スーパービジョンは、コーチが料金を負担して自主的に依頼することになります。また、スーパーバイザーはコーチが自由に指名できます。よって、もし厳しい質問をするスーパーバイザーに異議があれば、速やかにスーパーバイザーを変えることができます。

ソーシャルワークでは、弱者を保護しなかった場合の制裁措置があり、ソーシャルワーカーとともにスーパーバイザーも責任が問われます。一方、コーチング・スーパービジョンでは、コーチとスーパーバイザーに制裁が科されることはありません。

よって、コーチが良い仕事をしたとは言えないようなとき、スーパーバイザーがクライアントやその所属組織から訴えられるようなことは起こりません。コーチングのスーパーバイザーには道徳性は求められるものの、実務的には直接関与しないので、正式な権限や責任は持たないからです。

私自身、スーパービジョンがコーチング・プロセスの質やクライアントの保護をどのように保証するものかはわかりません。仮に、コーチに不適切な行為があっても、スーパーバイザーはそれを知ることはできませんし、誰に報告すればいいのかもわかりません。スーパービジョンが機能するには、受け手のコーチの真摯さと本気度に依る部分がかなり大きいといえます。不誠実で意識が低いコーチだと、スーパーバイザーの人の良さにつけ込んで欺いたりすることも考えられます。また、スーパーバイザーは誰よりも優れた知識と豊富な経験を持つと思われがちですが、本当にそうなのかはなんともいえません。

スーパービジョンの目的の混乱は、コーチングの世界では続いています。チーム・コーチングについての著書がある英国のコンサルタント、ピーター・ホーキンズが英国人材開発協会（CIPD）に寄せた論文（2006年）では、コーチ側はスーパービジョンを通してスキル開発や新たな発見を望んでいる一方、コーチングを導入する組織側は、クライアントの保護と高い品質レベルに加えて、組織の課題がコーチングによって取り組まれるとい

う保証が欲しいと述べています。

　スーパービジョンがコーチの意識向上を促すという考えに賛同すること
はとても重要だと思います。同時に、スーパービジョンは間接的にしかク
ライアントを守ることができないことも念頭に置く必要があるでしょう。

◎スーパービジョンの進め方

　理想的なスーパービジョンは、密接につながる3つのプロセスが起こる
機会を提供します。

　1.　まず、自分の思考や行動パターンをより意識できる機会を与えます。
コーチは単独で仕事をすることが多いので、人間関係のなかで起きている
こと、クライアントが言っていること、自分がクライアントの勝利や困難
にどのように貢献しているかなどについて、理解の妨げとなる盲点をつ
くってしまうことがよくあります。

　2.　次に、コーチとクライアントの関係に起きていることを確認しなが
ら、その関係のダイナミクスさを深く理解する機会を与えます。そして、
クライアントへのコーチとしての独自の反応についての気づきを引き出し
ます。

　3.　最後に、スーパービジョンはコーチが必要とする支援が行える機会
を与えます。コーチは1人で仕事をします。コーチングは「感情労働（訳
注：身体や思考だけでなく、感情のコントロールも必要とされる仕事のこと）」とも
いえます。こうした仕事の場合、疲れたり、悩んだり、または心が踊るよ
うなこともあります。また、コーチングには倫理的に多くのジレンマがあ
るので、コーチングの仲間同士でないとその問題を共有することはなかな
かできません。スーパービジョンは、批判されたり、何をすべきかを言わ
れたりすることを恐れずに、そうした問題を探究できる唯一の場かもしれ
ません。

　交流分析等の分野で活躍する英国のコンサルタント、ジュリー・ヘイは著書『内省の実践とコーチのためのスーパービジョン』（*Reflective Practice and Supervision for Coaches,* 2007；未邦訳）で、スーパービジョンの実施レベルをコーチングの経験度合いに応じて 3 つに分けて説明しています。

　1．標準的なスーパービジョン（Normative）：初級レベルのコーチに適用される。ここではスーパーバイザーがコーチングのベンチマークになる標準を示すことで、実践的で汎用性のあるトレーニングを行う。スーパーバイザーはアセッサーでもあり、スーパービジョンのセッションでははっきりとした指示的な態度を取ることもある。

　2．教育的なスーパービジョン（Formative）：一定の経験があるコーチに適用される。経験豊富なコーチ／スーパーバイザーがアドバイスとフィードバックを行う。ここでは、あらゆるサポートが行われ、コーチングで発揮できるかもしれない心理的パターンについて、自己認識とその理解を深めることが目的となる。

　3．支援的なスーパービジョン（Supportive）：スーパーバイザーとコーチが対等レベルにある、経験豊富な上級コーチに適用される。ここでのスーパーバイザーの役割は、コーチと振り返りを行い、コーチに見落としがあれば指摘し、最高のコーチングを行うための妨げとなるような、コーチ本人にどんな課題があるかを話し合う場を提供することである。

　スーパービジョンは、経験豊富なコーチよりも、トレーニング中だったり、最近なりたてのコーチが定期的に、頻繁に行うことのほうが普通は効果が出やすいといえます。ただ、経験豊富なコーチにも、スーパービジョンが有効であるといえます。コーチを長年務めていると、飽きや慢心が生じてきたりするかもしれません。例えば、自分が「賢い」と思いたがるコーチは、その固定観念を払拭し、リフレッシュするためにはスーパービジョンが最適かもしれません。

◎燃え尽き症候群と錆びつき症候群

　燃え尽き症候群（超ストレスの末に発生）や錆びつき症候群（倦怠感から発生）のいずれにも注意しましょう。この兆候は、コーチよりも先にクライアントが気づくと思います。コーチが言うことと、クライアントが実際にコーチングで体験することに食い違いがあれば、それがすぐにわかるからです。コーチに救世主的な気持ちが現れてくることが、そのサインです。例えば、自分ならクライアントを失敗から救うことができると思ったり、コーチとしての技量に慢心して、どんなときも洞察力を発揮できると感じるようなことです。また、これから会う新規のクライアントにいささかの不安を感じなかったり、クライアントが話し始める前から何が言いたいのかを正確にわかると思うことがあれば、これも要注意です。

　さらに注意が必要なのが、クライアントと一緒にいるときに退屈や苛立ちを感じたり、コーチングを活性化し、退屈しないための新しい仕掛け、手段、手法を探し続けないといけないと感じ始めるときです。

　こうした危険な徴候は、現実と常識に照らし合わせ、スーパーバイザーと率直に話し合うことで克服するようにします。困難さや達成度合いについて議論できる経験豊富なプロのコーチは、非常に貴重な存在です。完璧な演習を保証してくれるわけではありませんが、程度の低い演習になることはほぼありません。

　また、スーパーバイザーとのディスカッションを通して、コーチの仕事を離れる決断をする場合もあるでしょう。仮にそうであっても、理由がどうあれ、コーチを辞めることを認めることを恥ずかしく思う必要はありません。

◎スーパーバイザーのスタイル

　英国政府内でのスーパーバイザーの経験がある独立コンサルタントのバーバラ・モイーズ博士が2009年に行った文献調査と定性的研究によれば、彼女が詳しく調査した12人の現役スーパーバイザーが採るメソッドや考え方はさまざまであることがわかりました。彼らはとくに、スーパービジョンは非指示的であるべきとは必ずしも考えていませんでした。また、

スーパーバイザーが教育を提供することとチャレンジすることとの役割を
どれほど担うことがふさわしいのかという点で違いが認められました。

　私の知り合いのスーパーバイザーたちも、役割がそれぞれさまざまであ
ることがわかります。精神力動的アプローチからスーパービジョンを捉え、
スーパーバイザーとその相手の関係性も含めて、物事の解釈、「転移」「逆
転移」（89ページ参照）を重視する人もいれば、コーチが個人的な生活や仕
事上のことも含めて何でも話せる場を組み合わせたりしている人もいます。
さらに、相手のコーチング事例に関するディスカッションを行いながら、
コーチング・ビジネスの運営についての指導を行っている人もいます。

◎スーパービジョンのセッションの価値を最大限に引き出す

　スーパービジョンの目的にどのような信念を持ち、どんなふうにコーチ
ング・セッションをコーチとして行っているのかをその人に確認して、
スーパーバイザーを慎重に選びましょう。このとき重要なのが、相性とお
互いに敬意を払えるかです。そして、スーパービジョンで自分が何を求め
ているかを共有し、スーパーバイザー自身のコーチングの経験もあわせて
教えてもらいます。コーチとして一通りのことができるようになるまでに
は約1000時間のコーチングが必要であり、あらゆるタイプのクライアン
トに対応できるようになるには約3000時間を要すると言われます。実際
の経験量に関係なく、コーチとして一定レベルの実務がこなせるようにな
るまでに少なくとも1年、どのようなクライアントにも問題なく対応でき
るようになるにはさらに3、4年は必要になります。これがスーパーバイ
ザーとして認定されるレベルです。これは、クチコミで高い率のリピート
客を持つことに成功したコーチが3000時間のコーチングと数年間の実践
を行っているという経験則があるからです。卓越性と経験を有するコーチ
がスーパーバイザーとしても自動的に優秀といえるかどうかは、コーチと
スーパーバイザーでは役割が違うので答えに窮する問題です。ただ、コー
チとして優秀であることがスーパーバイザーになるためのスタートになる
ということはいえるでしょう。

英国には、スーパーバイザーになるためのトレーニングや資格があります。しかし、コーチングと同様に規制や標準化はほとんどないため、その役割を担う人たちの多くは、仕事の質を自己判断している状況です。スーパーバイザーになるためのコースにコーチが関心を抱くのは、激しい競争のなかで差別化するのに役立つ資格として捉えているからです。スーパーバイザーになるための研修講座のなかには、基本的なコーチングの資格取得を完了していなかったり、実務経験がほとんどない人を受け入れているところもあります。コーチングの実務経験があまりにも少なければ、共感して傾聴する以外に何ができるというのでしょう。

　スーパービジョンを受けるセッションでは、自分自身の反応に注目しましょう。たぶん、興奮や、楽しい期待や興味が不安と入り混じった気持ちを同時に感じると思いますが、これはとても良いことです。コーチに、コーチング中のクライアントが自分自身を無防備に曝け出していることを思い起こさせてくれるからです。同じように、スーパービジョンのセッションの価値を高めるには、自らを曝け出し、疑問や間違いがあれば認め、フィードバックを厭わずに受けることが肝心です。

　スーパービジョンのセッションでは、自分自身と自分のコーチングのスタイルに関して意識を向けてください。自分とスーパーバイザーしかいません。指導を受ける対象者は自分のクライアントではなく、自分自身なのです。しかし、スーパーバイザーはコーチングのセッションを見ることができないため、コーチは理想的には何をするべきだったかを結果論で評価し、スーパーバイザーがさりげなく自分のコーチとしての優位性を主張してしまい、スーパービジョンの受け手を傷つける場になってしまうかもしれません。

　スーパービジョンで行う質問は、「このクライアントの問題は○○です」ではなく、「このクライアントについての私のジレンマは○○です」とすべきです。

　スーパービジョンのセッションで自問する効果的な質問を以下に示します。

「どのようなクライアントであれば私が最も楽しく仕事をすることができるのでしょうか？　それは私の何を意味することなのでしょうか？」

「前回お会いしてから、実施したコーチングで一番良かったこと、一番うまくいかなかったことは何ですか？」

「どのような倫理的な問題が私を悩ませているでしょうか？」

「最近、クライアントとの間で行き詰まったところはどこでしょうか？」

「私が直面しているジレンマは何でしょうか？（特定のクライアントに対して、あるいは一般的に）」

「クライアントとの間でどんな問題が繰り返されていると思いますか？」

「これは私が何に気づいて、あるいは無視していることを示唆しているのでしょうか？」

「それは私と私のやり方について何を示しているのでしょうか？」

「どのスキルやテクニックが私には簡単だと思っているのでしょうか？」

「私はどのスキルやテクニックを避けているのでしょうか？」

「クライアントからどのようなフィードバックをもらえばいいですか？」

「そのフィードバックから出てきたテーマにどのように対処すればいいのでしょうか？」

「自分はコーチとしてどのように成長しているのでしょうか？」

　料金を支払ってスーパーバイザーに依頼することなく、スーパービジョンが行える良い方法があります。他のコーチとお互いに役割を演じ合いながら行う共同コーチングや、コーチたちがそれぞれの課題を順番に論じ合う学習スタイルのグループ・ミーティングです。レビューやフィードバックを得るためにコーチ同士でライブ・ミーティングを有効活用しているグループもあります。これは、自分の実際のスタイルを知るうえでとても貴

重な方法でもあり、同業の人たちから実践的なフィードバックが得られる
メリットがあります。

◎スーパービジョンの現実性

コーチング業界では、スーパービジョンの有効性が多く語られますが、
実際のところ、コーチはスーパービジョンを受けるにあたって、どんなこ
とをするのでしょうか?

コーチング協会のなかには、25時間のコーチングごとにスーパービ
ジョンを1回行うことを推奨しているところもありますが、頻度として多
い印象を受けます。私の場合ですと、週に平均12時間のコーチングなの
で、2週ごとにスーパーバイザーを依頼する計算になりますが、もちろん
そうはしていません。コーチング・フィーからその費用を賄うとなると、
節約しながらよく吟味して、最大の効果が得られるように依頼することに
なります。ビジネスとして軌道に乗るまで顧客を増やさなければならない
コーチほどスーパービジョンの必要性は高いはずですが、資金的にその余
裕がなければ避けざるを得ないこともあるでしょう。

コーチングのスーパービジョンに関する研究は著しく不足しています。
本書執筆時点で、スーパービジョンを利用するコーチの数、頻度、料金を
調べた情報はありません。また、スーパービジョンを利用したコーチと、
しなかったコーチとでは、コーチング・ビジネスでの成功の度合いや能力
に関して比較した調査も行われていません。その効果に関する研究の裏付
けも乏しく、それも自分の身の回りの数少ないサンプルに頼るしかありま
せん。

私は、スーパービジョンが誇張されて扱われることは問題だと思ってい
ます。スーパービジョンは通常の場合、クライアントがその場に不在で、
説明責任もなく、コーチが行った仕事について会話するのは部屋のなかに
いるスーパーバイザーとコーチの2人だけということを頭に入れておく必
要があります。

私はこれまで、7人のスーパーバイザーから指導を受けてきました。彼

ら彼女らは何かしら私の成長支援に貢献してくれましたが、共通していたのは自信を持つ気持ちを謙虚に受け入れられるようにさらになったことです。謙虚な自信を持つことについては、他の多くのコーチが同じように言っていますし、私が最初にスーパービジョンを行ったクライアントからも似たことを聞いたことがあります。しかし、謙虚な自信を持つコーチなら、良い仕事をするといえるのでしょうか？　そうは思っていますが、それを証明するのは難しいことです。

　例えば、私のコーチングのキャリアのなかで最も困難なクライアントの1人のことですが、7回予定していたコーチング・セッションの第4回に、大声で叫んだり悲鳴をあげたり泣き出したりと問題行動を起こしました。過去に深刻な悲劇に見舞われた人でしたが、コーチングだけでなく心理療法も必要だと口にしてもいました。私は内心、彼女とのこれからについて自信を失いかけ、続けるのをやめようかと考えていたときのことでした。幸いなことに、クライアントとのセッション直前に、当時私のスーパーバイザーとスーパービジョンを電話で行う機会がありました。彼女は静かに私の話を聴いて落ち着かせてくれました。そして、このクライアントに対してできることとできないことを思い起こさせ、その境界線を明確にするように促してくれました。

　こうして、私は落ち着いてセッションに臨むことができるようになり、以前にも増してセッションに集中することができたのです。しかし、これで私はより良いコーチングをしたといえるのでしょうか？　もしそうだとしたら、どれほど良くなったのでしょうか？　実際のところ、私にはわかりませんし、どちらかを証明することは不可能だと思います。

　一般的に、スーパービジョンは、すべてのコーチが取り組むべき専門能力開発の継続的な取り組みの1つであり、しっかりと行われればとても意義のあることです。コーチングのキャリアの段階ごとに、その方法や頻度は異なります。

　また、スキルや資格を更新するための研修、カンファレンスやワークショップへの参加、関連書からの知識の習得、コーチ同士が気軽にやりと

りできるネットワーキングなど、ほかの能力開発法も模索する必要があります。

◎エビデンスとフィードバックを得る

コーチング・プログラムを終えたクライアントに対しては、第三者を介して簡単なアンケートをメールで送ることをお勧めします。コーチングがどれほど役に立ったか、生活にどんな変化があったかなどを訊くと同時に、コーチングの効果を高めるために改善すべきことはないかなどのフィードバックを求めるようにします。

第三者を介して行うのは、社交辞令的ではない、より正直な答えが得られるからです。あなたがコーチング会社に所属しているのであれば、ときどきでよいので、こうしたクライアント調査を実施することはとても大切です。個人で活動している場合は、他のコーチと協力し合いながら行えばいいでしょう。

┃ 記録を取る

コーチの役割の1つとして、クライアントごとに記録を取り、必ずファイルすることがあります。これは、コーチの備忘録というよりも、クライアントのための記録ということに重きが置かれます。プロのコーチというものは、セッションの前にはクライアントに誠実に向き合うための心構えとして、これまでのセッション記録を見直すことに時間をかけます。

ところで、セッション中にメモは取るべきでしょうか？　これには、賛否両論があります。

◎セッション中のメモ

賛成	反対
クライアントが言ったことを記憶に残し、詳細を正確に記録するための信頼できる方法である。	不必要なことを書き留めていたり、次回すぐに読みきれないほど大量に書いてしまったりする。
クライアントの話を真剣に聞いているように見える。	何を書いているのかクライアントに疑問を持たれるかもしれない。
後で会話を再確認するのに時間をかけなくて済む。	メモするためにクライアントから目線を外すことが増える。また、ノートが2人の間の壁のようになってしまう。

◎セッション後の記録

賛成	反対
クライアントのすべてのことに集中できる。	話の内容を忘れてしまったり、不正確に覚えていたりする。
2人の間に壁をつくる心配がない。	メモを取らないことで、クライアントに重要なことを忘れてしまうのではないかと心配されるかもしれない。
終了後なら、必要な部分だけを書き出すだけでいい。	クライアントが退出後にメモするので、その分の時間を要することになる。
後で書けばいいとわかっていれば、リスニング・スキルが磨かれる。	後で書けばいいと思ってセッションに臨んでも、情報を忘れていることがある。

　オンラインでのコーチングなら、セッション中とその後の両方のメリットを享受できるかもしれません。ただし、クライアントの発言すべてを書

き留めたくなる誘惑には注意します。すべてメモすることが後で意味があればいいですが、そうでないこともあります。

　メモは短く、簡潔に行い、個人的な解釈は含まずに事実や実際の発言にとどめます。英国では、クライアントはコンピューターに保存されている自分の記録は閲覧できる法的権利があるため、クライアントに見られても恥ずかしくない書き方に留意します。セッションが行えなくなる事態やオフィスを不在にする場合に備えて、メモにアクセスする方法を信頼できる同僚などに伝えておきます。また、クライアントの連絡先は、各セッションの実際のメモとは別にして管理するようにします。これは、秘書や事務員がクライアントの機密情報に触れることなく、クライアントに連絡できるようにするためのリスク管理になります。

　通常は、1〜2ページの箇条書きにしたもので十分です。クライアントの氏名、請求書の詳細内容、日付、クライアントの抱える問題、配付資料や心理測定の結果、クライアントの行動要項、コーチ自身の行動要項などを記録します。

　コーチのなかには、セッションでのメモをクライアントにメールで送ることでフォローアップしている人もいます。私はこれをお勧めしません。クライアント本人のためのメモは、クライアント自身の仕事だと思うからです。

コーチのためのトレーニングと能力開発

　トレーニングによっては、他のコーチと大きな差異をもたらすことができます。自分自身の活動を認識し評価するフレームワークや、実施方法についてのフィードバック、研修参加者との有益なアイデア交換といった機会が得られます。

　なお、コーチング市場ではコーチが飽和状態にあり、その専門性に違いが見られなくなってきていることで、企業のクライアントは資格の有無に注視するようになっています。

◎公開学習・遠隔学習

　コーチのための研修サービスは、さまざまな方法により提供されています。公開学習や遠隔学習、ウェビナーなら、1人の講師で何十人もの受講者が同時に学ぶことができます。これらの方法は、サービス提供者にとって、同じことを対面で行うよりも大変低コストで行えます。また、一度教材をつくっておけば、開発費を回収した後は対面式の研修よりもはるかに少ないコストで済みます。

　公開学習の教材は、自分の時間とペースで学ぶことができるものです。そして遠隔学習と同様に、学習効果を高めるには教材の質がすべてです。いまではテクノロジーの発達により、コーチングの実践例や、よくある問題への正しい対処法と誤った対処法などを動画で見ることができ、理論を現実に置き換えて確認することなどもできるようになりました。eラーニングにより、理論を学んで、そのレポートを送るということも可能です。チャットルーム、ブログ、専門家によるディスカッション・グループなどによる学習者支援もあります。ブレンド型学習は、オンラインとオフライン、集合と個別など学びを組み合わせる学習形態ですが、これなら学びのための場所や目的が最適化できます。

　しかしながら、コーチングは複雑な課題に対処し、解決の糸口を探す繊細なスキルが求められます。動画を見たり、本を読んだりするだけでは習得できません。コーチングの解説書を読んだり、人がやっているのを見たりしても、実際に自分でやってみて、よく観察してもらってフィードバックを得るまでは、自分の実際の水準がどの程度なのか、あるいは、必要なスキルを身につけるのが簡単なのか、難しいのかもわからないでしょう。

　コーチにとって最も効果的なトレーニングとは、現状のスタイルに磨きをかけると同時に、身についてしまった悪い癖を改善していく習慣です。改善していこうという気持ちがなければ、練習パートナーや経験豊富な指導者からのその場での個別のフィードバックも得られず、悪い癖が慢性的なハンディキャップになりかねません。ウェビナーに参加している、例えば30人のうちの1人であったり、DVDを見ていたり、ウェブサイトの数

ページを読んでいるだけでは、この弊害に気づくことはできません。

　研修会社を選ぶ際のガイドラインを以下に示しておきます。

　・サービス事業者の研修内容についての説明が、現実性があり、穏当で
　あるかを確認します。「数日のトレーニングで本格的なコーチになれる
　ことを約束します」というのは誇大広告と思って間違いないでしょう。
　研修コースは、コーチとしての成長プロセスの終点ではなく、出発点で
　す。「いまならとてもお得な割引実施中！」といった宣伝文句にはとく
　に注意が必要です。
　・「無料」のワークショップの場合、テキスト代や宿泊費として支出を
　伴うことがあるので、予約する前に調べておきましょう。
　・参加者数と講師数の比率が低くないかを確認します。10：1の比率が、
　個別対応が保証される最低のラインです。
　・良い研修会社ほど、コーチとしても豊富な成功実績があります。研修
　講師が何年ほどコーチとしての成功実績を積んでいるかを訊いてみま
　しょう。
　・特定の理論や流派に基づいたコーチングには注意が必要です。コーチ
　ングは、さまざまな流派を参考に、実用本位で行う技術だからです。
　・講義中の実習の比率が高く、個々へのフィードバックに重点が置かれ
　ていることが望ましいといえます。
　・認定は、国内外で通用し、そうでないものは疑いの対象です。

▌認定と証明

　認定プロセスの中心となるのは、小論文を書いたり、クライアントから
のアンケートによる評価ではなく、観察や録音・録画を通じての実際の
コーチングの評価です。研修会社のなかには、「論文」のみで受講生を認
定するところもあります。これは確かに関心を引く意欲的なやり方ですが、
コーチとしての資質を証明するものではありません。コーチングについて

どんなに立派な論文が書けたとしてもひどいコーチになるかもしれません
し、立派なコーチであっても良い論文が書けるわけではありません。

　生命や安全などが危険にさらされる可能性が高ければ高いほど、この問
題はさらに重要になります。重要なのは説明責任（accountability）です。説
明責任が厳格に管理されている職業には、医学とその関連職業、法律家、
宗教家、建築士、会計士、パイロットなどがあります。これらの職業では、
積極的な再登録や継続的な追加的な研修（現在、一部の職業では義務化さ
れている）を含む免許（license）によって、その職業の資格取得が管理さ
れています。

　品質をしっかり担保するためには、金融サービスにおけるさまざまな機
関に相当するような、国内または国際的な団体が必要です。効果を発揮す
るにはその団体は、職業への参入を規制する力が必要であり、基準を設定
し、テストするための資金だけでなく法律も必要となるでしょう。重要な
ことは、専門家（プロ）の介入によって良い結果をもたらすというコンセ
ンサスと、さらに苦情処理の仕組み、不正者を罰し、必要であれば追放す
るといった説明責任の手続きが必要であるということです。（これは、医
療や看護学のような規制の厳しい専門職でさえ、困難で時間のかかること
として知られています）。これに加えて、その職業は大変重要で管理する
価値があるいう社会的な支持と合意、つまり、良いことだけでなく重大な
損害を与える可能性があるということ、さらに、上記のすべてを管理・運
営するすべての実務者とスタッフの経済的な援助が必要となるでしょう。

　現在のところ、これらすべてを提供できる団体は国内だけでなく、海外
にも存在しません。既存の認定機構は、コーチング職への資格取得を管理
できていません。トレーニングを受けているかどうか、コーチング資格を
持っているかどうかにかかわらず、誰でも自分をコーチと名乗ることがで
きます。認定を受けてはいるものの、職業上の軽罪を犯したコーチを懲戒
する効果的な手段はありません。なぜなら、質の悪いコーチが業務を続け

ることを防ぐ方法がないからです。

　優れたコーチは、知恵と技術を持っています。コーチとしての真の成功は、会計士や法律家などの職業のように、試験で簡単に試せる事実上の知識の蓄積よりも、実際のクライアントとの膨大な時間のコーチングと、継続的な専門的知識習得へのコミットメントの結果です。ただし、基礎となる理論の知識も不可欠であり、理論の知識を増やすことにより、コーチングの基盤となる多くの考え方の起源、利点、限界についての認識を深めることができます。

コーチングは効果があるのか

　多くのコーチは、「コーチングは本当に効果があるのか？　あるとしたら、それはなぜ、そしてどのように？」という不安を抱えているものです。もし私たちが、クライアントの明らかな成功に貢献していないと思うのであれば、私たちはコーチングのプロセスを尊重していないことになります。もし私たちが、クライアントの明らかな成功を少しも自分の手柄にしないのであれば、私たちはコーチングのプロセスを尊重していないことになります。もし私たちが手柄すべてを自分の手に入れてしまえば、クライアントに敬意を払っていないことになります。コーチングの危険性としてあまり議論されていないのが、自分自身や他の人に自分のコーチとしての価値があることを証明しようと、クライアントの「成功」に過剰に期待してしまうことです。例えば、あなたがクライアントの就職面接のためにコーチングをしたとして、そのクライアントが就職できた場合、あなたはどれだけ自分の功績を主張できるでしょうか？　これはもっと議論が必要な分野です。

　コーチングは、クライアントによる自発的な取り組みであり、基本的にそうでなければなりません。そのため、自らコーチングを求めてくるクライアントはすでに自己認識力が高かったり、すでに成功していたりしてい

て、そうでないクライアントとは何か違うところがあるようです。

　このためコーチングを求めている長い待機者リスト・グループがないかぎり、コーチングを受けたいグループをコントロール・グループ（訳注：研究で比較される基準となるもの）と比較することは困難となります。知識やスキルは、組織内でコーチングを受けている個人からコーチングを受けていない個人に漏れる可能性もあり、実際にはそうなることを期待しなければなりません。また、コーチング・プログラムが始まる前後に何らかの評価が含まれる調査を行う組織はほとんどない以上、組織内はもちろん、個人にどれだけの変化があったかを評価することは通常難しいということになります。

　仕事や人生の成功要因は、1つに帰着することは決してありません。違いが生じたのはコーチングのおかげだと断言できないほど、通常はとても多くの要因があるものです。例えば、大がかりなコーチング・プロジェクトでは、多くのクライアントにさまざまなタイプのコーチが関わります。こうした場合、コーチングの成功や失敗の原因が、個々のコーチの長所や短所とどう関係するかを確認するのは事実上不可能かもしれません。

　コーチングを楽しむことが、必ずしも行動変容を伴うわけではありません。クライアントに毎回のセッションやコーチについてのフィードバックをセッション後に求めることで、コーチング直後に感じたことを伝えるのは簡単にできると思います。これはコーチにとっては意味のあることですが、組織にとっては必ずしもそうとはかぎりません（なぜならば、クライアントが実際、職場で言動に移さないとコーチングの効果には結びつかないからです）。

　また、このことはコーチングの研究の多くがコーチングに熱心な研究者によって行われており、たいていその研究者はコーチングに深く関与したことがあるという事実によって複雑になってしまっています。

　効果測定を気にし過ぎると、測定できるものだけを測定しようとするこ

とにもなりかねません。残念なことですが、こうして測定されるのは概ね些細なものばかりです。例えば、クライアント個別のセッション数はすぐに調べられますが、クライアントそれぞれがコーチングのプロセスから価値を得たかどうかはどこまでわかるというのでしょう？

投資対効果

　コーチングの投資対効果について、投資収益率（ROI）を計算して財務的に測定できるかどうかが注目されています。

　米国オハイオ州に本拠を置くシェルパ社（Sherpa Coaching）では、コーチングの投資収益率を計算する方法を開発しています。この方法は、まだ感覚的な推測の部分もありますが、クライアントに協力を求めて試してみてはいかがでしょう。

ステップ1	問題を解決した場合の総価値、または解決しなかった場合のコストを見積もる。 例：クライアントは最も優秀なスタッフ2名の引き止めに成功した。 2人とも退職する恐れがあり、コーチングでは、彼らの仕事を再設計し、これまでとはマネジメントのやり方を変えて彼らのやる気を引き出すことに専心した。 採用コストとビジネスへの影響を回避することができた。 コスト削減：110,000ポンド
ステップ2	第1段階で算出した金額に、コーチとクライアントがコーチングで寄与した割合を乗算する。その割合を50％とする。 55,000ポンド（110,000×0.5）
ステップ3	ステップ1とステップ2の正確性について、コーチとクライアントの自信度を加味する。 自信度80％との回答。 調整後の総利益：44,000ポンド（55,000×0.8）
ステップ4	コーチングのコストを差し引く。（6,000ポンド） 純利益：38,000ポンド（44,000－6,000）

ステップ5	ROIを計算するには、純利益をコーチングのコストで除算し、パーセンテージで表す。 38,000 ÷ 6,000 × 100（%）= 633% ROI = 633%

　この場合、実質的な投資対効果があったと判断できます。

　コーチとして、発注元の組織が支出に対してどのようなリターンがあるかというもっともな関心事に答えるためにできることがあります。まず、コーチングの開始時からすべてのセッションを通じて、目標設定と実行のプロセスに十分な時間を取ります（第7章参照）。目標はできるかぎり測定可能に設定し、必要に応じてクライアントの上司に同席してもらいます。そして、人間関係と能力の課題について答えを出すことが業績に結びつくよう最大限の努力をし、クライアントに本人の最終的な目標達成に向けての進捗状況を常にフィードバックしてもらうようにします。また、コーチングが何にどう貢献しているかを尋ね、コーチが大規模なプロジェクトに関わる場合には、目標設定時に評価方法を組み込むにはどうすればよいかを考えます。

コーチングの成功を測るその他の指標

　ROIを測定しようとすると、多くの限界があることに気づくと思います。最も重要なことは、チームの努力の重要性を過小評価してしまうことであり、この効果をコーチングだけで測ることは困難となります。ジャッキー・ケディとクライブ・ジョンソンはその著書『組織におけるコーチングの活かし方』（*Managing Coaching at Work*, 2011；未邦訳）のなかで、コーチングの影響を評価する際に、刑事事件で要求されるような絶対的な証拠を探すよりも、民法で採用されている確率的アプローチのほうが賢明だと指摘しています。同書では1章にわたってコーチングの監査と評価について解説していますが、その章のなかで、根拠が曖昧であることに素直に向き合うことや、インパクト・チェーン（訳注：人や資金などのリソースの投入に対して、最終的に個人だけでなく組織全体に波及する効果を生み出すプロセスのこと）

と呼ばれる、コーチやクライアントなど関係する個人を超えた、組織全体に影響するコーチングの効果を追跡するための方法の活用を提案しています。

　これまで行われてきた効果測定に関する数多くの研究から、コーチングが組織にいくつものメリットをもたらすことは明白です。アムステルダム自由大学講師で心理学者のティム・テーブームは同僚たちとの広範囲にわたる文献の調査と、独自のコーチングの定義に適合しない研究を徹底的に排除したメタ分析（訳注：いくつかの研究結果を統合し、信頼性のある結論を導く統計手法）により、コーチングがパフォーマンス、ウェルビーイング、スキルに効果的な影響を与える可能性を見出しました。彼らの結論はいくつかの点で注意しなければなりませんが、概ね次のとおりです。

　　その結果、コーチングは、パフォーマンス、スキル、ウェルビーイング、コーピング（訳注：ストレスに対処するために取る行動のこと）、仕事への姿勢、目標指向の自己制御、こうしたことに有意なプラスの効果をもたらすことが判明した。
　　一般的に、メタ分析の結果は、コーチングが組織内の個人のパフォーマンスを向上させるための有効な手法であることを示している。

　（2013年発表の研究「コーチングは機能するか？　組織における個人の成果に対するコーチング効果に関するメタ分析」より）

　コーチングの効果については、これからコーチングを受ける人たちからその客観的な根拠が訊かれることがあります。そのため、コーチはその根拠を示すことができる知識を有することが重要です。ただ、コーチ自身が実践の場で蓄積してきた根拠のほうが、知り得た情報よりも重要になるでしょう。その多くは無形の要素であり、測定するのが難しいものです。

　コーチングに関する本の出版を記念した楽しいイベントに参加したときのことです。私の肩を軽くたたく人がいて振り返ると、それは私の元クライアントでした。その頃、危機的状況に直面していた会社の最高責任者だった彼女は私を思いきりハグしました。自分の仕事も危うい状況であり

ながら、彼女は私のもとに来てくれていたのです。彼女はいつも熱心で勤勉で感謝の気持ちを表してくれるクライアントでしたが、私は彼女にとってコーチングがどれほど大切なものだったかがわからなかっただけに、彼女からの温かく思いやりのある言葉は、私の宝物となったのです。

　「あの頃の私の人生で、唯一あなたは安全な場所を与えてくれた人でした。あなたとのコーチングで私は最悪の恐怖に向き合い、自分が何をしたいのか、何をしなければならないのかがわかり、自分で問題解決できたのです。転換点となったのは、仕事上のこともそうでしたが、私生活でのいろいろな問題を探り始めたときでした。そのことで私は、"最高経営責任者"という役割である前に、"自分は自分"であるということに気づきました。その瞬間、私にとって重要なことが変わったのです。自分や組織のために、難しい決断を冷静に行えるようになり、キャリアの移行もスムーズにできたのです。」

　コーチングは、プロの職業として確立されるまで、まだまだ長い道のりを歩まなければなりません。コーチという言葉は、それと近い関係にあるコンサルタントがキャリアとして定まるまでの一時的な職業名に使われるように、曖昧に解釈される言葉になりつつあるのかもしれません。

　実際には、そして長い時間を要して、誰が優れたコーチで、誰が手探り状態の素人なのかは市場が決めることですが、採用する側にはすぐにはその判断がつきません。だからこそ、プロフェッショナリズムをさらに続けていくことに貢献していくことが、私たちプロ・コーチ全員が共有する義務なのです。

第14章
テクニックを超える
Beyond technique

私には、あなたが見えています。

私はここにいます。

　　　　　　　　　　　　（西アフリカの挨拶とその返事）

テクニック依存の弊害

　コーチングが組織で導入されることが一般化しつつあるなか、「コーチング離縁者」と私は呼んでいるのですが、かつてコーチングを受けたものの、うまくいかずに終わったままのエグゼクティブ・コーチングのクライアントを担当することが多くなっています。その人たちからコーチングを中断した話を親身になって聴くほどに、私たちコーチが目指すべき優秀なコーチになるのはいかに難しいことかを改めて思い知らされます。それと同時に、かつての私のクライアントも同じ思いをしたのではないかと考えさせられます。

　組織から依頼されるコーチは、入札やフレームワーク合意方式（訳注：不正の未然防止や、効率性や品質の確保を目的に欧州を中心に導入されている契約方式）などで選考された有能な人たちです。組織側の窓口の人事担当者に話を伺うことがありますが、こうして選考されたコーチは素晴らしい実績を持つ人だと信じているのですが、なかには残念な結果になった人もいるそうです。なぜ失敗するのでしょう？　コーチング・プロフィールと実際の

454

コーチング・スキルのギャップがあり、それを見抜けられない場合、ですね。

コーチングが失敗する典型的なパターン、それは「テクニック」に依存し過ぎることです。

　Aコーチのセッションはサンドイッチ店の騒がしい店内だったので、プライバシーは全くありませんでした。また、彼女のセッションは、目を閉じ、2分間の深呼吸から始まったそうです。クライアントはとても恥ずかしい思いをしたと思いますが、周りのお客さんには奇異に見えたに違いありません。

　Bコーチは、NLPのテクニックに感化され、ビジュアライズ（訳注：イメージを可視化すること）がすべての問題解決につながると信じているようでした。彼は最初のセッションの冒頭の10分を、クライアントが「過去の過ちや心の葛藤がすべて洗い流される」滝の下に立つ自分を想像する時間にあてたそうです。そのコーチは、本当は福音伝道師としての天職が下る人だと自分を思い違いしていたのかもしれません。そのセッションの後半で彼は、クライアントに次のように言ったそうです。

　「これからの人生が目の前に広がる様子を想像してみてください。そして、そこに一歩踏み出してみるのです。」

　クライアントはこれに対し、「何を言っているのかさっぱりわからず、何もできませんでしたよ。ばかばかしいと思いました」との感想でした。

　Cコーチは、男性優位の組織で働く女性のクライアントから、どれほど自信がないと感じているか、その胸のうちが明かされました。コーチはこれを無視して、男性のような力強いプレゼンテーションの練習をしてみてはどうかと提案してきたのだそうです。このクライアントは、「私の状況をわかってもらえるとは思えませんでした」と、怒りを抑えて言いました。

Dコーチは、クライアントとまるまる2回のセッションを通して、「聴く」態度のミニ・レクチャーでもするようにコーチングを行ったそうです。

　冷静に、惜しみなく共有してもらえるクライアント側の率直な体験話（このときのクライアントだけではなく、他の人もおそらく困惑すると思うのですが）から言えることですが、こうしたコーチは、「テクニック」があらゆるクライアントの問題を解決するものだと信じていることが垣間見えます。もし、彼ら彼女らはコーチング・テクニックがうまくいかなければ、基盤となる心理学的知識や洞察がないので、迷走することになるのだと思います。

　これはまさに逆説から来る矛盾、つまりパラドックスです。テクニックへの依存を回避するには、テクニックを学ばなければなりません。これは、演劇やスポーツ、楽器の演奏を学ぶときにも同じことがいえます。演劇では、脚本の意味を理解するためにまずメソッドを習得し、そしてそのメソッドを手放さなければなりません。楽譜に記載されている音符を音楽として理解して、オーケストラを鼓舞するためには、指揮者は努力を重ねてきた音楽学者でなければなりません。ジャズ・ミュージシャンは、テクニックを完全に身につけてからでないとアドリブはできません。

　コーチになるにはテクニックを身につけ、クライアントの学びや変容にそのテクニックが実際にどのように適合するかを学習しなければなりません。この学習は、コーチとクライアントとの実践の場でしか行えません。なぜならば、コーチングのクライアントは、不特定多数で客観的に接する「客体」の人間ではなく、特定で主体的に接する「主体」の人間が対象だからです。ゲシュタルト療法に多大な影響を与えたウィーンの哲学者で作家のマーティン・ブーバー氏のコメントが、ハイクナーとジェイコブズの著書『ゲシュタルト療法における癒やしの関係』（*The Healing Relationship in Gestalt Therapy*, 1995；未邦訳）のなかに、次のように残されています。

　「コーチが優秀であるか、最終的に決め手となるのは心理療法士その人であり、メソッドではない。ただ、メソッドのない心理療法士は生半可でしかない。メソッドは大切だが、それは使うためにあり、信じるためにあるのではない。心の病に対処するうえで類型学の知識を持たない医師はいない。しかし患者を診断する際、心理療法士はいったん類型学から離れ、心理療法士と患者の間に起こっている、この予測できない現実をありのまま受け入れることになるのだ。」

■ 自分自身こそが最高のパフォーマンスを上げる「道具」

　コーチとして最高のパフォーマンスを上げる「道具」は何かといえば、やはりそれはコーチ本人のあり方です。本書で紹介した「モノ」以外にも、コーチとして必要なツールやテクニックは多くありますが、本来持っている本物の自分らしさが発揮できなければ、コーチングがどこか物足りなく感じることと思います。コーチングにはさまざまなパラドックスがありますが、これこそがその中心といえるものです。

　プロ・コーチであれば、クライアントのそのときの現実にしっかりと向き合いますが、無理に立ち入ってはいけません。コーチング・ルームでは個性を最大限に発揮しますが、クライアントを圧倒することがあってはいけません。すべてのコーチング・テクニックを知るべきですが、臨機応変に使い分けなければいけません。クライアントと親しい間柄になることに努めますが、コーチング中はその境界線を超えて友情に変わってはいけません。クライアントの言動に深く注意を払いながら、それに対する自分の思いや行動に気をつけなければなりません。全体のプロセスをある程度コントロールはしていきますが、クライアントにその同意を得なければなりません。

　コーチングの最終的な結果は、クライアントが以前よりも力を得たように感じ、行動力が上がることです。ただそれには、コーチとクライアントが一緒に自然体で協同することが大事なのです。

　このことを深く理解する方法の1つとして、コーチングの際、「コーチ

として発揮している（doing coaching）」のであれば、それは「コーチとしていられる（being a coach）」よりもはるかに大変なことだと受け止めることです。なぜならば、コーチングを意図的に実施することは、優秀なコーチになりたいと思い、一所懸命になり過ぎてしまうことになります。これはとても大変なことであり、ストレスに感じることもよくあることです。でも、「コーチとしていられる」のであれば、コーチング・プロセスを信じ、その流れに従い、柔軟に対応していけばいいので、より簡単になります。

┃ 洞察力

　コーチとして、心理的な洞察力を持つことは重要です。他の人のために役立つ洞察力があると思うことは、コーチになる主な動機の1つなのではないでしょうか。洞察力は、人への好奇心と密接に関係しており、コーチとしての重要な条件です。

　しかし、洞察力にバランスよく頼ることも重要です。マインド・リーディング（訳注：心を読んで、人を操る技術）というものは、正確性に欠く技術だからです。ここには2つの原則があります。第1に、最良かつ最も価値のある洞察とは、自分自身を洞察することです。第2に、クライアントが自分自身を洞察することは、コーチがそうするよりもはるかに重要です。カール・ユングは著書『現代人のたましい』（*Modern Man in Search of a Soul*, 2001；邦訳：日本教文社）のなかでこのことを看破しています。

> 「患者にとって、常に自分が理解されることほど耐えがたいことはない。心理療法士が理解するかどうかはさほど重要ではなく、すべては患者が理解するかどうかにかかっているのだ。」

　また、洞察を行っている間は、第2章で解説した「CTIの傾聴3つのレベル」（72ページ）のレベル2とレベル3の、クライアントの話を聴くという重要なタスクから注意がそがれるかもしれません。こうなると、自分のことや上手に質問をすることに注意が向いてしまうのです。コーチングで

重要なことは、上手な質問ではなく、賢明な質問をすることであり、クラ
イアントが進むべき方向を遮らないようにすることです。

　これはつまり、クライアントの課題の因果関係を無理につなげて解釈し
ようとしなくてもいいということです。代わりに、「Xの事象とYの事象
にはどんなつながりがありますか？」と訊けばいいだけです。クライアン
トの動機を読む必要もありません。その代わりに、「そのときのあなたの
動機は何だったのでしょう？」と質問します。クライアントが抱える問題
のすべてを把握しようとする必要もありません。問題すべてのニュアンス
を見極めようとすると、クライアントがすでに理解していることをあなた
に理解してもらうために、努力を強いることになるからです。これでは、
クライアントが語っていることをコーチがありのままに体験することから
遠ざけてしまいます。コーチが洞察したとしてもそれをクライアントに伝
える必要もありません。その代わりに、「その出来事について、何を洞察
しましたか？」とか、「そこからどんなことを学びましたか？」などと質
問すればいいのです。

　これは、コーチが洞察することを否定するものではありません。ときど
き、コーチは直感的に、クライアントに役立ちそうな洞察が現れる瞬間が
あります。私はこうしたとき、それを深遠な真理のようにはクライアント
に伝えないようにしています。その代わりに、「いま、気づいたことが
あったのですが、お話ししてもいいですか？　正しいかどうかはわかりま
せんが、私はこう思いました」と、その洞察について共有するようにしま
す。それが間違いであれば、クライアントはコーチに、「あなたにはいっ
たいどう見えたのですか？」と言うと思います。コーチの洞察が正しけれ
ば、クライアントはその洞察から恩恵を受けることになります。

　コーチが刺激的で素晴らしいと思う洞察はコーチ自身の満足であること
が多く、そうしたものはクライアントにはほとんど意味をなし得ません。
コーチにとっては賢明に思えても、クライアントにはそう見えずに普通で
あることが多いのです。一方、クライアント自らが見つけることができた
気づきや因果関係は、コーチングの醍醐味といえることなのです。

「正しくあれ」という思いを捨てる

　私がコーチングに臨むにあたって最重視していることは、自分が正しくなければならない、クライアントのために解決策を見つけなければならないという思い込みから離れ、クライアントとのすべての対話にその信念を織り込むことです。あらゆる経験値を持つコーチたちが、共同作業とかアドバイスはしないと言いながら、クライアントがもがき苦しんでいたり、コーチが考える「進歩」を明らかにしていないのを見て、とても不安を感じているのを見受けます。

　こうなると必然的な結果として、ゆっくりながら、しかし確実に、セッションのほとんどがコーチによって執り行われるようになり、クライアントのエネルギーは退いていきます。こうした事態では、コーチは役に立ちたいとの気持ちが膨れ上がることで、クライアントに説教ぽくなったり、場合によっては威圧的になったりします。こうしたとき、クライアントにとって何が最も良いことなのかはコーチにはわかりません。だから、何が正しいことなのかも考える必要はないのです。クライアントはセッションの都度、きちんとした行動計画やチェックリストを持って帰る必要はありません。クライアントは時には、混乱、慎重、無気力、先延ばしといったことを選択したくなります。行動せずに、ただ考えるだけで十分な場合もあります。解決策のある無しにかかわらずそれはクライアント自身のことであり、何をするかを決める選択権を持つのは、常にクライアントです。

ぶれない軸

　コーチには、ぶれない軸が求められます。コーチングのセッションの間は、コーチ自身の懸念や不安を払拭することが必要です。チャレンジングなことには違いないですが、それが目指す状態です。自分の軸がぶれてしまうと、ふと頭に心配事が浮かんだりして、それが行動に影響し、それがクライアントにも何らか及ぶことになります。例えば、次のようなことが頭に浮かんできたら、要注意です。

「私は十分うまくできているだろうか？　私の質問は十分に賢明だろうか？」

「このクライアントを好きになれない。」

「このクライアントが怖い。」

「コーチとして一廉の私が、あまり冴えないこんな若造をコーチングするなんて。」

「誰がこの場を仕切るのかをはっきりさせるために、私がコントロールしなければならない。」

　こうしたことを想起してしまう理由の1つとして、コーチングのセッションの進め方にはさまざまな"自分"が求められることが挙げられます。一方には、組織開発コンサルタントのトーマス・クレイが著書『コーチングの真髄』（*The Heart of Coaching,* 1998；未邦訳）のなかで「要塞のなかの自分」と表現した、防御され保護された不安な自我があり、もう一方には、リラックスしながらも警戒を怠らない集中した自我があります。「要塞のなかの自分」は、自己認識ではなく自意識が強く、受容と洞察ではなく、批判と判断が勝り、自信ではなく傲慢、探究心ではなく辛辣、適応力ではなく支配欲が強いのです。「要塞のなかの自分」は完璧であろうとします。ぶれない軸のあるコーチは、十分であることを標準として受け入れますが、それは学習し続けることを目的としているからです。

　逆説的に言えば、優れた「コーチングを意図的に実施する」ためには、自分の仕事に利己的な要素が入り込まないといけませんが、自分の仕事に利己的な要素が入り込まなくても素晴らしい「コーチとしていられる」のです。

　正しい方法は1つに限りません。コーチそれぞれが自分なりの方法を見つける必要があります。経験豊富なコーチは仕事に行き詰まりそうになると、瞑想、マインドフルネス、祈り、ヨガ、音楽鑑賞といったことや、ウォーキング、ダンス、サイクリング、ジョギング、水泳などの適度な運動をすることが気分転換に良いことを知っています。

　世界の偉大な宗教のほとんどが、人格にあるエゴの支配を解き放ってく

れます。自分の道を探すためにそうした宗教の信者になる必要はありませんが、コーチとして大事なことは、自分のなかにあるエゴから離れ、自利我欲を脇に置き、批判的にならずに深く耳を傾けることができるかどうかです。

　　私たちは、人生の道のりにおいて、千変万化の自分に幾度となく出会う。
　　　　　　　　　　　　　　　　　　　　　　　　　　　カール・ユング

　この章の冒頭で引用した西アフリカの挨拶では、2人の人が出会い、見ること、つまり実際にお互いを見ること、また存在し、つまり存在を十分に示し合うことがとても重要であるという、素晴らしい気づきが得られます。これこそが、最高のコーチングなのです。

付録1

初回セッションのテンプレート

The first session : a template

　ここでは、使い勝手の良い基本的なコーチングの流れに関するテンプレートを紹介します。

◎事前準備

＊「予行演習」もしくは「相性を見る（chemistry）」会話：30分

　クライアントは自分に適したコーチを選ぶ目的で、ミーティングの前にそのことを確認する面談を行うことがあります。これが行われないようなら、事前にクライアントに連絡をとって自己紹介します。これは、実際のコーチングで築かれるパートナーシップの形をつくるうえで、理想的な関係性を構築し始めるために大切なやり取りです。クライアントには、できるだけ丁寧に、今後一緒にコーチングに取り組めるかどうかをお互いに確認する機会であることを伝えます。クライアントがあなたを選ぶのと同じように、あなたもクライアントを選びます。

　あなたの役割は、この会話を円滑に進めることです。あなたやコーチングがいかに素晴らしいかを売り込むことから始めるのではなく、コーチングを受ける直接的なきっかけは何だったのか、クライアントが他に試したことは何だったのか、コーチングやメンタリング、心理療法を受けた経験はあるのか、何がうまくいったのか、何がうまくいかなかったのか、などを確認します。

　次に、クライアントがコーチング・プログラムから何を得たいのか、コーチに何を求めているのかに進みます。あなたのどこに興味を持ったのか、具体的に訊いてみましょう。会話の後半は、クライアントからあなた

への質問になります。この会話のなかで、クライアントからは、あなたの通常のやり方、セッションの場所・頻度・時間・料金などについて質問されるでしょう。

このとき、問題や誤解が生じるようなことがあり、それがきちんと解決できない場合は、この段階で受諾しない覚悟を決め、別のコーチを紹介するのが適切だと思うなら、そうしましょう。

＊その他の事前準備

コーチのなかには、「ライフ・ホイール」（248ページ）のようなよく知られたエクササイズや、達成したいことや未達成目標をまとめた簡単なワークブックをクライアントに送る人もいます。もしそうするのであれば、最初のセッションでクライアントから必要な情報を訊き出さなければなりません。なお、以下に示す初回のセッションの流れは、こうした資料を用意していないことを前提にしています。

どの方法が正しいということはありません。あなたが心地よく感じ、あなたにとって何が有効であるかということがひとつの基準になるかと思います。

初回のセッションは、その後のセッションの流れをつくるためであり、また、通常のセッションとは違うことをクライアントにメールなどで伝えます。決まったフォーマットに従うのはこのセッションだけだと言ってもいいかもしれません。クライアントには、最近のフィードバック（360度フィードバック、人事考課の記録、履歴書、以前に受けた心理測定の結果など）を持参するように依頼します。

そして、個人情報シートに連絡先を記入してもらい、事前にメールで送ってもらいます。

◎初回セッションの構成例（90分の場合）

＊初めの挨拶：5分

通常、クライアントは、少なからず緊張しているものです。顔が少し赤い、汗を滲ませている、こうした兆候に注意してください。ここまでの旅

が予想以上に困難で長かったことで、まごついているのかもしれません。クライアントを温かく迎えながら、これまでのことを聞いてください。お茶やコーヒー（カフェインレスのものも含む）、水、ハーブドリンクなどを用意し、トイレの場所を教えてあげてください。コートなどはハンガーに掛け、コーチング・ルームに案内します。

＊コーチングを受ける理由を確認する：5分

　クライアントがコーチングを受ける理由として知らされていることを手短に振り返り、クライアントにも同じことをお願いします。そのとき、クライアントが「だれかれがこう言った」と課題の背景を詳細に話し始めたら丁寧に中断し、セッションの後半で詳細を伺うための時間があることを伝えます。

＊コーチングに関する取り決めの確認：6〜10分

　改めて、次回のセッションからは違った形や感じになることの理由を添えて、簡単に説明します。

　実際のところ、セッションごとにクライアントとコーチングに関する取り決めを確認することになりますが、最初のセッションはとくに重要です。初回の取り決め内容の確認は、コーチングとは何かについてのミニ・レクチャーをするための場ではありません。それは基本的に、その後のすべてのセッションと同じように、クライアントから課題にかかわる材料を引き出す双方向のディスカッションです。ここでは、クライアントがコーチングをどのように見ているかを尋ねます。ほとんどの人は、コーチングがトレーニングやメンタリング、心理療法とは違うことをはっきり言うと思います。必要であれば、コーチ自身の簡単なコメントとアプローチについての補足説明をします。

　コーチングのパートナーシップが、他の種類の1対1のワークとどう違うかを話し合います。非公式なものも含め、クライアントが体験したコーチングの成功例を聞いて、どのようにコーチングを受けたいかを共有します。

クライアントに、「私について、何を知りたいですか？」と尋ねます。クライアントは、コーチになった理由やこれまでのトレーニングのことや経験したことを知りたいと思っていたりします。そのために、略歴を用意しておくとよいでしょう。

　アカウンタビリティ（説明責任、328ページ）について説明し、それが従来の上司と部下や教師と生徒の説明責任とは違うことをはっきりと伝えます。

　例えば、クライアントが課題を設定し、コーチは質問やコメントをすることなど、役割と責任について話し合います。

　守秘義務とそれに対するコーチの取り組み方について話し、クライアントに懸念する点を尋ねます。これには、クライアントはいくつか挙げてくると思います。例えば、「第三者にクライアントの名前を明かすことがありますか？」といったことです。（通常、「いいえ」と答えます。）

　また、メモを取ることの了解を得ます。セッション中に取ったメモは、セッション終了時にクライアントが要望すれば見せる旨を明示するのもよいかもしれません。

　コーチングが片方、もしくは双方ともにうまくいっていないと思われれば、今後どうするかを話し合います。

　キャンセル規定を説明します。コーチングの頻度、セッションの長さ、方法について同意を得ます。例えば、電話、手紙、メールで問い合わせが可能かどうか、対面でないといけないのか、電話やバーチャルでもコーチングできるのかなどを確認します。

＊自伝的記憶（200ページ）：15〜30分

　クライアントに、幼少期からこれまでの重要な出来事を簡単に説明してもらいます。このとき、幼少期の体験がその人の人間性に影響すること、とくに自分自身の信念や世界観に影響することを説明するようにします。そして、コーチングを受けることになった一番の理由との関連性を尋ねます。

＊ライフ・ホイール（248ページ）：10分

これを行う目的を説明し、事前に送付していなければ、その場で記入してもらいます。それに基づいてコーチングを進めます。これにより、コーチングの目標が増えることになるでしょう。

＊過去の能力開発の振り返り：10〜15分

例えば、360度フィードバックを受けたとしても最近のことではなく、測定手法の品質も高くはなかったりします。これまでに、どのような心理測定を行ったことがあるか、そしてそこから何を学んだかを質問します。このことが曖昧になっている人が多く、その場合、学びはあまり得られず、そのときの教訓も忘れられていたりします。クライアントがフィードバックを保管しているようならそれを見せてもらうか、後で使うためにコピーを取るようにお願いします。事前に送ってくれれば、セッション当日に共有します。

クライアントの目標達成に有効なツールやテクニックについて、例えば360度フィードバック、MBTI™、FIRO-B™などの受検や再受検について話し合います。これらに要するコストについても同意しておきます。

このとき、コーチングに求めることや組織で活かしてほしいことなど、クライアントの上司からの意見も取り入れることを提起してみます（242ページ）。クライアントがこれに関心を示し同意したなら、それをどのように行うのか、コストはどうなるのかなどを話し合います。

＊全体的な目標設定（第7章）：20分

今後のコーチングの土台となる、成果を出すための能力開発と組織的なニーズについて話し合います。ライフ・ホイールで議論したことに立ち戻り、明らかになったことをプログラム全体の目標リストに追加すべきかどうかを確認し合います。最初に合意したプログラムに対して、目標が広過ぎたり消極的であれば、コーチングの取り決め内容の見直しについて話し合います。

＊本日の感想：3〜5分

本日のセッションの感想を聞きます。

＊次回以降の確認：3分

次からの2回分のセッションの日時を決めます。心理測定の受検に同意した場合は、やり方を説明し、次回のセッションまでに質問票への記入をクライアントに依頼します。また、請求書の詳細を確認します。そして、クライアントをお見送りします。

◎セッション終了後

感想や備忘録をノートに取り終えたら、速やかに安全な場所に保管するようにします。セッションの回数、料金、スケジュール、その他の約束事を確認し、それをクライアントにメールで送ります。料金の全額または一部を前払いで請求することに合意していれば、このメールと一緒に請求書を送ります。

＊疑念を持つ場合

例えば、コーチングが自分に押し付けられていると思っていたり、悪いことは人のせいにしがちなクライアントだとわかれば、今後のセッションについての可否を判断します。クライアントにこの疑念をクリアにしないかぎり、次のセッションには進みません。

◎短期のコーチング・プログラムの留意点

コーチングをリーダーシップ開発プログラムの1つに取り入れる組織は増加傾向にあります。この場合のコーチングは、2〜3回のセッションだったりしますが、その組織独自の方法で行われることも多くなりました。例えば、心理測定のデブリーフィングを行ったり、能力開発プログラムから派生したアクション・プランを実行に移すなどです。

短期で行うコーチング・プログラムの場合、ここで説明してきた本格的なセッションを採用するのは適当とはいえません。ただ、短期で行うコー

チング・プログラムでも、古典的なフォーマットの短縮版を使うことで、最初のセッションをその後とは少し違った方向に持っていくことは可能です。例えば、ライフ・ホイールを使えば、組織の目標に個人の目標を加えることは可能です。

　しかし、限られた時間のなかで、クライアントごと、組織ごとに現実的に何が有効なのかをそれぞれの立場に基づいて判断しなければなりません。

電話やバーチャルでのコーチング

テクノロジーの進歩により、電話だけでなく、さまざまなアプリやツールを使って、世界中どこでもコーチングができるようになりました。チャットボットでもできます。ただ、私も試してみましたが、自動会話プログラムによる合成された「共感」にはすぐに飽きが来ました。

このように、現在では電話以外でも、ネットを介したオンラインでのコーチングが可能になったことでコーチとクライアントが同じ場所にいる必要がなくなりました。こうした方法によるコーチングの利点だけではなく、欠点も含めて検証し、どのように活用すべきか考えてみましょう。

◎電話・バーチャルの利点／対面の弱点

地理的に遠く離れている場合、クライアントが満足できる質の高いコーチとやり取りできる方法は電話やバーチャルによるものかもしれません。バーチャルであれば移動がないので、スケジュール調整が容易にでき、時間効率も高まります。そして、コーチとクライアントはともに居ながらにして短いコーチング・セッションを頻繁に行えることから、関係は強まり、セッションに活力が出るという利点があります。移動がないことは交通費の節約になることに加え、交通手段を使わないことによる環境負荷の低減にも寄与することになります。

電話によるコーチングの利便性を熱く唱える人たちは、視界に余計なものが入らないことで気がそがれることがなくなり、ときに、コーチとクライアントは偏見から来るステレオタイプの判断をしなくなると言います。お互いの姿が見えないことで言葉に集中でき、コーチングの本質的な「純

粋さ」が見出せるということです。相手がそこにいることに気を取られず、ただ話を聞くことで微妙な、根底にある意味を理解する感覚が研ぎ澄まされると言う人もいます。

◎対面の利点 / 電話・バーチャルの弱点

　クライアントとコーチはともに、選択できるなら対面でのコーチングを希望するでしょう。対面でのコーチングは、実際に一緒にいるときにお互いの存在をより深く感じることになります。ボディ・ランゲージでの取り繕い、活力、表情や顔色の変化、視線の微妙な動きなどを間近に見ることになります。また、ラポールを築きやすい反面、それができていないことも簡単にわかります。ある種のコーチング、例えば、面接の準備、プレゼンテーション・スキル、コミュニケーションに関する個人的な問題などは電話やバーチャルでは限界があります。

　また、電話だと長時間のセッションは行いにくいと思います。コーチもクライアントも電話では1時間が限界ですし、問題を深く対処するには1時間では短すぎるでしょう。また、ウェブでも同じことがいえます。スタンフォード大学バーチャル・ヒューマン・インタラクション研究所の創設者、ジェレミー・ベイレンソン教授は2021年2月に発表した論文で、バーチャル会議の疲労の原因を次のように指摘しています。
　・至近距離で他人の顔を凝視し続けること
　・自分自身の映像を常に見続けること
　・カメラの前で不自然にじっとしていなければならないこと
　対面以上のコミュニケーションする努力が必要となるため、自意識過剰になりやすく疲れが生じるのです。これは、クライアントにとっても同じことです。

　時間帯の違いは少々厄介です。時差が1〜2時間ほどの国、夏時間と冬時間の開始時期が異なる国、24時間制にしている国とそうでない国（例：18:00と6:00）などでは、とくに注意が必要です。就業時間が重なるのはほんの数時間かもしれず、どちらかは1日の終わりの疲れを押してセッショ

ンに臨まなければならない一方、異常に早い時間にベッドから出なければ
ならなかったりします。技術的な不具合は以前に比べて改善されてきてい
ますが、携帯電話の煩わしい雑音、低品質の回線、音声の乱れの問題はあ
りますし、ビデオ・システムでは画像が固まったりします。

　そして、電話やバーチャルでのコーチングは、カジュアルな感じで行わ
れることで、実際の対面のときのような真剣さがないと感じることがあり
ます。対面でのミーティングには絶対に遅刻しないクライアントが、電話
では遅刻することがありました。電話でのコーチングは、セキュリティや
プライバシーに関するリスクについての問題もあります。私のクライアン
トの外交官の方は、安全なはずの回線で話しているにもかかわらず、会話
は盗聴されていると思ってくださいと、うんざりした様子で私に言いまし
た。

　クライアントとコーチが電話でのコーチングに没入しているときに、突
然子どもがドアを叩いたり、犬が吠えたりしても、すぐに集中状態に戻れ
るようにしておかなければなりません。コーチとクライアントのどちらか
が電車内でコーチングせざるを得ないときなどは、電話での対話に夢中に
なり、機密保持のことをうっかり忘れてしまうかもしれません。クライア
ントは多忙の合間の時間を使って電話でのコーチング・セッションを受け
るときなどは、メールの着信や同僚からの声がけで少し、場合によっては
はっきりと気が散ることもあるでしょう。

　また、顔が見えないことで、受け応えの間が問題になることがあります。
質問に少し間があると、「回線が切れてしまったのか？」「クライアントは
電話を切ってしまったのだろうか？」といったように、長い空白のように
感じたりします。答えるのに時間を要する質問だと、相手が見えない不安
からコーチはその間を埋めるために言葉を挟もうとしたくなります。同時
に、慎重に行う必要がありますが、それまでの流れを維持するために、例
えば対面のときよりも少し多めにまとめを入れたり、相手に関心を向けて
いることがわかるように、「えーと」と言ったりなど、ちょっとした音を

立てるようなこともしなければならないかもしれません。

　どちらとも、またはどちらかが母国語以外の言語を使う場合、アクセントがわかりにくく、話す姿が見えないので意味をはっきりとつかむことも困難なことから、電話での会話はより難しくなります。

◎成功させるためのヒント

・契約は慎重に行います。メリットの最大化とデメリットの最小化について、率直に話し合うことをお勧めします。クライアントには、セッション中は邪魔が入らず、盗み聞きされることはないこと、そして、途中でメールが入らない静かな場所が大切であることをはっきりと伝えます。
・電話する時間を再度確認するようにするとよいでしょう。そして、地域による時間帯の違いには留意します。例えば、「こちらの時間だと14時ですが、そちらの時間の15時に電話してください」といった具合です。
・コーチングを開始するにあたり、初回はできれば対面でミーティングを行うとよいでしょう。これを行っておくと、今後の会話のしやすさに大きな違いをもたらします。
・ビデオ会議システムではできませんが、電話でのコーチングであれば、パジャマを着たままでも、裸でも行えます。しかし常識的に考えて、仕事をする服装で、いつものデスクにつき、メールはオフにして、目の前にクライアントがいるときと同じように座り、クライアントへの気遣いを示します。
・対面で行うときのように、会話の準備にも注意を払います。前回のセッションのメモを読み、気が散らないようにし、自由に話ができる場所になっていることを確認します。セッション中は邪魔が入らないように段取りします。パソコンのキーボードを叩く音、湯沸かしに水を入れる音、飲み物をすする音、紙に走り書きする音にも注意します。クライアントにはそれが気になり、コーチが100％の注意をセッションに向けていないと思われるかもしれないからです。よって、メモはセッション後に取るようにしましょう。

・普段の会話よりも、少しゆっくりと話す必要があるかもしれません。クライアントにも同じように、ゆっくり話してもらう必要があるかもしれません。

・電話ではコーチの同意の頷きが見えないので、共感したことを言葉で伝えなければなりません。これは、対面以上に頻繁に行うようにしましょう。例えば、「私の顔が見えないでしょうけど、いま私は嬉しくて微笑んでいます」というような感じです。

・「OK」を繰り返すなどの癖には注意します。こうした何度も口をついて出てくる言葉の癖は、電話やビデオ・システムでは対面以上に目立って気になります。

・意味のある沈黙の時間を、無神経なおしゃべりで台無しにしないように注意します。ただし、「少し考える時間が必要だと思うので、ここで少し静かにしていますね」などと言って、沈黙することを伝える場合もあります。また、クライアントにとって問題が心にどのように響いているかに注意を払います。クライアントが目の前にいないと、こうしたことを見逃したり、誤って解釈することもあります。

・電話やバーチャルでのセッションの後にメールを送ることは、対面でのセッションの場合よりもより重要かもしれません。例えば、クライアントがフォローアップできるようにウェブリンクを教えるなどして、セッションのテーマに関することをピックアップして、この共同作業に対するコーチの熱意を表します。

・オンライン・ミーティング・ツールの表示サイズを小さくし、モニターとの相対的な位置関係を調整して顔が大きく映らないようにし、そのツールで使える機能を調べておきます。

・最新版のオンライン・ミーティング・ツールをインストールし、定期的にアップデートし、ブラウザとそのツールに互換性があることを確認します。

　新型コロナウイルス感染症のパンデミックにより、私たちコーチはバーチャル会議システムの可能性をさらに知ることになりました。私や同僚は、

世界中どこにいてもトレーニングが提供できることとなりました。クライアントはすぐにアクセスでき、以前よりも安価で利用可能です。こうしたメリットを感じる一方、オンライン・ミーティングにはどんなデメリットがあるかもわかりました。リンクが切れる問題や音質の悪さの問題、画面のフリーズやインターネット接続の不安定さなどです。バーチャルの功罪を知る一方で、電話は柔軟性と信頼性に優れていることから、コーチングの手段として有効な選択肢であり続けています。

◎コーチングで本当に大切なこと

　コーチングを実施する手段はいろいろ登場してきていますが、実際の現場では基本的な原則が適用されることが、バーチャルな方法による利便性よりも重要です。電話やバーチャルによるコーチングには、「魔法のテクニック」はありません。良いコーチングを行っていくには、「ラポールの構築と維持」「目標の設定」「核心を突く質問」「適切な要約」「行動計画の遂行への誘導」「セッションの流れのコントロール」などの基本的な原則が不可欠です。

［著者］

ジェニー・ロジャース（Jenny Rogers）

30年にわたる英国で最も経験豊富なエグゼクティブ・コーチの1人。コーチングへの卓越した貢献により、2019年にヘンリー・ビジネス・スクール賞を受賞。英BBCでのテレビ・プロデューサーや編集者、作家として活躍後、コーチングの世界に入る。本書は、成功をおさめるコーチの手法についての「バイブル」として世界的に評価が高い。
"Coaching‐What Really Works""Coaching for Careers:A Practical Guide for Coaches""Facilitating groups""Building a Coaching Business, 2nd Edition""Coaching with Personality Type:What Works""Are You Listening?:Stories from a Coaching Life" など、コーチングのほかに、能力開発やファシリテーション・スキル、キャリア・マネジメントなどがテーマの著書多数。

［訳者］

鶴見 樹里（つるみ じゅり）

Monday株式会社代表取締役。上智大学比較文化学部、The College of Law, Londonなど卒業後、ロンドンの法律事務所マクファーレンズでジョイント・ベンチャーなどを含む商法と知的財産権法にかかわる英国弁護士として活躍。帰国後はデザイン＆ブランディングを提供するグラフ株式会社の代表取締役社長を務め、3年かけて黒字転換に成功。2015年にMonday株式会社を立ち上げ、エグゼクティブ＆リーダーシップ・コーチ、コンサルタント及びファシリテーターとして活躍中。主な資格として、The Leadership Circle Profiles、Myers Briggs Type Indicator（"MBTI"）Step I and Step II、Hogan Assessments、Evidence Based Coaching for Organization Leadership from Fielding Graduate University, USA（Evidence Based Coaching Overview, A＋/Theories in Organization and Leadership Coaching, A＋）などを保有する。

徳永 正一（とくなが しょういち）

株式会社カンプス代表取締役。熊本県出身。東京外国語大学ロシア語学科を卒業後、英国ロイター本社、ロイタージャパン等において金融サービス、知的財産権の分野で営業、営業管理職、経営職を経験する。2017年に株式会社カンプスを立ち上げ、ビジネス・コーチングと組織開発コンサルティング業務を開始、現在に至る。国際コーチング連盟（ICF）日本支部元理事。人事関係での主な資格として、International Coaching Federation-Associate Certified Coach、Marshal Goldsmith Stakeholders Centered Coaching-Certified Coach、The Leadership Circle-LCP-Certified Practitioner、Wiley DiSC-Certified Practitioner、MBTI Step1 & 2-Certified Practitionerなどを保有する。

決定版コーチング

2022年3月5日　初版第1刷発行

著　者——ジェニー・ロジャース
訳　者——鶴見 樹里　徳永 正一
発行者——張 士洛
発行所——日本能率協会マネジメントセンター

〒103-6009 東京都中央区日本橋2-7-1　東京日本橋タワー
TEL 03(6362)4339（編集）／ 03(6362)4558（販売）
FAX 03(3272)8128（編集）／ 03(3272)8127（販売）
https://www.jmam.co.jp/

装　　　丁——北川 一成（グラフ株式会社）
本文DTP——株式会社森の印刷屋
編 集 協 力——根本 浩美（赤羽編集工房）
印　刷　所——広研印刷株式会社
製　本　所——東京美術紙工協業組合

ISBN978-4-8207-2943-3 C2034
落丁・乱丁はおとりかえします。
PRINTED IN JAPAN

経営戦略としての異文化適応力
ホフステードの6次元モデル実践的活用法

宮森千嘉子
宮林隆吉　著

A5変形判320頁

「文化と経営の父」と呼ばれるヘールト・ホフステード博士が考案した「6次元モデル」を用いながら、多様な人材間コミュニケーションの問題を解決する実践法を紹介。

成人発達理論による能力の成長
ダイナミックスキル理論の実践的活用法

加藤洋平　著

A5判312頁

人間の器（人間性）と仕事の力量（スキル）の成長に焦点を当てた、カート・フィッシャー教授が提唱する「ダイナミックスキル理論」に基づく能力開発について事例をもとに解説。

なぜ部下とうまくいかないのか
「自他変革」の発達心理学

加藤洋平　著

四六判256頁

部下のことで悩む課長と人財コンサルタントとの対話形式により、部下とのコミュニケーション法や育成法、さらには自己成長や組織マネジメントを物語形式で説く。

リーダーシップに出会う瞬間
成人発達理論による自己成長のプロセス

有冬典子　著
加藤洋平　監修・解説

四六判312頁

女性リーダーに抜擢された主人公が先輩女性や同僚、上司らに支えられながら、自分の信念に立ったリーダーシップへの気づきのプロセスが共感的なストーリーでわかる。

日本能率協会マネジメントセンター